“十三五”普通高等教育本科部委级规划教材



# 中级财务会计

朱友干◎主编
张肖飞 邵争艳 刘学鸣 聂兴凯◎副主编

中国纺织出版社有限公司 | 国家一级出版社
全国百佳图书出版单位

## 内 容 提 要

在资讯发达的当代社会，财务会计信息已成为资本市场最重要的信息。这种信息将指导企业利益相关者的投融资决策。本书以我国最新会计准则体系为标准，阐述会计主体财务信息生成过程——六大会计要素的确认、计量及报告。在阐述各类资产、负债、所有者权益、收入、费用和利润的确认、计量与报告的基础上，紧扣财务会计目标，分析每一会计要素经确认、计量与报告后对总财务信息的影响，并做到理论联系实际，力争将近年来经济社会发生的典型案例从会计视角进行解读，纳入本教材。本书可以作为会计专业、财务管理专业以及经济类和管理类本科生的财务会计学习教材，也可供企业管理人员、财务人员以及期望获取会计知识的相关人员使用和参考。

**图书在版编目（CIP）数据**

中级财务会计 / 朱友干主编. -- 北京：中国纺织出版社有限公司，2021. 1

“十三五”普通高等教育本科部委级规划教材

ISBN 978-7-5180-7673-4

Ⅰ. ①中… Ⅱ. ①朱… Ⅲ. ①财务会计－高等学校－教材 Ⅳ. ①F234.4

中国版本图书馆 CIP 数据核字（2020）第 129149 号

策划编辑：于磊岚　　特约编辑：杜美杰

责任校对：高　涵　　责任印制：储志伟

中国纺织出版社有限公司出版发行

地址：北京市朝阳区百子湾东里A407号楼　邮政编码：100124

销售电话：010—67004422　传真：010—87155801

http://www.c-textilep.com

中国纺织出版社天猫旗舰店

官方微博 http://weibo.com/2119887771

北京市密东印刷有限公司印刷　各地新华书店经销

2021年1月第1版第1次印刷

开本：787×1092　1/16　印张：21.5

字数：489千字　定价：59.80元

# 高等院校“十三五”部委级规划教材

## 经济管理类编委会

乌丹星：国家开放大学社会工作学院执行院长、教授
吴中元：天津工业大学科研处处长、教授
夏火松：武汉纺织大学管理学院院长、教授、博导
张健东：大连工业大学管理学院院长、教授、硕导
张科静：东华大学旭日工商管理学院副院长、教授、硕导
张芝萍：浙江纺织服装职业技术学院商学院院长、教授
赵开华：北京吉利学院副校长、教授
赵志泉：中原工学院经济管理学院院长、教授、硕导
朱春红：天津工业大学经济学院院长、教授、硕导

# 前言

PREFACE

会计是一门科学也是一门艺术。就财务会计而言，其科学性在于财务会计信息的确认、计量和报告必须依据统一会计规范——会计准则；其艺术性在于会计信息的产生离不开会计人员的主观判断，且这种判断并未脱离会计规范。2007 年始，我国会计准则初步实现了国际趋同。此后，会计准则体系得以不断优化。在此背景下，本书结合我国最新会计准则体系，在阐述各项会计要素的确认、计量与报告的基础上，紧扣财务会计目标，分析每一会计要素经确认、计量与报告后对总财务信息的影响，并力争将近年来经济社会发生的典型案例从会计视角纳入本教材，以便引导学生理论联系实际。本书根据我国新会计准则体系的最新成果编写，全书分为 15 章：第一章总论，第二章金融资产，第三章存货，第四章长期股权投资，第五章固定资产，第六章无形资产，第七章投资性房地产，第八章非货币性资产交换，第九章负债，第十章借款费用，第十一章债务重组，第十二章所有者权益，第十三章收入、费用和利润，第十四章所得税会计，第十五章财务报告等内容。各章编写分别为：朱友干负责第一章、第四章，刘学鸣负责第三章、第六章以及第十二章，邵争艳负责第二章、第十五章，曹越负责第五章、第七章，张肖飞负责第八章、第十一章，聂兴凯负责第九章、第十章，张永冀负责第十三章，温泉负责第十四章。本书主编为朱友干，副主编为张肖飞、邵争艳、刘学鸣以及聂兴凯。特别感谢研究生张琦、吴晓慧对本书的校对。

本书与国内外的同类教材相比，其优点不仅能围绕会计要素的确认、计量与报告阐述相关知识点，而且能紧扣财务会计目标——提供决策有用信息展开，阐述每一会计要素经确认、计量与报告后对总财务信息的影响，以及其可能的经济后果。此外，每章还增加了前沿展望。

本书为中国纺织出版社有限公司“十三五”部委级规划教材。全书力争语言精练、通俗、规范，案例形式多样。希望本书有助于财经读者开启会计的技术与艺术大门。

本书的编写出版得到中国纺织出版社有限公司的大力支持，同时在编写过程中，我们选用了其他作者编制的案例与资料，在此一并致谢。

限于编者水平，疏漏与不妥之处在所难免，敬请读者朋友们不吝批评指正。本书主要作为普通高等教育经济管理类专业教材，也可供相关专业人员参考。

编者

2020年10月

# 目录 CONTENTS

## 第七章 投资性房地产



## 第八章 非货币性资产交换



## 第九章 负 债



## 第十章 借款费用

## 第十一章　债务重组



## 第十二章　所有者权益



## 第十三章　收入、费用和利润



## 第十四章　所得税会计

## 第十五章 财务报告

# 第一章
# 总 论

**【本章学习目标】**

了解会计的产生与发展以及会计在现代社会中的作用，掌握会计信息质量特征、会计计量属性、各类会计要素的定义及判断标准，了解会计要素之间的关系及上市公司虚假财务信息的表现。

| 引导案例 |

众所周知，新三板相对主板市场准入条件比较宽松，并无财务门槛，也不设盈利要求。自 2014 年 8 月引进做市商制度以后，一段时间内，各地中小企业登陆新三板的热情持续高涨。2015 年 5 月，河南省一家生产方便面的食品企业拟在新三板挂牌。公司管理层全程跟进企业资本市场的挂牌工作。该公司注册资本 5000 万元，且已按正常程序，对接券商、会计师和律师事务所，建立健全内部控制、规范公司治理结构等。然而，企业以往出于避税需要，长期存在两套账的情况，财务核算未按照会计准则以及企业会计制度进行，财务会计核算体系不健全。比较典型的问题是该企业为了少交税，故意隐瞒收入，尤其是企业将各批发市场经销商的销售收入直接计入负债科目“其他应付款”，导致企业利润表与资产负债表的信息失真。以上问题的存在客观上阻碍了企业挂牌进程。按照正常程序，企业新三板挂牌只需要 8 个月左右时间，而该企业财务不规范成为其挂牌新三板的拦路虎。企业高管对此非常不解，并提出了如下问题：

（1）为什么企业在新三板挂牌并没有财务指标要求，却也需要财务规范？

（2）财务报告的基本作用是什么？会计在其经营活动中扮演什么角色？

从这一案例中我们可获得哪些有关会计方面的知识？

# 第一节　什么是财务会计

## 一、会计的发展历史

会计成为商业语言先后经历了三个发展阶段，即古代会计、近代会计以及现代会计。

古代会计从原始社会末期的“结绳记事”至封建社会末期。在以亲族关系为基础、经济生活采取平均主义分配的原始社会，很多部落以绳结形式反映客观经济活动。其结绳方法为：“事大，大结其绳；事小，小结其绳，绳结之多少，随物众寡。”我国《周易·系辞》也记载：“上古结绳而治，后世圣人易之以书契，百官以治，万民以察。”此后，随着生产力水平的提高以及物资产品的剩余，逐步出现了贫富分化和私有制，打破了原先的共同分配和共同劳动的生产关系，出现了阶级与阶级社会，人类先后进入奴隶社会和封建社会。就这个阶段的会计而言，其服务的对象主要是奴隶主与封建统治主。因此，古代会计主要是以官厅会计为中心发展起来的。我国《周礼·天官·大宰》有“官计”之称：“以八法治官府……八曰官计，以弊邦治。”此后，汉、唐、宋均称之为“国计”，至明清仍沿袭此说。官厅会计以国家的财产物资和经济活动为会计核算对象，以单式记账为主要特征。

1494年意大利数学家卢卡·巴其阿勒（Luea Paeiolo，公元1445—1517年）在其《算术、几何与比例概要》一书中系统地介绍了复式记账法的基本原理，标志着近代会计的产生。我国会计从单式记账向复式记账的过渡一般认为开始于明代中叶的“三脚账”。“三脚账”账簿设置与单式簿记大体相同，通常采用“三账”的体系，把会计记录的重点放在“流水账（也称日清簿）”方面，对于非现金交易的转账事项记录两笔，是复式会计记录，被形象地比作“两脚”；对于现金收付事项，则只记现金对方一笔，是单式会计记录，人们形象地将其比作“一脚”，合称“三脚”。“三脚账”尽管尚不是一种完全的复式记账法，但确是我国簿记由单式转变为复式的一种处于过渡阶段的记账法。明末清初，山西帮商人傅山在唐代“四柱清册”记账方法的基础上，设计出一种适合于民间商业的会计核算方法——“龙门账”：将全部账目划分为“进、缴、存、该”四大类。“进”指全部收入；“缴”指全部支出；“存”指资产并包括债权；“该”指负债并包括业主投资。它们之间的数量关系是：进－缴＝存－该。“龙门账”的诞生标志着我国复式记账的开始。总体而言，近代会计服务的对象主要是企业，核算企业所发生的经济业务。

近代会计围绕企业会计为中心发展到20世纪30年代末期，开始形成财务会计与管理会计，标志着现代会计的开端。财务会计与管理会计主要的区别在于：首先，财务会计主要是为外部信息使用者提供决策所需信息，而管理会计则偏向为企业内部信息使用者提供服务；其次，财务会计核算企业已经发生的经济业务，而管理会计主要用于预测未来；最后，财务会计必须服从统一的标准，而管理会计目前并未有相应的规范。近年来，随着信息技术以及世界经济一体化进程的推进，财务会计与管理会计的分界岭有被模糊化的趋势。当前诸多管理会计方法被财务会计准则广泛使用，如公允价值的估价技术便是这一趋势的体现。未来企业会计人员应以财务会计（尤其是会计规则或会计准则）为依据工作，以管理会计方式思维，努力提升企业的竞争力。

综上，从发展历史看，会计经历了三个发展阶段（古代会计、近代会计以及现代会计），20世纪30年代末期出现了两大会计分支（财务会计与管理会计），并在当今世界显现出一种融合趋势。

## 二、财务会计

财务会计是现代会计一个重要会计分支，它以货币为主要计量单位，对企业已发生的经济业务，依据会计规范，运用专门的方法进行确认、计量并以财务会计报告的形式定期向企业外部的各利益相关者（包括投资者、债权人、政府及其有关部门、社会公众以及其他利益相关者）提供企业及其分部的财务状况、经营成果、现金流量以及企业股东财富变动情况的信息。这些信息有助于企业的利益相关者做出相关决策。

上述概念清晰地揭示了财务会计对象、财务会计目标、财务会计依据的会计规范。

财务会计对象是企业已经发生的经济业务，即财务会计核算和监督的内容。企业已经发生的经济业务包括企业日常的生产经营活动，如筹资、投资、生产、销售、各项成本费用的支出以及收益分配等。

财务会计目标即通过会计确认、计量及报告，主要是向企业外部的利益相关者提供决策所需信息。这就要求财务会计应提供对现在和潜在的投资者、债权人以及其他利益相关者做出合理的投资、信贷和类似决策有用的信息；这些有用的财务会计信息应当反映企业经济资源现状，对经济资源的要求权，以及使经济资源及其要求权发生变动的交易、事项和情况。我国 2006 年新修订的基本准则明确规定：财务会计的目标是向财务会计报告使用者提供与企业财务状况、经营成果和现金流量等有关的会计信息，反映企业管理层受托责任履行情况，有助于财务会计报告使用者做出经济决策。财务会计目标的实现程度则取决于财务会计信息质量特征。

财务会计信息的确认、计量及报告所依据的会计规范即企业会计准则。会计准则是企业处理会计对象的标准，是进行会计工作的规范，是评价会计工作质量的准绳。综观世界各国的会计现状，会计准则通常由权威机构负责制定及修改，用以指导和规范会计工作。我国的会计准则由财政部负责制定和修订。根据会计准则运用的范围，会计准则可划分为三个层次：第一层次即基本会计准则，主要包括会计目标、会计假设、会计核算的基础、会计要素及计量属性以及会计信息质量特征等。基本准则对会计工作具有普遍指导意义；第二层次是具体会计准则，包括各项会计要素确认、计量、报告某一会计个体具体业务对财务状况和经营成果的影响时所应遵循的会计准则。第三层次即应用指南，是指导企业具体运用会计准则的指引。

我国财政部会计司于 1992 年 11 月发布了我国第一个会计准则，即《企业会计准则——基本准则》，并于 1993 年 7 月 1 日开始施行。财政部于 1994 年起陆续分批推出具体会计准则征求意见稿，并于 1997 年 5 月 22 日颁布了第一个具体会计准则——《关联方的关系及其交易的披露》，该会计准则从 1998 年 1 月 1 日起首先在上市公司开始施行。此后，又出台了一系列的具体准则，如 1999 年颁布的《非货币性交易准则》和《债务重组准则》等。2006 年 2 月 15 日财政部会计司颁布了 1 项基本准则和 38 项具体准则，从而基本实现了我国会计准则的国际趋同。近年来，财政部会计司也在依据新会计准则实施的具体情况不断颁布准则指南。2014 年 7 月 1 日又将在现有 38 项基本会计准则的基础上增加《企业会计准则第 39 号——公允价值计量》《企业会计准则第 40 号——合营安排》以及《企业会计准则第 41 号——在其他主体中权益的披露》。此外，2014 年也修订调整了《企业会计准则第 2 号——长期股权投资》《企业会计准则第 9 号——职工薪酬》

《企业会计准则第30号——财务报表列报》以及《企业会计准则第33号——合并财务报表》。2017年财政部会计司又修订了《企业会计准则第22号——金融工具确认和计量》《企业会计准则第23号——金融资产转移》《企业会计准则第24号——套期会计》《企业会计准则第37号——金融工具列报》《企业会计准则第16号——政府补助》以及《企业会计准则第14号——收入》；2018年12月又修订了《企业会计准则第21号——租赁》。这些准则的颁布及修订标志着与国际惯例趋同的企业会计准则体系的建立与完善。对提高会计人员的素质和会计工作水平具有长远的意义。

总体来看，当前财务会计学作为财经学科体系中比较成熟的学科之一，已形成了一套由初级会计学、中级财务会计学和高级财务会计学所组成的财务会计学科体系。其中，初级会计学主要阐述的是会计的基本理论、基本知识和基本方法，包括会计对象、各类会计要素记录和报告的基本概念、原理、程序和方法。中级财务会计学以会计理论框架为指引，在持续经营的前提下核算和监督企业生产经营过程中所发生的各项日常经济业务，并将这些经济业务通过会计专业判断，经确认、计量与报告，从而对外披露决策有用财务信息。中级财务会计所涉及的财务会计目标、会计信息质量特征、会计确认及计量原则等理论问题都必须严格遵循四项基本会计假设。当会计所处的客观经济环境发生变化而出现突破四项基本假设的特殊会计事项时，则产生了高级财务会计。也就是说，中级财务会计解决的是所有企业都要遇到的一般财务会计问题，而高级财务会计解决的则是企业一般财务会计问题以外的特殊财务会计问题（如企业外币业务及外币报表折算问题、企业合并及合并报表的编制问题、物价波动会计问题、衍生金融工具会计问题等）。

## 第二节 会计信息的质量特征

财务会计学科体系中，基础会计学已经系统介绍了会计目标、会计假设（包括会计主体、持续经营、会计分期以及货币计量假设）、会计要素、会计核算的基础（权责发生制以及收付实现制）等内容，本章不再赘述这些知识点。这里重点介绍会计信息质量特征的具体内容。

要实现财务会计目标，则会计信息必须对决策者有用。FASB《财务会计概念公告》第2号《会计信息的质量特征》指出，会计信息质量特征是财务报告质量的保证，是使财务报告符合决策有用性的标准。2016年我国基本准则将会计信息质量特征界定为：会计信息质量特征是对财务报告所提供会计信息质量的基本要求。这表明会计信息质量特征反映了决策者对会计信息的基本要求，也是评价会计信息有用程度的标准。我国 2016 年新修订的基本准则明确规定，会计信息质量特征包括：可靠性、相关性、可理解性、可比性、实质重于形式、重要性、谨慎性和及时性等。

依据基本准则，会计信息的质量特征具体内容如下：

### （一）可靠性

我国基本准则明确规定，可靠性要求企业应当以实际发生的交易或者事项为依据进行确认、计量和报告，如实反映符合确认和计量要求各项会计要素及其他相关信息，保证会计信息真实可靠、内容完整。

依据 FASB《财务会计概念公告》第 2 号《会计信息的质量特征》的要求，可靠性由三个次一级的质量特征构成，即真实反映、可核实性以及中立性。

（1）真实反映是指会计信息符合它意在反映的现象（有时称为有效性）。这就要求会计确认、计量以及报告必须是企业实际发生的交易或事项，不得根据虚构的交易或事项进行会计核算，不得提供虚假信息。

（2）可核实性是指各独立计量的会计人员用相同的计量方法，检查相同的数据和记录，信息基本上会重现。可核实性越强则会计信息的可靠性越高。这表明可核实性有助于保证不同的会计信息真实地反映企业经济业务，使广大的会计信息使用者获取更有用的会计信息。

（3）中立性是指所报告的信息中不存在企图取得预定结果或诱发某种特定行为的偏向，在财务报告中的会计信息应当是中立、无偏的。若为了达到预先设定的结果或效果，故意选择性处理会计信息，从而误导会计信息使用者的决策，则违背了中立性的要求。近年来我国部分上市公司通过虚假财务报告误导利益相关者的决策，是与中立性要求背道而驰的典型事例。

此外，我国可靠性质量特征还要求在符合成本效益原则及重要性原则前提下，保证会计信息的完整性，即不能随意遗漏或减少应予披露的与决策有用性相关的会计信息。

### （二）相关性

依据我国 2016 年颁布的基本准则，相关性要求企业提供的会计信息应当与财务报告使用者的经济决策需要相关，有助于财务报告使用者对企业过去、现在或者未来的情况做出评价或者预测。相关性质量特征表明会计信息能够帮助利益相关者去预测过去、现在和将来事项的结局，或者去证实或纠正以前预期的情况，从而具有影响决策的能力。FASB《财务会计概念公告》第 2 号《会计信息的质量特征》指出：相关性也由三个次一级的质量特征组成，即反馈价值、预测价值、及时性。反馈价值是指会计信息使用者能够实现或纠正以前期望的质量。预测价值是指信息使用者预测企业未来的财务状况、经营成果、现金流量以及企业股东权益可能的变动情况。及时性是指信息的披露时间应与决策者的需求相关，即在失去其决策作用以前，就为决策者所拥有。我国基本准则也对及时性做出了明晰的界定，尽管角度不同，但内涵是一致的。

### （三）可理解性

依据我国2016年颁布的基本准则，可理解性要求企业提供的会计信息应当清晰明了，便于财务报告使用者理解和使用。

财务会计的目标是向企业利益相关者提供决策有用信息。这必然需要企业所提供的会计信息能被使用者理解。因此，信息的清晰明了是可理解性质量特征的前提。由于财务会计信息的专业性，实务中，在强调会计信息的可理解性要求的同时，还应假定使用者具有一定的有关企业经营活动和财务会计方面的知识背景。

### （四）可比性

我国2016年颁布的基本准则指出，可比性要求企业提供的会计信息应当具有可比性。FASB《财务会计概念公告》第2号《会计信息的质量特征》将可比性界定为：信息使用户能够在两组经济现象中指认出相似和相异之处的信息质量，即信息能够相互可比。可比性主要包括两层含义：

#### 1. 同一企业不同时期的会计信息具有可比性——纵向可比

会计信息质量的可比性要求同一企业在不同时期发生的相同或者相似的交易或者事项，应当采用一致的会计政策，不得随意变更。也就是说，同一企业不同时期所采取的会计政策应当一致，从而便于会计信息使用者了解企业财务状况、经营成果、现金流量以及企业股东权益的变化趋势。比较企业在不同时期基于同一标准所生成的财务报告信息，从而有利于全面、客观地评价过去、预测未来并做出决策。需要指出的是，会计信息的纵向可比并非意味着企业不得变更会计政策。实务中，若由于经济环境、政策法规等的变化，原有的会计政策不适合新的环境，按照新的规定或者在会计政策变更后可以提供更可靠、更相关的会计信息的，则可以变更会计政策。但会计政策变更的情况及其影响应当在附注中予以说明，从而有利于利益相关者的决策。

#### 2. 不同企业同一会计期间的会计信息具有可比性——横向可比

会计信息质量的可比性也要求不同会计主体同一会计期间发生的相同或者相似的交易或者事项，应当采用规定的会计政策，确保会计信息口径一致，相互可比。会计信息的横向可比能便于会计信息使用者评价相同时期内不同企业的财务状况、经营成果和现金流量及其变动情况，以使不同企业按照一致的确认、计量和报告要求提供有关会计信息。如广大股民或机构投资者通过上市公司披露的年度财务报告判断企业的投资价值，就是横向可比的会计信息质量特征的体现。

### （五）实质重于形式

依据我国2016年颁布的基本准则，实质重于形式要求企业应当按照交易或者事项的经济实质进行会计确认、计量和报告，不应仅以交易或者事项的法律形式为依据。如果企业仅仅以交易或者事项的法律形式为依据进行会计确认、计量和报告，那么就可能导致会计信息失真。实质重于形式信息质量特征表明当交易或事项的经济实质与其外在表现不一致时，会计人员必须具备专业判断能力，注重经济实质进行会计核算，以保证会计信息的可靠性。

在多数情况下，企业发生的交易或事项的经济实质和法律形式是一致的。但在有些情况下，会出现不一致。为了真实反映企业的财务状况和经营成果，就不能仅仅根据经济业务的外在表现形式来进行核算，而要反映其经济实质。

例如，企业按照销售合同将产品销售给购货方，从法律形式上产品的所有权已经转移给对方，但若购货方因发生资金周转困难而宣布破产，企业势必无法收回资金，在该种情况下就不能确认收入。如果不考虑经济实质，仅看其法律形式，企业在产品转移的当月就可以反映收入。如果企业的会计核算仅仅按照交易或事项的法律形式进行，而其法律形式又没有反映其经济实质和经济现实，那么，其最终结果将不仅不会有利于会计信息使用者的决策，反而会误导会计信息使用者的决策。如企业以融资租赁的形式租入的固定资产，在承租期内，所租赁资产的所有权依然属于出租方，但承租方已经取得了该租赁资产的实质控制权，并能从租赁资产中获益，同时承担了一项长期支付租金的义务（租赁期接近于该资产的使用寿命）。所以，从实质上看，企业能够融资租赁资产所创造的未来经济利益，符合资产的确认标准，因此，会计核算应该将融资租赁租入固定资产视为自有资产。否则，就会出现企业账外资产与账外负债，导致会计信息失真。

### （六）重要性

依据我国 2016 年颁布的基本准则，重要性要求企业提供的会计信息应当反映与企业财务状况、经营成果和现金流量有关的所有重要交易或者事项。FASB《财务会计概念公告》第 2 号《会计信息的质量特征》指明：重要性是指会计信息的遗漏或错报程度，大概会改变或影响依赖这一信息的利益相关者的决策或判断。在实务中，若某一经济事项所产生的会计信息的遗漏或错报会影响会计信息需求者的决策，则该信息就具有重要性。由于企业的行业属性、经济规模以及环境存在差异，重要性的判断水平也各异。企业财务会计人员可结合自身情况，运用职业判断，从经济事项的金额和性质两方面考量重要性水平。

### （七）谨慎性

依据我国 2016 年颁布的基本准则，谨慎性要求企业在对交易或者事项进行会计确认、计量和报告时应当保持应有的谨慎，不应高估资产或者收益、低估负债或者费用。这就要求企业在实务中尽可能合理估计可能的损失，而避免乐观估计可能的收益。

在未来的市场竞争中，企业生产经营面临着诸多风险和不确定性，既有企业外部因素（如市场需求的变化、信息技术的更新换代、宏观经济形势等），又有企业内部的因素（如企业各类资产的贬值或升值、企业长期资产使用寿命的确定、企业售出存货可能发生无法收回货款、对方以企业产品质量为由要求退货或者返修等）。会计信息质量的谨慎性要求会计在体现上述资产价值时，需要保持应有的谨慎，充分估计到各种风险和损失，既避免高估资产或者收益，也不低估负债或者费用。我国具体准则中计提资产减值损失、固定资产加速折旧、对售出商品可能发生的保修义务等确认预计负债等，就体现了会计信息质量的谨慎性要求。

需要指出的是，2006年新准则体系的实施，以及2014年《企业会计准则第39号——公允价值计量》的正式颁布，使得谨慎性原则与公允价值计量属性不一致，有时甚至是背道而驰。如金融资产等会计核算显然不符合谨慎性原则的要求，尤其是准则要求会计确认金融资产公允价值升值导致的资产账面价值增加显然与谨慎性原则相悖。

（八）及时性

依据我国2016年颁布的基本准则，及时性要求企业对于已经发生的交易或者事项，应当及时进行确认、计量和报告，不得提前或者延后。及时性表明：会计信息的及时性不仅从其真实可靠中体现，还有赖于它的时效性。由于投资者（尤其是广大股东）与公司内部管理人员在获取公司经济业务信息的时间上存在差异，为克服这种信息不对称以及信息传递的时间差异上可能产生的弊端，基本准则要求当事者对于既成事实的经济业务，以及对证券市场可能产生重大影响的会计事项，应当及时依法披露。

及时性是会计信息具有相关性质量特征的保证。如果企业利益相关者在影响其决策的经济事项发生时无法及时获取该信息，以致对其未来的决策失去了应有的信息含量，甚至误导其决策，则这些滞后披露的信息就会因未及时披露而对利益相关者的决策不再相关。由此可见，会计信息披露的及时性对资本市场的主体以及资本市场运行本身，都有着不可低估的意义。在中国资本市场上，存在诸多拟IPO的企业，为了取得IPO的高溢价，而选择性披露盈余与成本费用信息，显然也是违背了及时性信息质量的要求。

总之，上述会计信息的质量特征是准则执行者进行会计选择的依据，也是财务报告质量的保证。

## 第三节 会计计量属性

财务信息的生成必然涉及会计要素的会计确认、计量、报告，从而为企业利益相关者提供决策有用信息。

### 一、会计确认与计量

（一）会计确认

会计确认是将某一会计事项作为资产、负债、所有者权益、收入、费用等正式地列入某一财务报表的过程。它同时以文字和数字描述某一项目，并将其金额包括在报表总计之中。会计确认涉及确认标准及确认的时间。FASB 在财务会计概念公告第 5 号《企业财务报表项目的确认和计量》中指出，确认标准是指应在效益大于成本以及重要性前提下，符合各项要素的定义，具有可计量性、相关性以及可靠性。国际会计准则委员会（IASC）《编报财务报表的框架》所规范的确认标准包括：与会计事项有关的未来经济利益将很可能流入或流出企业；该事项的成本或价值能够可靠地加以计量。我国各会计事项的确认标准基本融合了 FASB 与 IASC 的规定，并凸显符合各项要素的定义，具有可计量性的要求。会计确认时间通常是经济业务发生的时间。

### （二）会计计量

会计计量是用货币或其他量度单位计量各项经济业务，并登记入账簿及财务报表的过程。其特征是以数量（主要是以货币单位表示的价值量）关系来确定物品或事项之间的内在联系。会计计量的关键是计量属性的选择和计量单位的确定。其中，计量属性是会计要素金额的确定基础，我国 2006 年新修订的基本准则明确了会计计量属性包括：历史成本、重置成本、可变现净值、现值、公允价值。企业在对会计要素进行计量一般应当采用历史成本计量属性。若采用重置成本、可变现净值、现值、公允价值计量属性，则应当保证所确定的会计要素金额能够取得并可靠计量。就计量单位而言，会计计量单位包括货币量度、劳动量度以及实务量度。当前财务报表以货币单位为计量尺度。

会计记录是指对经过会计确认、计量的经济业务，采用一定方法记录下来的过程。在会计记录中，对于经过确认而可以进入会计信息系统处理的每项数据，要运用会计账户和金额，按复式记账规则的要求，在账簿上加以登记。会计记录是会计核算中的重要环节，并形成复式簿记系统。财务报表的各种要素都是会计确认、计量的结果。本节主要介绍会计计量属性，财务报告则在本书后续章节讲解，在此不再赘述。

## 二、会计计量属性

我国2016年修订的基本准则指出，会计计量属性主要包括：历史成本、重置成本、可变现净值、现值和公允价值等。

### （一）历史成本

历史成本，又称为实际成本，是指为取得或制造某项财产物资实际支付的现金或其他等价物。在历史成本计量下，资产按照购置时支付的现金或者现金等价物的金额，或者按照购置资产时所支付的对价的公允价值计量，入账后的账面原值在该资产存续期内一般不作调整。负债按照因承担现时义务而实际收到的款项或者资产的金额，或者承担现时义务的合同金额，或者按照日常活动中为偿还负债预期需要支付的现金或者现金等价物的金额计量。

历史成本计量强调会计信息的真实、可靠以及可验证性。该计量属性往往只确认实际交易活动产生的结果，而不对尚未发生的交易进行估计。从股东及债权人的角度看，这种以交易事实为依据计量的金额是客观的、可验证的，以此计算的收益是可靠的。这也是历史成本计量属性在会计实践中得以广泛应用的原因。然而，由于历史成本不涉及后续确认，因此所提供会计要素的历史数据与不断变化的现时价格脱节，缺乏相关性，使得会计信息需求者依据历史成本信息进行的财务分析与其决策需求的相关性有待提高，从而影响其决策。

### （二）重置成本

重置成本又称现行成本，是指按照当前市场条件，重新取得同样一项资产所需要支付的现金或者现金等价物金额。在重置成本计量下，资产按照现在购买相同或者相似资产所需支付的现金或者现金等价物的金额计量。资产重置成本的计量主要适用固定资产盘盈和资产评估等的计量。负债按照现在偿付该项债务所需支付的现金或者现金等价物的金额计量。负债重置成本的计量主要适用于预计负债等的计量。

重置成本的优点主要表现在：重置成本为现时信息，增强了会计信息决策的相关性；重置成本也有利于避免物价上涨时虚计收益。重置成本计量属性的主要缺点是重置成本的确定缺乏客观性。在确定计量重置成本时，市场上所售资产的价格可能并不完全一致，销售条件等可能也不完全相同，因此，重置成本数额的确定不可避免地会有一些主观因素。此外，由于技术进步等原因，可能在市场上很难找到与之相同甚至相似的资产，重置成本只能依靠估计。重置成本的确定不可避免地带有主观因素。

### （三）可变现净值

可变现净值是指在正常的生产经营过程中，以预计售价减去进一步加工成本和销售所必需的预计税金、费用后的净值。在可变现净值计量下，资产应按照其正常对外销售所能收到现金或者现金等价物的金额扣减该资产至完工时估计将要发生的成本、估计的销售费用以及相关税金后的金额计量。

可变现净值的优点是：相对于历史成本而言，可变现净值同样提高了会计信息决策的相关性；可变现净值的缺点在于以预计售价减去进一步加工和销售所必需的预计税费的净值确定可变现净值的过程也不可避免地带有主观因素。

### （四）现值

现值是指对未来现金流量以恰当的折现率进行折现后的价值，是考虑货币时间价值的一种计量属性。现值通常用于非流动资产和非流动负债的计量。在现值计量下，资产按照预计从其持续使用和最终处置中所产生的未来净现金流入量的折现金额计量，负债按照预计期限内需要偿还的未来净现金流出量的折现金额计量。我国企业持有的资产的现值计量基本遵循了资产未来现金流量折现的原则；对初始取得的资产的现值的确定更加接近其历史成本。因此，在观念上既充分体现了资产负债观，同时又对现值计量属性的适用范围进行了严格限定。

现值计量属性的优点在于，现值是未来现金流量的贴现值，考虑了资金时间价值，进一步提高了会计信息的决策相关性。现值计量属性的缺点也很明显，即现值估价技术中，未来现金流量的确定，折现率的选择都不可避免地存在主观因素，对会计人员职业判断水平的要求较高。这将增加现值计量属性计量结果的不确定性。

**（五）公允价值**

依据 2014 年所颁布的《企业会计准则第 39 号——公允价值计量》，公允价值是指市场参与者在计量日发生的有序交易中，出售一项资产所能收到或者转移一项负债所需支付的价格，即脱手价格。

企业以公允价值计量相关资产或负债，使用的估值技术主要包括：市场法、收益法和成本法。其中，市场法是利用相同或类似的资产、负债或资产和负债组合的价格以及其他相关市场交易信息进行估值的技术；收益法是将未来金额转换成单一现值的估值技术；成本法是反映当前要求重置相关资产服务能力所需金额的估值技术，通常指现行重置成本法。

公允价值计量属性的优点在于：有利于提高金融资产、金融负债和企业自身权益工具会计信息的相关性，同时也可提高市场风险或信用风险可抵销的金融资产和金融负债会计信息的相关性。公允价值计量属性的缺点在于：公允价值确定的主观性较强，尤其是采用收益法估价技术时，因不同投资者之间、投资者与管理当局之间对投资的期望报酬率不可能完全统一，对未来现金流量的估计具有较大不确定性，这导致在具体的技术操作中主观成分多。此外，该计量属性容易导致管理当局利用公允价值进行利润操纵，使会计信息失真。

需要指出的是，公允价值计量属性并不是完全独立于历史成本、重置成本、可变现净值以及现值之外。从本质上看，尽管公允价值有别于其他计量属性，但公允价值与其他计量属性有交融之处。如交易发生当时的价格既是历史成本又是公允价值，现值是公允价值的估价方法之一等。

企业在对会计要素进行计量时，一般应当采用历史成本。采用重置成本、可变现净值、现值、公允价值计量的，应当保证所确定的会计要素金额能够取得并可靠计量。

**【例 1–1】**天津可美食品有限公司 20×9 年 3 月以 20 万元购买了一批调味品包装瓶；该公司现在购买同样的一批调味品包装瓶需要 25 万元；如果将这批调味品包装瓶出售，销售价款为 23 万元；如果公司打算把调味品包装瓶出售，支出的销售费用和相关税金为 1 万元。如果公司准备 2 年后将这批调味品包装瓶出售，预计可以收到的价款为 21 万元（若同期资本市场投资报酬率为 5%）。

由上述信息可知，该批存货的历史成本为 20 万元；重置成本为 25 万元；基于市场法估价技术的公允价值为 23 万元；基于现值估价技术的公允价值为 19.05 万元，即 21 万元 / $(1+5\%)^2$=19.05 万元；可变现净值为 22 万元（23 万元 –1 万元）；现值为 19.05 万元。

# 第四节 会计要素

会计要素是指按照交易或事项的经济特征所做的基本分类，是会计核算对象的具体化，也是财务报表的基本要素。我国基本准则将会计要素分为六大会计要素，即资产、负债、所有者权益、收入、费用和利润。其中，资产、负债、所有者权益反映企业某一时点的财务状况；而收入、费用和利润则体现企业一段时期的经营成果。下面将详细介绍每一会计要素。

## 一、资产

### （一）资产的定义

资产，是指企业过去的交易或者事项形成的、由企业拥有或者控制的、预期会给企业带来经济利益的资源。根据资产的定义，资产具有以下几个方面的特征：

（1）资产应为企业拥有或者控制的资源。

（2）资产预期会给企业带来经济利益。

（3）资产是由企业过去的交易或者事项形成的。

### （二）资产的确认条件

将一项资源确认为资产，需要符合资产的定义，并同时满足以下两个条件：

（1）与该资源有关的经济利益很可能流入企业。

（2）该资源的成本或者价值能够可靠地计量。

由上述资产的特征以及资产的确认条件可见：资产必须是对企业有用的经济资源，且能够衡量它的价值。对资产的要求权分属于债权人或所有者，即资产来源于债权人或股权人。对任何企业而言，资产的要求权表现为企业的负债与所有者权益。

## 二、负债

### （一）负债的定义

负债，是指企业过去的交易或者事项形成的、预期会导致经济利益流出企业的现时义务。

负债具有以下几个方面的特征：

（1）负债是企业承担的现时义务。

（2）负债的清偿预期会导致经济利益流出企业。

（3）负债是由企业过去的交易或者事项形成的。

### （二）负债的确认条件

将一项义务确认为负债，需要符合负债的定义，并同时满足以下两个条件：

（1）与该义务有关的经济利益很可能流出企业。

（2）未来流出的经济利益能够可靠地计量。

## 三、所有者权益

### （一）所有者权益的定义

所有者权益，是指企业资产扣除负债后，由所有者享有的剩余权益。公司的所有者权益又称为股东权益。所有者权益是所有者对企业资产的剩余索取权。

### （二）所有者权益的来源构成

所有者权益按其来源主要包括所有者投入的资本、直接计入所有者权益的利得和损失（其他综合收益）、留存收益等。

所有者投入的资本，是指所有者投入企业的资本部分，它既包括构成企业注册资本或者股本部分的金额，也包括投入资本超过注册资本或者股本部分的金额，即资本溢价或者股本溢价。

直接计入所有者权益的利得和损失，是指不应计入当期损益、会导致所有者权益发生增减变动的、与所有者投入资本或者向所有者分配利润无关的利得或者损失。其中，利得是指由企业非日常活动所形成的、会导致所有者权益增加的、与所有者投入资本无关的经济利益的流入。损失是指由企业非日常活动所发生的、会导致所有者权益减少的、与向所有者分配利润无关的经济利益的流出。

留存收益是企业历年实现的净利润留存于企业的部分，主要包括计提的盈余公积和未分配利润。

### （三）所有者权益的确认条件

由于所有者权益体现的是所有者在企业中的剩余权益，因此，所有者权益的确认主要依赖于其他会计要素，尤其是资产和负债的确认；所有者权益金额的确定也主要取决于资产和负债的计量。

## 四、收入

### （一）收入的定义

收入指企业在日常活动中形成的、会导致所有者权益增加的、与所有者投入资本无关的经济利益的总流入。收入具有以下几个方面的特征：

（1）收入是企业在日常活动中形成的。

（2）收入最终会导致所有者权益的增加。

（3）收入是经济利益的总流入。

### （二）收入的确认条件

企业应当在履行了合同中的履约义务，即在客户取得相关商品控制权时确认收入。取得相关商品控制权，是指能够主导该商品的使用并从中获得几乎全部的经济利益。我国新收入准则以“控制权转移”为收入确认的判断依据。

## 五、费用

### （一）费用的定义

费用，是指企业在日常活动中发生的、会导致所有者权益减少的、与向所有者分配利润无关的经济利益的总流出。根据定义，费用具有以下几个方面的特征：

（1）费用应当是企业在日常活动中发生的。

（2）费用会导致所有者权益的减少。

（3）费用是与向所有者分配利润无关的经济利益的总流出。

### （二）费用的确认条件

费用的确认至少应当符合以下条件：一是与费用相关的经济利益应当很可能流出企业；二是经济利益流出企业的结果会导致资产的减少或者负债的增加；三是经济利益的流出额能够可靠计量。

## 六、利润

### （一）利润的定义

利润，是指企业在一定会计期间的经营成果。反映的是企业的经营业绩情况，是业绩考核的重要指标。

### （二）利润的来源构成

利润包括收入减去费用后的净额、直接计入当期利润的利得和损失等。其中收入减去费用后的净额反映的是企业日常活动的业绩，直接计入当期利润的利得和损失反映的是企业非日常活动的业绩。直接计入当期利润的利得和损失，是指应当计入当期损益、会导致所有者权益发生增减变动的、与所有者投入资本或者向所有者分配利润无关的利得或损失，如处置固定资产净损失等。

### （三）利润的确认条件

利润反映的是收入减去费用、利得减去损失后的净额，因此，利润的确认主要依赖于收入和费用以及利得和损失的确认，其金额的确定也主要取决于收入、费用、利得、损失金额的计量。

# 第五节 财务报告

财务报告，是指企业对外提供的反映企业某一特定日期的财务状况和某一会计期间的经营成果、现金流量以及股东财富变动情况等会计信息的文件。

财务报告包括会计报表及其附注（统称财务报表）和其他应当在财务报告中披露的相关信息和资料。一套完整的财务报表至少应当包括资产负债表、利润表、现金流量表、所有者权益变动表及其附注。小企业因为规模较小，外部信息需求相对较低，因此小企业可以不编制现金流量表。

资产负债表是指反映企业在某一特定日期的财务状况的会计报表。利润表是指反映企业在一定会计期间的经营成果的会计报表。现金流量表是指反映企业在一定会计期间的现金和现金等价物流入和流出的会计报表。所有者权益变动表是指反映构成所有者权益各组成部分当期增减变动情况的报表。附注是指对在会计报表中列示项目所作的进一步说明，以及对未能在这些报表中列示项目的说明等。会计报表附注有助于财务报表使用者更好地理解企业会计报表的内容，进而做出更有效的决策。上述各类财务报告的具体内容将会在本书后续章节详细讲解，在此不再赘述。

**案例讨论**

### 上市公司虚假财务信息的表现

2011 年 9 月 16 日，作为从事稻米精深加工系列产品的企业之一的万福生科，首次公开发行 1700 万股 A 股（股票代码 300268），占发行后总股本的 25.37%，发行价为每股 25 元。因该公司涉嫌财务造假，2012 年 9 月 14 日湖南省证监局立案稽查；9 月 19 日万福生科停牌接受中国证监会立案调查；10 月 26 日万福生科承认 2012 年半年报存在财务造假（虚增营业收入 1.88 亿元，虚增营业成本 1.46 亿元，虚增净利润 4023 万元）；10 月 29 日万福生科复牌，股价直接封死跌停；2013 年 3 月 2 日，万福生科发布自查公告，承认 2008—2011 年累计虚增收入 7.4 亿元左右，虚增营业利润 1.8 亿元左右，虚增净利润 1.6 亿元左右；尤其 2011 年上市这一年，万福生科虚增收入 2.8 亿元，虚增营业利润 6541 万元，虚增净利润 5913 万元。

讨论 1：拟上市企业为何财务造假？

讨论 2：请从会计要素的逻辑关系角度，探讨上市公司虚假财务信息为何总表现为高估资产，低估负债；高估收入，低估成本、费用？

## 本章小结

本章介绍了会计的三个发展阶段：古代会计、近代会计以及现代会计。在此基础上，结合财务会计的框架体系，讲解了会计信息质量特征、会计要素的计量属性、各类会计要素以及财务报告等内容。其中：会计信息质量特征包括：可靠性、相关性、可理解性、可比性、实质重于形式、重要性、谨慎性和及时性；会计要素计量属性主要包括历史成本、重置成本、可变现净值、现值和公允价值；会计要素包括资产、负债、所有者权益、收入、费用和利润；财务报告包括资产负债表、利润表、现金流量表、所有者权益变动表及其附注等内容。

## 思考题

（1）结合长期股权投资、租赁、负债等章节的学习，体会会计信息质量特征中实质重于形式、谨慎性等原则在实务中是如何应用的。

（2）结合企业具体实际，分析确定相关资产计量属性及选择计量该属性的原因是什么。

（3）财政部现在力推管理会计的应用，结合本章及相关管理会计内容，分析财务会计在用途及对象等方面与管理会计有着怎样的异同。

## 第二章

# 金融资产

**【本章学习目标】**

理解金融资产的概念及分类，掌握金融资产的确认原则，掌握金融资产的初始计量和后续计量方法及常见业务的账务处理，掌握金融资产的减值原则，熟悉金融资产的重分类原则及账务处理规定，了解金融资产转移的原则和会计处理。

## | 引导案例 |

2007 年次贷危机拉开了美国金融危机的序幕。华尔街众多实力雄厚的投资公司如美林证券、贝尔斯登、雷曼兄弟等企业损失巨大。美国金融业人士和国会议员认为 FAS157 要求金融产品按公允价值计量的规定，其引发的顺周期效应对金融危机起到了推波助澜的作用。金融危机市场环境下，金融稳定委员会（FSB）将"顺周期效应"定义为：放大金融系统波动幅度并可能引发或加剧金融不稳定的一种相互强化机制。当经济进入高速发展时期，表现为资产价格往往会呈现非理性上涨，此时若采用公允价值对交易性金融资产和可供出售金融资产进行计量，将使得银行在其利润表中确认可观的利润或在资产负债表中确认估值利得，必将增加账面利润，企业管理层因为资本基础的强化和报酬增加的利益驱动去购买更多的金融资产，促使资产泡沫化日趋严重化。而当经济进入衰退发展时期，非理性暴跌成为资产泡沫破裂的标志之一，银行将不得不在其资产负债表按公允价值确认估值损失或在损益表确认大量的账面损失，这些估值损失将会冲击银行的资本基础和管理者薪酬，刺激管理层抛售金融资产，导致恶性循环：金融产品交易价格下跌——金融产品资产计提减值准备——金融机构按照监管要求核减资本金——为达到资本金要求抛售金融资产——市场出现恐慌性抛售——价格进一步下跌。更糟糕的是遵循现有会计准则，下跌后的资产价格又成为新的公允价值确定的基础。如此反复，金融资产价格将形成螺旋式下跌的恶性循环，最终造成市场恐慌，在投资者中产生连锁反应，促使他们不惜代价地抛售所持有的金融资产，最终导致资本市场出现流动性枯竭。这进一步加剧了金融资产的价格一路下跌，使金融危机愈演愈烈。而这无疑为本就不景气的经济雪上加霜，导致整个经济系统陷入崩溃边缘。由于理论界证明公允价值会计有顺周期的传染效应，美国国会议员联名写信呼吁暂停使用公允价值计量。2008 年 12 月 30 日美国证券交易委员会 SEC 向国会提交了长达 211 页的报告 *SEC Reportto Congresson Mark-to-Market Accounting*，反对废除公允价值会计，并提出涉及金融资产减值需要重新设计等 8 项改进措施。时隔一年，国际会计准则理事会发布《国际财务报告准则第 9 号——金融工具》（IFRS9），简化了现行金融资产分类和计量的会计处理。随着全球资本市场的持续发展和金融工具的不断创新，有关金融工具会计处理实务出现了一些新情况和新问题。比如，现行金融工具分类和计量主观性较强，影响了金融工具会计信息的可比性；金融资产信用损失确认过晚，且不同类别的金融资产减值模型不同，增加了人为操纵空间等，国际财务报告准则委员会持续跟进这些问题，对 IFRS9 进行了较大幅度的修订，于 2014 年 7 月发布了最新版的金融工具准则，于 2018 年 1 月 1 日生效。

通过上述案例思考如下问题：

（1）金融资产的公允价值计量是引发金融危机的罪魁祸首吗？

（2）2008 年以来，《国际财务报告准则第 9 号——金融工具》的修订目的和修订思路是什么？对金融资产的确认和计量带来了哪些影响？

# 第一节　金融资产的确认

## 一、金融资产的概念

金融资产，是指企业持有的现金、其他方的权益工具以及符合下列条件之一的资产：

（1）从其他方收取现金或其他金融资产的合同权利。例如，企业的银行存款、应收账款、应收票据和贷款等均属于金融资产。再如，预付账款不是金融资产，因其产生的未来经济利益是商品或服务，不是收取现金或其他金融资产的权利。

（2）在潜在有利条件下，与其他方交换金融资产或金融负债的合同权利。例如，企业持有的看涨期权或看跌期权等。

（3）将来须用或可用企业自身权益工具进行结算的非衍生工具合同，且企业根据该合同将收到可变数量的自身权益工具。

（4）将来须用或可用企业自身权益工具进行结算的衍生工具合同，但以固定数量的自身权益工具交换固定金额的现金或其他金融资产的衍生工具合同除外。其中，企业自身权益工具不包括应当按照《企业会计准则第 37 号——金融工具列报》分类为权益工具的可回售工具或发行方仅在清算时才有义务向另一方按比例交付其净资产的金融工具，也不包括本身就要求在未来收取或交付企业自身权益工具的合同。

金融资产的概念强调形成收取现金或另一金融资产的合同权利，如各种应收款项、各种权益性投资和债权性投资等合同权利，这个特征使得金融资产区别于诸如存货、不动产和设备等有形资产，以及专利、商标权等无形资产。因为对后者的控制只能创造形成现金或其他资产流入的机会，但并不形成收取现金或其他金融资产的现时权利。

本章不涉及以下金融资产的会计处理：

（1）长期股权投资，即企业对外能够形成控制、共同控制和重大影响的股权投资。

（2）货币资金，即现金、银行存款、其他货币资金。

## 二、金融资产的分类

金融资产的分类是确认和计量的基础。企业应当根据其管理金融资产的业务模式和金融资产的合同现金流量特征，对金融资产进行合理的分类。金融资产一般划分为以下三类：

（1）以摊余成本计量的金融资产。

（2）以公允价值计量且其变动计入其他综合收益的金融资产。

（3）以公允价值计量且其变动计入当期损益的金融资产。对金融资产的分类已经确定，不得随意变更。

### （一）企业管理金融资产的业务模式

企业管理金融资产的业务模式，是指企业如何管理其金融资产以产生现金流量。业务模式决定企业所管理金融资产现金流量的来源是收取合同现金流量、出售金融资产还是两者兼有。

企业确定其管理金融资产的业务模式时，应当注意以下方面：

（1）企业应当在金融资产组合的层次上确定管理金融资产的业务模式，而不必按照单个金融资产逐项确定业务模式。金融资产组合的层次应当反映企业管理该金融资产的层次。有些情况下，企业可能将金融资产组合分拆为更小的组合，以合理反映企业管理该金融资产的层次。例如，企业购买一个抵押贷款组合，以收取合同现金流量为目标管理该组合中的一部分贷款，以出售为目标管理该组合中的其他贷款。

（2）一个企业可能会采用多个业务模式管理其金融资产。例如，企业持有一组以收取合同现金流量为目标的投资组合，同时还持有另一组既以收取合同现金流量为目标又以出售该金融资产为目标的投资组合。

（3）企业应当以企业关键管理人员决定的对金融资产进行管理的特定业务目标为基础，确定管理金融资产的业务模式。其中，"关键管理人员"是指《企业会计准则第36号——关联方披露》中定义的关键管理人员。

（4）企业的业务模式并非企业自愿指定，而是一种客观事实，通常可以从企业为实现其目标而开展的特定活动中得以反映。企业应当考虑在业务模式评估日可获得的所有相关证据，包括企业评价和向关键管理人员报告金融资产业绩的方式、影响金融资产业绩的风险及其管理方式以及相关业务管理人员获得报酬的方式（例如报酬是基于所管理资产的公允价值还是所收取的合同现金流量）等。

（5）企业不得以按照合理预期不会发生的情形为基础确定管理金融资产的业务模式。例如，对于某金融资产组合，如果企业预期仅会在压力情形下将其出售，且企业合理预期该压力情形不会发生，则该压力情形不得影响企业对该类金融资产的业务模式的评估。

此外，如果金融资产实际现金流量的实现方式不同于评估业务模式时的预期，只要企业在评估业务模式时已经考虑了当时所有可获得的相关信息，这一差异不构成企业财务报表的前期差错，也不改变企业在该业务模式下持有的剩余金融资产的分类。但是，企业在评估新的金融资产的业务模式时，应当考虑这些信息。

具体来说，企业管理金融资产的业务模式有三种：

1. 以收取合同现金流量为目标的业务模式

在以收取合同现金流量为目标的业务模式下，企业管理金融资产旨在通过在金融资产存续期内收取合同付款来实现现金流量，而不是通过持有并出售金融资产产生整体回报。

在以收取合同现金流量为目标的业务模式下，金融资产的信用质量影响着企业收取合同现金流量的能力。为减少因信用恶化所导致的潜在信用损失而进行的风险管理活动与以收取合同现金流量为目标的业务模式并不矛盾。因此，即使企业在金融资产的信用风险增加时为减少信用损失而将其出售，金融资产的业务模式仍然可能是以收取合同现金流量为目标的业务模式。

如果企业在金融资产到期日前出售金融资产，即使与信用风险管理活动无关，在出售只是偶然发生（即使价值重大），或者单独及汇总出售的价值非常小（即使频繁发生）的情况下，金融资产的业务模式仍然可能是以收取合同现金流量为目标。如果企业能够解释出售的原因并且证明出售并不反映业务模式的改变，出售频率或者出售价值在特定时期内增加不一定与以收取合同现金流量为目标的业务模式相矛盾。此外，如果出售发生在金融资产临近到期时，且出售所得接近待收取的剩余合同现金流量，金融资产的业务模式仍然可能是以收取合同现金流量为目标。

2. 以收取合同现金流量和出售金融资产为目标的业务模式

在同时以收取合同现金流量和出售金融资产为目标的业务模式下，企业的关键管理人员认为收取合同现金流量和出售金融资产对于实现其管理目标而言都是不可或缺的。例如，企业的目标是管理日常流动性需求同时维持特定的收益率，或将金融资产的存续期与相关负债的存续期进行匹配。

与以收取合同现金流量为目标的业务模式相比，此业务模式涉及的出售通常频率更高、价值更大。因为出售金融资产是此业务模式的目标之一，在该业务模式下不存在出售金融资产的频率或者价值的明确界限。

3. 其他业务模式

如果企业管理金融资产的业务模式，不是以收取合同现金流量为目标，也不是以收取合同现金流量和出售金融资产为目标，则该企业管理金融资产的业务模式是其他业务模式。例如，企业持有金融资产的目的是交易性的或者基于金融资产的公允价值做出决策并对其进行管理。在这种情况下，企业管理金融资产的目标是通过出售金融资产以实现现金流量。即使企业在持有金融资产的过程中会收取合同现金流量，企业管理金融资产的业务模式也不是以收取合同现金流量和出售金融资产为目标，因为收取合同现金流量对实现该业务模式目标来说只是附带性质的活动。

### （二）金融资产的合同现金流量特征

金融资产的合同现金流量特征，是指金融工具合同约定的、反映相关金融资产经济特征的现金流量属性。企业分类为以摊余成本计量的金融资产和以公允价值计量且其变动计入其他综合收益的金融资产，其合同现金流量特征应当与基本借贷安排相一致，即相关金融资产在特定日期产生的合同现金流量仅为对本金和以未偿付本金金额为基础的利息的支付（以下简称“本金加利息的合同现金流量特征”）。无论金融资产的法律形式是否为一项贷款，都可能是一项基本借贷安排。

本金是指金融资产在初始确认时的公允价值，本金金额可能因提前还款等原因在金融资产的存续期内发生变动；利息包括对货币时间价值、与特定时期未偿付本金金额相关的信用风险，以及其他基本借贷风险、成本和利润的对价。其中，货币时间价值是利息要素中仅因为时间流逝而提供对价的部分，不包括为所持有金融资产的其他风险或成本提供的对价，但货币时间价值要素有时可能存在修正。在货币时间价值要素存在修正的情况下，企业应当对相关修正进行评估，以确定其是否满足上述合同现金流量特征的要求。此外，金融资产包含可能导致其合同现金流量的时间分布或金额发生变更的合同条款（如包含提前还款特征）的，企业应当对相关条款进行评估（如评估提前还款特征的公允价值是否非常小），以确定其是否满足上述合同现金流量特征的要求。

### （三）金融资产的具体分类

（1）金融资产同时符合下列条件的，应当分类为以摊余成本计量的金融资产：

①企业管理该金融资产的业务模式是以收取合同现金流量为目标。

②该金融资产的合同条款规定，在特定日期产生的现金流量，仅为对本金和以未偿付本金金额为基础的利息的支付。

例如，银行向企业客户发放的固定利率贷款，在没有其他特殊安排的情况下，贷款通常可能符合本金加利息的合同现金流量特征。如果银行管理该贷款的业务模式是以收取合同现金流量为目标，则该贷款可以分类为以摊余成本计量的金融资产。再如，普通债券的合同现金流量是到期收回本金及按约定利率在合同期间按时收取固定或浮动利息的权利。在没有其他特殊安排的情况下，普通债券通常可能符合本金加利息的合同现金流量特征。如果企业管理该债券的业务模式是以收取合同现金流量为目标，则该债券可以分类为以摊余成本计量的金融资产。又如，企业正常商业往来形成的具有一定信用期限的应收账款，如果企业拟根据应收账款的合同现金流量收取现金，且不打算提前处置应收账款，则该应收账款可以分类为以摊余成本计量的金融资产。

企业一般应当设置“贷款”“应收账款”“债权投资”等科目核算分类为以摊余成本计量的金融资产。

（2）金融资产同时符合下列条件的，应当分类为以公允价值计量且其变动计入其他综合收益的金融资产：

①企业管理该金融资产的业务模式既以收取合同现金流量为目标又以出售该金融资产为目标。

②该金融资产的合同条款规定，在特定日期产生的现金流量，仅为对本金和以未偿付本金金额为基础的利息的支付。

例如，企业持有的普通债券的合同现金流量是到期收回本金及按约定利率在合同期间按时收取固定或浮动利息的权利。在没有其他特殊安排的情况下，普通债券的合同现金流量一般情况下可能符合仅为对本金和以未偿付本金金额为基础的利息支付的要求。如果企业管理该债券的业务模式以收取合同现金流量和出售该债券为目标，则该债券应当分类为以公允价值计量且其变动计入其他综合收益的金融资产。

另外，对于非交易性权益工具投资，企业可以将其指定为以公允价值计量且其变动计入其他综合收益的金融资产，并按规定确认股利收入。该指定一经做出，不得撤销。企业投资其他上市公司股票或者非上市公司股权的，都可能属于这种情形。

非交易性权益工具投资的特点是：持有的目的不是为了近期出售或回购。相关金融资产或资产组合没有客观证据表明近期实际存在短期获利模式。相关金融资产不属于除了符合财务担保合同定义的衍生工具以及被指定为有效套期工具的衍生工具之外的衍生工具。

企业应当设置“其他债权投资”科目核算分类为以公允价值计量且其变动计入其他综合收益的金融资产。对于非交易性权益工具投资，企业可以设置“其他权益工具投资”科目进行核算。

（3）按照（1）和（2）分类为以摊余成本计量的金融资产和以公允价值计量且其变动计入其他综合收益的金融资产之外的金融资产，企业应当将其分类为以公允价值计量且其变动计入当期损益的金融资产。例如，企业常见的下列投资产品通常应当分类为以公允价值计量且其变动计入当期损益的金融资产：

①股票。股票的合同现金流量源自收取被投资企业未来股利分配以及其清算时获得剩余收益的权利。由于股利及获得剩余收益的权利均不符合本章关于本金和利息的定义，因此股票不符合本金加利息的合同现金流量特征。在不考虑特殊指定的情况下，企业持有的股票应当分类为以公允价值计量且其变动计入当期损益的金融资产。

②基金。常见的股票型基金、债券型基金、货币基金或混合基金，通常投资于动态管理的资产组合，投资者从该类投资中所取得的现金流量既包括投资期间基础资产产生的合同现金流量，也包括处置基础资产的现金流量。基金一般情况下不符合本金加利息的合同现金流量特征。企业持有的基金通常应当分类为以公允价值计量且其变动计入当期损益的金融资产。

③可转换债券。可转换债券除按一般债权类投资的特性到期收回本金、获取约定利息或收益外，还嵌入了一项转股权。通过嵌入衍生工具，企业获得的收益在基本借贷安排的基础上，会产生基于其他因素变动的不确定性。企业将可转换债券作为一个整体进行评估，由于可转换债券不符合本金加利息的合同现金流量特征，企业持有的可转换债券投资应当分类为以公允价值计量且其变动计入当期损益的金融资产。

此外，在初始确认时，如果能够消除或显著减少会计错配，企业可以将金融资产指定为以公允价值计量且其变动计入当期损益的金融资产。该指定一经做出，不得撤销。

企业应当设置“交易性金融资产”科目核算分类为以公允价值计量且其变动计入当期损益的金融资产。企业持有的指定为以公允价值计量且其变动计入当期损益的金融资产可在本科目下单设“指定类”明细科目核算。

# 第二节 金融资产的计量

## 一、金融资产的初始计量

企业初始确认金融资产时，应当按照公允价值计量。对于以公允价值计量且其变动计入当期损益的金融资产，相关交易费用应当直接计入当期损益；对于其他类别的金融资产，相关交易费用应当计入初始确认金额。

交易费用，是指可直接归属于购买、发行或处置金融工具的增量费用。增量费用是指企业没有发生购买、发行或处置相关金融工具的情形就不会发生的费用，包括支付给代理机构、咨询公司、券商、证券交易所、政府有关部门等的手续费、佣金、相关税费以及其他必要支出，不包括债券溢价、折价、融资费用、内部管理成本和持有成本等与交易不直接相关的费用。

金融资产的公允价值通常是相关金融资产的交易价格。金融资产公允价值与交易价格存在差异的，企业应当区别下列情况进行处理：

（1）在初始确认时，金融资产的公允价值依据相同资产或负债在活跃市场上的报价或者以仅使用可观察市场数据的估值技术确定的，企业应当将该公允价值与交易价格之间的差额确认为一项利得或损失。

（2）在初始确认时，金融资产的公允价值以其他方式确定的，企业应当将该公允价值与交易价格之间的差额递延。初始确认后，企业应当根据某一因素在相应会计期间的变动程度将该递延差额确认为相应会计期间的利得或损失。该因素应当仅限于市场参与者对该金融工具定价时将予考虑的因素，包括时间等。

企业取得金融资产所支付的价款中包含的已宣告但尚未发放的债券利息或现金股利，应当单独确认为应收项目进行处理。

## 二、金融资产的后续计量

金融资产的后续计量与金融资产的分类密切相关。企业应当对不同类别的金融资产，分别以摊余成本、以公允价值计量且其变动计入其他综合收益或以公允价值计量且其变动计入当期损益进行后续计量。

### （一）以摊余成本计量的金融资产的后续计量

1. 计量原则

以摊余成本计量的金融资产在持有期间应当按照实际利率法确认利息收入，计入投资收益。实际利率，是指将金融资产在预计存续期的估计未来现金流量折现为该金融资产账面余额（不考虑减值）或摊余成本所使用的利率。在确定实际利率时，应当在考虑金融资产所有合同条款（如提前还款、展期、看涨期权或其他类似期权等）的基础上估计预期现金流量，但不应当考虑预期信用损失。

金融资产的摊余成本，应当以该金融资产的初始确认金额经下列调整后确定：

（1）扣除已偿还的本金。

（2）加上或减去采用实际利率法将该初始确认金额与到期日金额之间的差额进行摊销形成的累计摊销额。

（3）扣除计提的累计信用减值准备（仅适用于金融资产）。

2. 账务处理案例

企业应设置"债权投资"科目，并按照指定为以摊余成本计量的金融资产的品种，分别设置"成本""利息调整"和"应计利息"等明细科目，对该类金融资产进行核算。另外，若该类金融资产按照合同约定，分期获得现金流利息，则要通过"应收利息"反映各期收到的利息。

**【例 2-1】**20×0 年 1 月 1 日，红昌公司支付价款 1000 万元（含交易费用）从上海证券交易所购入乙公司 5 年期债券，面值 1250 万元，票面年利率 4.72%，按年支付利息（每年 59 万元），本金在债券到期时一次性偿还。合同约定，该债券的发行方在遇到特定情况时可以将债券赎回，且不需要为提前赎回支付额外款项。红昌公司在购买该债券时，预计发行方不会提前赎回。红昌公司根据其管理该债券的业务模式和该债券的合同现金流量特征，将该债券分类为以摊余成本计量的金融资产。假定不考虑所得税、减值损失等因素，红昌公司在初始确认时先计算确定该债券的实际利率，设该债券的实际利率为 $r$，则可列出如下等式：

$$59\times(1+r)^{-1}+59\times(1+r)^{-2}+59\times(1+r)^{-3}+59\times(1+r)^{-4}+(59+1250)\times(1+r)^{-5}=1000\text{（万元）}$$

采用插值法，可以计算得出 $r$=10%，其溢折价的摊余成本计算见表 2-1。

表 2-1　溢折价的摊余成本计算表

单位：万元

| 年数 | 期初摊余成本（1） | 实际利息收入（2）=（1）×10% | 现金流入（3）= 债券面值 ×4.72% | 期末摊余成本（4）=（1）+（2）-（3） |
|---|---|---|---|---|
| 20×0 | 1000 | 100 | 59 | 1041 |
| 20×1 | 1041 | 104 | 59 | 1086 |
| 20×2 | 1086 | 109 | 59 | 1136 |

续表

| 年数 | 期初摊余成本（1） | 实际利息收入（2）=（1）×10% | 现金流入（3）= 债券面值 ×4.72% | 期末摊余成本（4）=（1）+（2）-（3） |
|---|---|---|---|---|
| 20×3 | 1136 | 114① | 59 | 1191 |
| 20×4 | 1191 | 118② | 1309 | 0 |

①数字四舍五入取整。
②数字考虑了计算过程中出现的尾差。

根据上述数据，红昌公司的有关账务处理如下：

（1）20×0 年 1 月 1 日，购入乙公司债券：

借：债权投资——成本　12500000
　贷：银行存款　10000000
　　债权投资——利息调整　2500000

（2）20×0 年 12 月 31 日，确认乙公司债券实际利息收入、收到债券利息：

借：应收利息　590000
　　债权投资——利息调整　410000
　贷：投资收益　1000000
借：银行存款　590000
　贷：应收利息　590000

（3）20×1 年 12 月 31 日，确认乙公司债券实际利息收入、收到债券利息：

借：应收利息　590000
　　债权投资——利息调整　450000
　贷：投资收益　1040000
借：银行存款　590000
　贷：应收利息　590000

（4）20×2 年 12 月 31 日，确认乙公司债券实际利息收入、收到债券利息：

借：应收利息　590000
　　债权投资——利息调整　500000
　贷：投资收益　1090000
借：银行存款　590000
　贷：应收利息　590000

（5）20×3 年 12 月 31 日，确认乙公司债券实际利息收入、收到债券利息：

借：应收利息　590000
　　债权投资——利息调整　550000
　贷：投资收益　1140000
借：银行存款　590000
　贷：应收利息　590000

（6）20×4 年 12 月 31 日，确认乙公司债券实际利息收入、收到债券利息和本金：

借：应收利息　590000

　　债权投资——利息调整　590000

　贷：投资收益　1180000

借：银行存款　590000

　贷：应收利息　590000

借：银行存款　12500000

　贷：债权投资——成本　12500000

**【例 2-2】**续例 2-1，假定红昌公司购买的乙公司债券不是分次付息，而是到期一次还本付息，复利计算。红昌公司根据其管理该债券的业务模式和该债券的合同现金流量特征，将该债券分类为以摊余成本计量的金融资产。此时，红昌公司所购买乙公司债券的实际利率 $r$ 计算如下：

$$(59+59+59+59+59+1250)\times(1+r)^{-5}=1000\text{（万元）}$$

由此计算得出 $r$=9.05%，据此，其溢折价的摊余成本计算见表 2-2。

**表 2-2　溢折价的摊余成本计算表**

单位：万元

| 年数 | 期初摊余成本（1） | 实际利息收入（2）=（1）×10% | 现金流入（3） | 期末摊余成本（4）=（1）+（2）-（3） |
|---|---|---|---|---|
| 20×0 | 1000 | 90.5 | 0 | 1090.5 |
| 20×1 | 1090.5 | 98.69 | 0 | 1189.19 |
| 20×2 | 1189.19 | 107.62 | 0 | 1296.81 |
| 20×3 | 1296.81 | 117.36 | 0 | 1414.17 |
| 20×4 | 1414.17 | 130.83① | 1545 | 0 |

①尾数调整 1250+295−1414.17=130.83（万元）。

根据表 2-2 中的数据，红昌公司的有关账务处理如下：

（1）20×0 年 1 月 1 日，购入乙公司债券：

借：债权投资——成本　12500000

　贷：银行存款　10000000

　　　债权投资——利息调整　2500000

（2）20×0 年 12 月 31 日，确认乙公司债券实际利息收入：

借：债权投资——应计利息　590000

　　　　　　——利息调整　315000

　贷：投资收益　905000

（3）20×1 年 12 月 31 日，确认乙公司债券实际利息收入：

借：债权投资——应计利息　　590000

　　　　　　——利息调整　　396900

　贷：投资收益　　986900

（4）20×2 年 12 月 31 日，确认乙公司债券实际利息收入：

借：债权投资——应计利息　　590000

　　　　　　——利息调整　　486200

　贷：投资收益　　1076200

（5）20×3 年 12 月 31 日，确认乙公司债券实际利息收入：

借：债权投资——应计利息　　590000

　　　　　　——利息调整　　583600

　贷：投资收益　　1173600

（6）20×4 年 12 月 31 日，确认乙公司债券实际利息收入：

借：债权投资——应计利息　　590000

　　　　　　——利息调整　　718300

　贷：投资收益　　1308300

借：银行存款　　15450000

　贷：债权投资——成本　　12500000

　　　　　　　——应计利息　　2950000

## （二）以公允价值计量且其变动计入其他综合收益的金融资产的后续计量

### 1. 计量原则

分类为以公允价值计量且其变动计入其他综合收益的金融资产所产生的利得或损失，除减值损失或利得和汇兑损益之外，均应当计入其他综合收益，直至该金融资产终止确认或被重分类。但是，采用实际利率法计算的该金融资产的利息应当计入当期损益。该类金融资产计入各期损益的金额应当与视同其一直按摊余成本计量而计入各期损益的金额相等。该金融资产终止确认时，之前计入其他综合收益的累计利得或损失应当从其他综合收益中转出，计入当期损益。

指定为以公允价值计量且其变动计入其他综合收益的非交易性权益工具投资，除了获得的股利（属于投资成本收回部分的除外）计入当期损益外，其他相关的利得和损失（包括汇兑损益）均应计入其他综合收益，且后续不得转入当期损益。当其终止确认时，之前计入其他综合收益的累计利得或损失应当从其他综合收益中转出，计入留存收益。

对于权益工具投资，企业只有在同时符合下列条件时，才能确认股利收入并计入当期损益：

（1）企业收取股利的权利已经确立。

（2）与股利相关的经济利益很可能流入企业。

（3）股利的金额能够可靠计量。

**2. 债权类金融资产投资账务处理案例**

企业应设置“其他债权投资”科目，并按照该类金融资产的品种，分别设置“成本”“利息调整”“应计利息”“公允价值变动”等进行明细核算。

**【例 2–3】**20×0 年 1 月 1 日，红昌公司支付价款 1000 万元（含交易费用）从上海证券交易所购入乙公司同日发行的 5 年期公司债券 12500 份，债券票面价值总额为 1250 万元，票面年利率为 4.72%，于年末支付本年度债券利息（每年利息为 59 万元），本金在债券到期时一次性偿还。合同约定，该债券的发行方在遇到特定情况时可以将债券赎回，且不需要为提前赎回支付额外款项。红昌公司在购买该债券时，预计发行方不会提前赎回。红昌公司根据其管理该债券的业务模式和该债券的合同现金流量特征，将该债券分类为以公允价值计量且其变动计入其他综合收益的金融资产。

其他资料如下：

（1）20×0 年 12 月 31 日，乙公司债券的公允价值为 1200 万元（不含利息）。

（2）20×1 年 12 月 31 日，乙公司债券的公允价值为 1300 万元（不含利息）。

（3）20×2 年 12 月 31 日，乙公司债券的公允价值为 1250 万元（不含利息）。

（4）20×3 年 12 月 31 日，乙公司债券的公允价值为 1200 万元（不含利息）。

（5）20×4 年 1 月 20 日，通过上海证券交易所出售了乙公司债券 12500 份，取得价款 1260 万元。假定不考虑所得税、减值等因素，计算该债券的实际利率 $r$：

$$59\times(1+r)^{-1}+59\times(1+r)^{-2}+59\times(1+r)^{-3}+59\times(1+r)^{-4}+(59+1250)\times(1+r)^{-5}=1000\text{（万元）}$$

采用插值法，可以计算得出 $r$=10%，其溢折价的摊余成本及公允价值变动金额计算见表 2–3。

**表 2–3 摊余成本及公允价值变动金额计算表**

单位：万元

| 年数 | 期初摊余成本（1） | 实际利息收入（2）=（1）×10% | 现金流入（3）= 债券面值 ×4.72% | 期末摊余成本（4）=（1）+（2）–（3） | 期末公允价值（5） | 公允价值变动累计金额（6)=(5)–(4) | 当期公允价值变动额（7）= 期末（6）– 上期末（6） |
|---|---|---|---|---|---|---|---|
| 20×0 | 1000 | 100 | 59 | 1041 | 1200 | 159 | 159 |
| 20×1 | 1041 | 104 | 59 | 1086 | 1300 | 214 | 55 |
| 20×2 | 1086 | 109 | 59 | 1136 | 1250 | 114 | −100 |
| 20×3 | 1136 | 114① | 59 | 1191 | 1200 | 9 | −105 |

①数字四舍五入取整。

红昌公司的有关账务处理如下：

（1）20×0 年 1 月 1 日，购入乙公司债券：

借：其他债权投资——成本　　12500000

贷：银行存款　　10000000

　　其他债权投资——利息调整　　2500000

（2）20×0年12月31日，确认乙公司债券实际利息收入、公允价值变动，收到债券利息：

借：应收利息　　590000

　　其他债权投资——利息调整　　410000

　贷：投资收益　　1000000

借：银行存款　　590000

　贷：应收利息　　590000

借：其他债权投资——公允价值变动　　1590000

　贷：其他综合收益——其他债权投资公允价值变动　　1590000

（3）20×1年12月31日，确认乙公司债券实际利息收入、公允价值变动，收到债券利息：

借：应收利息　　590000

　　其他债权投资——利息调整　　450000

　贷：投资收益　　1040000

借：银行存款　　590000

　贷：应收利息　　590000

借：其他债权投资——公允价值变动　　550000

　贷：其他综合收益——其他债权投资公允价值变动　　550000

（4）20×2年12月31日，确认乙公司债券实际利息收入、公允价值变动，收到债券利息：

借：应收利息　　590000

　　其他债权投资——利息调整　　500000

　贷：投资收益　　1090000

借：银行存款　　590000

　贷：应收利息　　590000

借：其他综合收益——其他债权投资公允价值变动　　1000000

　贷：其他债权投资——公允价值变动　　1000000

（5）20×3年12月31日，确认乙公司债券实际利息收入、公允价值变动，收到债券利息：

借：应收利息　　590000

　　其他债权投资——利息调整　　550000

　贷：投资收益　　1140000

借：银行存款　　590000

　贷：应收利息　　590000

借：其他综合收益——其他债权投资公允价值变动　　1050000
　贷：其他债权投资——公允价值变动　　1050000

（6）20×4 年 1 月 20 日，确认出售乙公司债券实现的损益：

借：银行存款　　12600000
　　其他债权投资——利息调整　　590000
　贷：其他债权投资——成本　　12500000
　　　　　　　　——公允价值变动　　90000
　　　投资收益　　600000
借：其他综合收益——其他债权投资公允价值变动　　90000
　贷：投资收益　　90000

3. 非交易性权益工具投资账务处理案例

企业应设置“其他权益工具投资”科目，并按照该类金融资产的品种，分别设置“成本”“公允价值变动”等进行明细核算。

**【例 2-4】**20×6 年 5 月 6 日，甲公司支付价款 1016 万元（含交易费用 1 万元和已宣告发放现金股利 15 万元），购入乙公司发行的股票 200 万股，占乙公司有表决权股份的 0.5%。甲公司将其指定为以公允价值计量且其变动计入其他综合收益的非交易性权益工具投资。

20×6 年 5 月 10 日，甲公司收到乙公司发放的现金股利 15 万元。

20×6 年 6 月 30 日，该股票市价为每股 5.2 元。

20×6 年 12 月 31 日，甲公司仍持有该股票；当日，该股票市价为每股 5 元。

20×7 年 5 月 9 日，乙公司宣告发放股利 4000 万元。

20×7 年 5 月 13 日，甲公司收到乙公司发放的现金股利。

20×7 年 5 月 20 日，甲公司由于某特殊原因，以每股 4.9 元的价格将股票全部转让。

假定不考虑其他因素，甲公司的账务处理如下：

（1）20×6 年 5 月 6 日，购入股票：

借：应收股利　　150000
　　其他权益工具投资——成本　　10010000
　贷：银行存款　　10160000

（2）20×6 年 5 月 10 日，收到现金股利：

借：银行存款　　150000
　贷：应收股利　　150000

（3）20×6 年 6 月 30 日，确认股票价格变动：

借：其他权益工具投资——公允价值变动　　390000
　贷：其他综合收益——其他权益工具投资公允价值变动　　390000

（4）20×6 年 12 月 31 日，确认股票价格变动：

借：其他综合收益——其他权益工具投资公允价值变动　　400000

贷：其他权益工具投资——公允价值变动 400000

（5）20×7年5月9日，确认应收现金股利：

借：应收股利 200000

贷：投资收益 200000

（6）20×7年5月13日，收到现金股利：

借：银行存款 200000

贷：应收股利 200000

（7）20×7年5月20日，出售股票：

借：盈余公积——法定盈余公积 1000

利润分配——未分配利润 9000

贷：其他综合收益——其他权益工具投资公允价值变动 10000

借：银行存款 9800000

其他权益工具投资——公允价值变动 10000

盈余公积——法定盈余公积 20000

利润分配——未分配利润 180000

贷：其他权益工具投资——成本 10010000

## （三）以公允价值计量且其变动计入当期损益的金融资产的后续计量

### 1. 计量原则

企业对于指定为以公允价值计量且其变动计入当期损益的金融资产，在持有期间取得的利息或现金股利，应当确认为投资收益。资产负债表日，企业应将该类金融资产的公允价值变动计入当期损益。处置该金融资产时，该类金融资产在处置时的交易价格与之前按公允价值计量的账面价值之间的差额应确认为投资收益。

### 2. 交易性权益工具投资账务处理案例

**【例 2-5】**续例 2-4，如果甲公司根据其管理乙公司股票的业务模式和乙公司股票的合同现金流量特征，将乙公司股票分类为以公允价值计量且其变动计入当期损益的金融资产，且20×6年12月31日乙公司股票市价为每股4.8元，其他资料不变，则甲公司应作如下账务处理：

（1）20×6年5月6日，购入股票：

借：应收股利 150000

交易性金融资产——成本 10000000

投资收益 10000

贷：银行存款 10160000

（2）20×6年5月10日，收到现金股利：

借：银行存款 150000

贷：应收股利 150000

（3）20×6年6月30日，确认股票价格变动：

借：交易性金融资产——公允价值变动　　400000

　贷：公允价值变动损益　　400000

（4）20×6 年 12 月 31 日，确认股票价格变动：

借：公允价值变动损益　　800000

　贷：交易性金融资产——公允价值变动　　800000

注：公允价值变动 =200×（4.8−5.2）=−80（万元）

（5）20×7 年 5 月 9 日，确认应收现金股利：

借：应收股利　　200000

　贷：投资收益　　200000

（6）20×7 年 5 月 13 日，收到现金股利：

借：银行存款　　200000

　贷：应收股利　　200000

（7）20×7 年 5 月 20 日，出售股票：

借：银行存款　　9800000

　　交易性金融资产——公允价值变动　　400000

　贷：交易性金融资产——成本　　10000000

　　投资收益　　200000

3. 债权类金融资产投资账务处理案例

【例 2-6】20×6 年 1 月 1 日，甲公司从二级市场购入丙公司债券，支付价款合计 1020000 元（含已到付息期但尚未领取的利息 20000 元），另发生交易费用 20000 元。该债券面值 1000000 元，剩余期限为 2 年，票面年利率为 4%，每半年末付息一次。其合同现金流量特征满足仅为对本金和以未偿付本金金额为基础的利息的支付。甲公司根据其管理该债券的业务模式和该债券的合同现金流量特征，将该债券分类为以公允价值计量且其变动计入当期损益的金融资产。其他资料如下：

（1）20×6 年 1 月 5 日，收到丙公司债券 20×5 年下半年利息 20000 元。

（2）20×6 年 6 月 30 日，丙公司债券的公允价值为 1150000 元（不含利息）。

（3）20×6 年 7 月 5 日，收到丙公司债券 20×6 年上半年利息。

（4）20×6 年 12 月 31 日，丙公司债券的公允价值为 1100000 元（不含利息）。

（5）20×7 年 1 月 5 日，收到丙公司债券 20×6 年下半年利息。

（6）20×7 年 6 月 20 日，通过二级市场出售丙公司债券，取得价款 1180000 元（含 1 季度利息 10000 元）。

假定不考虑其他因素，甲公司的账务处理如下：

（1）20×6 年 1 月 1 日，从二级市场购入丙公司债券：

借：交易性金融资产——成本　　1000000

　　应收利息　　20000

　　投资收益　　20000

贷：银行存款　1040000

（2）20×6 年 1 月 5 日，收到该债券 20×5 年下半年利息 20000 元：

借：银行存款　20000

贷：应收利息　20000

（3）20×6 年 6 月 30 日，确认丙公司债券公允价值变动和投资收益：

借：交易性金融资产——公允价值变动　150000

贷：公允价值变动损益　150000

借：应收利息　20000

贷：投资收益　20000

（4）20×6 年 7 月 5 日，收到丙公司债券 20×6 年上半年利息：

借：银行存款　20000

贷：应收利息　20000

（5）20×6 年 12 月 31 日，确认丙公司债券公允价值变动和投资收益：

借：公允价值变动损益　50000

贷：交易性金融资产——公允价值变动　50000

借：应收利息　20000

贷：投资收益　20000

（6）20×7 年 1 月 5 日，收到丙公司债券 20×6 年下半年利息：

借：银行存款　20000

贷：应收利息　20000

（7）20×7 年 6 月 20 日，通过二级市场出售丙公司债券：

借：银行存款　1180000

贷：交易性金融资产——成本　1000000

交易性金融资产——公允价值变动　100000

投资收益　80000

## 三、金融资产的减值

### （一）金融资产减值概述

金融资产的减值采用预期信用损失法。该方法与过去规定的、根据实际已发生减值损失确认损失准备的方法有着根本性不同。在预期信用损失法下，减值准备的计提不以减值的实际发生为前提，而是以未来可能的违约事件造成的损失的期望值来计量当前（资产负债表日）应当确认的损失准备。

企业应当以预期信用损失为基础，对下列项目进行减值会计处理并确认损失准备：

（1）分类为以摊余成本计量的金融资产和以公允价值计量且其变动计入其他综合收益的金融资产。

（2）租赁应收款。

（3）合同资产。

（4）部分贷款承诺和财务担保合同。

损失准备，是指针对按照以摊余成本计量的金融资产、租赁应收款和合同资产的预期信用损失计提的准备，按照以公允价值计量且其变动计入其他综合收益的金融资产的累计减值金额以及针对贷款承诺和财务担保合同的预期信用损失计提的准备。

预期信用损失，是指以发生违约的风险为权重的金融工具信用损失的加权平均值。

信用损失，是指企业按照原实际利率折现的、根据合同应收的所有合同现金流量与预期收取的所有现金流量之间的差额，即全部现金短缺的现值。其中，对于企业购买或源生的已发生信用减值的金融资产，应按照该金融资产经信用调整的实际利率折现。由于预期信用损失考虑付款的金额和时间分布，因此即使企业预计可以全额收款但收款时间晚于合同规定的到期期限，也会产生信用损失。

在估计现金流量时，企业应当考虑金融工具在整个预计存续期的所有合同条款（如提前还款、展期、看涨期权或其他类似期权等）。企业所考虑的现金流量应当包括出售所持担保品获得的现金流量，以及属于合同条款组成部分的其他信用增级所产生的现金流量。

### （二）金融资产减值的账务处理

#### 1. 减值准备的计提和转回

企业应当在资产负债表日计算金融工具（或金融工具组合）预期信用损失。如果该预期信用损失大于该工具（或组合）当前减值准备的账面金额，企业应当将其差额确认为减值损失，借记“信用减值损失”科目，根据金融工具的种类，贷记“贷款损失准备”“债权投资减值准备”“坏账准备”“合同资产减值准备”“租赁应收款减值准备”“预计负债”（用于贷款承诺及财务担保合同）或“其他综合收益”（用于以公允价值计量且其变动计入其他综合收益的债权类资产，企业可以设置二级科目“其他综合收益——信用减值准备”核算此类工具的减值准备）等科目（上述贷记科目，以下统称“贷款损失准备”等科目）；如果资产负债表日计算的预期信用损失小于该工具（或组合）当前减值准备的账面金额（例如，从按照整个存续期预期信用损失计量损失准备转为按照未来12个月预期信用损失计量损失准备时，可能出现这一情况），则应当将差额确认为减值利得，做相反的会计分录。

#### 2. 已发生信用损失金融资产的核销

企业实际发生信用损失，认定相关金融资产无法收回，经批准予以核销的，应当根据批准的核销金额，借记“贷款损失准备”等科目，贷记相应的资产科目，如“贷款”“应收账款”“合同资产”“应收租赁款”等。若核销金额大于已计提的损失准备，还应按其差额借记“信用减值损失”科目。

# 第三节　金融资产的重分类

## 一、金融工具重分类的原则

企业改变其管理金融资产的业务模式时，应当按照规定对所有受影响的相关金融资产进行重分类。

企业对金融资产进行重分类，应当自重分类日起采用未来适用法进行相关会计处理，不得对以前已经确认的利得、损失（包括减值损失或利得）或利息进行追溯调整。重分类日，是指导致企业对金融资产进行重分类的业务模式发生变更后的首个报告期间的第一天。例如，甲上市公司决定于20×7年3月22日改变其管理某金融资产的业务模式，则重分类日为20×7年4月1日（下一个季度会计期间的期初）；乙上市公司决定于20×7年10月15日改变其管理某金融资产的业务模式，则重分类日为20×8年1月1日。

企业管理金融资产业务模式的变更是一种极其少见的情形。该变更源自外部或内部的变化，必须由企业的高级管理层进行决策，且其必须对企业的经营非常重要，并能够向外部各方证实。因此，只有当企业开始或终止某项对其经营影响重大的活动时（例如当企业收购、处置或终止某一业务线时），其管理金融资产的业务模式才会发生变更。例如，某银行决定终止其零售抵押贷款业务，该业务线不再接受新业务，并且该银行正在积极寻求出售其抵押贷款组合，则该银行管理其零售抵押贷款的业务模式发生了变更。需要注意的是，企业业务模式的变更必须在重分类日之前生效。例如，银行决定于20×7年10月15日终止其零售抵押贷款业务，并在20×8年1月1日对所有受影响的金融资产进行重分类。在20×7年10月15日之后，其不应开展新的零售抵押贷款业务，或另外从事与之前零售抵押贷款业务模式相同的活动。

举例说明，甲公司持有拟在短期内出售的某商业贷款组合。甲公司近期收购了一家资产管理公司（乙公司），乙公司持有贷款的业务模式是以收取合同现金流量为目标。甲公司决定，对该商业贷款组合的持有不再以出售为目标，而是将该组合与资产管理公司持有的其他贷款一起管理，以收取合同现金流量为目标，则甲公司管理该商业贷款组合的业务模式发生了变更。

以下情形不属于业务模式变更：

（1）企业持有特定金融资产的意图改变。企业即使在市场状况发生重大变化的情况下改变对特定资产的持有意图，也不属于业务模式变更。

（2）金融资产特定市场暂时性消失从而暂时影响金融资产出售。

（3）金融资产在企业具有不同业务模式的各部门之间转移。

需要注意的是，如果企业管理金融资产的业务模式没有发生变更，而金融资产的条款发生变更但未导致终止确认的，不允许重分类。如果金融资产条款发生变更导致金融资产终止确认的，不涉及重分类问题，企业应当终止确认原金融资产，同时按照变更后的条款确认一项新金融资产。

## 二、金融资产重分类的计量

### （一）以摊余成本计量的金融资产的重分类

（1）企业将一项以摊余成本计量的金融资产重分类为以公允价值计量且其变动计入当期损益的金融资产的，应当按照该资产在重分类日的公允价值进行计量。原账面价值与公允价值之间的差额计入当期损益。

（2）企业将一项以摊余成本计量的金融资产重分类为以公允价值计量且其变动计入其他综合收益的金融资产的，应当按照该金融资产在重分类日的公允价值进行计量。原账面价值与公允价值之间的差额计入其他综合收益。该金融资产重分类不影响其实际利率和预期信用损失的计量。

**【例2-7】**20×6年10月15日，甲银行以公允价值500000元购入一项债券投资，并按规定将其分类为以摊余成本计量的金融资产，该债券的账面余额为500000元。20×7年10月15日，甲银行变更了其管理债券投资组合的业务模式，其变更符合重分类的要求，因此，甲银行于20×8年1月1日将该债券从以摊余成本计量重分类为以公允价值计量且其变动计入当期损益。20×8年1月1日，该债券的公允价值为490000元，已确认的减值准备为6000元。假设不考虑该债券的利息收入。

甲银行的会计处理如下：

| | | |
|---|---|---|
| 借：交易性金融资产 | 490000 | |
| 　　债权投资减值准备 | 6000 | |
| 　　公允价值变动损益 | 4000 | |
| 　贷：债权投资 | | 500000 |

### （二）以公允价值计量且其变动计入其他综合收益的金融资产的重分类

（1）企业将一项以公允价值计量且其变动计入其他综合收益的金融资产重分类为以摊余成本计量的金融资产的，应当将之前计入其他综合收益的累计利得或损失转出，调整该金融资产在重分类日的公允价值，并以调整后的金额作为新的账面价值，即视同该金融资产一直以摊余成本计量。该金融资产重分类不影响其实际利率和预期信用损失的计量。

（2）企业将一项以公允价值计量且其变动计入其他综合收益的金融资产重分类为以公允价值计量且其变动计入当期损益的金融资产的，应当继续以公允价值计量该金融资产。同时，企业应当将之前计入其他综合收益的累计利得或损失从其他综合收益转入当期损益。

**【例 2-8】** 20×6 年 9 月 9 日，甲银行以公允价值 500000 元购入一项债券投资，并按规定将其分类为以公允价值计量且其变动计入其他综合收益的金融资产，该债券的账面余额为 500000 元。20×7 年 10 月 15 日，甲银行变更了其管理债券投资组合的业务模式，其变更符合重分类的要求，因此，甲银行于 20×8 年 1 月 1 日将该债券从以公允价值计量且其变动计入其他综合收益的金融资产重分类为以摊余成本计量的金融资产。20×8 年 1 月 1 日，该债券的公允价值为 490000 元，已确认的减值准备为 6000 元。假设不考虑利息收入。

甲银行的会计处理如下：

| | |
|---|---|
| 借：债权投资 | 500000 |
| 　　其他债权投资——公允价值变动 | 10000 |
| 　　其他综合收益——信用减值准备 | 6000 |
| 　贷：其他债权投资——成本 | 500000 |
| 　　　其他综合收益——其他债权投资公允价值变动 | 10000 |
| 　　　债权投资减值准备 | 6000 |

### （三）以公允价值计量且其变动计入当期损益的金融资产的重分类

（1）企业将一项以公允价值计量且其变动计入当期损益的金融资产重分类为以摊余成本计量的金融资产的，应当以其在重分类日的公允价值作为新的账面余额。

（2）企业将一项以公允价值计量且其变动计入当期损益的金融资产重分类为以公允价值计量且其变动计入其他综合收益的金融资产的，应当继续以公允价值计量该金融资产。

对以公允价值计量且其变动计入当期损益的金融资产进行重分类的，企业应当根据该金融资产在重分类日的公允价值确定其实际利率。同时，企业应当自重分类日起对该金融资产适用金融资产减值的相关规定，并将重分类日视为初始确认日。

# 第四节　金融资产的转移

## 一、金融资产终止确认的一般原则

金融资产终止确认，是指企业将之前确认的金融资产从其资产负债表中予以转出。金融资产满足下列条件之一的，应当终止确认：

（1）收取该金融资产现金流量的合同权利终止。

（2）该金融资产已转移，且该转移满足本节关于终止确认的规定。

在第一个条件下，企业收取金融资产现金流量的合同权利终止，如因合同到期而使合同权利终止，金融资产不能再为企业带来经济利益，应当终止确认该金融资产。在第二个条件下，企业收取一项金融资产现金流量的合同权利并未终止，但若企业转移了该项金融资产，同时该转移满足本节关于终止确认的规定，在这种安排下，企业也应当终止确认被转移的金融资产。

## 二、金融资产终止确认的判断流程

本节关于终止确认的相关规定，适用于所有金融资产的终止确认。企业在判断金融资产是否应当终止确认以及在多大程度上终止确认时，应当遵循以下步骤：

### （一）确定适用金融资产终止确认规定的报告主体层面

企业（转出方）对金融资产转入方具有控制权的，除在该企业个别财务报表基础上应用本节规定外，在编制合并财务报表时，还应当按照合并财务报表的规定合并所有纳入合并范围的子公司（含结构化主体），并在合并财务报表层面应用本节规定。

在资产证券化实务中，企业通常设立“信托计划”“专项支持计划”等结构化主体作为结构化融资的载体，由结构化主体向第三方发行证券并向企业自身购买金融资产。在这种情况下，从法律角度看企业可能已将金融资产转移到结构化主体，两者之间实现了风险隔离。但在进行金融资产终止确认判断时，企业应首先确定报告主体，即是编制合并财务报表还是个别财务报表。如果是合并财务报表，企业应当首先按照有关规定合并所有子公司（含结构化主体），然后将本节的规定应用于合并财务报表，即在合并财务报表层面进行金融资产转移及终止确认分析。

### （二）确定金融资产是部分还是整体适用终止确认原则

本节中的金融资产既可能指一项金融资产或其部分，也可能指一组类似金融资产或其部分。一组类似金融资产通常指金融资产的合同现金流量在金额和时间分布上相似并且具有相似的风险特征，如合同条款类似、到期期限接近的一组住房抵押贷款等。

当且仅当金融资产（或一组金融资产，下同）的一部分满足下列三个条件之一时，终止确认的相关规定适用于该金融资产部分，否则，适用于该金融资产整体：

（1）该金融资产部分仅包括金融资产所产生的特定可辨认现金流量。如企业就某债务工具与转入方签订一项利息剥离合同，合同规定转入方拥有获得该债务工具利息现金流量的权利，但无权获得该债务工具本金现金流量，则终止确认的规定适用于该债务工具的利息现金流量。

（2）该金融资产部分仅包括与该金融资产所产生的全部现金流量完全成比例的现金流量部分。如企业就某债务工具与转入方签订转让合同，合同规定转入方拥有获得该债务工具全部现金流量 90% 份额的权利，则终止确认的规定适用于这些现金流量的 90%。如果转入方不止一个，只要转出方所转移的份额与金融资产的现金流量完全成比例即可，不要求每一转入方均持有成比例的现金流量份额。

（3）该金融资产部分仅包括与该金融资产所产生的特定可辨认现金流量完全成比例的现金流量部分。如企业就某债务工具与转入方签订转让合同，合同规定转入方拥有获得该债务工具利息现金流量 90% 份额的权利，则终止确认的规定适用于该债务工具利息现金流量 90% 部分。如果转入方不止一个，只要转出方所转移的份额与金融资产的特定可辨认现金流量完全成比例即可，不要求每一转入方均持有成比例的现金流量份额。

在除上述情况外的其他所有情况下，有关金融资产终止确认的相关规定适用于金融资产的整体。例如，企业转移了公允价值为 100 万元人民币的一组类似的固定期限贷款组合，约定向转入方支付贷款组合预期所产生的现金流量的前 90 万元人民币，企业保留了取得剩余现金流量的次级权益。因为最初 90 万元人民币的现金流量既可能来自贷款本金也可能来自利息，且无法辨认来自贷款组合中的哪些贷款，所以不是特定可辨认的现金流量，也不是该金融资产所产生的全部或部分现金流量的完全成比例的份额。在这种情况下，企业不能将终止确认的相关规定适用于该金融资产 90 万元人民币的部分，而应当适用于该金融资产的整体。

又如，企业转移了一组应收款项产生的现金流量 90% 的权利，同时提供了一项担保以补偿转入方可能遭受的信用损失，最高担保额为应收款项本金金额的 8%。在这种情况下，由于存在担保，在发生信用损失的情况下，企业可能需要向转入方支付部分已经收到的企业自留的 10% 的现金流量，以补偿对方就 90% 现金流量所遭受的损失，导致该组应收款项下实际合同现金流量的分类并非完全按 90% 及 10% 完全成比例分配，因此终止确认的相关规定适用于该组金融资产的整体。

### （三）确定收取金融资产现金流量的合同权利是否终止

企业在确定适用金融资产终止确认规定的报告主体层面（合并财务报表层面或个别财务报表层面）以及对象（金融资产整体或部分）后，即可开始判断是否对金融资产进行终止确认。收取金融资产现金流量的合同权利已经终止的，企业应当终止确认该金融资产。如一项应收账款的债务人在约定期限内支付了全部款项，或者在期权合同到期时期权持有人未行使期权权利，导致收取金融资产现金流量的合同权利终止，企业应终止确认金融资产。

若收取金融资产的现金流量的合同权利没有终止，企业应当判断是否转移了金融资产，并根据以下有关金融资产转移的相关判断标准确定是否应当终止确认被转移金融资产。

### （四）判断企业是否已转移金融资产

企业在判断是否已转移金融资产时，应分以下两种情形作进一步的判断：

（1）企业将收取金融资产现金流量的合同权利转移给其他方。企业将收取金融资产现金流量的合同权利转移给其他方，表明该项金融资产发生了转移，通常表现为金融资产的合法出售或者金融资产现金流量权利的合法转移。例如，实务中常见的票据背书转让、商业票据贴现等，均属于这一种金融资产转移的情形。在这种情形下，转入方拥有了获取被转移金融资产所有未来现金流量的权利，转出方应进一步判断金融资产风险和报酬转移情况来确定是否应当终止确认被转移金融资产。

（2）企业保留了收取金融资产现金流量的合同权利，但承担了将收取的该现金流量支付给一个或多个最终收款方的合同义务。这种金融资产转移的情形通常被称为“过手安排”，在某些金融资产转移交易中，转出方在出售金融资产后，会继续作为收款服务方或收款代理人等收取金融资产的现金流量，再转交给转入方或最终收款方。这种金融资产转移情形常见于资产证券化业务。例如，在某些情况下，银行可能负责收取所转移贷款的本金和利息并最终支付给收益权持有者，同时收取相应服务费。当企业保留了收取金融资产现金流量的合同权利，但承担了将收取的该现金流量支付给一个或多个最终收款方的合同义务时，当且仅当同时符合以下三个条件时，转出方才能按照金融资产转移的情形进行后续分析及处理，否则，被转移金融资产应予以继续确认：

①企业（转出方）只有从该金融资产收到对等的现金流量时，才有义务将其支付给最终收款方。在有的资产证券化等业务中，如发生由于被转移金融资产的实际收款日期与向最终收款方付款的日期不同而导致款项缺口的情况，转出方需要提供短期垫付款项。在这种情况下，当且仅当转出方有权全额收回该短期垫付款并按照市场利率就该垫款计收利息，方能视同满足这一条件。在有转出方短期垫付安排的资产证券化业务中，如果转出方收回该垫款的权利仅优先于次级资产支持证券持有人、但劣后于优先级资产支持证券持有人，或者转出方不计收利息的，均不能满足这一条件。

例如，在一项资产证券化交易中，按照交易协议规定，转出方在设立结构化主体时需要向结构化主体提供现金或其他资产以建立流动性储备，确保在收取基础资产款项发生延误时能够向资产证券化产品的持有者按协议规定付款，被动用的流动性储备只能通过提留基础资产后续产生的现金流的方式收回。假设转出方合并该结构化主体，在该种情况下，由于转出方出资设立了流动性储备（提供了垫付款项），在发生收款延误时，转出方有义务向最终收款方支付尚未从基础资产收取的款项，且如果出现基础资产后续产生的现金流量不足的情况转出方没有收回权，导致该交易不满足上述“转出方只有从该金融资产收到对等的现金流量时，才有义务将其支付给最终收款方”的条件。类似地，如果资产证券化协议规定转出方承担或转出方实际承担了在需要时向结构化主体提供现金借款的确定承诺，且该借款只能通过提留基础资产后续产生的现金流的方式收回，则该资产证券化交易也不满足本条件。

如果结构化主体的流动性储备不是由转出方预提或承诺提供的，而是来自基础资产产生的现金流量或者由资产支持证券的第三方次级权益持有者提供，且转出方不控制（不需合并）该结构化主体，由于企业没有向结构化主体（转入方）支付从被转移金融资产取得的现金流量以外的其他现金流量，这种流动性储备安排满足本条件的情形。

②转让合同规定禁止企业（转出方）出售或抵押该金融资产，但企业可以将其作为向最终收款方支付现金流量义务的保证。企业不能出售该项金融资产，也不能以该项金融资产作为质押品对外进行担保，意味着转出方不再拥有出售或处置被转移金融资产的权利。但是，由于企业负有向最终收款方支付该项金融资产所产生的现金流量的义务，该项金融资产可以作为企业如期向最终收款方支付现金流量的保证。

③企业（转出方）有义务将代表最终收款方收取的所有现金流量及时划转给最终收款方，且无重大延误。企业无权将该现金流量进行再投资。但是，如果企业在收款日和最终收款方要求的划转日之间的短暂结算期内将代为收取的现金流量进行现金或现金等价物投资，并且按照合同约定将此类投资的收益支付给最终收款方，则视同满足本条件。

这一条件不仅对转出方在收款日至向最终收款方支付日的短暂结算期间内将收取的现金流量再投资做出了限制，而且将转出方为了最终收款人利益而进行的投资严格地限定为现金或现金等价物投资。在这种情况下，现金和现金等价物应当符合财务报告中的定义，而且不允许转出方在这些现金或现金等价物投资中保留任何投资收益，所有的投资收益必须支付给最终收款方。例如，如果按照某过手安排，合同条款允许企业将代最终收款方收取的现金流量投资于不满足现金和现金等价物定义的某些理财产品或货币市场基金等产品，则该过手安排不满足本条件，进而不能按照金融资产转移进行后续判断和会计处理。此外，在通常情况下，如果根据合同条款，企业自代为收取现金流量之日起至最终划转给最终收款方的期间超过三个月，则视为有重大延误，进而该过手安排不满足本条件，因此不构成金融资产转移。

### （五）分析所转移金融资产的风险和报酬转移情况

企业转让收取现金流量的合同权利或者通过符合条件的过手安排方式转移金融资产的，应根据规定进一步对被转移金融资产进行风险和报酬转移分析，以判断是否应终止确认被转移金融资产。

企业在判断金融资产转移是否导致金融资产终止确认时，应当评估其在多大程度上保留了金融资产所有权上的风险和报酬，即比较其在转移前后所承担的、该金融资产未来净现金流量金额及其时间分布变动的风险，并分别以下情形进行处理：

（1）企业转移了金融资产所有权上几乎所有风险和报酬的，应当终止确认该金融资产，并将转移中产生或保留的权利和义务单独确认为资产或负债。

金融资产转移后，企业承担的金融资产未来净现金流量现值变动的风险与转移前金融资产的未来净现金流量现值变动的风险相比不再显著的，表明该企业已经转移了金融资产所有权上几乎所有风险和报酬。

需要注意的是，金融资产转移后企业承担的未来净现金流量现值变动的风险占转移前变动风险的比例，并不等同于企业保留的现金流量金额占全部现金流量的比例。例如，在一项资产证券化交易中，次级资产支持证券的份额占全部资产支持证券的5%，转出方持有全部次级资产支持证券，这并不意味着转出方仅保留金融资产5%的风险和报酬。实际上，次级资产支持证券向优先级资产支持证券提供了信用增级，而使得基础资产未来现金流量在优先级和次级之间不再是完全成比例分配，因此，转移后企业承担的次级资产支持证券对应的未来净现金流量现值变动的风险则可能远大于转移前全部变动风险的5%。

关于这里所指的“几乎所有风险和报酬”，企业应当根据金融资产的具体特征做出判断。需要考虑的风险类型通常包括利率风险、信用风险、外汇风险、逾期未付风险、提前偿付风险（或报酬）、权益价格风险等。

在通常情况下，通过分析金融资产转移协议中的条款，企业就可以比较容易地确定是否转移或保留金融资产所有权上几乎所有的风险和报酬，而不需要通过计算确定。

以下情形表明企业已将金融资产所有权上几乎所有的风险和报酬转移给了转入方：

①企业无条件出售金融资产。企业出售金融资产时，如果根据与购买方之间的协议约定，在任何时候（包括所出售金融资产的现金流量逾期未收回时）购买方均不能够向企业进行追偿，企业也不承担任何未来损失，此时，企业可以认定几乎所有的风险和报酬已经转移，应当终止确认该金融资产。

例如，某银行向某资产管理公司出售了一组贷款，双方约定，在出售后银行不再承担该组贷款的任何风险，该组贷款发生的所有损失均由资产管理公司承担，资产管理公司不能因该组已出售贷款的包括逾期未付在内的任何未来损失向银行要求补偿。在这种情况下，银行已经将该组贷款上几乎所有的风险和报酬转移，可以终止确认该组贷款。

②企业出售金融资产，同时约定按回购日该金融资产的公允价值回购。企业通过

与购买方签订协议，按一定价格向购买方出售了一项金融资产，同时约定到期日企业再将该金融资产购回，回购价为到期日该金融资产的公允价值。此时，该项金融资产如果发生公允价值变动，其公允价值变动由购买方承担，因此可以认定企业已经转移了该项金融资产所有权上几乎所有的风险和报酬，应当终止确认该金融资产。同样，企业在金融资产转移以后只保留了优先按照回购日公允价值回购该金融资产的权利的，也应当终止确认所转移的金融资产。

③企业出售金融资产，同时与转入方签订看跌或看涨期权合约，且该看跌或看涨期权为深度价外期权（即到期日之前不大可能变为价内期权），此时可以认定企业已经转移了该项金融资产所有权上几乎所有的风险和报酬，应当终止确认该金融资产。

企业需要通过计算判断是否转移或保留了金融资产所有权上几乎所有风险和报酬的，在计算金融资产未来现金流量净现值时，应考虑所有合理、可能的现金流量变动，采用适当的市场利率作为折现率，并采用概率加权平均方法。

（2）企业保留了金融资产所有权上几乎所有风险和报酬的，应当继续确认该金融资产。

与企业转移了金融资产所有权上几乎所有风险和报酬的判断方法相似，企业在判断是否保留了金融资产所有权上几乎所有的风险和报酬时，应当比较其在转移前后面临的该金融资产未来净现金流量金额及其时间分布变动的风险。企业承担的风险没有因金融资产转移发生显著改变的，表明企业仍保留了金融资产所有权上几乎所有的风险和报酬。

以下情形通常表明企业保留了金融资产所有权上几乎所有的风险和报酬：

①企业出售金融资产并与转入方签订回购协议，协议规定企业将按照固定回购价格或是按照原售价加上合理的资金成本向转入方回购原被转移金融资产，或者与售出的金融资产相同或实质上相同的金融资产。例如，采用买断式回购、质押式回购交易卖出债券等。

②企业融出证券或进行证券出借。例如，证券公司将自身持有的证券借给客户，合同约定借出期限和出借费率，到期客户需归还相同数量的同种证券，并向证券公司支付出借费用。证券公司保留了融出证券所有权上几乎所有的风险和报酬。因此，证券公司应当继续确认融出的证券。

③企业出售金融资产并附有将市场风险敞口转回给企业的总回报互换。在附总回报互换的金融资产出售中，企业出售了一项金融资产，并与转入方达成一项总回报互换协议，如转入方将该资产实际产生的现金流量支付给企业以换取固定付款额或浮动利率付款额，该项资产公允价值的所有增减变动由企业（转出方）承担，从而使企业保留了该金融资产所有权上几乎所有的风险和报酬。在这种情况下，企业应当继续确认所出售的金融资产。

④企业出售短期应收款项或信贷资产，并且全额补偿转入方可能因被转移金融资产发生的信用损失。企业将短期应收款项或信贷资产整体出售，符合金融资产转移的

条件。但由于企业出售金融资产时做出承诺，当已转移的金融资产将来发生信用损失时，由企业（出售方）进行全额补偿。在这种情况下，企业保留了该金融资产所有权上几乎所有的风险和报酬，因此不应当终止确认所出售的金融资产。这种情形经常出现在资产证券化实务中，例如，企业通过持有次级权益或承诺对特定现金流量担保，实现了对证券化资产的信用增级。如果通过这种信用增级，企业保留了被转移资产所有权上几乎所有的风险和报酬，那么企业就不应当终止确认该金融资产。

⑤企业出售金融资产，同时向转入方签订看跌或看涨期权合约，且该看跌期权或看涨期权为一项价内期权。例如，企业出售某金融资产但同时持有深度价内的看涨期权（到期日之前不大可能变为价外期权），或者企业出售金融资产而转入方有权通过同时签订的深度价内看跌期权在以后将该金融资产回售给企业。在这两种情况下，由于企业都保留了该项金融资产所有权上几乎所有的风险和报酬，因此不应当终止确认该金融资产。

⑥采用附追索权方式出售金融资产。企业出售金融资产时，如果根据与购买方之间的协议约定，在所出售金融资产的现金流量无法收回时，购买方能够向企业进行追偿，企业也应承担任何未来损失。此时，可以认定企业保留了该金融资产所有权上几乎所有的风险和报酬，不应当终止确认该金融资产。

（3）企业既没有转移也没有保留金融资产所有权上几乎所有的风险和报酬的，应当判断其是否保留了对金融资产的控制，根据是否保留了控制分别进行处理。

实务中，可通过分析金融资产转移协议中的条款和现金流量分布实际情况（例如将超额服务费等纳入考虑），计算确定金融资产转移前后所承担的未来现金流量现值变动情况，且实践中存在多种可行的计算方法，企业可以根据具体情况选用合适的计算方法并在附注中进行说明，计算方法一经确定，不得随意变更。

**（六）分析企业是否保留了控制**

若企业既没有转移也没有保留金融资产所有权上几乎所有的风险和报酬，企业应当判断企业是否保留了对该金融资产的控制。如果没有保留对该金融资产的控制的，应当终止确认该金融资产。

此处所述的“控制”概念，与合并财务报表中的“控制”概念，在适用场景和判断条件上都有所不同。企业在判断是否保留了对被转移金融资产的控制时，应当重点关注转入方出售被转移金融资产的实际能力。如果转入方有实际能力单方面决定将转入的金融资产整体出售给与其不相关的第三方，且没有额外条件对此项出售加以限制，则表明企业作为转出方未保留对被转移金融资产的控制；在除此之外的其他情况下，则应视为企业保留了对金融资产的控制。

企业既没有转移也没有保留金融资产所有权上几乎所有的风险和报酬，且未放弃对该金融资产控制的，应当按照其继续涉入被转移金融资产的程度确认有关金融资产，并相应确认有关负债。在这种情况下确认的有关金融资产和有关负债反映了企业所承担的被转移金融资产价值变动风险或报酬的程度。导致转出方对被转移金融资产形成继续涉入的常见方式有：具有追索权，享有继续服务权，签订回购协议，签发或持有期权或提供担保等。

如果企业对金融资产的继续涉入仅限于金融资产的一部分，例如，企业持有回购一部分被转移金融资产的看涨期权，或者企业保留了某项剩余权益但并未导致企业保留所有权上几乎所有的风险和报酬，且企业保留了控制权，则企业应当按照转移日因继续涉入而继续确认部分和不再确认部分的相对公允价值，在两者之间分配金融资产的原账面价值，并按其继续涉入被转移金融资产的部分确认有关金融资产，并相应确认有关负债。

## 三、金融资产转移的会计处理

### （一）满足终止确认条件的金融资产转移的会计处理

对于满足终止确认条件的金融资产转移，企业应当按照被转移的金融资产是金融资产的整体还是金融资产的一部分，分别按照以下方式进行会计处理：

#### 1. 金融资产整体转移的会计处理

金融资产整体转移满足终止确认条件的，应当将下列两项金额的差额计入当期损益：

（1）被转移金融资产在终止确认日的账面价值。

（2）因转移金融资产而收到的对价，与原直接计入其他综合收益的公允价值变动累计额（涉及转移的金融资产为分类为以公允价值计量且其变动计入其他综合收益的金融资产的情形）之和。

具体计算公式如下：

金融资产整体转移形成的损益 = 因转移收到的对价 − 所转移金融资产账面价值 +/− 原直接计入其他综合收益的公允价值变动累计利得（或损失）

因转移收到的对价 = 因转移交易实际收到的价款 + 新获得金融资产的公允价值 + 因转移获得的服务资产的价值 − 新承担金融负债的公允价值 − 因转移承担的服务负债的公允价值

**【例 2-9】**20×7 年 1 月 1 日，甲公司将持有的乙公司发行的 10 年期公司债券出售给丙公司，经协商出售价格为 311 万元人民币，20×6 年 12 月 31 日该债券公允价值为 310 万元人民币。该债券于 20×6 年 1 月 1 日发行，甲公司持有该债券时将其分类为以公允价值计量且其变动计入其他综合收益的金融资产，面值（取得成本）为 300 万元人民币。

本例中，假设甲公司和丙公司在出售协议中约定，出售后该公司债券发生的所有损失均由丙公司自行承担，甲公司已将债券所有权上的几乎所有风险和报酬转移给丙公司，因此，应当终止确认该金融资产。

根据上述资料，首先应确定出售日该笔债券的账面价值。由于资产负债表日

（20×6 年 12 月 31 日）该债券的公允价值为 310 万元人民币，而且该债券属于以公允价值计量且其变动计入其他综合收益的金融资产，因此出售日该债券账面价值为 310 万元人民币。

其次，应确定已计入其他综合收益的公允价值累计变动额。20×6 年 12 月 31 日甲公司计入其他综合收益的利得为 10（310-300）万元人民币。

最后，确定甲公司出售该债券形成的损益。按照金融资产整体转移形成的损益的计算公式计算，出售该债券形成的收益为 11（311-310+10）万元（包含因终止确认而从其他综合收益中转出至当期损益的 10 万元）。

甲公司出售该公司债券业务应作如下账务处理：

借：银行存款　　3110000
　贷：其他债权投资　　3100000
　　投资收益　　10000

同时，将原计入其他综合收益的公允价值变动转出：

借：其他综合收益——公允价值变动　　100000
　贷：投资收益　　100000

2. 金融资产部分转移的会计处理

企业转移了金融资产的一部分，且该被转移部分满足终止确认条件的，应当将转移前金融资产整体的账面价值，在终止确认部分和继续确认部分（在此种情形下，所保留的服务资产应当视同继续确认金融资产的一部分）之间，按照转移日各自的相对公允价值进行分摊，并将下列两项金额的差额计入当期损益：

（1）终止确认部分在终止确认日的账面价值。

（2）终止确认部分收到的对价（包括获得的所有新资产减去承担的所有新负债），与原计入其他综合收益的公允价值变动累计额中对应终止确认部分的金额（涉及部分转移的金融资产为分类为以公允价值计量且其变动计入其他综合收益的金融资产的情形）之和。

企业在确定继续确认部分的公允价值时，应当遵循下列规定：

①企业出售过与继续确认部分类似的金融资产，或继续确认部分存在其他市场交易的，近期实际交易价格可作为其公允价值的最佳估计。

②继续确认部分没有报价或近期没有市场交易的，其公允价值的最佳估计为转移前金融资产整体的公允价值扣除终止确认部分的对价后的差额。在计量终止确认部分和继续确认部分的公允价值时，除适用上述规定外，企业还应适用《企业会计准则第 39 号——公允价值计量》相关规定。

### （二）继续确认被转移金融资产的会计处理

企业保留了被转移金融资产所有权上几乎所有的风险和报酬的，表明企业所转移的金融资产不满足终止确认的条件，不应当将其从企业的资产负债表中转出。此时，企业应当继续确认所转移的金融资产整体，因资产转移而收到的对价，应当在收到时确认为一项金融负债。需要注意的是，该金融负债与被转移金融资产应当分别确认和计量，不得相互抵销。在后续会计期间，企业应当继续确认该金融资产产生的收入或利得以及该金融负债产生的费用或损失。

**【例 2-10】**20×8 年 4 月 1 日，甲公司将其持有的一笔国债出售给丙公司，售价为 20 万元人民币。同时，甲公司与丙公司签订了一项回购协议，3 个月后由甲公司将该笔国债购回，回购价为 20.175 万元。20×8 年 7 月 1 日，甲公司将该笔国债购回。不考虑其他因素，甲公司应作如下账务处理：

（1）判断应否终止确认。

由于此项出售属于附回购协议的金融资产出售，到期后甲公司应按固定价格将该笔国债购回，因此可以判断，甲公司保留了该笔国债几乎所有的风险和报酬，不应终止确认，该笔国债应按转移前的计量方法继续进行后续计量。

（2）20×8 年 4 月 1 日，甲公司出售该笔国债时：

借：银行存款　　200000

　贷：卖出回购金融资产款　　200000

（3）20×8 年 6 月 30 日，甲公司应按根据未来回购价款计算的该卖出回购金融资产款的实际利率计算并确认有关利息费用，计算得出该卖出回购金融资产的实际利率为 3.5%。

卖出回购国债的利息费用 =200000×3.5%×3/12=1750（元）

借：利息支出　　1750

　贷：卖出回购金融资产款　　1750

（4）20×8 年 7 月 1 日，甲公司回购时：

借：卖出回购金融资产款　　201750

　贷：银行存款　　201750

该笔国债与该笔卖出回购金融资产款在资产负债表上不应抵销；该笔国债确认的收益，与该笔卖出回购金融资产款产生的利息支出在利润表中不应抵销。

### （三）继续涉入被转移金融资产的会计处理

企业既没有转移也没有保留金融资产所有权上几乎所有的风险和报酬，且保留了对该金融资产控制的，应当按照其继续涉入被转移金融资产的程度继续确认该被转移金融资产，并相应确认相关负债。企业所确认的被转移的金融资产和相关负债，应当反映企业所保留的权利和承担的义务。

企业应当对因继续涉入被转移金融资产形成的有关资产确认相关收益，对继续涉入形成的有关负债确认相关费用。按继续涉入程度继续确认的被转移金融资产应根据所转移金融资产的原性质及其分类，继续列报于资产负债表中的贷款、应收款项等。相关负债应当根据被转移的资产是按公允价值计量还是摊余成本计量予以计量，使得被转移资产和相关负债的账面价值具有如下关系：

（1）被转移的金融资产以摊余成本计量的，等于企业保留的权利和义务的摊余成本。

（2）被转移金融资产以公允价值计量的，等于企业保留的权利和义务按独立基础计量的公允价值。如果所转移的金融资产以摊余成本计量，确认的相关负债不得指定为以公允价值计量且其变动计入当期损益。

企业通过对被转移金融资产提供担保方式继续涉入的，应当在转移日按照金融资产的账面价值和担保金额两者之中的较低者，按继续涉入的程度继续确认被转移资产，同时按照担保金额和担保合同的公允价值之和确认相关负债。这里的担保金额，是指企业所收到的对价中，将可能被要求偿还的最高金额。担保合同的公允价值，通常是指提供担保而收取的费用。

**【例 2-11】**甲银行与乙银行签订一笔贷款转让协议，由甲银行将其本金为 1000 万元、年利率为 10% 贷款期限为 9 年的组合贷款出售给乙银行，售价为 990 万元。双方约定，由甲银行为该笔贷款提供担保，担保金额为 300 万元，实际贷款损失超过担保金额的部分由乙银行承担。转移日，该笔贷款（包括担保）的公允价值为 1000 万元，其中，担保的公允价值为 100 万元。甲银行没有保留对该笔贷款的管理服务权。

分析：在本例中，由于甲银行既没有转移也没有保留该笔组合贷款所有权上几乎所有的风险和报酬，而且假设该贷款没有市场，乙银行不具备出售该笔贷款的实际能力，导致甲银行保留了对该笔贷款的控制，所以应当按照甲银行继续涉入被转移金融资产的程度继续确认该被转移金融资产，并相应确认相关负债。

由于转移日该笔贷款的账面价值为 1000 万元，提供的担保金额为 300 万元，甲银行应当按照 300 万元继续确认该笔贷款。由于担保合同的公允价值为 100 万元，所以甲银行确认相关负债金额为 400 万元（300+100）。因此，转移日甲银行应作以下账务处理：

| | | |
|---|---|---|
| 借：存放中央银行款项 | 9900000 | |
| 　　继续涉入资产 | 3000000 | |
| 　　贷款处置损益 | 1100000 | |
| 　贷：贷款 | | 10000000 |
| 　　　继续涉入负债 | | 4000000 |

对金融资产的继续涉入仅限于金融资产一部分的，企业应当按照转移日因继续涉入而继续确认部分和不再确认部分的相对公允价值，在两者之间分配金融资产的账面价值，并将下列两项金额的差额计入当期损益：分配至不再确认部分的账面金额（以转移日为准）；不再确认部分所收到的对价。

如果涉及转移的金融资产为根据《企业会计准则第 22 号——金融工具确认和计量》的分类原则，分类为以公允价值计量且其变动计入其他综合收益的金融资产的，不再确认部分的金额对应的原计入其他综合收益的公允价值变动累计额应当计入当期损益。

## 本章小结

（1）企业应当根据其管理金融资产的业务模式和金融资产的合同现金流量特征，对金融资产进行合理的分类。金融资产一般划分为以下三类：

①以收取合同现金流量为目标的业务模式形成的金融资产，归类为以摊余成本计量的金融资产。

②以收取合同现金流量和出售金融资产为目标的业务模式形成的金融资产，归类为以公允价值计量且其变动计入其他综合收益的金融资产。

③不属于前两类业务模式的其他业务模式形成的金融资产，归类为以公允价值计量且其变动计入当期损益的金融资产。对金融资产的分类已经确定，不得随意变更。

（2）金融资产的初始计量应当按照公允价值计入初始成本。对于以公允价值计量且其变动计入当期损益的金融资产，相关交易费用应当直接计入当期损益；对于其他类别的金融资产，相关交易费用应当计入初始确认金额。

（3）金融资产的后续计量按照不同类型的金融资产分为三种方式：

①以摊余成本计量的金融资产在持有期间应当按照实际利率法确认利息收入，计入投资收益。

②以公允价值计量且其变动计入其他综合收益的金融资产所产生的利得或损失，除减值损失或利得和汇兑损益之外，均应当计入其他综合收益，该金融资产终止确认时，之前计入其他综合收益的累计利得或损失应当从其他综合收益中转出，计入当期损益。属于该类金融资产的非交易性权益工具投资，为避免过度盈余管理，当其终止确认时，之前计入其他综合收益的累计利得或损失应当从其他综合收益中转出，计入留存收益。

③以公允价值计量且其变动计入当期损益的金融资产，在持有期间取得的利息或现金股利，应当确认为投资收益。资产负债表日，该类金融资产的公允价值变动应计入当期损益。处置该金融资产时，处置时的交易价格与之前按公允价值计量的账面价值之间的差额应确认为投资收益。

（4）金融资产的减值采用预期信用损失法，该方法下，减值准备的计提不以减值的实际发生为前提，而是以未来可能的违约事件造成的损失的期望值来计量当前（资产负债表日）应当确认的损失准备。以摊余成本计量的金融资产和以公允价值计量且其变动计入其他综合收益的金融资产，这两类金融资产需要计提减值准备。以公允价值计量且其变动计入当期损益的金融资产不需要计提减值准备。

（5）金融资产的重分类涉及三种情形：

①以摊余成本计量的金融资产的重分类。

②以公允价值计量且其变动计入其他综合收益的金融资产的重分类。

③以公允价值计量且其变动计入当期损益的金融资产的重分类。企业在对金融资产进行重分类时，应当自重分类日起采用未来适用法进行相关会计处理。

（6）金融资产的转移涉及三种情形：

①满足终止确认条件的情形。

②继续确认被转移金融资产的情形。

③继续涉入被转移金融资产的情形。

应区别对待，做不同的账务处理。

## 思考题

（1）何谓金融资产，主要包括哪些内容？

（2）金融资产分为哪几类？在初始确认时如何正确划分？

（3）金融资产在初始计量和后续计量的原则是什么？各类金融资产计量有何异同点？

（4）如何确认金融资产发生减值？各类金融资产在减值时的会计处理有何异同点？

（5）金融资产的重分类原则是什么？

# 第三章
# 存　货

## 【本章学习目标】

本章中，我们主要以工业企业为例，从存货成本形成和结转的角度，介绍存货盘存制度，存货计价方法，原材料、在产品和产成品等存货的成本以及销售成本的计算和账务处理，存货的期末计量和报告。

## | 引导案例 |

从孩提时代开始，米奇·莫纳斯就喜欢几乎所有的运动，尤其是篮球。但是因天资及身高所限，他没有机会到职业球队打球。然而，莫纳斯确实拥有一个所有顶级球员共有的特征，那就是他有一种无法抑制的求胜欲望。

自获得位于俄亥俄州阳土敦市的一家药店开始，莫纳斯就梦想着把他的小店发展成一个庞大的药品帝国。其所实施的策略就是他所谓的“强力购买”，即通过提供大比例折扣来销售商品。莫纳斯首先做的就是把实际上并不盈利且未经审计的药店报表拿来，用自己的笔为其加上并不存在的存货和利润。然后凭着自己空谈的天分及一套夸大了的报表，在一年之内骗得了足够的投资用以收购了8家药店，奠定了他的小型药品帝国的基础。这个帝国后来发展到了拥有300家连锁店的规模。一时间，莫纳斯成为金融领域的风云人物，他的公司则在阳土敦市赢得了令人崇拜的地位。

一次偶然的机会导致这个精心设计的财务舞弊事件浮出水面。当时法尔莫公司的财务总监认为因公司以低于成本出售商品而导致了严重的损失，但是莫纳斯认为通过“强力购买”，公司完全可以发展得足够大以使得它能顺利地坚持它的销售方式。最终在莫纳斯的强大压力下，这位财务总监卷入了这起舞弊案件。在随后的数年之中，他和他的几位下属保持了两套账簿，一套用以应付注册会计师的审计，一套反映糟糕的现实。

他们先将所有的损失归入一个所谓的“水桶账户”，然后再将该账户的金额通过虚增存货的方式重新分配到公司的数百家成员药店中。他们仿造购货发票，制造增加存货并减少销售成本的虚假记账凭证，确认购货却不同时确认负债，多计或加倍计算存货的数量。财务部门之所以可以隐瞒存货短缺是因为注册会计师只对300家药店中的4家进行存货监盘，而且他们会提前数月通知法尔莫公司他们将检查哪些药店。管理人员随之将那4家药店堆满实物存货，而把那些虚增的部分分配到其余的296家药店。如果不考虑其会计造假，法尔莫公司实际已濒临破产。在一次审计中，其现金已紧缺到供应商因其未能及时支付购货款而威胁取消对其供货的地步。

注册会计师们一直未能发现这起舞弊，他们为此付出了昂贵代价。这项审计失败使会计师事务所在民事诉讼中损失了3亿美元。那位财务总监被判33个月的监禁，莫纳斯本人则被判入狱5年。

通过上述案例思考如下问题：

（1）影响存货价值的因素有哪些？

（2）如何确定存货的成本？

（3）采用哪些方法会高估企业的存货及虚增企业的利润？

（4）报表使用者如何判断企业是否存在高估存货及虚增利润的情况？

# 第一节 存货概述

## 一、存货的定义

存货，是指企业日常生产经营过程中持有以备出售，或者仍然处在生产过程，或者在生产或提供劳务过程中将消耗的材料或物资等。存货是用于企业日常经营活动的，不是为日常经营活动而持有的，如工业企业自行进行工程建造而储备的工程用料，就不能作为工业企业的存货看待，因为工程建造不属于工业企业的日常经营活动。

企业的存货通常包括以下内容：

（1）原材料，指企业在生产过程中经加工改变其形态或性质，并构成产品主要实体的各种原料及主要材料、辅助材料、外购半成品（外购件）、修理用备件（备品备件）、包装材料、燃料等。

（2）在产品，指企业正在制造尚未完工的产品，包括正在各个生产工序加工的产品，以及已加工完毕但尚未检验或已检验但尚未办理入库手续的产品。

（3）半成品，指经过一定生产过程并已检验合格交付半成品仓库保管，但尚未制造完工成为产成品，仍需进一步加工的中间产品。

（4）产成品，指工业企业已经完成全部生产过程并验收入库，可以按照合同规定的条件送交订货单位，或者可以作为商品对外销售。企业接受外来原材料加工制造的代制品和为外单位加工修理的代修品，制造和修理完成验收入库后应视同企业的产成品。

（5）商品，指商品流通企业外购或委托加工完成验收入库用于销售的各种商品。

（6）周转材料，指企业能够多次使用、但不符合固定资产定义的材料，如为了包装本企业商品而储备的各种包装物，各种工具、管理用具、玻璃器皿、劳动保护用品以及在经营过程中周转使用的容器等低值易耗品和建造承包商的钢模板、木模板、脚手架等其他周转材料。但是，周转材料符合固定资产定义的，应当作为固定资产处理。

## 二、存货的确认条件

存货准则规定了存货确认的条件："与该存货有关的经济利益很可能流入企业；该

存货的成本能够可靠地计量。”因此，某个项目要确认为存货，在符合存货的定义的同时必须满足两个条件：

（1）与该存货有关的经济利益很可能流入企业。存货作为企业的一项重要的流动资产，对其进行确认，关键是要判断是否很可能给企业带来经济利益或与存货有关的经济利益是否很可能流入企业。例如，已经售出但还在本企业仓库中存放的产成品，因所有权已非本企业所有，与其相关的经济利益已经不能够流入企业，因而不能作为本企业的存货核算。又如，企业已经付款，但在运输途中尚未到达企业的材料物资，其所包含的经济利益已经能够流入企业，因此，应当作为企业的存货。

（2）该存货的成本能够可靠地计量。成本能够可靠地计量是资产确认的一项基本条件。存货作为企业资产的组成部分，要予以确认就必须能够对其成本进行可靠的计量。例如，企业与供货方签订了购料合同，在材料购买活动尚未实际发生时，由于不能可靠地确定其购料成本，因此，不能将购料合同中的材料作为存货确认。

# 第二节　取得存货的计量

企业取得存货的计量属于存货的初始计量问题。根据准则，企业取得存货应当按照成本进行初始计量。存货成本包括采购成本、加工成本和其他成本三个组成部分。下面分别按照不同渠道介绍存货取得成本的确定。

## 一、存货的采购成本

企业外购存货主要包括原材料和商品。其采购成本是指企业存货从采购到入库前所发生的全部支出，包括购买价款、相关税费、运输费、装卸费、保险费以及其他可归属于存货采购成本的费用。

（1）购买价款，即企业购入材料或商品的发票账单上列明的不包含可抵扣增值税进项税额的价款。

（2）相关税费，主要包括进口关税、消费税、资源税和不能抵扣的增值税进项税额等应计入存货采购成本的税费。

（3）其他可归属于存货采购成本的费用，即采购成本中除上述各项以外的可归属于存货采购成本的费用。

①运杂费。运杂费主要包括存货采购过程中发生的运输费、装卸费、搬运费、保

险费、包装费、中途的仓储费等，不包括采购人员的差旅费，因为差旅费与采购的存货不一定一一对应，一般计入期间费用。

②运输途中的合理损耗。合理损耗的具体标准由企业自行制定，不影响购入存货的总成本，但是提高了货物的单位成本。超额损耗不计入成本，需从总成本中扣除。

③入库前的挑选整理费用。入库以后发生的仓储费、保管费等不计入采购存货的成本，计入期间费用。

上述这些费用能分清负担对象的，应直接计入存货的采购成本；不能分清负担对象的，应选择合理的分配方法，分配计入有关存货的采购成本。

商品流通企业在采购商品过程中发生的运输费、装卸费、保险费以及其他可归属于存货采购成本的费用等进货费用，应计入所购商品成本。在实务中，企业也可以将这些进货费用先进行归集，期末，按照所购商品的存销情况进行分摊。对于已销售商品的进货费用，计入主营业务成本；对于未售商品的进货费用，计入期末存货成本。商品流通企业采购商品的进货费用金额较小的，可以在发生时直接计入当期销售费用。

【例 3-1】某服装生产企业从事运动服饰的生产和销售，企业 20×5 年 12 月 2 日，外购 A 种材料 50 匹，单位成本为 3000 元，运输过程中发生运输费 500 元，保险费 200 元，入库前整理费用 200 元，入库后发生保管费 100 元，暂不考虑增值税，确定 A 种材料的采购成本。

A 种材料的采购成本应包括价款、运杂费、入库前的挑选整理费，不应包括入库后发生的保险费，因此金额为 150900（50×3000+500+200+200）元。

需要说明的是，企业在采购入库后发生的储存费用不计入存货成本，但在生产过程中为达到下一个生产阶段所必需的仓储费用除外。

## 二、加工取得的存货成本

企业通过进一步加工取得的存货主要包括产成品、在产品、半成品、委托加工物资等，其成本由采购成本、加工成本构成。某些存货还包括使存货达到目前场所和状态所发生的其他成本。

### （一）采购成本

采购成本由所使用或消耗的原材料采购成本转移而来。企业在加工产品过程中消耗的、直接用于产品生产、构成产品实体的原材料等称为直接材料。

### （二）加工成本

确定存货的加工成本是计量加工取得的存货成本的重点。存货加工成本由直接人工和制造费用构成，其实质是企业在进一步加工存货的过程中追加发生的生产成本。其中，直接人工是指企业在生产产品过程中直接从事产品生产的工人的薪酬；制造费用是一种间接生产成本，指企业为生产产品和提供劳务而发生的各项间接费用，包括企业生产部门管理人员的薪酬、折旧费、办公费、水电费、机物料消耗、劳动保护费、季节性和修理期间的停工损失等。

直接人工和制造费用，如果能够直接计入有关的成本核算对象，则应直接计入该成本核算对象。否则，应按照合理方法分配计入有关成本核算对象。分配方法一经确定，不得随意变更。

1. 直接人工的分配

如果企业生产车间同时生产几种产品，则发生的直接人工应采用合理方法分配计入各产品成本中，分配方法依工资形成方式不同而不同。

2. 制造费用的分配

企业选择的制造费用分配方法，必须与制造费用的发生具有较密切的相关性，使分配到每种产品上的制造费用金额科学合理，同时还应当适当考虑计算的简便，因此，制造费用的分配一般应按生产车间或部门先进行归集，然后根据制造费用的性质，合理选择分配生产工人工资、生产工人工时、耗用机器工时、耗用原材料的数量或成本、直接成本（原材料、燃料、动力、生产工人工资等职工薪酬之和）及产成品产量等。

企业具体选用哪种分配方法分配制造费用，由企业自行决定。分配方法一经确定，不得随意变更。如需变更，应当在财务报表附注中予以说明。

【例 3-2】某服装生产企业从事运动服饰的生产和销售，20×5 年 12 月企业投入甲、乙两款运动服的生产，为生产甲款，仓库发出 A 种材料 10 匹，单位成本为 3016 元，B 种材料 10 匹，单位成本 2000 元；月末结算本月应付职工薪酬 40000 元，按生产工时比例在甲、乙两款运动服之间进行分配，其中：甲款生产工时 2600 小时，乙款生产工时 1400 小时。本月发生制造费用共计 20000 元，也按生产工时比例分配，两款运动服月末全部完工，计算确定甲款运动服的生产成本。

甲款运动服的生产成本包括其所消耗的直接材料、直接人工以及分配的制造费用，因此，其生产成本为 89160［3016×10+2000×10+40000×（2600/4000）+20000×（2600/4000）］元。

需要说明的是，非正常消耗的直接材料、直接人工及制造费用，如企业超定额的废品损失以及由自然灾害而耗用的直接材料、直接人工及制造费用计入当期损益，不计入存货成本。

（三）其他成本

使存货达到目前场所和状态所发生的其他成本，如可直接认定的产品设计费用等。

## 三、其他方式取得的存货成本

除了采购和生产，企业取得存货还有其他方式，主要包括接受投资者投资、非货币性资产交换、债务重组、企业合并以及存货盘盈等，应分别计量其取得成本。

**（一）投资者投入存货的成本**

投资者投入存货的成本应当按照投资合同或协议约定的价值确定，在约定价值不公允的情况下，以该项存货的公允价值作为入账价值。

**（二）通过非货币性资产交换、债务重组、企业合并等方式取得的存货的成本**

企业通过非货币性资产交换、债务重组、企业合并等方式取得的存货，其成本应当分别按照《企业会计准则第 7 号——非货币性资产交换》《企业会计准则第 12 号——债务重组》《企业会计准则第 20 号——企业合并》等的规定确定。但是，该项存货的后续计量和披露应当执行《企业会计准则第 1 号——存货》的规定。

**（三）盘盈存货的成本**

盘盈的存货应按其重置成本作为入账价值，并通过“待处理财产损溢”科目进行会计处理，按管理权限报经批准后冲减当期管理费用。

# 第三节　发出存货的计量

## 一、存货盘存制度

存货盘存制度包括永续盘存制和定期盘存制。

**（一）永续盘存制**

永续盘存制是对存货的取得、发出和结存情况进行连续记录的系统。在永续盘存制下，存货的收入、发出及其他增减变动随时在存货账户中进行记录，因此在任何时候，存货账户都能反映当前存货的账面余额。期末时，对存货进行实地盘点，确定期末存货的实际数额，并与账面余额相核对，确定账实差异，根据其性质进行相应处理，以加强存货管理，维护存货资产的安全。

永续盘存制有助于实现规范的跨级核算和加强存货管理，但当企业存货种类繁多，交易量大且频繁时，通常需要在电算化会计环境下才能完成所需的大量而耗时的会计核算工作。

**（二）定期盘存制**

定期盘存制是对存货的发出和结存情况不进行连续地记录，而在期末通过盘点确定结存成本，进而倒挤出发出成本的系统。公式如下：

本期发出存货成本 = 期初存货成本 + 本期取得存货成本 − 期末存货成本

由于定期盘存制下，存货账户平时只显示期初存货和本期取得存货的金额，不记录发出和结存成本，因此缺乏存货账面余额的记录，无法进行账实核对，计算存货损耗，因而不利于存货资产的管理。但是这种方法简便易行，大大简化了会计核算工作。

## 二、发出存货成本的计量方法

企业应当根据各类存货的实物流转方式、企业管理的要求、存货的性质等实际情况，合理选择发出存货成本的计量方法，以合理确定当期发出存货的实际成本。可以采用先进先出法、移动加权平均法、月末一次加权平均法和个别计价法等方法。对于性质和用途相似的存货，应当采用相同的成本计算方法确定发出存货的成本。

### （一）先进先出法

先进先出法以先购入的存货先发出这一存货实物流动假设为前提，对发出存货进行计价。在这种方法下，先购入的存货成本在后购入的存货成本之前转出，据此确定发出存货和期末存货的成本。

采用先进先出法，期末存货成本比较接近现行的市场价值。当物价上涨时，会高估企业当期利润和期末库存存货的价值，反之，会低估企业当期利润和期末存货价值。同时这一核算方法工作量较大，对于存货进出频繁的企业来说更是如此。

### （二）移动加权平均法

移动加权平均法，是指以每次进货的成本加上原有库存存货的成本，除以每次进货数量与原有库存存货的数量之和，据以计算加权平均单位成本，作为在下次进货前计算各次发出存货成本的依据。这种方法适用于采用永续盘存制的企业，核算工作量较大。

### （三）月末一次加权平均法

月末一次加权平均法，是指以当月全部进货数量加上月初存货数量作为权数，去除当月全部进货成本加上月初存货成本，计算出存货的加权平均单位成本，以此为基础计算当月发出存货的成本和期末存货的成本。

这种方法只在月末一次计算加权平均单价，简单易行，而且在市场价格波动时计算出来的平均化单位成本，对存货成本的分摊较为折中。但这种方法只适合采用定期盘存制的企业。

**【例 3-3】**某服装生产企业 20×5 年 1 月采购 A 种面料相关资料如下（表 3-1）：

表 3-1　某服装企业 20×5 年 1 月采购 A 种面料的相关资料

单位：米，元

| 日期 | | 摘要 | 收入 | | | 发出 | | | 结存 | | |
|---|---|---|---|---|---|---|---|---|---|---|---|
| 月 | 日 | | 数量 | 单价 | 金额 | 数量 | 单价 | 金额 | 数量 | 单价 | 金额 |
| 1 | 1 | 期初余额 | | | | | | | 20000 | 3 | 60000 |
| | 2 | 购料 | 120000 | 2.8 | 336000 | | | | | | |

续表

| 日期 | | 摘要 | 收入 | | | 发出 | | | 结存 | | |
|---|---|---|---|---|---|---|---|---|---|---|---|
| 月 | 日 | | 数量 | 单价 | 金额 | 数量 | 单价 | 金额 | 数量 | 单价 | 金额 |
| | 5 | 甲款领用 | | | | 40000 | | | | | |
| 1 | 29 | 购料 | 150000 | 3.2 | 480000 | | | | | | |
| | | 合计 | 270000 | | 816000 | | | | | | |

根据上述资料，在永续盘存制下，按照先进先出法计算：

A 种面料发出成本 =20000 × 3+20000 × 2.8=116000（元）

A 种面料结存成本 =60000+816000−116000=760000（元）

按照移动加权平均法计算：

发出材料单位成本 =（60000+336000）/（20000+120000）=2.83（元）

A 种面料发出成本 =40000 × 2.83=1132000（元）

A 种面料结存成本 =60000+816000−113200=762800（元）

在定期盘存制下，按照全月一次加权平均法计算：

发出材料单位成本 =（60000+816000）/（20000+270000）=3.02（元）

A 种面料发出成本 =40000 × 3.02=120800（元）

A 种面料结存成本 =60000+816000−120800=755200（元）

### （四）个别计价法

个别计价法，亦称个别认定法、具体辨认法、分批实际法。这一方法假定存货的成本流转与实物流转相一致，逐一辨认各批发出存货和期末存货所属的购进批别或生产批别，分别按其购入或生产时所确定的单位成本计算各批发出存货和期末存货的成本，因此，能比较合理、准确地计算出发出存货和期末存货的成本。

这种方法的前提是需要对发出和结存存货的批次进行具体认定，以辨别其所属的收入批次，所以，实务操作工作量繁重，但在实际工作中，由于越来越多的企业采用计算机信息系统进行会计处理，因此，个别计价法可以广泛应用于发出存货的计价。

目前，对于不能替代使用的存货、为特定项目专门购入或制造的存货以及提供的劳务，通常采用个别计价法确定发出存货的成本。

## 三、存货成本的结转

存货准则规定企业应当将已售存货的成本结转为当期损益，计入营业成本。这就是说，企业在确认存货销售收入的当期，应当将已经销售存货的成本结转为当期营业成本。

若存货是商品、产成品，企业应选用适当的存货发出计价方法确定已售商品的实际成本，计入主营业务成本；若为非商品存货，如材料等，则应将已出售材料的实际成本予以结转，计入当期其他业务成本。这里所讲的材料销售不构成企业的主营业务。如果材料销售构成了企业的主营业务，则该材料为企业的商品存货，而不是非商品存货。所谓实际成本，是按已售产成品或商品等的账面价值结转主营业务成本或其他业务成本，即对已售存货计提了存货跌价准备的，应同时结转已计提的存货跌价准备，冲减当期主营业务成本或其他业务成本，企业按存货类别计提存货跌价准备的，也应按比例结转相应的存货跌价准备。企业的周转材料符合存货的定义和确认条件的，按照使用次数分次计入成本费用。余额较小的，可在领用时一次计入成本费用，以简化核算，但为加强实物管理，应当在备查簿上进行登记。

企业因非货币性资产交换、债务重组等转出的存货，应当分别按照《企业会计准则第 7 号——非货币性资产交换》和《企业会计准则第 12 号——债务重组》规定进行会计处理。

# 第四节　期末存货的计量

## 一、存货期末计量原则

### （一）计量原则

资产负债表日，存货应当按照成本与可变现净值孰低计量。当成本低于可变现净值时，存货按成本计量；反之，存货按可变现净值计量，同时按照成本高于可变现净值的差额计提存货跌价准备，计入当期损益。

### （二）可变现净值的含义

存货的可变现净值，是指在日常活动中，存货的估计售价减去至完工时估计将要发生的成本、估计的销售费用以及相关税费后的金额。可变现净值具有以下基本特征：

（1）确定存货可变现净值的前提是企业在进行日常活动，若企业不是在进行正常的生产经营活动，如处于清算过程，则不能按照存货准则的规定确定存货的可变现净值。

（2）可变现净值表现为存货的预计未来净现金流量，而不是简单等于存货的售价或合同价。

企业预计的销售存货现金流量，并不完全等于存货的可变现净值。存货在销售过程中可能发生的销售费用和相关税费，以及为达到预定可销售状态还可能发生的加工成本等相关支出，构成现金流入的抵减项目。企业预计的销售存货现金流量，扣除这些抵减项目后，才能确定存货的可变现净值。

（3）不同存货可变现净值的构成不同。

①产成品、商品和用于出售的材料等直接用于出售的商品存货，在正常生产经营过程中，应当以该存货的估计售价减去估计的销售费用和相关税费后的金额确定其可变现净值。

②需要经过加工的材料存货，在正常生产经营过程中，应当以所生产的产成品的估计售价减去至完工时估计将要发生的成本、估计的销售费用和相关税费后的金额确定其可变现净值。

## 二、可变现净值的确定

企业在确定存货的可变现净值时，应当以取得的确凿证据为基础，并且考虑持有存货的目的、资产负债表日后事项的影响等因素。

### （一）持有以备出售存货可变现净值的确定

确定存货可变现净值的关键是存货售价的确定。企业应当区别如下情况分别确定存货的估计售价。

（1）为执行销售合同或者劳务合同而持有的存货，可变现净值应当以合同价格为计算基础。

①销售合同订购数量等于企业持有存货数量的，通常应以存货的合同价格作为其可变现净值的计算基础。

**【例 3-4】**20×5 年 12 月 1 日，纺织机械生产企业甲公司与某服装生产企业乙公司签订了一份不可撤销的销售合同，双方约定，20×6 年 1 月 15 日，甲公司按 6 万元 / 台的价格向乙公司提供印染后整理设备 5 台。20×5 年 12 月 31 日，甲公司该型设备的数量为 5 台，单位成本为 5 万元 / 台，账面成本为 25 万元，同日该型设备的市场销售价格为 5.5 万元 / 台。假定不考虑相关税费和销售费用。

根据甲公司与乙公司签订的销售合同，该型机器的销售价格已由销售合同约定，并且其库存数量等于销售合同约定的数量，因此，计算该型机器的可变现净值应以销售合同约定的价格 30（6×5）万元作为计算基础。

②若企业持有存货的数量多于销售合同订购数量，超出部分存货的可变现净值应以存货的一般销售价格作为计算基础。

**【例 3-5】**续上例，20×5 年 12 月 5 日，甲公司与乙公司又签订了一份不可撤销的销售合同，双方约定，20×6 年 2 月 20 日，甲公司应按每台 5 万元的价格向乙公司提供圆网印花机 10 台。20×5 年 12 月 31 日，甲公司该型机器的数量为 12 台，单位成本为 4 万元 / 台，成本为 48 万元，同日市场销售价格为 6 万元 / 台。根据公司销售部门提供的资料，向乙公司销售该型机器平均运杂费等销售费用为 0.06 万元 / 台；向其他客户销售的平均运杂费等销售费用为 0.05 万元 / 台。

根据销售合同，甲公司库存的该型机器中有 10 台销售价格已由合同约定，其余 2 台没有约定。因此，销售合同约定数量的 10 台机器的可变现净值应以约定的 5 万元 / 台作为计算基础，超出部分的 2 台的可变现净值应以市场销售价格 6 万元 / 台作为计算基础。

圆网印花机的可变现净值 =（$5\times10-0.06\times10$）+（$6\times2-0.05\times2$）=61.3（万元）

③如果企业持有存货的数量少于销售合同订购数量，实际持有与该销售合同相关的存货应以销售合同所规定的价格作为可变现净值的计算基础。

（2）没有销售合同约定而直接用于出售的存货，其可变现净值应以存货的市场销售价格作为计算基础。

**【例 3-6】**续上例，假设甲公司没有与乙公司签订圆网印花机的销售合同，则该机器 20×5 年 12 月 31 日的可变现净值应以一般销售价格总额 72 万元（$6\times12$）作为计算基础。

### （二）将在生产或提供劳务过程中耗用的材料存货

材料存货的期末价值应当以所生产的产成品的可变现净值与成本的比较为基础加以确定。这里的“材料”指原材料、在产品、委托加工材料等。若用该材料存货生产的产成品的可变现净值预计高于产成品的生产成本，则该材料仍应按照成本计量。反之，则应当按可变现净值计量。材料存货的可变现净值为该材料所生产的产成品的估计售价减去至完工时估计将要发生的成本、估计的销售费用以及相关税费后金额。

**【例 3-7】**续上例，20×5 年 12 月 31 日，甲公司库存 A 材料的账面成本为 30 万元，市场销售价格总额为 25 万元（不含增值税），假定不发生其他销售费用。用 A 材料生产的产成品——印染后整理设备可变现净值高于成本。

根据上述资料可知，20×5 年 12 月 31 日，A 材料的账面成本高于其市场价格，但是由于用其生产的产成品——印染后整理设备的可变现净值高于成本，即用 A 材料生产的最终产品此时并没有发生价值减损，因此，A 材料即使其账面成本已高于市场价格，也不应计提存货跌价准备，仍应按 30 万元列示在 20×5 年 12 月 31 日的资产负债表的存货项目之中。

## 三、存货跌价准备的计提

### （一）存货跌价的判断

存货存在下列情形之一的，通常表明存货的可变现净值低于成本：

（1）该存货的市场价格持续下跌，并且在可预见的未来无回升的希望。

（2）企业使用该项原材料生产的产品的成本大于产品的销售价格。

（3）企业因产品更新换代，原有库存原材料已不适应新产品的需要，而该原材料的市场价格又低于其账面成本。

（4）因企业所提供的商品或劳务过时或消费者偏好改变而使市场的需求发生变化，导致市场价格逐渐下跌。

（5）其他足以证明该项存货实质上已经发生减值的情形。

存货存在下列情形之一的，通常表明该存货的可变现净值为零：

（1）已霉烂变质的存货。

（2）已过期且无转让价值的存货。

（3）生产中已不再需要，并且已无使用价值和转让价值的存货。

（4）其他足以证明已无使用价值和转让价值的存货。

### （二）存货跌价准备的计提方法

（1）企业通常应当按照单个存货项目计提存货跌价准备。在企业采用计算机信息系统进行会计处理的情况下，完全有可能做到按单个存货项目计提存货跌价准备。在这种方式下，企业应当将每个存货项目的成本与其可变现净值逐一进行比较，按较低者计量存货，并且按成本高于可变现净值的差额计提存货跌价准备。

（2）对于数量繁多、单价较低的存货，可以按照存货类别计提存货跌价准备。如果某一类存货的数量繁多并且单价较低，企业可以按存货类别计量成本与可变现净值，即按存货类别的成本总额与可变现净值总额进行比较，每个存货类别均取较低者确定存货期末价值。

**【例 3-8】**A 公司的有关资料及存货期末计量见表 3-2，假设公司在此之前没有对存货计提跌价准备，并不考虑相关税费和销售费用。

**表 3-2　按存货类别计提存货跌价准备**

20×5 年 12 月 31 日　　　　单位：元

| 商品 | 数量 | 成本 | | 可变现净值 | | 按存货类别确定的账面价值 | 由此计提的存货跌价准备 |
|---|---|---|---|---|---|---|---|
| | | 单价 | 金额 | 单价 | 金额 | | |
| 第一组 | | | | | | | |
| 甲商品 | 20 | 10 | 200 | 9 | 180 | | |
| 乙商品 | 30 | 7 | 210 | 8 | 240 | | |
| 合计 | | | 410 | | 420 | 410 | |
| 第二组 | | | | | | | |
| 丙商品 | 20 | 25 | 500 | 24 | 480 | | |
| 丁商品 | 10 | 20 | 200 | 18 | 180 | | |
| 合计 | | | 700 | | 660 | 660 | 40 |
| 第三组 | | | | | | | |
| 戊商品 | 40 | 50 | 2000 | 40 | 1600 | | |
| 合计 | | | 2000 | | 1600 | 1600 | 400 |
| 总计 | | | 3110 | | 2680 | 2670 | 440 |

（3）与在同一地区生产和销售的产品系列相关，具有相同或类似最终用途或目的，且难以与其他项目分开计量的存货，可以合并计提存货跌价准备。

具有相同或类似最终用途或目的，并在同一地区生产和销售，意味着存货所处的经济环境、法律环境、市场环境等相同，具有相同的风险和报酬，因此可以对该存货进行合并计提存货跌价准备。

需要注意的是，资产负债表日同一项存货中一部分有合同价格约定、其他部分不存在合同价格的，应当分别确定其可变现净值，并与其相对应的成本进行比较，分别确定存货跌价准备的计提或转回的金额，由此计提的存货跌价准备不得相互抵消。

## 四、存货跌价准备转回的处理

企业存货在符合条件的情况下，可以转回已经计提的存货跌价准备。这一条件为以前减记存货价值的影响因素已经消失，而不是在当期造成存货可变现净值高于成本的其他影响因素。当符合转回条件时，应在原已计提的存货跌价准备的金额内转回。即在对该项存货、该类存货或该合并存货已计提的存货跌价准备的金额内转回。转回的存货跌价准备与计提该准备的存货项目或类别应当存在直接对应关系，但转回的金额以将存货跌价准备的余额冲减至零为限。转回时，借记“存货跌价准备”，贷记“资产减值损失”。

**【例 3-9】**20×5 年 12 月 31 日，甲公司成衣染色机的账面成本为 10 万元，预计可变现净值为 8 万元，因此计提存货跌价准备 2 万元；20×6 年 6 月 30 日，该机器的账面成本为 10 万元，由于市场价格有所上升，预计可变现净值变为 9.5 万元；20×6 年 12 月 31 日，该机器账面成本为 10 万元，由于市场价格进一步上升，预计可变现净值为 11.1 万元。

根据上述资料，20×6 年 6 月 30 日，甲公司成衣染色机应计提的存货跌价准备为 0.5 万元（10 万元 -9.5 万元），当期应冲减已计提的存货跌价准备 1.5 万元（2 万元 -0.5 万元），即应转回的存货跌价准备 1.5 万元。会计分录为：

借：存货跌价准备　　15000

　贷：资产减值损失——存货减值损失　　15000

20×6 年 12 月 31 日甲公司成衣染色机的可变现净值又有所恢复，应冲减存货跌价准备为 1.1 万元（11.1 万元 -10 万元），但其已计提的存货跌价准备的余额仅为 0.5 万元，因此，当期应转回的存货跌价准备为 0.5 万元，即以对已计提的“存货跌价准备”余额冲减至零为限，会计分录为：

借：存货跌价准备　　5000

　贷：资产减值损失——存货减值损失　　5000

## 五、存货跌价准备结转的处理

企业计提了存货跌价准备，如果其中有部分存货已销售，企业应在结转销售成本的同时，结转对其已计提的存货跌价准备，即在借记“主营业务成本（或其他业务成本）”，贷记“库存商品（或原材料）”的同时借记“存货跌价准备”，贷记“主营业务成本（或其他业务成本）”。需要注意的是，此时不是资产减值准备的转回，不能冲减“资产减值损失”。对于因债务重组、非货币性资产交换转出的存货，应同时结转已计提的存货跌价准备，并按债务重组和非货币性资产交换的原则进行会计处理。如果按存货类别计提存货跌价准备的，应当按照发生销售、债务重组、非货币性资产交换等而转出存货的成本占该存货未转出前该类别存货成本的比例，结转相应的存货跌价准备。

## 六、存货盘亏或毁损的会计处理

存货发生的盘亏或毁损，应作为待处理财产损溢进行核算。按管理权限报经批准后，根据造成存货盘亏或毁损的原因，分别按以下情况进行处理：

（1）属于计量收发差错和管理不善等原因造成的存货短缺，应先扣除残料价值、可以收回的保险赔偿和过失人赔偿，将净损失计入管理费用。

（2）属于自然灾害等非常原因造成的存货毁损，应先扣除处置收入（如残料价值）、可以收回的保险赔偿和过失人赔偿，将净损失计入营业外支出。

## 本章小结

存货作为企业一项重要的流动资产，其确认、计量及期末计价均会对企业财务报表产生重要影响，因此，应按照存货准则的要求合理选择恰当的处理方法。本章按照存货的取得、发出的实物流转顺序进行阐释。在存货概念、主要内容阐述的基础上，首先介绍不同取得方式下存货的初始计量，之后就存货发出计价的几种主要方法进行分析，最后，介绍了存货期末计量的处理方法。

第四章

# 长期股权投资

**【本章学习目标】**

掌握长期股权投资初始入账成本的确定方法，掌握不同方式取得长期股权投资初始计量时资产处置损益的体现方法，掌握长期股权投资权益法与成本法的区别，掌握金融资产与长期股权投资核算转换以及长期股权投资成本法与权益法核算转换的相关会计处理。

| 引导案例 |

2015年年底万科股权争夺战烽烟不断。2015年7月至8月期间，宝能控股企业前海人寿及其一致行动人三次举牌，持股万科达到15.04%，超越当时华润的14.89%，成为万科第一大股东。8月底9月初，华润两度增持万科，重回万科第一大股东的位置。此后，仅不到半年时间，宝能系先后豪掷数百亿取得万科22.45%的股权，超过了华润和万科合伙人的持股总量，成为万科第一大股东。此时，宝能系只需要再增持7%股权便可控股万科。2015年12月17日，王石首次针对宝能系举牌万科发声，不欢迎宝能系成为万科第一大股东。2015年12月18日，万科A、H股紧急停牌，筹划股份发行、重大资产重组及收购资产事宜。此次停牌因可能关系到万科控股权最终归属而广受关注。

通过上述案例思考如下问题：

（1）作为投资人的宝能系为什么选择万科作为投资对象？

（2）宝能系对万科的股权投资会计应当如何核算？

（3）万科管理层为何对外宣称不欢迎宝能系成为万科第一大股东？

# 第一节　长期股权投资的初始计量

## 一、长期股权投资的概念

依据《企业会计准则第2号——长期股权投资》，长期股权投资是指投资方对被投资单位实施控制、重大影响的权益性投资，以及对其合营企业的权益性投资（即对子公司、联营企业、合营企业的权益性投资）。投资企业持有的对被投资单位不具有共同控制或重大影响，并且在活跃市场中没有报价、公允价值不能可靠计量的权益性投资，按照金融资产的核算方法进行会计处理。

这一概念表明：长期股权投资作为权益类投资，在确定能否对被投资单位实施控制时，投资方能够对被投资单位实施控制的，被投资单位为其子公司，但投资方属于《企业会计准则第33号——合并财务报表》规定的投资性主体且子公司不纳入合并财务报表的情况除外。投资方能够对被投资单位实施重大影响是指投资方对被投资单位的财务和经营政策有参与决策的权力，但并不能够控制或者与其他方一起共同控制这些政策的制定。在确定能否对被投资单位施加重大影响时，应当考虑投资方和其他方持有的被投资单位当期可转换公司债券、当期可执行认股权证等潜在表决权因素。投资方能够对被投资单位施加重大影响的，被投资单位为其联营企业。在确定被投资单位是否为合营企业时，应当按照《企业会计准则第 40 号——合营安排》的有关规定进行判断，即合营企业是指合营方仅对该安排的净资产享有权利的合营安排。

## 二、长期股权投资入账成本的确定

长期股权投资在取得时，应按初始投资成本入账。长期股权投资的初始投资成本，应分合并形成的与非合并形成的长期股权投资两种情况。其中，合并形成的长期股权投资是指控股合并，而非吸收合并与新设合并。吸收合并后因被并方不复存在，主并方无须通过长期股权投资核算；新设合并后因主并方与被并方都已消亡，共同组建一新的主体，因此也不存在长期股权投资的核算问题。

控股合并形成的长期股权投资，初始投资成本的确定应分别同一控制下控股合并与非同一控制下控股合并两种情况确定长期股权投资的初始投资成本。两者主要的区别在于前者采用账面价值核算长期股权投资的入账成本，后者采用公允价值核算长期股权投资的入账成本。

同一控制下的企业合并，是指参与合并的企业在合并前后均受同一方或相同的多方最终控制且该控制并非暂时性的。非同一控制下的企业合并，是指参与合并各方在合并前后不受同一方或相同的多方最终控制的合并交易，即同一控制下企业合并以外的其他企业合并。无论同一控制或非同一控制下的合并，主并方给予被并方合并对价的方式都可能包括：支付现金、转让非现金资产、发行权益性证券或承担债务，但同一控制合并与非同一控制合并对相同合并对价方式所确定的核算长期股权投资入账价值存在很大差异，具体表述如下：

### （一）同一控制下控股合并的长期股权投资入账成本的确定

同一控制下的企业合并中，合并方以支付现金、转让非现金资产或承担债务方式作为合并对价的，应当在合并日按照被合并方所有者权益在最终控制方合并财务报表中的账面价值的份额作为长期股权投资的初始投资成本。长期股权投资初始投资成本与支付的现金、转让的非现金资产以及所承担债务账面价值之间的差额，应当调整资本公积；资本公积不足冲减的，调整留存收益。

**【例 4-1】**天津可美纺织服装企业分别控制乙公司和丙公司。20×6 年 1 月 1 日，乙公司以 5000 万元的货币资金作为合并对价取得丙公司 70% 股权，形成同一控制下的企业合并。若被合并方所有者权益在最终控制方合并财务报表中的账面价值为 8000 万元。则乙公司的账务处理为：

借：长期股权投资——丙公司　　　　（8000 万 ×70%）56000000

贷：银行存款　　50000000

　　资本公积——股本溢价　　6000000

上例中，若乙公司以 6000 万元的货币资金作为合并对价取得丙公司 70% 股权，形成同一控制下的企业合并。其他条件相同，且有足够可以转回的资本公积。则乙公司的账务处理为：

借：长期股权投资——丙公司　　（8000 万 ×70%）56000000

　　资本公积——股本溢价　　4000000

　贷：银行存款　　60000000

上例中，若乙公司以 6000 万元的货币资金作为合并对价取得丙公司 70% 股权，形成同一控制下的企业合并，但且可以转回的资本公积仅有 200 万元，则乙公司的账务处理为：

借：长期股权投资——丙公司　　（8000 万 ×70%）56000000

　　资本公积——股本溢价　　2000000

　　盈余公积　　2000000

　贷：银行存款　　60000000

【例 4-2】天津可美纺织服装企业分别控制乙公司和丙公司。20×6 年 1 月 1 日，乙公司与丙公司经协商达成并购协议，乙公司以承担 5000 万元丙公司所欠银行长期债务作为合并对价取得丙公司 70% 股权，形成同一控制下的企业合并。若被合并方所有者权益在最终控制方合并财务报表中的账面价值为 8000 万元，则乙公司的账务处理为：

借：长期股权投资——丙公司　　（8000 万 ×70%）56000000

　贷：长期借款　　50000000

　　资本公积——股本溢价　　6000000

同一控制下的企业合并中，合并方以发行权益性证券作为合并对价的，应当在合并日按照被合并方所有者权益在最终控制方合并财务报表中的账面价值的份额作为长期股权投资的初始投资成本。按照发行股份的面值总额作为股本，长期股权投资初始投资成本与所发行股份面值总额之间的差额，应当调整资本公积；资本公积不足冲减的，调整留存收益。

【例 4-3】天津可美纺织服装企业分别控制乙公司和丙公司。20×6 年 1 月 1 日，乙公司向丙公司定向增发 1000 万股普通股（每股市场价格 9 元，面值 1 元），取得丙公司 70% 股权，形成同一控制下的企业合并。若被合并方所有者权益在最终控制方合并财务报表中的账面价值为 8000 万元。则乙公司的账务处理为：

借：长期股权投资——丙公司　　（8000 万 ×70%）56000000

　贷：股本——天津可美纺织服装企业　　10000000

　　资本公积——股本溢价　　46000000

上例中，尽管定向增发 1000 万股普通股的公允价值为 9000 万元，但同一控制下，以发行权益性证券作为合并对价时，所确认的长期股权投资的初始投资成本并不是

9000万元，而是依据在合并日按照被合并方所有者权益在最终控制方合并财务报表中的账面价值的份额5600万元确认。

### （二）非同一控制下控股合并的长期股权投资入账成本的确定

非同一控制下的企业合并，主并方按照合并对价所放弃资源的公允价值（合并成本）作为长期股权投资的初始投资成本。这里的合并成本是指主并方付出的资产、发生或承担的负债、发行的权益性证券公允价值之和。其中，主并方若以非货币资产作为合并对价时，这些非货币资产的账面价值与公允价值的差额应作为主并方的资产处置损益。

合并方或购买方为企业合并发生的审计、法律服务、评估咨询等中介费用以及其他相关管理费用，应当于发生时计入当期损益。

**【例4-4】**20×6年1月1日，天津可美纺织服装企业以5000万元的货币资金作为合并对价取得非同一控制下的另一公司70%股权，则天津可美纺织服装企业的账务处理为：

借：长期股权投资——丙公司　　50000000

　贷：银行存款　　50000000

**【例4-5】**20×6年1月10日，天津可美纺织服装企业与丙公司经协商达成并购协议，天津可美纺织服装企业以承担5000万元丙公司所欠银行长期债务作为合并对价取得丙公司70%股权，形成非同一控制下的企业合并。天津可美纺织服装企业的账务处理为：

借：长期股权投资——丙公司　　50000000

　贷：长期借款　　50000000

**【例4-6】**20×6年1月1日，天津可美纺织服装企业向丙公司定向增发1000万股普通股（每股市场价格9元，面值1元），取得丙公司70%股权，形成非同一控制下的企业合并。则天津可美纺织服装企业的账务处理为：

借：长期股权投资——丙公司　　90000000

　贷：股本——天津可美纺织服装企业　　10000000

　　　资本公积——股本溢价　　80000000

**【例4-7】**20×0年3月31日，天津可美纺织服装企业以一批自产的某品牌服装作为合并对价取得天津B公司80%的股权。该批服装的成本为2000万元，市场销售价格总额为5000万元，企业适用的增值税税率为13%。另外，为核实天津B公司的资产价值，天津可美纺织服装企业聘请专业资产评估机构对B公司的资产进行评估，以银行存款支付评估费用50万元。假定合并前双方不存在任何关联方关系。本例中，主并方天津可美纺织服装企业一方面确认长期股权投资，另一方面，非货币资产对价应视同销售，确认资产处置损益，因此其账务处理为：

借：长期股权投资　　56500000

　贷：主营业务收入　　50000000

　　　应交税费——应交增值税（销项税额）　　6500000

同时：

借：主营业务成本　　　　20000000

　贷：库存商品　　　　20000000

此外，合并费用处理为：

借：管理费用　　　　500000

　贷：银行存款　　　　500000

【例 4-8】20×6 年 3 月 31 日，天津可美纺织服装企业以一台旧设备作为合并对价取得 B 公司 80% 的股份。该设备原值 3500 万元，已计提折旧 1500 万元，已提取减值准备 50 万元，该设备公允价值为 2500 万元。B 公司 20×6 年 3 月 31 日所有者权益公允价值为 2200 万元。根据上述资料，假设不考虑相关税费，则天津可美纺织服装企业的账务处理为：

借：固定资产清理　　　　19500000

　　固定资产减值准备　　　　500000

　　累计折旧　　　　15000000

　贷：固定资产　　　　35000000

同时：

借：长期股权投资　　　　25000000

　贷：固定资产清理　　　　19500000

　　　营业外收入　　　　5500000

### （三）其他方式取得的长期股权投资（即对联营企业、合营企业的权益性投资）入账成本的确定

除企业合并形成的长期股权投资以外，其他方式取得的长期股权投资，应当按照下列规定确定其初始投资成本：

（1）以支付现金取得的长期股权投资，应当按照实际支付的购买价款作为初始投资成本。初始投资成本包括与取得长期股权投资直接相关的费用、税金及其他必要支出。

（2）以发行权益性证券取得的长期股权投资，应当按照发行权益性证券的公允价值作为初始投资成本。与发行权益性证券直接相关的费用，应当按照《企业会计准则第 37 号——金融工具列报》的有关规定确定处理，即与发行权益性证券相关的费用，不管其是否与投资直接相关，均应自所发行权益性证券的发行收入中扣减，在权益性工具发行有溢价的情况下，自溢价收入中扣除，在权益性证券发行无溢价或溢价金额不足以扣减的情况下，应当冲减盈余公积和未分配利润。

【例 4-9】20×6 年 5 月 5 日，天津可美纺织服装企业通过增发 10000 万股本公司普通股（每股面值 1 元，股票市场价格 10 元）取得 B 公司 20% 的股权。为增发该部分股份，该企业向证券承销机构等支付了 200 万元的佣金和手续费。假定天津可美纺织服装企业取得该部分股权后，能够对 B 公司的财务和生产经营决策施加重大影响。

天津可美纺织服装企业应以所发行股份的公允价值作为取得长期股权投资的成本，账务处理为：

借：长期股权投资　　1000000000

　贷：股本　　100000000

　　　资本公积——股本溢价　　900000000

依据《企业会计准则第 37 号——金融工具列报》，发行权益性证券过程中支付的佣金和手续费，应冲减权益性证券的溢价发行收入，账务处理为：

借：资本公积——股本溢价　　2000000

　贷：银行存款　　2000000

（3）以债务重组、非货币性资产交换等方式取得的长期股权投资，其初始投资成本应按照《企业会计准则第 12 号——债务重组》和《企业会计准则第 7 号——非货币性资产交换》的规定确定，通常以长期股权投资的公允价值入账。具体内容见本书相关章节。

#### （四）取得投资时所支付对价中包含的已宣告但尚未发放的现金股利或利润的会计处理

企业无论以何种方式取得长期股权投资时，对于支付的对价中包含的应享有被投资单位已经宣告但尚未发放的现金股利或利润应确认为应收股利单独核算，不计入投资成本。需要指出的是，企业无论以何种方式取得各类投资（包括各类金融资产），所支付对价中包含的现金股利或利润都应作为应收股利，而非计入投资成本。

## 第二节　长期股权投资的后续计量

长期股权投资在持有期间，根据投资企业对被投资单位的影响程度分别采用成本法及权益法进行核算。成本法下，投资方所核算的长期股权投资账面价值无须随被投资企业盈亏以及所有者权益的变动而调整；权益法下，长期股权投资的账面价值需依据被投资企业盈亏以及所有者权益的变动而调整，投资方与被投资方一荣俱荣，一损俱损。

### 一、长期股权投资的成本法

#### （一）成本法的适用范围

投资方能够对被投资单位实施控制的长期股权投资应当采用成本法核算。这里的控制是指投资方拥有对被投资方的权力，通过参与被投资方的相关活动而享有可变回报，并且有能力运用对被投资方的权力影响其回报金额。

风险投资机构、共同基金以及类似主体（如投资连接保险产品）持有的，在初始确认时按照金融工具确认和计量准则的规定以公允价值计量且其变动计入当期损益的金融资产的，应当按照金融工具确认和计量准则进行后续计量。除上述以外，对子公司的长期股权投资应当按成本法核算，对合营企业、联营企业的长期股权投资应当按权益法核算。

长期股权投资核算范围和核算方法见表 4-1：

表 4-1　长期股权投资的核算范围和核算方法

| 投资情况 | 核算方法 |
|---|---|
| 对子公司投资（控制） | 成本法 |
| 对合营企业投资（共同控制） | 权益法 |
| 对联营企业投资（重大影响） | 权益法 |

### （二）成本法的具体核算

采用成本法核算的长期股权投资应当按照初始投资成本计价，追加或收回投资应当调整长期股权投资的成本。被投资单位宣告分派的现金股利或利润，应当确认为当期投资收益。子公司将未分配利润或盈余公积转增股本（实收资本），且未向投资方提供等值现金股利或利润的选择权时，投资方并没有获得收取现金或者利润的权力，该项交易通常属于子公司自身权益结构的重分类，母公司不应确认相关的投资收益。下面举例说明长期股权投资采用成本法核算的全过程。

**【例 4-10】**天津可美纺织服装企业投资 C 公司，有关投资的情况如下：

（1）20×6 年 1 月 1 日天津可美纺织服装企业支付货币资金 600 万元给 B 公司，受让 B 公司持有的 C 公司 100% 的股权，采用成本法核算。假设未发生直接相关费用和税金。则天津可美纺织服装企业账务处理如下：

借：长期股权投资——C 公司　　6000000

　贷：银行存款　　6000000

（2）20×6 年 5 月 10 日，C 公司宣告分配 20×5 年实现的净利润，其中分配现金股利 20 万元。天津可美纺织服装企业于 5 月 20 日收到现金股利 20 万元。天津可美纺织服装企业账务处理如下：

借：应收股利　　（20 万 ×100%）200000

　贷：投资收益　　200000

借：银行存款　　200000

　贷：应收股利　　200000

（3）20×6 年，C 公司实现净利润 200 万元，天津可美纺织服装企业采用成本法核算，不作账务处理。

(4)20×7 年月 1 日,C 公司宣告分配 20×6 年净利润，分配的现金股利为 50 万元。天津可美纺织服装企业的账务处理如下：

借：应收股利　　(50 万 ×100%) 500000
　贷：投资收益　　500000
借：银行存款　　500000
　贷：应收股利　　500000

(5) 20×7 年 C 公司发生巨额亏损，该投资出现减值迹象，20×7 年年末天津可美纺织服装企业对 C 公司的投资预计可收回金额为 750 万元，长期投资的账面价值为 800 万元，需计提 50 万元减值准备。天津可美纺织服装企业的账务处理如下：

借：资产减值损失　　500000
　贷：长期股权投资减值准备　　500000

(6) 20×8 年 1 月 20 日，天津可美纺织服装企业经协商，将持有的 C 公司的全部股权转让给丁企业，收到股权转让款 760 万元。天津可美纺织服装企业的账务处理如下：

借：银行存款　　7600000
　　长期股权投资减值准备　　500000
　贷：长期股权投资——C 公司　　8000000
　　　投资收益　　100000

## 二、长期股权投资的权益法

### （一）权益法的定义及其适用范围

权益法，是指投资以初始投资成本计量后，在投资持有期间根据投资企业享有被投资单位所有者权益份额的变动对投资的账面价值进行调整的方法。

投资方对联营企业和合营企业的长期股权投资，应当采用权益法核算。联营企业即投资企业对被投资单位具有共同控制；合营企业即投资企业对被投资单位具有重大影响。这里的共同控制是指按照相关约定对某项安排所共同的控制，并且该安排的相关活动必须经过分享控制权的参与方一致同意后才能决策。重大影响即投资方对被投资方的财务和经营政策有参与决策的权力，但并不能够控制或者与其他方一起共同控制这些政策的制定。通常情况下，投资方直接或通过子公司间接持有被投资单位 20% 以上、50% 以下的表决权股份时，应采用权益法核算长期股权投资。

依据《企业会计准则第 2 号——长期股权投资》，风险投资机构、共同基金以及类似主体持有的，在初始确认时按照《企业会计准则第 22 号——金融工具确认和计量》的规定以公允价值计量且其变动计入当期损益的金融资产，无论以上主体是否对这部分投资具有重大影响，应按照《企业会计准则第 22 号——金融工具确认和计量》

的规定进行确认和计量。此外，投资方对联营企业的权益性投资，其中一部分通过风险投资机构、共同基金、信托公司或包括投连险基金在内的类似主体间接持有的，无论以上主体是否对这部分投资具有重大影响，投资方都可以按照《企业会计准则第22号——金融工具确认和计量》的有关规定，对间接持有的该部分投资选择以公允价值计量且其变动计入当期损益，并对其余部分采用权益法核算。此外，企业持有对被投资单位的“三不投资”（不具有共同控制或重大影响，在活跃市场中没有报价，公允价值不能可靠计量的权益性投资），按照金融资产的核算方法进行会计处理。

### （二）权益法的具体核算

#### 1. 权益法核算的基本原则

权益法核算的基本原则是长期股权投资的账面价值应当随被投资单位企业盈亏以及所有者权益的变动而调增或调减；被投资单位宣告分派的现金股利或利润，投资方不确认投资收益，而应作为投资成本的收回，冲减长期股权投资账面价值（表4–2）。

表4–2　权益法核算的基本原则

| | 被投资单位所有者权益变动原因 | 投资单位处理办法 |
|---|---|---|
| 权益法核算的基本原则 | 净损益 | 确认或冲减投资收益 |
| | 其他综合收益 | 确认其他综合收益 |
| | 利润分配 | 减少长期股权投资 |
| | 其他权益变动 | 确认所有者权益 |

依据上表，权益法核算的基本过程如下例所示：

**【例4–11】**天津可美纺织服装企业投资D公司，有关投资的情况如下：

（1）20×6年1月1日天津可美纺织服装企业支付现金800万元给B公司，受让B公司持有的D公司20%的股权（具有重大影响），采用权益法核算。假设未发生直接相关费用和税金。受让股权时D公司的可辨认净资产公允价值为4000万元。则天津可美纺织服装企业账务处理如下：

借：长期股权投资——D公司（成本）　　8000000

　贷：银行存款　　8000000

（2）20×6年12月31日，D公司当年实现的净利润为600万元（假设不考虑对净利润的调整）；本年度其他综合收益增加150万元，没有其他所有者权益的变动。天津可美纺织服装企业账务处理如下：

借：长期股权投资——D公司（损益调整）　　1200000

　贷：投资收益　　（600万×20%）1200000

借：长期股权投资——D公司（其他综合收益）　　300000

　贷：其他综合收益　　（150万×20%）300000

（3）20×7年3月1日，D公司宣告分配现金股利200万元；天津可美纺织服装企业于5月15日收到该股利。

借：应收股利　　（200万×20%）400000

　贷：长期股权投资——D公司（损益调整）　　400000

借：银行存款　　400000

　贷：应收股利　　400000

（4）20×7年D公司发生亏损2000万元，假设不考虑对净利润的调整，天津可美纺织服装企业确认投资损失：

借：投资收益　　（2000万×20%）4000000

　贷：长期股权投资——D公司（损益调整）　　4000000

由于出现减值迹象，假设20×7年年末天津可美纺织服装企业对D公司的投资可收回金额经测算为500万元。计提减值准备前长期股权投资的账面余额=投资成本（800万）+损益调整（−320万）+其他综合收益（30万）=510万（元），其中，−320万=120万−40万−400万，而可收回金额为500万元，需计提10万元减值准备：

借：资产减值损失　　100000

　贷：长期股权投资减值准备　　100000

（5）20×8年1月20日，天津可美纺织服装企业经协商，将持有的D公司的全部股权转让给丁企业，收到股权转让款520万元。处置时账务处理如下：

借：银行存款　　520

　　长期股权投资减值准备　　10

　　其他综合收益　　30

　　长期股权投资——D公司（损益调整）　　320

　贷：长期股权投资——D公司（成本）　　800

　　　　　　　　——D公司（其他综合收益）　　30

　　投资收益　　50

2. 初始投资成本的调整

长期股权投资的初始投资成本大于投资时应享有被投资单位可辨认净资产公允价值份额的，不调整长期股权投资的初始投资成本；长期股权投资的初始投资成本小于投资时应享有被投资单位可辨认净资产公允价值份额的，其差额通过贷记“营业外收入”科目计入当期损益，同时调整长期股权投资成本。

被投资单位可辨认净资产的公允价值，应当比照《企业会计准则第20号——企业合并》的有关规定确定。

**【例4-12】**20×6年1月1日，天津可美纺织服装企业支付现金2000万元给B公司，受让B公司持有的D公司20%的股权（具有重大影响），采用权益法核算。假设未发生直接相关费用和税金。受让股权时D公司的可辨认净资产公允价值为9000万元。则天津可美纺织服装企业账务处理如下：

借：长期股权投资——D公司（成本）　　20000000

贷：银行存款　　20000000

因初始投资成本 2000 万元大于应享有被投资单位可辨认净资产公允价值份额 =9000×20%=1800（万元），因此不调整长期股权投资的初始投资成本。

上例中，若天津可美纺织服装企业受让股权时，D 公司的可辨认净资产公允价值为 11000 万元。此时，因初始投资成本 2000 万元小于应享有被投资单位可辨认净资产公允价值份额 =11000 万 ×20%=2200 万（元），产生负商誉 200 万元，通过贷记“营业外收入”科目计入当期损益，同时调增长期股权投资成本 200 万元。天津可美纺织服装企业账务处理如下：

借：长期股权投资——D 公司（成本）　　22000000

贷：银行存款　　20000000

营业外收入　　2000000

3. 对被投资企业净利润的调整

权益法下，长期股权投资的账面价值随被投资单位企业盈亏而调整。然而，当被投资单位采用的会计政策及会计期间与投资企业不一致时，被投资企业所确认的盈亏则不被投资方认可，此时应按投资企业的会计政策及会计期间对被投资单位的盈余进行调整。

此外，取得投资时被投资企业相关资产账面价值与公允价值不一致时，因未来期间被投资企业依据原账面资产的消耗计算成本费用，而从投资方看，则应按照这些资产的公允价值计算成本费用。因此，也应按照这些资产的公允价值所消耗金额调整被投资企业所确认的盈亏。如：被投资企业固定资产、无形资产的公允价值与账面价值不一致时，因被投资企业按照这些资产账面计提折旧或摊销费用，在此基础上确认损益，而投资企业则要求以这些资产公允价值为基础确认折旧或摊销费用，在此基础上计算盈亏。这就必然要求对被投资企业所确认的净利润进行调整。

【例 4-13】20×6 年 1 月，天津可美纺织服装企业以 5000 万元购入 A 公司 28% 的股份，并自取得投资之日起派人参与 A 公司的生产经营决策。取得投资当日，A 公司可辨认资产公允价值为 12000 万元，除表 4-3 所列项目外，A 公司其他资产、负债的公允价值与账面价值相同。

表 4-3　A 公司部分资产的账面价值与公允价值

单位：万元

| 项目 | 账面原值 | 已提折旧或摊销 | 公允价值 | A 公司预计使用年限 | 取得投资后剩余使用年限 |
|---|---|---|---|---|---|
| 存货 | 800 | | 1000 | | |
| 固定资产 | 1800 | 360 | 2400 | 20 | 16 |
| 无形资产 | 700 | 140 | 800 | 10 | 8 |
| 合计 | 3300 | 500 | 4200 | | |

假定A公司固定资产折旧费用均记入当期损益。20×6年实现净利润1000万元，其中在天津可美纺织服装企业取得投资时的账面存货有80%对外出售。两公司的会计年度及采用的会计政策相同。固定资产、无形资产均按直线法提取折旧或摊销，预计净残值为零。20×7年3月5日A公司对外分配500万元利润，企业适用的所得税税率为25%。

天津可美纺织服装企业取得投资、确认投资收益以及收到股利的会计分录如下：

（1）取得投资时：

借：长期股权投资——A公司（成本）　　50000000

　贷：银行存款　　50000000

因天津可美纺织服装企业初始投资成本5000万元大于应享有A公司可辨认净资产公允价值份额=12000×28%=3360（万元），不调整长期股权投资的初始投资成本。

（2）天津可美纺织服装企业投资A公司时，被投资企业有关资产的公允价值与其账面价值不同，在计算归属于投资企业应享有的净利润或应承担的净亏损时，应调整被投资企业A公司的净损益。

存货账面价值与公允价值的差额应调减的税前利润=(1000−800)×80%=160(万元)

天津可美纺织服装企业取得投资后，A公司结转外销存货的主营业务成本是640万元，而从天津可美纺织服装企业角度看，应结转外销存货的主营业务成本是800万元，两者相差160万元。

固定资产公允价值与账面价值差额应调整增加的折旧额=2400÷16−1800÷20=60（万元）

无形资产公允价值与账面价值差额应调整增加的摊销额=800÷8−700÷10=30(万元)

A公司调整后的净利润：1000−（160+60+30）×（1−25%）=812.5（万元）

天津可美纺织服装企业应享有的份额：812.5×28%=227.5（万元）

确认投资收益时：

借：长期股权投资——损益调整　　2275000

　贷：投资收益　　2275000

（3）20×7年计算应收股利时：

借：应收股利　　（500万×28%）1400000

　贷：长期股权投资——损益调整　　1400000

收到股利时：

借：银行存款　　1400000

　贷：应收股利　　1400000

需要指出的是，上述对被投资单位的净利润进行调整应考虑重要性原则，不具有重要性的项目可不予调整。符合下列条件之一的，投资企业可以以投资单位的账面净利润为基础，计算确认投资损益，同时应在附注中说明不能按照准则中规定进行核算的原因：

（1）投资企业无法合理确定取得投资时被投资单位各项可辨认资产等的公允价值。

（2）投资时被投资单位可辨认资产的公允价值与其账面价值相比，两者之间的差额不具重要性。

（3）其他原因导致无法取得被投资单位的有关资料，无法按照准则中规定的原则对被投资单位的净损益进行调整的。

**4. 投资方与联营企业、合营企业之间的未实现内部交易损益的会计处理**

投资方计算确认应享有或应分担被投资单位的净损益时，与联营企业、合营企业之间发生的未实现内部交易损益按照应享有的比例计算归属于投资方的部分，应当予以抵销，在此基础上确认投资收益。投资方与被投资单位发生的未实现内部交易损失，按照《企业会计准则第 8 号——资产减值》等的有关规定属于资产减值损失的，应当全额确认。

**【例 4-14】**天津可美纺织服装企业于 20×6 年 1 月取得乙公司 20%有表决权股份，能够对乙公司施加重大影响。假定天津可美纺织服装企业取得该项投资时，乙公司各项可辨认资产、负债的公允价值与其账面价值相同。20×6 年 9 月，乙公司将其成本为 800 万元的某商品以 1200 万元的价格出售给天津可美纺织服装企业，天津可美纺织服装企业将取得的商品作为存货。至 20×6 年资产负债表日，天津可美纺织服装企业仍未对外出售该存货。乙公司 20×6 年实现净利润为 3600 万元。假定不考虑所得税因素。天津可美纺织服装企业会计处理如下：

调整后净利润 = 调整前净利润（3600 万）- 未实现内部交易收益（1200 万 -800 万）= 3200 万（元）

借：长期股权投资——乙公司（损益调整） 6400000

　贷：投资收益 （3200 万 ×20%）6400000

**5. 其他综合收益的处理**

长期股权投资权益法核算下，被投资单位其他综合收益发生变动时，投资方应当按照归属于本企业的部分，相应调整长期股权投资的账面价值，同时增加或减少其他综合收益。

**【例 4-15】**天津可美纺织服装企业持有乙公司 25% 的股份，能够对乙公司施加重大影响。当期乙公司其他综合收益增加 100 万元，实现净利润为 500 万元。假定天津可美纺织服装企业与乙公司适用的会计政策、会计期间相同，两者在当期及以前期间未发生任何内部交易，投资时乙公司各项可辨认资产、负债的公允价值与其账面价值相同。不考虑相关税费等其他因素影响。

天津可美纺织服装企业应进行以下账务处理：

借：长期股权投资——损益调整 1250000

　　　　　　　　——其他综合收益 250000

　贷：投资收益 1250000

　　　其他综合收益 250000

6. 被投资单位所有者权益其他变动的会计处理

采用权益法核算时，投资企业对于被投资单位除净损益、其他综合收益以及利润分配以外所有者权益的其他变动，在持股比例不变的情况下，应按照持股比例与被投资单位所有者权益其他变动中归属于本企业的部分，相应调整长期股权投资的账面价值，同时增加或减少资本公积。

【例 4-16】天津可美纺织服装企业 20×6 年 1 月 20 日持有 A 公司 30% 的股份。20×6 年 A 公司接受捐赠 300 万元。不考虑其他因素，天津可美纺织服装企业应作如下会计处理：

借：长期股权投资——其他权益变动　　　　900000

　贷：资本公积——其他资本公积　　　　900000

7. 被投资单位超额亏损的会计处理

投资方确认被投资单位发生的净亏损，应当以长期股权投资的账面价值以及其他实质上构成对被投资单位净投资的长期权益减记至零为限，投资方负有承担额外损失义务的除外。被投资单位以后实现净利润的，投资方在其收益分享额弥补未确认的亏损分担额后，恢复确认收益分享额。

【例 4-17】20×6 年 1 月 1 日天津可美纺织服装企业支付现金 1800 万元购买 D 公司 20% 的股权（具有重大影响），采用权益法核算。假设未发生直接相关费用和税金。受让股权时 D 公司的可辨认净资产公允价值为 9000 万元。20×6 年 12 月 31 日，D 公司当年实现的净利润为 600 万元；20×7 年 D 公司发生亏损 8000 万元（假设均不考虑对净利润的调整）。天津可美纺织服装企业账务处理如下：

取得投资时，天津可美纺织服装企业账务处理为：

借：长期股权投资——D 公司（成本）　　　　18000000

　贷：银行存款　　　　18000000

20×6 年 D 公司当年实现的净利润为 600 万元时：

借：长期股权投资——D 公司（损益调整）　　　　1200000

　贷：投资收益　　　　（600 万 ×20%）1200000

20×7 年 D 公司发生亏损 15000 万元（假设不考虑对净利润的调整），此时天津可美纺织服装企业对 D 公司的长期股权投资的账面价值为 1920 万（1800 万 +120 万），依据权益法，尽管 D 公司所亏损的 15000 万元应由天津可美纺织服装企业承担的份额为 3000 万元，但天津可美纺织服装企业所确认的投资损失为：

借：投资收益　　　　（2000 万 ×20%）19200000

　贷：长期股权投资——D 公司（损益调整）　　　　1200000

　　　长期股权投资——D 公司（成本）　　　　18000000

尚未确认的被投资单位损失份额在天津可美纺织服装企业备查账簿中登记。

## 三、长期股权投资的减值

依据《企业会计准则第 2 号——长期股权投资》的规定，在长期股权投资按规定进行核算确定其账面价值的基础上，如果存在减值迹象的，应当按照相关准则的规定计提减值准备。其中，对子公司、联营企业及合营企业的投资，应当按照《企业会计准则第 8 号——资产减值》的规定确定其可收回金额及应予计提的减值准备。长期股权投资作为非流动资产，其减值准备一经提取，不允许转回。

# 第三节　长期股权投资核算方法的转换及处置

## 一、公允价值计量转为权益法

依据《企业会计准则第 2 号——长期股权投资》，投资企业持有的对被投资单位不具有共同控制或重大影响，并且在活跃市场中没有报价，公允价值不能可靠计量的权益性投资，按照金融资产的核算方法进行会计处理。然而，当投资方因追加投资等原因能够对被投资单位施加重大影响或实施共同控制但不构成控制的，应当按照《企业会计准则第 22 号——金融工具确认和计量》确定的原持有的股权投资的公允价值加上新增投资成本之和。原投资为以公允价值计量且其变动计入当期损益的金融资产转为长期股权投资权益法时，追加投资日，原投资公允价值与账面价值的差额计入投资收益，且原投资因公允价值变动形成的公允价值变动损益应转入投资收益。

原投资为以公允价值计量且其变动计入其他综合收益的非交易性权益工具投资转为长期股权投资权益法时，追加投资日，原投资公允价值与账面价值的差额计入留存收益（盈余公积和未分配利润，具体数额取决于盈余公积的提取比例），且原投资因公允价值变动形成的其他综合收益应转入留存收益。

【例 4-18】天津可美纺织服装企业于 20×6 年 6 月 1 日以 1500 万元取得乙公司 5% 的股权，对乙公司不具有重大影响，天津可美纺织服装企业将其分类为以公允价值计量且其变动计入其他综合收益的非交易性权益工具投资。天津可美纺织服装企业账务处理如下：

借：其他权益工具投资——成本　　　　15000000

贷：银行存款　　15000000

20×6 年 12 月 31 日，该股票的公允价值为 1800 万元，天津可美纺织服装企业账务处理如下：

借：其他权益工具投资——公允价值变动　　3000000

贷：其他综合收益　　3000000

20×7 年 3 月 1 日，天津可美纺织服装企业又支付 6800 万元取得乙公司 15% 股权，持股比例上升到 20%，对乙公司具有重大影响；当日原持有 5% 股份的公允价值为 2500 万元。假设不考虑其他因素，天津可美纺织服装企业账务处理如下：

借：长期股权投资——乙公司　　（2500 万 +6800 万）93000000

贷：其他权益工具投资——成本　　15000000

——公允价值变动　　3000000

银行存款　　68000000

投资收益　　（2500 万 −1800 万）7000000

同时，结转其他综合收益：

借：其他综合收益　　3000000

贷：留存收益类科目　　3000000

## 二、权益法转成本法

依据《企业会计准则第 2 号——长期股权投资》，投资方因追加投资等原因能够对非同一控制下的被投资单位实施控制的，在编制个别财务报表时，应当按照原持有的股权投资账面价值加上新增投资成本之和，作为改按成本法核算的初始投资成本。购买日之前持有的股权投资因采用权益法核算而确认的其他综合收益，应当在处置该项投资时采用与被投资单位直接处置相关资产或负债相同的基础进行会计处理。

**【例 4-19】**天津可美纺织服装企业于 20×6 年 1 月 1 日以 1800 万元取得乙公司 30% 的股权，因能够对乙公司施加重大影响，采用权益法核算。取得投资时，乙公司可辨认净资产公允价值为 5000 万元。

20×6 年 1 月 1 日取得投资时：

借：长期股权投资——乙公司（成本）　　18000000

贷：银行存款　　18000000

因初始投资成本 1800 万元大于取得的“份额”1500 万元（5000 万 ×30%），不调整初始投资成本。

20×6 年乙公司实现净利润 500 万元，其他综合收益增加 100 万元。假设不考虑净利润的调整，天津可美纺织服装企业账务处理如下：

借：长期股权投资——乙公司（损益调整）　　1800000

贷：投资收益　　（500 万 ×30%）1500000

其他综合收益　　　　　　　　　　　（100 万 ×30%）300000

20×7 年 1 月 1 日，天津可美纺织服装企业又支付 5000 万元取得乙公司另外 40% 的股权。则天津可美纺织服装企业账务处理如下：

借：长期股权投资——乙公司（成本）　　　　　　　　50000000

　贷：银行存款　　　　　　　　　　　　　　　　　　50000000

即再投资后持股比例为 70%，长期股权投资账面价值为 6980 万元（1800 万 +150 万 +30 万 +5000 万）。

## 三、公允价值计量转为成本法

依据《企业会计准则第 2 号——长期股权投资》，投资方因追加投资等原因导致原持有的分类为公允价值计量的金融资产变为控制关系的，追加投资之前持有的股权投资按照《企业会计准则第 22 号——金融工具确认和计量》的有关规定进行会计处理的；追加投资之后长期股权投资按照成本法核算。此时，长期股权投资的入账成本按照追加投资时金融资产的公允价值加上追加投资的公允价值确定。

（1）以公允价值计量且其变动计入当期损益的金融资产转换为长期股权投资成本法核算时：

借：长期股权投资（原持有股权投资公允价值 + 新增投资支付对价公允价值）

　贷：交易性金融资产（原持有的股权投资的账面价值）

　　投资收益（原持有的股权投资的账面价值与公允价值的差额）

　　银行存款等

同时：

借：公允价值变动损益

　贷：投资收益（或编制相反分录）

（2）指定为以公允价值计量且其变动计入其他综合收益的非交易性权益工具投资转换为长期股权投资成本法核算时：

借：长期股权投资（原持有股权投资公允价值 + 新增投资支付对价公允价值）

　贷：其他权益工具投资（原持有的股权投资的账面价值）

　　留存收益类科目（包括盈余公积、利润分配，且留存收益数为原持有的股权投资的账面价值与公允价值的差额）

　　银行存款等

同时：

借：其他综合收益

　贷：留存收益科目（或编制相反分录）

需要指出的是，公允价值计量转成本法核算时，原投资为以公允价值计量且其变动计入其他综合收益的金融资产，原投资公允价值与账面价值的差额计入留存收益，且原投资因公允价值变动形成的其他综合收益应转入留存收益。

【例 4-20】天津可美纺织服装企业于 20×6 年 6 月 1 日以 1500 万元取得乙公司 5% 的股权，对乙公司不具有重大影响，天津可美纺织服装企业将其分类为以公允价值计量且其变动计入当期损益的交易性金融资产。20×6 年 12 月 31 日，该股票的公允价值为 2000 万元。20×7 年 3 月 1 日，天津可美纺织服装企业又支付 19000 万元取得乙公司 50% 股权，持股比例上升到 55%，对乙公司具有控制关系；当日原持有 5% 股份的公允价值为 2500 万元。天津可美纺织服装企业账务处理如下：

借：交易性金融资产——成本　15000000

　贷：银行存款　15000000

20×6 年 12 月 31 日，该股票的公允价值为 2000 万元，天津可美纺织服装企业账务处理如下：

借：交易性金融资产——公允价值变动　5000000

　贷：其他综合收益　5000000

20×7 年 3 月 1 日，天津可美纺织服装企业又支付 19000 万元取得乙公司 50% 股权，持股比例上升到 55%，天津可美纺织服装企业账务处理如下：

借：长期股权投资——乙公司　（2500 万 +19000 万）215000000

　贷：交易性金融资产——成本　15000000

　　　　　　　　　——公允价值变动　5000000

　　银行存款　190000000

　　投资收益　（2500 万 −2000 万）5000000

同时，结转其他综合收益：

借：其他综合收益　5000000

　贷：投资收益　5000000

## 四、权益法转为公允价值计量

投资方因处置部分股权投资等原因丧失了对被投资单位的共同控制或重大影响的，处置后的剩余股权应当改按《企业会计准则第 22 号——金融工具确认和计量》核算。即剩余股权在按公允价值计量时，公允价值与其原账面价值之间的差额计入当期损益。同时，原权益法核算的相关其他综合收益应当在终止采用权益法核算时，采用与被投资单位直接处置相关资产或负债相同的基础进行会计处理，因被投资方除净损益、其他综合收益和利润分配以外的其他所有者权益变动而确认的所有者权益，应当在终止采用权益法核算时全部转入当期损益。

【例 4-21】天津可美纺织服装企业持有乙公司 30% 的有表决权股份，因能够对乙公司的生产经营决策施加重大影响，天津可美纺织服装企业对该项投资采用权益法核算。20×6 年 6 月 1 日，天津可美纺织服装企业将该项投资的 50% 对外出售，剩余股权作为以公允价值计量且其变动计入当期损益的交易性金融资产核算，其公允价值为3000万元。出售时，该项长期股权投资的账面价值为5000万元，其中成本4000万元，其他权益变动（其他综合收益，未来可计入处置当期损益）1000万元资产，出售取得价款3000万元。天津可美纺织服装企业确认处置损益应进行以下账务处理：

确认股权投资的处置收益：

借：银行存款　　30000000

　贷：长期股权投资　　（5000万 ×50%）25000000

　　投资收益　　5000000

将原确认的其他综合收益全部转为当期损益：

借：其他综合收益　　10000000

　贷：投资收益　　10000000

剩余股权作为可供出售金融资产核算：

借：交易性金融资产——成本　　30000000

　贷：长期股权投资　　（5000万 ×50%）25000000

　　投资收益　　5000000

## 五、成本法转为按公允价值计量

依据《企业会计准则第2号——长期股权投资》，投资方因处置部分权益性投资等原因丧失了对被投资单位的控制的，处置后的剩余股权不能对被投资单位实施共同控制或施加重大影响的，应当改按《企业会计准则第22号——金融工具确认和计量》的有关规定进行会计处理。丧失控制之日的公允价值与账面价值间的差额计入当期损益。在编制合并财务报表时，应当按照《企业会计准则第33号——合并财务报表》的有关规定进行会计处理。

**【例4-22】**20×6年1月1日，天津可美纺织服装企业支付7000万元取得乙公司100%的股权，投资时乙公司可辨认净资产公允价值为6000万元。20×6年1月1日至20×7年12月31日，乙公司净资产增加了1000万元，其中按购买日资产负债公允价值持续计算实现的净利润700万元，其他综合收益300万元。

20×8年1月1日，天津可美纺织服装企业转让乙公司90%的股权，收取价款8100万元，转让后天津可美纺织服装企业对乙公司的持股比例为10%，不具有控制、共同控制和重大影响。20×8年1月1日，乙公司剩余10%股权的公允价值为900万元。假定不考虑其他因素。天津可美纺织服装企业账务处理如下：

天津可美纺织服装企业认股权处置收益：

借：银行存款　　81000000

　贷：长期股权投资——乙公司　　（7000万 ×90%）63000000

　　投资收益　　18000000

天津可美纺织服装企业将剩余股权转为以公允价值计量且其变动计入当期损益的金融资产：

借：交易性金融资产——成本　　9000000

　贷：长期股权投资　　（7000 万 ×10%）7000000

　　投资收益　　2000000

## 六、成本法转为权益法

成本法转权益法核算，即处置子公司而丧失控制权，处置后的剩余股权能够对被投资单位实施共同控制或施加重大影响的，应当改按权益法核算，并对该剩余股权采用追溯调整法，视同自取得时即采用权益法进行核算。

因处置投资等原因导致对被投资单位由能够实施控制转为具有重大影响或者与其他投资方一起实施共同控制的，首先应按处置投资的比例结转应终止确认的长期股权投资成本。

比较剩余长期股权投资的成本与按照剩余持股比例计算原投资时应享有被投资单位可辨认净资产公允价值的份额，前者大于后者的，属于投资作价中体现的商誉部分，不调整长期股权投资的账面价值；前者小于后者的，在调整长期股权投资成本的同时，调整留存收益。

对于原取得投资时至处置投资时（转为权益法核算）之间被投资单位实现净损益中投资方应享有的份额：一方面应当调整长期股权投资的账面价值，同时对于原取得投资时至处置投资当期期初被投资单位实现的净损益（扣除已发放及已宣告发放的现金股利及利润）中应享有的份额，同时调整留存收益；其他原因导致被投资单位所有者权益变动中应享有的份额，在调整长期股权投资账面价值的同时，应当计入“其他综合收益”或“资本公积——其他资本公积”。

**【例 4-23】**20×6 年 1 月 1 日，天津可美纺织服装企业以 6000 万货币资金取得 B 公司 100% 的股权，B 公司可辨认净资产公允价值总额为 5000 万元。自天津可美纺织服装企业取得对 B 公司长期股权投资后至 20×7 年 12 月 31 日，B 公司净资产增加 800 万元，其中按购买日公允价值计算实现的净利润 600 万元，持有其他权益工具投资公允价值升值 200 万元。假定 B 公司一直未进行利润分配。天津可美纺织服装企业按净利润的 10% 提取盈余公积。20×8 年 1 月 6 日，天津可美纺织服装企业将其持有的对 B 公司长期股权投资中的 70% 出售给某企业，出售取得价款 5600 万元。天津可美纺织服装企业出售 B 公司 70% 股权后，对 B 公司剩余股权的持股比例为 30%，公允价值为 2400 万元。天津可美纺织服装企业在被投资单位董事会中派有代表，但不能对 B 公司生产经营决策实施控制，对 B 公司长期股权投资应由成本法改为按照权益法核算。

20×6 年 1 月 1 日天津可美纺织服装企业取得投资时：

借：长期股权投资——B 公司（成本）　　60000000

贷：银行存款　　60000000

20×8 年 1 月 6 日，天津可美纺织服装企业确认长期股权投资处置损益：

借：银行存款　　56000000

　贷：长期股权投资　　（6000 万 ×70%）42000000

　　投资收益　　14000000

剩余的长期股权投资成本与原投资时应享有被投资单位可辨认净资产公允价值份额之间的差额 300 万元（6000 万 ×30%−5000 万 ×30%）为正商誉，该部分正商誉的价值不需要对长期股权投资的成本进行调整。

对剩余股权改按权益法核算：

借：长期股权投资　　2400000

　贷：盈余公积　　（600 万 ×30%×10%）180000

　　利润分配——未分配利润　　（600 万 ×30%×90%）1620000

　　其他综合收益　　（200 万 ×30%）600000

经上述调整后，剩余长期股权投资的账面价值为 2040 万元（6000 万 ×30%+240 万）。

【例 4-24】上例中，若 20×6 年 1 月 1 日天津可美纺织服装企业以 6000 万货币资金取得 B 公司 100% 的股权时，B 公司可辨认净资产公允价值总额为 6500 万元，其他条件相同。则处置后剩余的长期股权投资成本与原投资时应享有被投资单位可辨认净资产公允价值份额之间的差额 −150 万元（6000 万 ×30%−6500 万 ×30%）为负商誉（投资成本小于应享有被投资单位可辨认净资产公允价值份额）。这部分负商誉应调增长期股权投资成本，并增加留存收益。

剩余股权负商誉的调整分录为：

借：长期股权投资　　1500000

　贷：盈余公积　　（150 万 ×10%）150000

　　利润分配——未分配利润　　（150 万 ×90%）1350000

上述调整的理由是通常情况下，在权益法下取得投资当期，投资方对负商誉应通过贷记“营业外收入”科目计入当期损益，同时调整长期股权投资成本。但投资方处置部分权益性投资前对被投资单位存在控制关系，采用成本法核算，不确认负商誉。因此，投资方处置部分股权丧失控制关系，且依然能对剩余股权采用权益法核算时，属于投资成本小于原投资时应享有被投资单位可辨认净资产公允价值份额的负商誉，应在调整长期股权投资成本的同时，调整留存收益。

## 七、长期股权投资的处置

企业处置长期股权投资时，应相应结转与所售股权相对应的长期股权投资的账面价值，出售所得价款与处置长期股权投资账面价值之间的差额，应确认为处置损益。

投资方全部处置权益法核算的长期股权投资时，原权益法核算的相关其他综合收益应当在终止采用权益法核算时采用与被投资单位直接处置相关资产或负债相同的基础进行会计处理，因被投资方除净损益、其他综合收益和利润分配以外的其他所有者权益变动而确认的资本公积——其他资本公积，应当在终止采用权益法核算时全部转入当期投资收益。

**【例 4-25】**天津可美纺织服装企业原持有 B 企业 40% 的股权，20×6 年 1 月 10 日，天津可美纺织服装企业决定出售所持有 B 企业的全部股权，出售时天津可美纺织服装企业账面上对 B 企业长期股权投资 3000 万元，可转入损益的其他综合收益 300 万元，计入资本公积的其他权益变动 200 万元。出售取得价款 3100 万元。

天津可美纺织服装企业确认处置损益的账务处理为：

借：银行存款　　31000000
　贷：长期股权投资　　30000000
　　　投资收益　　1000000

除应将实际取得价款与出售长期股权投资的账面价值进行结转，确认出售损益以外，还应将原计入其他综合收益或资本公积转入当期损益。

借：资本公积——其他资本公积　　2000000
　　其他综合收益　　3000000
　贷：投资收益　　5000000

## 本章小结

本章主要阐述了长期股权投资的初始计量、后续计量、核算方法的转换与处置等内容。长期股权投资在取得时，应按初始投资成本入账。长期股权投资初始投资成本应分别按形成控股合并和不形成控股合并两种情况确定。控股合并形成的长期股权投资，初始投资成本的确定应分别同一控制下控股合并与非同一控制下控股合并两种情况确定长期股权投资的初始投资成本。两者主要的区别在于前者采用账面价值核算长期股权投资的入账成本，后者采用公允价值核算长期股权投资的入账成本。长期股权投资的后续计量包括成本法与权益法。其中，能够对被投资单位实施控制的长期股权投资采用成本法核算，而投资方对联营企业和合营企业的长期股权投资，通常应采用权益法核算。长期股权投资核算方法的转换主要包括成本法与权益法之间的转换，公允价值计量与权益法以及成本法之间的转换，成本法或权益法公允价值计量之间的转换等。长期股权投资的处置必须体现资产处置损益，即出售所得价款与处置长期股权投资时账面价值之间的差额，确认为资产处置损益（投资收益）。

## 思考题

（1）处置子公司长期股权投资而丧失控制权，剩余股权采用权益法核算时，在投资企业个别财务报表中如何处理？并思考在合并报表中该如何处理。

（2）同一控制与非同一控制下形成的长期股权投资，在初始成本确认时有何差异？购买法与权益结合法的主要区别是什么？

（3）考虑长期股权投资的分类以及后续股利分配等因素对企业所得税有什么影响？结合递延所得税相关知识，确认长期股权投资各种情形下相关递延所得税资产或递延所得税确认与否，若确认，应分别对应什么科目？

# 第五章

# 固定资产

**【本章学习目标】**

通过本章学习，了解固定资产的概念特征及确认条件，掌握不同来源取得的固定资产的入账价值及账务价值，熟练掌握固定资产各种折旧方法、减值准备计提原理以及固定资产后续支出和处置、清查的账务处理。

## 引导案例

天津市天盛化工有限公司（以下简称“天盛化工”）和天津育新化工有限公司（以下简称“育新化工”）同是天津滨海新区注册的企业，从2006年7月开始，两者享有同样的固定资产折旧政策优惠，即固定资产（房屋、建筑物除外）均可在现行规定折旧年限的基础上，按不高于40%的比例缩短折旧年限。然而，在这相同的条件下，天盛化工和育新化工做出了不同的选择，后者选择缩短固定资产的折旧年限，而前者没有。

天盛化工成立于2003年，注册资本3000万元，为天津市化工集团有限公司下属的国有独资有限公司，系天津市化学原料及化学制品行业的知名企业，固定资产是公司总资产的重要组成部门，且由于化工生产过程中大量使用具有腐蚀性的化工原料，公司的机器设备在初期的损耗较大，使用寿命比一般企业短。育新化工是由香港育新国际企业公司出资800万美元于2000年成立的外商独资企业，以生产销售涂料和化学助剂为主，产品与天盛化工较为类似，固定资产同样也在总资产中占有很大的份额。

天盛化工的固定资产包括房屋建筑物、机器设备、运输工具等，2006年年末固定资产原值、净值分别为10872806.05元、10090830.85元，分别占总资产34%、31%。天盛化工选定的固定资产折旧政策为：采用分类直线法平均计算固定资产折旧，房屋建筑物、机器设备、运输工具估计使用年限分别为30年、15年、10年，残值率均为5%。天盛化工于2006年年底获知了海滨新区内企业可变更固定资产折旧年限的政策后，公司财务部提出变更固定资产折旧政策，总经理办公会通过讨论后否决了该项申请。截至2007年年底，天盛化工固定资产原值、净值分别为21109929.85元、19609241.25元，分别占总资产52%、48%。

育新化工固定资产在总资产中的占比也很高，2006年12月31日以前，选定的固定资产折旧政策为：采用分类直线法平均计算固定资产折旧，房屋建筑物、机器设备、运输工具估计使用年限分别为20年、10年、5年，残值率均为10%。2006年年底固定资产原值、净值分别为258089043.56元、136508382.21元，分别占总资产65%、35%。2006年12月，育新化工根据优惠政策重新选定了公司固定资产的折旧年限，房屋建筑物、机器设备、运输工具估计使用年限分别为20年、6年、3年，残值率均为10%。从2007年1月开始，育新化工将固定资产净值按剩余折旧年限进行摊销。2007年育新化工的固定资产原值没有变化，由于固定资产折旧年限缩短，净值急速下降75936414.05元。

通过上述案例思考如下问题：

（1）天盛化工和育新化工为什么会有不同的选择？企业在选择时考虑的因素有哪些？

（2）折旧方法对会计信息质量的影响是什么？

（3）不同的会计信息使用者关注固定资产折旧方法的视角有什么不同？

# 第一节　固定资产概述

1. 固定资产的概念

固定资产是指同时具有下列特征的有形资产：

（1）为生产商品提供劳务、出租或经营管理而持有的。

（2）使用寿命超过一个会计年度。

2. 固定资产的特征

从固定资产的定义看，固定资产具有以下三个特征：

（1）固定资产是为生产商品、提供劳务、出租或经营管理而持有的。

（2）固定资产使用寿命超过一个会计年度。

（3）固定资产为有形资产。

3. 固定资产确认条件

固定资产同时满足下列条件的，才能予以确认：

（1）与该固定资产有关的经济利益很可能流入企业。

（2）该固定资产的成本能够可靠地计量。

# 第二节　固定资产的初始计量

固定资产应当按照成本进行初始计量。固定资产的成本，是指企业购建某项固定资产达到预定可使用状态前所发生的一切合理、必要的支出。

这些支出包括直接发生的购买价款、运杂费、包装费和安装成本等，也包括间接发生的，如应承担的借款利息、外币借款折算差额以及应分摊的其他间接费用。

## 一、外购固定资产

企业外购固定资产的成本，包括购买价款、相关税费、使固定资产达到预定可使用状态前所发生的可归属于该项资产的运输费、装卸费、安装费和专业人员服务费等。

企业外购的固定资产，分为两类：

（1）购入不需要安装的固定资产：购入后即可达到预定可使用状态。相关支出直接计入固定资产成本。

（2）购入需要安装的固定资产：需要安装调试后才能达到预定可使用状态。通过“在建工程”科目核算。

外购固定资产的特殊考虑：

（1）企业以一笔款项购入多项没有单独标价的固定资产，应当按照各项固定资产的公允价值比例对总成本进行分配，分别确定各项固定资产的成本。如果以一笔款项购入的多项资产中还包括固定资产以外的其他资产，也应按类似的方法予以处理。

（2）企业购买固定资产的价款超过正常信用条件延期支付，实质上是具有融资性质的，固定资产的成本不能以各期付款额之和确定，而应以各期付款额的现值之和确定。按购入固定资产时购买价款的现值，借记“固定资产”或“在建工程”科目；按应支付的金额，贷记“长期应付款”科目；按其差额，借记“未确认融资费用”科目。

实际支付的价款与购买价款的现值之间的差额，即未确认融资费用符合《企业会计准则第 17 号——借款费用》中规定的资本化条件的，应当计入固定资产成本，其余部分应当在信用期间内确认为财务费用，计入当期损益。

**【例 5-1】**长城公司购入生产用需安装的 A 设备一台，取得增值税专用发票注明的价款为 500 万元，可抵扣的增值税进项税额为 85 万元，款项均以银行存款支付。安装该设备过程中，发生安装人员工资 10 万元，外聘专业人员服务费 5 万元。长城公司在该设备安装完毕后交付使用，则设备的入账价值为（　）。

A. 595 万元　　B. 515 万元　　C. 585 万元　　D. 510 万元

**【答案】**B

**【解析】**该设备的入账价值 =500+10+5=515（万元）。外购固定资产的成本中包括购买支付的价款、相关税费、为使固定资产达到预定可使用状态发生的可归属于该资产的运输费、装卸费、安装费、专业人员服务费等。

**【例 5-2】**20×1 年 1 月 1 日，甲公司与乙公司签订一项购货合同，甲公司从乙公司购入一台需要安装的大型机器设备。合同约定，甲公司采用分期付款方式支付价款。该设备价款共计 900000 元，首期款项 150000 元 20×1 年 1 月 1 日支付，其余款项在 20×1 至 20×5 年的 5 年间平均支付，每年的付款日期为当年 12 月 31 日。

20×1 年 1 月 1 日，设备如期运抵甲公司并开始安装，发生运杂费和相关税费

160000 元（不含增值税），已用银行存款付讫。20×1 年 12 月 31 日，设备达到预定可使用状态，发生安装费 40000 元，已用银行存款付讫。

甲公司按照合同约定用银行存款如期支付了款项。假定折现率为 10%。

（1）购买价款的现值为：

150000+150000×（P/A，10%，5）=150000+150000×3.7908=718620（元）

20×1 年 1 月 1 日甲公司的账务处理如下：

借：在建工程　718620

　　未确认融资费用　181380

　贷：长期应付款　900000

借：长期应付款　150000

　贷：银行存款　150000

借：在建工程　160000

　贷：银行存款　160000

（2）确定信用期间未确认融资费用的分摊额，见表 5-1：

表 5-1　甲公司未确认融资费用分摊表

| 日期 | 分期付款额 | 确认的融资费用 | 应付本金减少额 | 应付本金余额 |
|---|---|---|---|---|
| （1） | （2） | （3）= 期初（5）×10% | （4）=（3）-（2） | 期末（5）= 期初（5）-（4） |
| 2011.1.1 | | | | 568620① |
| 2011.12.31 | 150000 | 56862 | 93138 | 475482 |
| 2012.12.31 | 150000 | 47548.2 | 102451.80 | 373030.0 |
| 2013.12.31 | 150000 | 3733.02 | 112696.98 | 260333.22 |
| 2014.12.31 | 150000 | 26033.32 | 12396.68 | 13636651 |
| 2015.12.31 | 150000 | 13633.46② | 136366.54② | 0 |
| 合计 | 750000 | 18138 | 568620 | |

① 568620=718620-150000。

②尾数调整：13633.46-150000-136366.54，136366.54 为期初应付本金余额。

（3）20×1 年 1 月 1 日至 20×1 年 12 月 31 日为设备的安装期间，未确认融资费用的分摊额符合资本化条件，计入固定资产成本。20×1 年 12 月 31 日甲公司的账务处理如下：

借：在建工程　56862

　贷：未确认融资费用　56862

借：长期应付款　150000

　贷：银行存款　150000

借：在建工程　40000

贷：银行存款 40000

借：固定资产 975482

贷：在建工程 975482

固定资产的成本为：718620+160000+56862+40000=975482（元）

（4）20×2年1月1日至20×5年12月31日，设备已经达到预定可使用状态，未确认融资费用的分摊额不再符合资本化条件，应计入当期损益。

20×2年12月31日：

借：财务费用 47548.20

贷：未确认融资费用 47548.20

借：长期应付款 150000

贷：银行存款 150000

20×3年12月31日：

借：财务费用 37303.02

贷：未确认融资费用 37303.02

借：长期应付款 150000

贷：银行存款 150000

20×4年12月31日：

借：财务费用 26033.32

贷：未确认融资费用 26033.32

借：长期应付款 150000

贷：银行存款 150000

20×5年12月31日：

借：财务费用 13633.46

贷：未确认融资费用 13633.46

借：长期应付款 150000

贷：银行存款 150000

## 二、自行建造固定资产

自行建造固定资产的成本，由建造该项资产达到预定可使用状态前所发生的必要支出构成。包括工程用物资成本、人工成本、交纳的相关税费、应予资本化的借款费用以及应分摊的间接费用等。

企业自行建造固定资产包括自营建造和出包建造两种方式：

### （一）自营方式建造固定资产

企业以自营方式建造固定资产，是指企业自行组织工程物资采购、自行组织施工人员从事工程施工完成固定资产建造。企业为建造固定资产准备的各种物资应当按照实际支付的买价、运输费、保险费等相关税费作为实际成本，并按照各种专项物资的种类进行明细核算。工程完工后，剩余的工程物资转为本企业存货的，按其实际成本或计划成本进行结转。建设期间发生的工程物资盘亏、报废及毁损，减去残料价值以及保险公司、过失人等赔款后的净损失，计入所建工程项目的成本；盘盈的工程物资或处置净收益，冲减所建工程项目的成本。工程完工后发生的工程物资盘盈、盘亏、报废、毁损，计入当期营业外收支。

建造固定资产领用的工程物资、原材料或库存商品，应按其实际成本转入所建工程成本。自营方式建造的固定资产应负担的职工薪酬、辅助生产部门为之提供的水、电、修理、运输等劳务，以及其他必要支出等也应计入所建工程项目的成本。

符合资本化条件的，应计入所建造固定资产成本的借款费用按照《企业会计准则第17号——借款费用》的有关规定处理。

企业以自营方式建造固定资产，发生的工程成本应通过“在建工程”科目核算，工程完工达到预定可使用状态时，从“在建工程”科目转入“固定资产”科目。

高危行业企业依照国家有关规定提取的安全生产费，应当计入相关产品的成本或当期损益，同时，计入“专项储备”科目。

所建造的固定资产已达到预定可使用状态，但尚未办理竣工决算的，应当自达到预定可使用状态之日起，根据工程预算、造价或者工程实际成本等，按估计价值转入固定资产，并按有关计提固定资产折旧的规定，计提固定资产折旧。待办理了竣工决算手续后再作调整，但不追溯。

**【例5-3】**20×5年1月1日，某企业准备自行建造一座仓库。假定不考虑增值税，有关资料如下：

（1）1月8日购入工程物资一批，价款为351100元，款项以银行存款支付。

（2）2月3日领用生产用原材料一批，价值为37440元。

（3）1月8日至6月30日，工程先后领用工程物资272500元。

（4）6月30日对工程物资进行清查，发现工程物资减少48000元，经调查属保管员过失造成，根据企业管理规定，保管员应赔偿30000元。剩余工程物资转入企业原材料，该原材料的计划成本27000元。

（5）工程建设期间辅助生产车间为工程提供有关的劳务支出为35000元。

（6）工程建设期间发生工程人员职工薪酬65800元。

（7）6月30日，完工并交付使用。

账务处理如下：

（1）购入工程物资：

借：工程物资　　351000

　贷：银行存款　　351000

（2）领用原材料：

借：在建工程——仓库　　37440

贷：原材料 37440

（3）工程领用物资：

借：在建工程——仓库 272500

贷：工程物资 272500

（4）建设期间发生的工程物资盘亏、报废及毁损净损失：

借：在建工程——仓库 18000

其他应收款 30000

贷：工程物资 48000

剩余工程物资的实际成本 =351000−272500−48000=30500（元），计划成本为 27000 元。

借：原材料 27000

材料成本差异 3500

贷：工程物资 30500

（5）辅助生产车间为工程提供劳务支出：

借：在建工程——仓库 35000

贷：生产成本——辅助生产成本 35000

（6）计提工程人员职工薪酬：

借：在建工程——仓库 65800

贷：应付职工薪酬 65800

（7）工程完工交付，固定资产的入账价值 =37440+272500+18000+35000+65800=428740（元）。

借：固定资产——仓库 428740

贷：在建工程——仓库 428740

### （二）出包方式建造固定资产

在出包方式下，企业通过招标方式将工程项目发包给建造承包商，由建造承包商（施工企业）组织工程项目施工。企业要与建造承包商签订建造合同，企业是建造合同甲方，负责筹集资金和组织管理工程建设，通常称为建设单位，建造承包商是建造合同的乙方，负责建筑安装工程施工任务。

#### 1. 出包工程的成本构成

企业以出包方式建造固定资产，其成本由建造该项固定资产达到预定可使用状态前所发生的必要支出构成，包括发生的建筑工程支出、安装工程支出，以及需分摊计入各固定资产价值的待摊支出。

#### 2. 出包工程的账务处理

出包方式下，"在建工程"科目主要是企业与建造承包商办理工程价款的结算科目，企业支付给建造承包商的工程价款作为工程成本通过"在建工程"科目核算。企业应按合理估计的工程进度和合同规定结算的进度款，借记"在建工程——建筑工程（××工程）""在建工程——安装工程（××工程）"科目，贷记"银行存款""预付账款”等科目。工程完成时，按合同规定补付的工程款，借记“在建工程”科目，贷记“银行存款”等科目。企业将需安装设备运抵现场安装时，借记“在建工程——在安装设备（××设备）”科目，贷记“工程物资——××设备”科目；企业为建造固定资产发生的待摊支出，借记“在建工程——待摊支出”科目，贷记“银行存款”“应付职工薪酬”“长期借款”等科目。

已完工的固定资产成本：

房屋、建筑物等固定资产成本 = 建筑工程支出 + 应分摊的待摊支出

需要安装设备的成本 = 设备成本 + 为设备安装发生的基础、支座等建筑工程支出 + 安装工程支出 + 应分摊的待摊支出

然后，进行相应的会计处理，借记“固定资产”科目，贷记“在建工程——建筑工程”“在建工程——安装工程”“在建工程——待摊支出”等科目。

**【例 5-4】**甲公司以出包方式建造厂房，建造过程中发生下列支出中，应计入所建造厂房成本的有（　）。

A. 支付给第三方监理公司的监理费

B. 为取得土地使用权而缴纳的土地出让金

C. 建造期间进行试生产发生的负荷联合试车费用

D. 建造期间因可预见的不可抗力导致暂停施工发生的费用

**【答案】**ACD

**【解析】**为取得土地使用权而缴纳的土地出让金应确认为无形资产。

**【例 5-5】**企业的在建工程在达到预定可使用状态前试生产所取得的收入，应当（　）。

A．作为主营业务收入

B．作为其他业务收入

C．作为营业外收入

D．冲减工程成本

**【答案】**D

**【解析】**企业的在建工程在达到预定可使用状态前试生产所取得的收入，应当冲减工程成本。

**【例 5-6】**采用自营方式建造生产用固定资产的情况下，下列项目中应计入固定资产取得成本的有（　）。

A．工程领用原材料应负担的增值税

B．工程人员的工资

C．生产车间为工程提供的水、电等费用

D．企业行政管理部门为组织和管理生产经营活动而发生的管理费用

E．工程项目尚未达到预定可使用状态时由于正常原因造成的单项工程报废损失

**【答案】**BCE

**【解析】**建造生产用的固定资产，工程领用原材料应负担的增值税可以抵扣，不计入

成本；企业行政管理部门为组织和管理生产经营活动而发生的管理费用计入管理费用。

### （三）其他方式取得的固定资产

（1）投资者投入固定资产的成本，应当按照投资合同或协议约定的价值加上应支付的相关税费作为固定资产的入账价值，但合同或协议约定价值不公允的除外。

（2）非货币性资产交换、债务重组等方式取得的固定资产的成本，应当分别按照非货币性资产交换及债务重组准则的有关规定确定。

（3）盘盈固定资产，作为前期差错更正处理。

### （四）存在弃置费用的固定资产

对于特殊行业的特定固定资产，确定其初始入账成本时，还应考虑弃置费用。弃置费用通常是指根据国家法律和行政法规、国际公约等规定，企业承担的环境保护和生态恢复等义务所确定的支出，如：

（1）核电站核设施等的弃置和恢复环境等义务。

（2）石油天然气开采企业油气资产的弃置费用。

对于这些特殊行业的特定固定资产，企业应当按照弃置费用的现值计入相关固定资产成本（借：固定资产，贷：预计负债）；随后要按照摊余成本和实际利率计算利息，并计入当期财务费用。

**【例 5-7】**甲公司经国家批准 20×5 年 1 月 1 日建造完成核电站核反应堆并交付使用，建造成本为 250 亿元，预计使用寿命 40 年。根据法律规定，该核反应堆将会对当地的生态环境产生一定的影响，企业应在该项设施使用期满后将其拆除，并对造成的污染进行整治，预计发生弃置费用 25 亿元。假定适用的折现率为 10%。

核反应堆属于特殊行业的特定固定资产，确定其成本时应考虑弃置费用。账务处理为：

（1）20×5 年 1 月 1 日，弃置费用的现值 =250000×（P/F，10%，40）

=250000×0.0221=5525（万元）

固定资产的成本 =2500000+5525=2505525（万元）

借：固定资产　　25055250000

　贷：在建工程　　25000000000

　　　预计负债　　55250000

（2）计算第 1 年应负担的利息费用 =55250000×10%=5525000（元）

借：财务费用　　5525000

　贷：预计负债　　5525000

以后年度，企业应当按照实际利率法计算确定每年财务费用，账务处理略。

**【例 5-8】**下列项目中，构成固定资产入账价值的有（　　）。

A. 购买设备发生的运杂费

B. 接受投资者投入固定资产支付的相关税费

C. 以非货币性资产交换换入设备时支付的补价

D. 施工过程中盘亏工程物资的净损失

E．固定资产达到预定可使用状态前发生的专门借款利息

【答案】ABCDE

# 第三节　固定资产的后续计量

后续计量主要包括固定资产折旧的计提、减值损失的确定，以及后续支出的计量。其中，固定资产的减值应当按照《企业会计准则第 8 号——资产减值》处理。

## 一、固定资产折旧

### （一）影响固定资产折旧的因素

固定资产原价，预计净残值，固定资产减值准备，固定资产使用寿命。

### （二）计提折旧的固定资产范围

固定资产准则规定，企业应对所有的固定资产计提折旧，但是已提足折旧仍继续使用的固定资产和单独计价入账的土地除外。在确定计提折旧的范围时还应注意以下几点：

（1）固定资产应当按月计提折旧。当月增加的固定资产，当月不计提折旧，从下月起计提折旧；当月减少的固定资产，当月仍计提折旧，从下月起不计提折旧。

（2）固定资产提足折旧后，不论能否继续使用，均不再计提折旧，提前报废的固定资产也不再补提折旧。所谓提足折旧是指已经提足该项固定资产的应计折旧额。

（3）已达到预定可使用状态但尚未办理竣工决算的固定资产，应当按照估计价值确定其成本，并计提折旧；待办理竣工决算后再按实际成本调整原来的暂估价值，但不需要调整原已计提的折旧额。

注意事项：

（1）融资租入的固定资产，应当采用与自有应计折旧资产相一致的折旧政策。

（2）处于更新改造过程停止使用的固定资产，应将其账面价值转入在建工程，不再计提折旧。更新改造项目达到预定可使用状态转为固定资产后，再按重新确定的折旧方法和该项固定资产尚可使用寿命计提折旧。

（3）因进行大修理而停用的固定资产，应当照提折旧，计提的折旧额应计入相关资产成本或当期损益。

【例 5-9】下列资产中，不需要计提折旧的有（　）。

A．已划分为持有待售的固定资产

B. 以公允价值模式进行后续计量的已出租厂房

C. 因市场不景气尚未投入使用的外购机器设备

D. 已经完工投入使用但尚未办理竣工决算的自建厂房

**【答案】**AB

**【解析】**尚未使用的固定资产和已经完工投入使用但尚未办理竣工决算的自建厂房需要计提折旧。

### （三）固定资产折旧方法

企业应当根据与固定资产有关的经济利益的预期实现方式合理选择折旧方法。

可选用的折旧方法包括年限平均法、工作量法、双倍余额递减法和年数总和法等。固定资产的折旧方法一经确定，不得随意变更。

#### 1. 年限平均法

年限平均法又称直线法，是指将固定资产的应计折旧额均衡地分摊到固定资产预计使用寿命内的一种方法。采用这种方法计算的每期折旧额均相等。计算公式如下：

年折旧率 =（1- 预计净残值率）÷ 预计使用寿命（年）×100%

月折旧率 = 年折旧率 ÷12

月折旧额 = 固定资产原价 × 月折旧率

#### 2. 工作量法

工作量法，是根据实际工作量计算每期应提折旧额的一种方法。计算公式如下：

单位工作量折旧额 = 固定资产原价 ×（1- 预计净残值率）÷ 预计总工作量

某项固定资产月折旧额 = 该项固定资产当月工作量 × 单位工作量折旧额

#### 3. 双倍余额递减法

双倍余额递减法，是指在不考虑固定资产预计净残值的情况下，根据每期期初固定资产原价减去累计折旧后的金额和双倍的直线法折旧率计算固定资产折旧的一种方法。应用这种方法计算折旧额时，由于每年年初固定资产净值没有扣除预计净残值，所以在计算固定资产折旧额时，应在其折旧年限到期前两年内，将固定资产净值扣除预计净残值后的余额平均摊销。计算公式如下：

年折旧率 =2 ÷ 预计使用寿命（年）×100%

月折旧率 = 年折旧率 ÷12

月折旧额 =（固定资产原价 - 预计净残值）× 月折旧率

注意：先不考虑净残值，最后两年改为直线法时考虑残值。

**【例 5-10】**20×4 年 11 月 20 日，甲公司购进一台需要安装的 A 设备，取得的增值税专用发票注明的设备价款为 950 万元，可抵扣增值税进项税额为 161.5 万元，款项已通过银行支付。安装 A 设备时，甲公司领用原材料 36 万元（不含增值税额），支付安装人员工资 14 万元。20×4 年 12 月 30 日，A 设备达到预定可使用状态。A 设备预计使用年限为 5 年，预计净残值率为 5%，甲公司采用双倍余额递减法计提折旧。

要求：根据上述资料，不考虑其他因素，回答下列问题。

（1）甲公司 A 设备的入账价值是（　）。

A. 950 万元　　B. 986 万元　　C. 1000 万元　　D. 1111.5 万元

【答案】C

【解析】入账价值 =950+36+14=1000（万元）

（2）甲公司 20×7 年度对 A 设备计提的折旧是（　）。

A. 136.8 万元　　B. 144 万元　　C. 187.34 万元　　D. 190 万元

【答案】B

【解析】计算过程如下：

20×5 年的折旧额 =1000×2/5=400（万元）

20×6 年的折旧额 =（1000−1000×2/5）×2/5=240（万元）

20×7 年的折旧额 =（1000−400−240）×2/5=144（万元）

4. 年数总和法

年数总和法，又称年限合计法，是指将固定资产的原价减去预计净残值后的余额，乘以一个以固定资产尚可使用寿命为分子，以预计使用寿命逐年数字之和为分母的逐年递减的分数计算每年的折旧额。计算公式如下：

年折旧率 = 尚可使用年限 ÷ 预计使用寿命的年数总和 ×100%

月折旧率 = 年折旧率 ÷12

月折旧额 =（固定资产原价 − 预计净残值）× 月折旧率

固定资产应当按月计提折旧，计提的折旧应通过“累计折旧”科目核算，并根据用途计入相关资产的成本或者当期损益。

注意：折旧不是自 1 月 1 日起计提时，应该分段计提。

【例 5-11】20×0 年 12 月 15 日，甲公司购入一台不需安装即可投入使用的设备，其原价为 1230 万元。该设备预计使用年限为 10 年，预计净残值为 30 万元，采用年限平均法计提折旧。20×4 年 12 月 31 日，经过检查，该设备的可收回金额为 560 万元，预计尚可使用年限为 5 年，预计净残值为 20 万元，折旧方法不变。20×5 年度该设备应计提的折旧额为（　）。

A. 90 万元　　B. 108 万元　　C. 120 万元　　D. 144 万元

【答案】B

【解析】20×5 年度该设备应计提的折旧额 =（560−20）÷5=108（万元）

【例 5-12】某企业 20×4 年 6 月 1 日自行建造的一生产车间投入使用，该生产车间建造成本为 1200 万元，预计使用年限为 20 年，预计净残值为 10 万元。在采用双倍余额递减法计提折旧的情况下，20×5 年该设备应计提的折旧额为（　）。

A. 120 万元　　B. 108 万元　　C. 114 万元　　D. 97.2 万元

【答案】C

【解析】20×4 年折旧额 =（1200×2÷20）×6/12=60（万元）

20×5 年折旧额 =（1200×2÷20）×6/12+（1200−120）×2÷20×6/12=114（万元）

或者：（1200-60）×2÷20=114（万元）

【例 5-13】甲企业 20×4 年 6 月 20 日自行建造的一条生产线达到预定可使用状态，该生产线建造成本为 740 万元，预计使用年限为 5 年，预计净残值为 20 万元。在采用年数总和法计提折旧的情况下，20×5 年该设备应计提的折旧额为（　）。

A. 192 万元　　B. 216 万元　　C. 120 万元　　D. 80 万元

【答案】B

【解析】20×4 年折旧额 =（740-20）×5/15×6/12=120（万元）

20×5 年折旧额 =（740-20）×5/15×6/12+（740-20）×4/15×6/12=120+96=216（万元）

（四）固定资产使用寿命、预计净残值和折旧方法的复核

在固定资产使用过程中，其所处的经济环境、技术环境以及其他环境有可能对固定资产使用寿命和预计净残值产生较大影响。为真实反映固定资产为企业提供经济利益的期间及每期实际的资产消耗，企业至少应当于每年年度终了，对固定资产使用寿命、预计净残值和折旧方法进行复核。

如有确凿证据表明：固定资产使用寿命预计数与原先估计数有差异，应当调整固定资产使用寿命；固定资产预计净残值预计数与原先估计数有差异，应当调整预计净残值。与固定资产有关的经济利益预期实现方式有重大改变的，应当改变固定资产折旧方法。固定资产使用寿命、预计净残值和折旧方法的改变应当作为会计估计变更，按照《企业会计准则第 28 号——会计政策、会计估计变更和差错更正》处理。

## 二、固定资产后续支出

固定资产的后续支出是指固定资产使用过程中发生的更新改造支出、修理费用等。后续支出的处理原则为：符合固定资产确认条件的，应当计入固定资产成本，同时将被替换部分的账面价值扣除；不符合固定资产确认条件的，应当计入当期损益。

（一）资本化的后续支出

固定资产发生可资本化的后续支出时，企业一般应将该固定资产的原价、已计提的累计折旧和减值准备转销，将固定资产的账面价值转入在建工程，并停止计提折旧。发生的后续支出，通过“在建工程”科目核算。在固定资产发生的后续支出完工并达到预定可使用状态时，再从在建工程转为固定资产，并按重新确定的使用寿命、预计净残值和折旧方法计提折旧。

企业发生的一些固定资产后续支出可能涉及替换原固定资产的某组成部分，当发生的后续支出符合固定资产确认条件时，应将其计入固定资产成本，同时将被替换部分的账面价值扣除。

（二）费用化的后续支出

与固定资产有关的修理费用等后续支出，不符合固定资产确认条件的，应当根据不同情况分别在发生时计入当期管理费用或销售费用等。

【例 5-14】某企业为延长甲设备的使用寿命，20×4 年 10 月份对其进行改良，11 月完工，改良时发生相关支出共计 32 万元，估计能使甲设备延长使用寿命 3 年。根据 20×4 年 10 月末的账面记录，甲设备的账面原价为 200 万元，采用直线法计提折旧，使用年限为 5 年，预计净残值为 0，已使用两年，已提减值准备 30 万元（假设减值未影响原折旧的计提）。被替换部分的账面原值为 50 万元。

（1）20×4 年 10 月，固定资产改良时转入“在建工程”的入账价值是（　）。

A. 160 万元　　B. 120 万元　　C. 90 万元　　D. 200 万元

【答案】C

【解析】转入“在建工程”科目的金额 =200−40×2−30=90（万元）

（2）20×4 年 11 月，改良完成后固定资产入账价值为（　）。

A. 182 万元　　B. 99.5 万元　　C. 150 万元　　D. 32 万元

【答案】B

【解析】题目中减去的应当是被替换部分的账面价值，而非其账面原值，故改良完成后固定资产入账价值 =90+32+（50−50/5×2−30×50/200）=99.5（万元）。

# 第四节　固定资产处置

## 一、固定资产终止确认的条件

固定资产准则规定，固定资产满足下列条件之一的，应当予以终止确认：

（1）该固定资产处于处置状态。固定资产处置包括固定资产的出售、转让、报废或毁损、对外投资、非货币性资产交换、债务重组等。处于处置状态的固定资产不再用于生产商品、提供劳务、出租或经营管理，因此不再符合固定资产的定义，应予终止确认。

（2）该固定资产预期通过使用或处置不能产生经济利益。固定资产的确认条件之一是“与该固定资产有关的经济利益很可能流入企业”，如果一项固定资产预期通过使用或处置不能产生经济利益，就不再符合固定资产的定义和确认条件，应予终止确认。

## 二、固定资产处置的账务处理

企业出售、转让、报废固定资产或发生固定资产毁损，应当将处置收入扣除账面价值和相关税费后的金额计入当期损益。固定资产的账面价值是固定资产成本扣减累计折旧和固定资产减值准备后的金额。固定资产处置一般通过“固定资产清理”科目核算。

企业因出售、报废或毁损、对外投资、非货币性资产交换、债务重组等处置固定资产，其会计处理一般经过以下几个步骤：

（1）固定资产转入清理。固定资产转入清理时，按固定资产账面价值，借记“固定资产清理”科目，按已计提的累计折旧，借记“累计折旧”科目，按已计提的减值准备，借记“固定资产减值准备”科目，按固定资产账面余额，贷记“固定资产”科目。

（2）发生的清理费用。固定资产清理过程中发生的有关费用以及应支付的相关税费，借记“固定资产清理”科目，贷记“银行存款”“应交税费”等科目。

（3）出售收入和残料等的处理。企业收回出售固定资产的价款、残料价值和变价收入等，应冲减清理支出。按实际收到的出售价款以及残料变价收入等，借记“银行存款”“原材料”等科目，贷记“固定资产清理”“应交税费——应交增值税”科目。

（4）保险赔偿的处理。企业计算或收到的应由保险公司或过失人赔偿的损失，应冲减清理支出，借记“其他应收款”“银行存款”等科目，贷记“固定资产清理”科目。

（5）清理净损益的处理。固定资产清理完成后的净损失，属于正常出售、转让所产生的利得或损失，借记或贷记“资产处置损益”科目，贷记或借记“固定资产清理”科目；属于已丧失使用功能正常报废所产生的利得或损失，借记或贷记“营业外支出——非流动资产报废”科目，贷记或借记“固定资产清理”科目；属于自然灾害等非正常原因造成的，借记或贷记“营业外支出——非常损失”科目，贷记或借记“固定资产清理”科目。

**【例 5-15】**乙公司有一台设备，因使用期满经批准报废。该设备原价为 186400 元，累计已计提折旧 177080 元，减值准备 2300 元。在清理过程中，以银行存款支付清理费用 4000 元，收到残料变卖收入 5400 元，应支付相关税费 270 元。有关账务处理如下：

（1）固定资产转入清理：

| | | |
|---|---|---|
| 借：固定资产清理 | 7020 | |
| 　　累计折旧 | 177080 | |
| 　　固定资产减值准备 | 2300 | |
| 　贷：固定资产 | | 186400 |

（2）发生清理费用和相关税费：

| | | |
|---|---|---|
| 借：固定资产清理 | 4270 | |
| 　贷：银行存款 | | 4000 |
| 　　　应交税费 | | 270 |

（3）收到残料变价收入：

| | | |
|---|---|---|
| 借：银行存款 | 5400 | |

贷：固定资产清理　　5400

（4）结转固定资产净损益：

借：营业外支出——非流动资产报废　　5890

贷：固定资产清理　　5890

## 三、持有待售的固定资产

### （一）持有待售资产的确认条件

同时满足下列条件的非流动资产应当划分为持有待售：

（1）企业已经就处置该非流动资产做出决议。

（2）企业已经与受让方签订了不可撤销的转让协议。

（3）该项转让将在一年内完成。

### （二）持有待售资产核算的内容

持有待售的非流动资产包括单项资产和处置组，处置组是指一项交易中作为整体通过出售或其他方式一并处置的一组资产组、一个资产组或某个资产组中的一部分。

符合持有待售条件的无形资产等其他非流动资产，比照上述原则处理，此处所指其他非流动资产不包括递延所得税资产、《企业会计准则第22号——金融工具确认和计量》规范的金融资产、以公允价值计量的投资性房地产和生物资产、保险合同中产生的合同权利。

### （三）持有待售资产的会计处理

企业对于持有待售的固定资产，应当调整该项固定资产的预计净残值，使该项固定资产的预计净残值能够反映其公允价值减去处置费用后的金额，但不得超过符合持有待售条件时该项固定资产的原账面价值，原账面价值高于调整后预计净残值的差额，应作为资产减值损失计入当期损益。

持有待售的固定资产不再计提折旧，按照账面价值与公允价值减去处置费用后的净额孰低进行计量。

### （四）持有待售资产变更的会计处理

某项资产或处置组被划归为持有待售，但后来不再满足持有待售的确认条件时，企业应当停止将其划归为持有待售，并按照下列两项金额中较低者计量：

（1）该资产或处置组被划归为持有待售之前的账面价值，按照其假定在没有被划归为持有待售的情况下原应确认的折旧、摊销或减值进行调整后的金额。

（2）决定不再出售之日的可收回金额。

## 四、固定资产的盘盈盘亏

固定资产是一种单位价值较高、使用期限较长的有形资产，因此，对于管理规范的企业而言，盘盈、盘亏的固定资产较为少见。企业应当健全制度，加强管理，定期或者至少于每年年末对固定资产进行清查盘点，以保证固定资产核算的真实性和完整性。如果清查中发现固定资产的损溢应及时查明原因，在期末结账前处理完毕。

企业在财产清查中盘亏的固定资产，通过“待处理财产损溢——待处理固定资产损溢”科目核算，分别记入“其他应收款”“营业外支出”等科目。会计分录一般为：

借：待处理财产损溢

　贷：固定资产

借：其他应收款——应收赔偿款

　　营业外支出

　贷：待处理财产损溢

企业在财产清查中盘盈的固定资产，作为前期差错处理。盘盈的固定资产通过“以前年度损益调整”科目核算。分录为：

借：固定资产

　贷：以前年度损益调整

然后再将“以前年度损益调整”账户余额转入留存收益即可。

【例 5-16】甲公司年末对固定资产进行清查时，发现丢失一台冷冻设备。该设备原价 52000 元，已计提折旧 20000 元，并已计提减值准备 12000 元。经检查，冷冻设备丢失的原因在于保管员看守不当。经批准，由保管员赔偿 5000 元。

有关账务处理如下（不考虑增值税）：

（1）发现冷冻设备丢失时：

借：待处理财产损溢　　20000

　　累计折旧　　20000

　　固定资产减值准备　　12000

　贷：固定资产　　52000

（2）报经批准后：

借：其他应收款　　5000

　　营业外支出——盘亏损失　　15000

　贷：待处理财产损溢　　20000

## 本章小结

掌握固定资产的确认，掌握固定资产的初始计量，掌握固定资产折旧及后续支出的处理，掌握持有待售固定资产的处理。

# 第六章
# 无形资产

**【本章学习目标】**

通过本章的学习，掌握无形资产的特点和种类，掌握无形资产取得、摊销和转让的会计处理以及无形资产减值的意义和计量方法。掌握内部研究开发费用的确认和计量。

## | 引导案例 |

商标是用来区别一个经营者的商品或服务和其他经营者的商品或服务的标记。在我国，经商标局核准注册的商标，商标注册人享有商标专用权，受法律保护。实务中，一些企业因为种种原因，没有对商标进行注册或者注册不及时，给自己造成了巨大损失。如上市公司“福建天香”不得不向湖北一个县城里的公司支付230万元的巨款，原因是其使用的“天香”商标在13天前已经被人家申请注册了；《三国演义》中有大意失荆州，而在曹操的老家，有一个著名的酒厂大意失了“曹操”的商标；曾在中央电视台“为您报时”的“康巴丝”石英钟不能长久报时，因为企业只知道做广告，却没有注册商标，不得不花90万元买回“康巴丝”商标；孔乙己没有在咸亨酒店落户，是因为咸亨酒店没有注册“孔乙己”商标；有100多年历史的北京名小吃“爆肚冯”，有两家比较有名，虽说“500年前都是一家人”“一笔写不出两个冯字”，注册了“爆肚冯”服务商标的冯掌柜，告了没有注册商标的那个冯掌柜，没有注册商标的只得摘下写有“爆肚冯”字样的牌匾；医圣李时珍的家乡——湖北蕲春，既有丰富的中草药资源，又有李时珍家乡的品牌，实施“以药兴县”战略，打“李时珍”牌对外招商引资时，却遇到了难题，“李时珍”商标早已经被北京的公司注册了，是人家的无形资产了；新华社消息，四川省拥有40多万家工商企业，全省累计受理商标注册申请5万件，平均每8家企业才拥有一个商标。实际上中国西部没有注册商标的企业远远不只这个数字。

通过上述案例思考如下问题：

（1）未经注册的商标能否成为企业的无形资产？

（2）企业经注册取得商标专用权后在财务上如何计量这一资产的价值？

（3）企业从他人手中买回的商标权的价值如何计量？

（4）除商标权之外，无形资产还包括哪些内容？

# 第一节　无形资产概述

## 一、无形资产的概念及其基本特征

无形资产，是指企业拥有或者控制的没有实物形态的可辨认非货币性资产。相对于其他资产，无形资产具有以下特征：

### （一）不具有实物形态

无形资产通常表现为某种权利、某项技术或是某种获取超额利润的综合能力，如专利权、商标权等。无形资产在很大程度上是通过自身所具有的技术等优势为企业带来未来经济利益的。

某些无形资产的存在有赖于实物载体。比如，计算机软件需要存储在磁盘中。因此，在确定一项包含无形和有形要素的资产是属于固定资产，还是无形资产时，需要通过判断来加以确定，通常以哪个要素更重要作为判断的依据。例如，计算机控制的某种设备没有特定软件就不能运行时，说明该软件是构成相关硬件不可缺少的组成部分，应作为固定资产处理；反之，则应作为无形资产核算。

### （二）具有可辨认性

符合以下条件之一的，则认为其具有可辨认性：

（1）能够从企业中分离或者划分出来，并能单独或者与相关合同、资产或负债一起，用于出售、转移、授予许可、租赁或者交换，则表明无形资产可以辨认。

（2）产生于合同性权利或其他法定权利，无论这些权利是否可以从企业或其他权利和义务中转移或者分离。如一方通过法律程序申请获得的商标权、专利权等。

企业自创商誉以及内部产生的品牌、报刊名等项目支出，因为不可辨认，成本无法明确区分，不应当确认为无形资产。

### （三）由企业拥有或者控制并能为其带来未来经济利益的资源

通常情况下，企业拥有或者控制无形资产，是指企业拥有无形资产的所有权，且其能为企业带来未来经济利益。但在某些情况下并不需要拥有所有权，如果企业有权获得一项无形资产产生的未来经济利益，并能约束其他方获取这些利益，就表明企业控制了该项无形资产。

### （四）无形资产属于非货币性资产

非货币性资产是指企业持有的货币资金和将以固定或可确定的金额收取的资产以外的其他资产。无形资产由于没有发达的交易市场，一般不容易转化成现金，在持有过程中为企业带来未来经济利益的情况不确定，不属于以固定或可确定的金额收取的资产，属于非货币性资产。

## 二、无形资产的内容

无形资产通常包括专利权、非专利技术、商标权、著作权、特许权、土地使用权等。

### （一）专利权

专利权，是指国家专利主管机关依法授予发明创造专利申请人，对其发明创造在法定期限内所享有的专有权利，包括发明专利权、实用新型专利权和外观设计专利权。

### （二）非专利技术

非专利技术，也称专有技术。它是指不为外界所知、在生产经营活动中已采用了的、不享有法律保护的、可以带来经济效益的各种技术和诀窍。非专利技术一般包括工业专有技术、商业贸易专有技术、管理专有技术等。

### （三）商标权

商标是用来辨认特定的商品或劳务的标记。商标权指专门在某类指定的商品或产品上使用特定的名称或图案的权利。

### （四）著作权

著作权又称版权，指作者对其创作的文学、科学和艺术作品依法享有的某些特殊权利。著作权包括作品署名权、发表权、修改权和保护作品完整权，还包括复制权、发行权、出租权、展览权、表演权、放映权、广播权、信息网络传播权、摄制权、改编权、翻译权、汇编权以及应当由著作权人享有的其他权利。

### （五）特许权

特许权，又称经营特许权、专营权，指企业在某一地区经营或销售某种特定商品的权利或是一家企业接受另一家企业使用其商标、商号、技术秘密等的权利。通常有两种形式，一种是由政府机构授权，准许企业使用或在一定地区享有经营某种业务的特权，如水、电、邮电通信等的专营权、烟草专卖权等等；另一种指企业间依照签订的合同，有限期或无限期使用另一家企业的某些权利，如连锁店分店使用总店的名称等。

### （六）土地使用权

土地使用权，指国家准许某企业在一定期间内对国有土地享有开发、利用、经营的权利。根据我国《土地管理法》的规定，我国土地实行公有制，任何单位和个人不得侵占、买卖或者以其他形式非法转让。企业取得土地使用权的方式主要有以下几种：

行政划拨取得、外购取得及投资者投资取得。通常情况下，以缴纳土地出让金等方式外购的土地使用权、投资者投入等方式取得的土地使用权，作为无形资产核算；作为投资性房地产或者作为固定资产核算的土地，不作为无形资产。

### 三、无形资产的确认条件

无形资产应在符合定义的前提下，同时满足下列两个条件才能予以确认：

（1）与该无形资产相关的经济利益很可能流入企业。判断该经济利益是否很可能流入企业时，需对无形资产在预计使用寿命内可能存在的各种经济因素做出合理估计，并且应当有明确证据支持。

（2）该无形资产的成本能够可靠计量。企业内部产生的品牌、报刊名等，由于成本不能可靠计量，不能确认为无形资产。

## 第二节 无形资产的初始计量

无形资产通常按实际成本计量，即以取得无形资产并使之达到预定用途而发生的全部支出作为无形资产的成本。无形资产依取得方式、成本构成不尽相同。

### 一、外购的无形资产成本

外购无形资产按其取得成本进行初始计量。成本包括购买价款、相关税费以及直接归属于使该项资产达到预定用途所发生的其他支出。其中，直接归属于使该项资产达到预定用途所发生的其他支出包括使无形资产达到预定用途所发生的专业服务费用、测试无形资产是否能正常发挥作用的费用等，但不包括：

（1）为引入新产品进行宣传发生的广告费、管理费用及其他间接费用。

（2）无形资产达到预定用途以后发生的费用。

无形资产达到预定用途之前发生的并非为使其达到预定用途必不可少的经营活动支出，相关损益于发生时计入当期损益，不构成无形资产成本。

如果购入的无形资产超过正常信用条件延期支付价款，实质上具有融资性质的，无形资产的成本为购买价款的现值，现值与应付价款之间的差额作为未确认的融资费用，在付款期内按实际利率法确认为利息费用。

【例 6-1】某服装上市公司 20×6 年 1 月 5 日从 B 公司购买一项商标权，由于公司资金周转紧张，经与 B 公司协商采用分期付款方式支付款项。合同规定，该项商标权总计 300 万元，每年末付款 100 万元，三年付清。假定银行同期贷款利率为 10%。为简化核算，假定不考虑其他有关税费，已知 3 年期 10% 利率的年金现值系数为 2.4869，有关计算见表 6-1。

表 6-1 未确认的融资费用

单位：元

| 年份 | （1）融资余额 [上年（1）-（5）] | （2）利率 | （3）本年利息 [上年（1）×（2）] | （4）付款 | （5）还本 [（4）-（3）] | （6）未确认融资费用 [上年（6）-（3）] |
|---|---|---|---|---|---|---|
| 0 | 2486900 | | | | | 513100 |
| 1 | 1735590 | 10% | 248690 | 1000000 | 751310 | 264410 |
| 2 | 909149 | 10% | 173559 | 1000000 | 826441 | 90851 |
| 3 | 0 | 10% | 90851 | 1000000 | 909149 | 0 |
| 合计 | | | 513100 | 3000000 | 2486900 | |

其中：

无形资产现值 =1000000×2.4869=2486900（元）

未确认融资费用 =3000000-2486900=513100（元）

第一年应确认的融资费用 =2486900×10%=248690（元）

第二年应确认的融资费用 =（2486900-1000000+248690）×10%=173559（元）

第三年应确认的融资费用 =513100-248690-173559=90851（元）

该公司账务处理如下：

取得该商标权时：

借：无形资产——商标权　　2486900

　　未确认融资费用　　513100

　贷：长期应付款　　3000000

取得后三年每年年底付款时：

借：长期应付款　　1000000

　贷：银行存款　　1000000

借：财务费用

　贷：未确认融资费用（金额分别见上述计算结果）

## 二、投资者投入的无形资产成本

投资者投入的无形资产成本，应当按照投资合同或协议约定的价值确定，在投资合同或协议约定价值不公允的情况下，应按无形资产的公允价值作为初始入账成本。

## 三、土地使用权的处理

企业取得的土地使用权通常应按照取得时所支付的价款及相关税费确认为无形资产。土地使用权用于自行开发建造办公大楼等地上建筑物时，土地使用权的账面价值单独计算，作为无形资产核算。但下列情况除外：

（1）房地产开发企业取得土地使用权用于建造对外出售的房屋建筑物，相关土地使用权应计入所建造的房屋建筑物成本。

（2）企业外购的房屋建筑物，实际支付的价款中包括土地以及建筑物的价值，则应当对支付的价款按照合理的方法（如公允价值比例）在土地使用权和地上建筑物之间进行分配，如果确实无法进行合理分配的，应当全部作为固定资产核算。

企业改变土地使用权的用途，将其作为用于出租或增值目的时，应将其转为投资性房地产。

## 四、企业合并中取得的无形资产成本

企业合并中取得的无形资产，应按照企业合并的分类分别处理：

（1）同一控制下的企业合并中，若为吸收合并，则按被合并企业无形资产的账面价值确认为取得时的初始成本；若为控股合并，则在合并日编制合并报表时，合并方按被合并方无形资产的账面价值作为合并基础。

（2）非同一控制下的企业合并中，购买方取得的无形资产应以其在购买日的公允价值计量，包括：

①被购买企业原已确认的无形资产。

②原未确认但其公允价值能够可靠计量的无形资产，购买方应在购买日将其独立于商誉确认为一项无形资产。

除上述介绍的来源外，企业还有通过非货币性资产交换、债务重组及政府补助等方式取得的无形资产，其成本的确定及具体处理将在“非货币性资产交换”“债务重组”及“政府补助”等章节中介绍，这里不再赘述。

# 第三节 内部研究开发费用的确认和计量

企业进行内部研发，会产生研究与开发费用，为评价研究与开发费用能否确认为一项无形资产，应将资产的形成过程分为研究阶段与开发阶段两部分。

## 一、研究阶段和开发阶段的划分

对于企业自行进行的研究开发项目，无形资产准则要求区分研究阶段与开发阶段两个部分分别进行核算。

### （一）研究阶段

研究是指为获取新的技术和知识等进行的有计划的调研，研究活动包括：意于获取知识而进行的活动，研究成果或其他知识的应用研究、评价和最终选择，材料、设备、产品、工序、系统或服务替代品的研究，以及新的或经改进的材料、设备、产品、工序、系统或服务的可能替代品的配制、设计、评价和最终选择等。

研究阶段的特点在于：

（1）计划性。研究阶段是建立在有计划的调研基础上，即研发项目已经董事会或者相关管理层批准，并着手收集相关资料、进行市场调查等。例如，某纺织品公司为研究开发某新型布料，经董事会或者相关管理层的批准，有计划地收集相关资料、进行市场调查、比较市场类似布料应用情况等活动。

（2）探索性。研究阶段基本上是探索性的，为进一步的开发活动进行资料及相关方面的准备，这一阶段不会形成阶段性成果。

### （二）开发阶段

开发是指在进行商业性生产或使用前，将研究成果或其他知识应用于某项计划或设计，以生产出新的或具有实质性改进的材料、装置、产品等。开发活动包括：生产前或使用前的原型和模型的设计、建造和测试，含新技术的工具、夹具、模具和冲模的设计，不具有商业性生产经济规模的试生产设施的设计、建造和运营，新的或改造的材料、设备、产品、工序、系统或服务所选定的替代品的设计、建造和测试等。

开发阶段的特点在于：

（1）由于开发阶段建立在研究阶段基础上，因而对项目的开发具有针对性。

（2）形成成果的可能性较大。

## 二、研究与开发支出的确认

### （一）研究支出的确认

从上述研究阶段活动的特点看，其研究是否能在未来形成成果，即通过开发后是否会形成无形资产均有很大的不确定性，同时，企业也无法证明其研究活动一定能够形成带来未来经济利益的无形资产，因此，研究阶段的有关支出在发生时应当费用化计入当期损益。

### （二）开发支出的确认

由于开发阶段相对于研究阶段更进一步，且很大程度上形成一项新产品或新技术的基本条件已经具备，此时如果企业能够证明满足了无形资产的定义及相关确认条件，所发生的开发支出可以资本化，确认为无形资产的成本。开发支出资本化必须满足下列五个条件：

（1）完成该无形资产以使其能够使用或出售在技术上具有可行性。判断技术上是否具有可行性，应当以目前阶段的成果为基础，并提供相关证据和材料，证明企业进行开发所需的技术条件等已经具备，基本不存在技术上的障碍或其他不确定性。

（2）具有完成该无形资产并使用或出售的意图。企业研发项目形成成果以后，是为出售还是为自己使用并从中获得经济利益，应当依管理当局的意图而定。因此，企业管理当局应当明确表明其持有拟开发无形资产的目的，并具有完成该项无形资产开发并使其能够使用或出售的可能性。

（3）无形资产产生经济利益的方式，包括能够证明运用该无形资产生产的产品或无形资产自身存在市场，若将来内部使用，则应证明其有用性。无形资产确认的基本条件之一是能够为企业带来未来经济利益。因此，如果有关无形资产形成以后，主要用于形成新产品或新工艺，企业应估计运用该无形资产生产的产品市场情况，能够证明所生产的产品存在市场，能够带来经济利益的流入；如果有关无形资产形成以后主要用于对外出售，则企业应能证明存在市场需求，开发以后存在外在市场可以出售并带来经济利益的流入；如果无形资产开发以后是企业内部使用，则企业应能证明在企业内部使用时对企业的有用性。

（4）有足够的技术、财务资源和其他资源支持，以完成该无形资产的开发，并有能力使用或出售该无形资产。这一条件主要包括：

①为完成该项无形资产开发具有技术上的可靠性。这种可靠性是继续开发活动的关键。因此，必须有确凿证据证明企业继续开发该项无形资产有足够的技术支持和技术能力。

②财务资源和其他资源支持。这是能够完成该项无形资产开发的经济基础，因此，企业必须能够证明为完成该项无形资产的开发所需的财务和其他资源，是否能够足以支持完成该项无形资产的开发。

③能够证明企业获取在开发过程中所需的技术、财务和其他资源，以及企业获得这些资源的相关计划等。如当企业自有资金不足以提供支持时，是否存在其他外部资金支持，如银行等金融机构愿意为该无形资产开发提供所需资金的声明等来证实。

④有能力使用或出售该无形资产以取得收益。

（5）归属于该无形资产开发阶段的支出能够可靠计量。企业对于研究开发活动发生的支出应单独核算，如发生的研究开发人员的工资、材料费等，在企业同时从事多项研究开发活动的情况下，所发生的支出同时用于支持多项研究开发活动的，应按照一定的标准在各项研究开发活动之间进行分配，无法明确分配的，应予费用化计入当期损益，不计入开发活动的成本。

## 三、企业开发的无形资产的计量

企业开发活动形成的无形资产成本，由可直接归属于该资产的创造、生产并使该资产能够以管理层预定的方式运作的所有必要支出组成。

可直接归属的成本包括：开发该无形资产时耗费的材料、劳务成本、注册费，在开发该无形资产过程中使用的其他专利权和特许权的摊销，按照借款费用准则的规定资本化的利息支出，以及为使该无形资产达到预定用途前所发生的其他费用。

下列成本不构成无形资产的开发成本：在开发无形资产过程中发生的除上述可直接归属于无形资产开发活动的其他销售费用、管理费用等间接费用，无形资产达到预定用途前发生的可辨认的无效和初始运作损失，为运行该无形资产发生的培训支出等。

需要强调的是，内部开发无形资产的成本仅包括从满足资本化条件的时点至无形资产达到预定用途前发生的支出总和，对于同一项无形资产在开发过程中达到资本化条件前已经费用化计入损益的支出不再进行调整。

## 四、研究开发支出的账务处理

### （一）账务处理的基本原则

按照无形资产准则规定，企业研究阶段的支出全部费用化，计入当期损益，记作“管理费用”；开发阶段支出符合资本化条件的予以资本化，不符合条件的计入当期损益，记作“管理费用”。确实无法区分属于研究阶段还是开发阶段的支出，则全部费用化，计入当期损益。

### （二）账务处理的具体方法

（1）企业自行开发无形资产发生的研发支出，未满足资本化条件的，借记“研发支出——费用化支出”科目；满足资本化条件的，借记“研发支出——资本化支出”科目，贷记“原材料”“银行存款”“应付职工薪酬”等科目。

（2）企业以其他方式取得正在进行中的研究开发项目，应按确定的金额，借记

“研发支出——资本化支出”科目，贷记“银行存款”等科目。以后发生的研发支出，应当比照上述第 1 条的规定进行处理。

（3）研究开发项目达到预定用途形成无形资产的，应按“研发支出——资本化支出”科目的余额，借记“无形资产”科目，贷记“研发支出——资本化支出”科目。

【例 6-2】某服装企业经董事会批准自行研究开发一种新型面料的专利技术，该公司董事会认为，研发该项目具有可靠的技术和财务等资源的支持，并且一旦研发成功将降低该公司产品的生产成本。在研究开发过程中发生材料费 8000000 元、人工工资 2000000 元，以及用银行存款支付其他费用 3000000 元，总计 13000000 元，其中符合资本化条件的支出为 8000000 元，期末，该专利技术已经达到预定用途。假定不考虑相关税费。

相关费用发生时：

借：研发支出——费用化支出　　5000000
　　　　　　——资本化支出　　8000000
　贷：原材料　　8000000
　　　应付职工薪酬　　2000000
　　　银行存款　　3000000

期末，该专利技术已经达到预定用途：

借：管理费用　　5000000
　　无形资产　　8000000
　贷：研发支出——费用化支出　　5000000
　　　　　　　——资本化支出　　8000000

# 第四节　无形资产的后续计量

## 一、无形资产后续计量的原则

初始确认和计量后，无形资产在其后续使用期间内以成本减去累计摊销额和累计减值损失后的余额计量。要强调的是，确定无形资产在使用过程中的累计摊销额的基础是估计其使用寿命，只有使用寿命有限的无形资产才需要在估计的使用寿命内采用系统合理的方法进行摊销，使用寿命不确定的无形资产不需要摊销。

## 二、无形资产的使用寿命

无形资产准则规定，企业应于取得无形资产时分析判断其使用寿命：使用寿命如有限，应当估计该使用寿命的年限或者构成使用寿命的产量等类似计量单位数量；无法预见无形资产为企业带来未来经济利益期限的，视为使用寿命不确定。

### （一）估计无形资产使用寿命应考虑的因素

在估计无形资产的使用寿命时，应当综合考虑各方面相关因素的影响，合理确定无形资产的使用寿命。

（1）该资产通常的产品寿命周期，以及可获得的类似资产使用寿命的信息。

（2）技术、工艺等方面的现实情况及对未来发展的估计。

（3）该资产在该行业运用的稳定性以及生产的产品或服务的市场需求情况。

（4）现在或潜在的竞争者预期采取的行动。

（5）为维持该资产产生未来经济利益的能力预期的维护支出及企业预计支付有关支出的能力。

（6）对该资产的控制期限，对该资产使用的法律或类似限制，如特许使用期间、租赁期间等。

（7）与企业持有的其他资产使用寿命的关联性等。

### （二）无形资产使用寿命的确定

（1）源自合同性权利或其他法定权利取得的无形资产，其使用寿命不应超过合同性权利或其他法定权利的期限。例如，企业以支付土地出让金方式取得一块土地的使用权，如果企业准备持续持有，在 50 年期间内没有计划出售，该块土地使用权预期为企业带来未来经济利益的期间为 50 年。

①预期的使用年限短于合同性权利或其他法定权利规定的期限时，将预期使用年限确定为使用寿命。

②如果合同性权利或其他法定权利能够在到期时因续约等延续，仅当有证据表明企业续约不需付出重大成本时，续约期才能够计入使用寿命。

（2）合同或法律没有明确规定使用寿命时，企业应当综合各方面因素判断，以确定无形资产能为企业带来经济利益的期限。例如与同行业的情况进行比较、参考历史经验或聘请相关专家进行论证等。

（3）经过上述努力，仍无法合理确定无形资产为企业带来经济利益期限的，才能将其作为使用寿命不确定的无形资产。

例如，企业通过公开拍卖取得一项出租车运营许可，按照所在地规定，以现有出租运营许可为限，不再授予新的运营许可，而且在旧的出租车报废以后，其运营许可可用于新的出租车。企业估计在有限的未来，其将持续经营出租车行业。对于该运营许可，其为企业带来未来经济利益的期限从目前情况看无法可靠估计，应视为使用寿命不确定的无形资产。

### （三）无形资产使用寿命的复核

企业至少应当于每年年度终了，对无形资产的使用寿命及摊销方法进行复核，若有证据表明无形资产的使用寿命及摊销方法不同于以前的估计，如由于合同续约或无形资产应用条件改善，延长了无形资产的使用寿命，则对于使用寿命有限的无形资产应改变其摊销年限和摊销方法，并按照会计估计变更进行处理。

对于使用寿命不确定的无形资产，若有证据表明其使用寿命是有限的，应视为会计估计变更，根据无形资产准则中关于使用寿命有限的无形资产的处理原则进行处理。

## 三、使用寿命有限的无形资产摊销

使用寿命有限的无形资产，应在其预计使用寿命内采用系统合理的方法对应摊销金额进行摊销。应摊销金额指无形资产成本扣除残值后的金额。已计提减值准备的无形资产，还应扣除已计提的无形资产减值准备的累计金额。

### （一）摊销期和摊销方法

无形资产的摊销期自其达到预定用途可供使用时开始至终止确认时止。即当月增加的无形资产，当月开始摊销；当月减少的无形资产，当月不再摊销。

无形资产摊销存在多种方法，包括直线法、生产总量法等，应依据从资产中获取的预期未来经济利益的预计消耗方式来选择，并一致地运用于不同会计期间。例如，受技术陈旧因素影响较大的专利权和专有技术等无形资产，可采用类似固定资产加速折旧的方法进行摊销；有特定产量限制的特许经营权或专利权，应采用产量法进行摊销；无法可靠确定其预期实现方式的，采用直线法进行摊销。

持有待售的无形资产不进行摊销，按照账面价值与公允价值减去处置费用后的净额孰低进行计量。

【例 6-3】某服装生产企业从外公司购得一项商标权，价款 2000 万元已支付，该商标权的使用寿命为 10 年，不考虑残值的因素，采用直线法进行摊销。账务处理如下：

借：无形资产——商标权　　20000000
　贷：银行存款　　20000000
借：管理费用　　（20000000 ÷ 10）2000000
　贷：累计摊销　　2000000

### （二）残值的确定

使用寿命有限的无形资产，其残值一般视为零，但下列情况除外：

（1）有第三方承诺在无形资产使用寿命结束时购买该无形资产。

（2）可以根据活跃市场得到预计残值信息，并且该市场在无形资产使用寿命结束时很可能存在。

【例 6-4】某纺织企业取得一项专利技术，法律保护期间为 20 年，企业预计运用该专利生产的产品在未来 15 年内会为企业带来经济利益。就该项专利技术，第三方向企业承诺在 8 年内以其取得之日公允价值的 70% 购买该项专利权，从企业管理层目前的持有计划来看，准备在 8 年内将其出售给第三方，该项专利技术应在企业持有期 8 年内摊销，残值为该专利在取得之日公允价值的 70%。

无形资产的残值意味着在其经济寿命结束之前企业预计将会处置该无形资产，并从该处置中取得利益。无形资产残值以资产处置时的可收回金额为基础，此时的可收回金额是指在预计出售日，出售一项使用寿命已满且处于类似使用状况下同类无形资产预计的处置价格扣除相关税费后的金额。另外，需要注意的是：

（1）残值确定以后，在持有无形资产期间，至少应于每年年末进行复核，预计其残值与原估计金额不同的，应按照会计估计变更进行处理。

（2）如果无形资产的残值重新估计以后高于其账面价值的，无形资产不再摊销，直至残值降至低于账面价值时再恢复摊销。

#### （三）账务处理应注意的问题

无形资产摊销时，应考虑其所服务的对象，以此为基础计入当期损益或相关资产的成本。换言之，无形资产的摊销一般应计入当期损益，但如果某项无形资产是专门用于生产某种产品或者其他资产，其所包含的经济利益是通过转入到所生产的产品或其他资产中实现的，无形资产的摊销费用应计入相关资产的成本。

### 四、使用寿命不确定的无形资产

根据可获得的信息判断，无法合理估计其使用寿命的无形资产，应作为使用寿命不确定的无形资产核算。对于这类无形资产，在持有期间内不需要摊销，如果期末重新复核后仍为不确定的，应当在每个会计期间进行减值测试，如经测试表明已发生减值，需要计提相应的减值准备，借记“资产减值损失”科目，贷记“无形资产减值准备”科目。

## 第五节　无形资产的处置

无形资产的处置，主要是指无形资产出售、对外出租、对外捐赠，或者是无法为企业带来未来经济利益时，应予终止确认并转销。

## 一、无形资产的出租

企业将所拥有的无形资产的使用权让渡给他人，并收取租金，属于与企业日常活动相关的其他经营活动取得的收入，在满足收入准则规定的确认标准的情况下，应确认相关的收入及成本。

出租无形资产时，取得的租金收入，借记“银行存款”等科目，贷记“其他业务收入”等科目；摊销出租无形资产的成本并发生与转让有关的各种费用支出时，借记“其他业务成本”科目，贷记“累计摊销”科目。

【例 6-5】某服装企业将一项专利技术出租给另外一个企业使用，该专利技术账面余额为 300 万元，摊销期限为 10 年，出租合同规定，承租方每销售一件用该专利生产的产品，必须付给出租方 8 元专利技术使用费。假定承租方当年销售该产品 10 万件。

假定不考虑其他相关税费。出租方的账务处理如下：

借：银行存款　　800000
　贷：其他业务收入　　800000
借：其他业务成本　　300000
　贷：累计摊销　　300000

## 二、无形资产的出售

企业出售无形资产，表明企业放弃无形资产的所有权。此时，与固定资产处置性质相同，应将所取得的价款与该无形资产账面价值的差额作为资产处置利得或损失，计入营业外收入或营业外支出。

出售无形资产时，应按实际收到的金额，借记“银行存款”等科目；按已摊销的累计摊销额，借记“累计摊销”科目；原已计提减值准备的，借记“无形资产减值准备”科目；按应支付的相关税费，贷记“应交税费”等科目；按其账面余额，贷记“无形资产”科目；按其差额，贷记“营业外收入——处置非流动资产利得”科目或借记“营业外支出——处置非流动资产损失”科目。

需要说明的是，企业出售无形资产确认利得的时点，应按收入确认的有关原则进行。

【例 6-6】某服装公司将拥有的一项商标权出售，取得收入 500 万元，相关税费为 30 万元。该商标权的账面余额为 400 万元，累计摊销额为 200 万元，已计提的减值准备为 100 万元。账务处理如下：

借：银行存款　　5000000
　　累计摊销　　2000000
　　无形资产减值准备　　1000000

贷：无形资产　　4000000
　　应交税费　　300000
　　营业外收入——处置非流动资产利得　　3700000

## 三、无形资产的报废

如果无形资产预期不能为企业带来未来经济利益，不再符合无形资产的定义，应将其转销。如无形资产已被其他新技术所替代或不再受到法律保护，不能为企业带来经济利益，此时，应按累计摊销额，借记“累计摊销”科目；原已计提减值准备的，借记“无形资产减值准备”科目；按其账面余额，贷记“无形资产”科目；按其差额，借记“营业外支出”科目。

【例 6-7】企业的某项专利技术，其账面余额为 6000000 元，摊销期限为 10 年，采用直线法进行摊销，已摊销了 5 年，假定该项专利权的残值为零，计提的减值准备为 1600000 元，今年用其生产的产品没有市场，应予转销。假定不考虑其他相关因素，其账务处理如下：

借：累计摊销　　3000000
　　无形资产减值准备　　1600000
　　营业外支出——处置无形资产损失　　1400000
　贷：无形资产——专利权　　6000000

## 本章小结

企业与无形资产有关的经济业务主要包括无形资产的取得、使用及处置，本章按照无形资产主要经济业务发生的顺序进行阐释。在无形资产的概念、特征阐述的基础上，首先介绍不同取得方式下无形资产的初始计量，之后围绕无形资产的摊销分别讨论使用寿命有限和使用寿命不确定情况下无形资产的后续计量，最后介绍了出租、出借、报废无形资产的账务处理方法。

# 第七章

# 投资性房地产

**【本章学习目标】**

通过本章的学习，熟悉投资性房地产的初始确认条件，掌握投资性房地产的初始计量、后续计量及处置的核算，了解投资性房地产转换及期末有关披露事项。

## | 引导案例 |

北辰实业（A 股 601588、H 股 00588）在 1997 年发起设立，同年在香港联合交易所挂牌上市，并于 2006 年在上海证券交易所发行 A 股并上市。公司注册总股本 336702 万股，其中 A 股为 266000 万股，占总股本的 79.002%，H 股 70702 万股，占总股本的 20.998%，公司业务集中于发展物业、投资物业和商业物业，主要分布在北京和长沙。

目前北辰实业在 A 股年报中对投资性房地产采用成本模式计量，而在 H 股年报中采用公允价值模式计量，这种计量模式的差异也成为目前其 A–H 股报表净利润差异的主要部分（表 7–1）。

表 7–1　2007—2010 年北辰实业投资性房地产的不同计量模式对企业的财务影响

单位：千万元

| 项目 | | 投资性房地产 | 占资产比 | 净利润影响 | 占净利润比 |
|---|---|---|---|---|---|
| 2007 | 历史成本 | 65.40 | 3.00% | −3.46 | −7.49% |
| | 公允价值 | 214.50 | 10.00% | 1.14 | 1.74% |
| | 差异率 | 2.28 | 233.3% | 1.33 | 123.23% |
| 2008 | 历史成本 | 195.57 | 8.00% | −5.71 | −12.71% |
| | 公允价值 | 438.26 | 16.0% | 65.61 | 49.77% |
| | 差异率 | 1.24 | 100.00% | −12.50 | 491.58% |
| 2009 | 历史成本 | 440.26 | 17.0% | −6.78 | −11.75% |
| | 公允价值 | 925.95 | 31.0% | 86.08 | 52.30% |
| | 差异率 | 1.10 | 82.3% | 13.70 | 545.11% |
| 2010 | 历史成本 | 551.85 | 21.4% | −12.75 | −62.81% |
| | 公允价值 | 1037.56 | 33.9% | 76.65 | 69.69% |
| | 差异率 | 0.88 | 58.2% | 7.01 | 210.96% |

2007—2010 年间，北辰实业对投资性房地产的投入不断增加，从 2007 年的 6.54 亿元增长到 2010 年的 55.185 亿元，投资性房地产（历史成本）在资产中所占的比重从 2007 年的 3% 增长到 2010 年的 21.44%，其公允价值与历史成本的差异额不断增大，2007—2010 年间差异额从 14.91 亿元（2.28 倍）增长至 48.57 亿元（0.88 倍）。在 H 股年报中按照公允价值计量投资性房地产，投资性房地产占资产的比重从 2007 年的 10%

增长到2010年的33.94%。与成本模式相比，在2007—2010年间，北辰实业公司投资性房地产公允价值计量使得其账面价值分别提高了14.91亿元（2.28倍）、24.27亿元（1.24倍）、48.57亿元（1.10倍）、48.57亿元（0.88倍）。

北辰实业投资性房地产对利润的影响也逐年增加。A股年报采用成本模式，在2007—2010年分别计提折旧3.46、5.71、6.78、12.75千万元，占当年净利润的比重分别为7.49%、12.71%、11.75%、62.81%；而在H股年报中采用公允价值模式，投资性房地产的公允价值变动损益在2007—2010年分别是1.14、65.61、86.08、76.65千万元，占当年净利润的1.74%、49.77%、52.3%与69.69%。

可见，投资性房地产的不同计量模式对企业的财务影响非常巨大。

通过上述案例思考如下问题：

（1）北辰实业在A股年报和H股年报中采用不同计量模式的原因?

（2）不同投资性房地产计量模式对财务的影响?

（3）投资性房地产采用公允价值计量模式对会计信息质量和企业信息披露成本的影响?

# 第一节　投资性房地产概述

## 一、投资性房地产的定义和特征

投资性房地产是指为赚取租金或资本增值，或者两者兼有而持有的房地产。房地产通常是土地和房屋及其权属的总称。在我国，土地归国家或集体所有，企业只能取得土地使用权。因此，房地产中的土地是指土地使用权。房地产中的房屋是指土地上的房屋等建筑物及构筑物。《企业会计准则第3号——投资性房地产》规范了投资性房地产的确认、计量和相关信息的披露。

投资性房地产主要特征有：

（1）房地产投资是一种经营性活动。投资性房地产的形式包括出租建筑物、出租土地使用权、持有并准备增值后转让的土地使用权，其目的是取得让渡资产使用权的使用费收入或赚取增值后转让的增值收益，是企业为完成其经营目标所从事的经营性活动以及与之相关的其他活动形成的经济利益总流入，应计入其他业务收入或主营业务收入。

（2）投资性房地产在用途、状态、目的等方面区别于作为生产经营场所的房地产和用于销售的房地产。投资性房地产需要单独作为一项资产核算和反映，与自用的厂房、办公楼等房地产和作为存货的房地产加以区别，更加清晰地反映企业所持有房地产的构成情况和盈利能力。

（3）投资性房地产有成本模式和公允价值模式两种后续计量模式，但不可同时采用，同一企业只能选定其中一种后续计量模式。投资性房地产的公允价值，是指在公平交易中熟悉情况的当事人之间自愿进行房地产交换的价格。确定投资性房地产的公允价值时，应当参照活跃市场上同类或类似房地产的现行市场价格（市场公开报价）；无法取得同类或类似房地产现行市场价格的，可以参照活跃市场上同类或类似房地产的最近交易价格，并考虑交易情况、交易日期、所在区域等因素。也可以基于预计未来获得的租金收益和有关现金流量的现值计量。

上述所说“同类或类似”的房地产，对建筑物而言，是指所处地理位置和地理环境相同、性质相同、结构类型相同或相近、新旧程度相同或相近、可使用状况相同或相近的建筑物；对土地使用权而言，是指同一位置区域、所处地理环境相同或相近、可使用状况相同或相近的土地。

企业通常应该以成本模式对投资性房地产进行后续计量，只有在存在确凿证据表明其所有的投资性房地产的公允价值能够持续可靠取得时，才可以采用公允价值模式计量。采用公允价值模式计量投资性房地产，应当同时满足以下两个条件：

①投资性房地产所在地有活跃的房地产交易市场。

②企业能够从房地产交易市场上取得同类或类似房地产的市场价格及其他相关信息，从而对投资性房地产的公允价值做出科学合理的估计。

采用公允价值对投资性房地产进行后续计量的企业，对于在建投资性房地产（包括企业首次取得的在建投资性房地产），如果其公允价值无法可靠确定但预期该房地产完工后的公允价值能够持续可靠取得的，应当以成本计量该在建投资性房地产，其公允价值能够可靠计量时或其完工后（两者孰早），再以公允价值计量。

在极少数情况下，采用公允价值对投资性房地产进行后续计量的企业，有证据表明，当企业首次取得某项非在建投资性房地产（或某项现有房地产在完成建造、开发活动或改变用途后首次成为投资性房地产）时，该投资性房地产的公允价值不能持续可靠取得的，应当对该投资性房地产采用成本模式计量直至处置，并且假设无残值。但是，采用成本模式对投资性房地产进行后续计量的企业，即使有证据表明，企业首次取得某项投资性房地产时，该投资性房地产的公允价值能够持续可靠取得的，该企业仍应对该投资性房地产采用成本模式进行后续计量。

## 二、投资性房地产的范围

投资性房地产的范围包括：已出租的土地使用权、持有并准备增值后转让的土地使用权、已出租的建筑物。

1. 已出租的土地使用权

已出租的土地使用权，是指企业通过出让或转让方式取得的、以经营租赁方式出租的土地使用权。企业取得的土地使用权通常包括在一级市场上以交纳土地出让金的方式取得的土地使用权，也包括在二级市场上接受其他单位转让的土地使用权。

2. 持有并准备增值后转让的土地使用权

持有并准备增值后转让的土地使用权，是指企业取得的、准备增值后转让的土地使用权。这类土地使用权很可能给企业带来资本增值收益，符合投资性房地产的定义。在我国实务中，这种情况较少。

3. 已出租的建筑物

已出租的建筑物是指企业拥有产权的、以经营租赁方式出租的建筑物，包括自行建造或开发活动完成后用于出租的建筑物以及正在建造或开发过程中将来用于出租的建筑物。

投资性房地产应注意的问题见表 7–2。

表 7–2　投资性房地产应注意的问题

| 范围 | 注意问题 |
| --- | --- |
| 已出租的土地使用权 | （1）企业计划用于出租但尚未出租的土地使用权，不属于此类。<br>（2）以经营租赁方式租入土地使用权再转租给其他单位的，不能确认为投资性房地产。<br>（3）已出租的土地使用权租赁期届满，因暂时空置但继续用于出租的，仍作为投资性房地产。<br>（4）集团内关联企业之间租赁土地使用权的，出租方应将出租的土地使用权确认为投资性房地产。但在编制合并报表时，应将其作为企业集团的无形资产 |
| 持有并准备增值后转让的土地使用权 | 闲置土地，不属于持有并准备增值后转让的土地使用权，不能确认为投资性房地产。<br>闲置土地：企业依法取得土地使用权后，未经原批准用地的人民政府同意，超过规定的期限未动工开发建设的建设用地。具有下列情形之一的，也可以认定为闲置土地：<br>（1）国有土地有偿使用合同或者建设用地批准书未规定动工开发建设日期，自国有土地有偿使用合同生效或者土地行政主管部门建设用地批准书颁发之日起满 1 年未动工开发建设的。<br>（2）已动工开发建设但开发建设的面积占应动工开发建设总面积不足三分之一或者已投资额占总投资额不足 25% 且未经批准中止开发建设连续满 1 年的 |
| 已出租的建筑物 | （1）企业以经营租赁方式租入再转租的建筑物不属于投资性房地产。<br>（2）已出租的建筑物是企业已经与其他方签订了租赁协议，约定以经营租赁方式出租的建筑物，自租赁协议规定的租赁期开始日起，经营租出的建筑物才属于已出租的建筑物。但是对企业持有以备经营出租的空置建筑物（企业新购入、自行建造或开发完成但尚未使用的建筑物，以及不再用于日常生产经营活动且经整理后达到可经营出租状态的建筑物）或在建建筑物，如董事会或类似机构做出书面决议，明确表明将其用于经营出租且持有意图短期内不再发生变化的，即使尚未签定租赁协议，也应视为投资性房地产。<br>（3）企业将建筑物出租，按租赁协议向承租人提供的相关辅助服务在整个协议中不重大的，应当将该建筑物确认为投资性房地产。企业将其办公楼出租，同时向承租人提供维护、保安等日常辅助服务，企业应当将其确认为投资性房地产。<br>（4）已出租的建筑物租赁期届满，因暂时空置但继续用于出租的，仍作为投资性房地产。<br>（5）集团内关联企业之间租赁建筑物的，出租方应将出租的建筑物确认为投资性房地产。但在编制合并报表时，应将其作为企业集团的固定资产 |

不属于投资性房地产的项目如下：

1. 自用房地产

自用房地产是指为生产商品、提供劳务或者经营管理而持有的房地产，计入“固定资产”或“无形资产”科目。例如：企业出租给本企业职工居住的房屋，企业拥有并自行经营的旅馆、饭店，企业生产经营用的土地使用权、办公楼、厂房等。

2. 作为存货的房地产

作为存货的房地产通常是指房地产开发企业在正常经营过程中销售的或为销售而正在开发的商品房和土地。这部分房地产属于房地产开发企业的存货，计入“开发产品”科目。

从事房地产经营开发的企业依法取得的、用于开发后出售的土地使用权，属于房地产开发企业的存货，即使房地产开发企业决定待增值后再转让其开发的土地，也不得将其确认为投资性房地产。

实务中，存在某项房地产部分自用或作为存货出售、部分用于赚取租金或资本增值的情形。如某项投资性房地产不同用途的部分能够单独计量和出售的，应当分别确认为固定资产（或无形资产、存货）和投资性房地产。

【例 7-1】下列各项中，属于投资性房地产的是（　）。

A. 房地产企业开发的准备出售的房屋

B. 房地产企业开发的已出租的房屋

C. 企业持有的准备建造房屋的土地使用权

D. 企业以经营租赁方式租入的建筑物

【答案】B

【例 7-2】下列项目中，不属于投资性房地产的有（　）。

A. 出租给本企业职工居住的宿舍

B. 以经营租赁方式租入的建筑物再转租给其他单位

C. 企业拥有并自行经营的旅馆饭店

D. 已出租的投资性房地产租赁期届满，暂时空置但继续用于出租的房地产

E. 企业管理部门正在使用，但董事会已做出决议将于半年后出租的房产

【答案】ABCE

## 第二节　投资性房地产的确认和初始计量

投资性房地产只有在符合定义的前提下，同时满足下列条件，才能予以确认：

（1）与该项投资性房地产有关的经济利益很可能流入企业。

（2）该投资性房地产的成本能够可靠计量。

投资性房地产确认时点见表 7–3。

表 7–3　投资性房地产确认时点

| 范围 | 确认时点 |
| --- | --- |
| 已出租的土地使用权 | 租赁期开始日 |
| 已出租的建筑物 | （1）租赁期开始日。<br>（2）对企业持有以备经营出租的空置建筑物或在建建筑物，如董事会或类似机构做出书面决议，明确表明将其用于经营租出且持有意图短期内不再发生变化的，则应视为投资性房地产，确认时点是董事会或类似机构做出书面决议日 |
| 持有并准备增值后转让的土地使用权 | 停止自用土地使用权、准备增值后转让的日期 |

无论投资性房地产采用成本模式或公允价值模式进行后续计量，投资性房地产都应按成本进行初始计量，二者的初始成本一致。只是科目设置略有不同，成本模式下，投资性房地产成本计入“投资性房地产”；公允价值模式下，投资性房地产成本计入“投资性房地产——成本”。

外购的土地使用权和建筑物，按照取得时的实际成本进行初始计量，包括购买价款、相关税费和可直接归属于该资产的其他支出。企业购入的房地产，部分用于出租（或资本增值）、部分自用的，应按照不同部分的公允价值占公允价值总额的比例将成本在不同部分之间进行合理分配，单独核算。

自行建造的投资性房地产，其成本由建造该项资产达到预定可使用状态前发生的必要支出构成，包括土地开发费、建筑成本、安装成本、应予以资本化的借款费用、支付的其他费用和分摊的间接费用等，直接借记“投资性房地产”科目，贷记“银行存款”等科目，不通过“在建工程”“无形资产”等账户核算。建造过程中发生的非正常性损失直接计入当期损益，不计入建造成本。

【例 7-3】20×5 年 3 月，甲企业计划购入一栋写字楼用于对外出租。3 月 15 日，甲企业与乙企业签订了经营租赁合同，约定自写字楼购买日起将这栋写字楼出租给乙企业，为期 5 年。4 月 5 日，甲企业实际购入写字楼，支付价款共计 1200 万元，甲企业采用成本模式进行后续计量。甲企业的账务处理如下：

借：投资性房地产——写字楼　　12000000

　贷：银行存款　　12000000

【例 7-4】20×5 年 3 月，甲企业从其他单位购入一块土地的使用权，并在该块土地上开始自行建造三栋厂房。20×5 年 6 月，甲企业预计厂房即将完工，与乙公司签订了经营租赁合同，将其中的一栋厂房租赁给乙公司使用。租赁合同约定，该厂房于完工（达到预定可使用状态）时开始起租。20×5 年 7 月 5 日，三栋厂房同时完工（达到预定可使用状态）。该块土地使用权的成本为 600 万元；三栋厂房的造价均为 1000 万元，能够单独出售。

甲企业的账务处理如下：

土地使用权中的对应部分同时转换为投资性房地产：600×（1000÷3000）=200（万元）。

借：投资性房地产——厂房　　10000000

　贷：在建工程　　10000000

借：投资性房地产——土地使用权　　2000000

　贷：无形资产——土地使用权　　2000000

# 第三节　投资性房地产的后续计量

## 一、采用成本模式计量的投资性房地产

采用成本模式进行后续计量的投资性房地产，应当按照固定资产或无形资产的有关规定，按期（月）计提折旧或摊销，借记“其他业务成本”等科目，贷记“投资性房地产累计折旧（摊销）”。

投资性房地产存在减值迹象的，经减值测试后确定发生减值的，应当计提减值准备，借记“资产减值损失”科目，贷记“投资性房地产减值准备”科目。如果已经计提减值准备的投资性房地产的价值又得以恢复，不得转回。

取得的租金收入，借记“银行存款”等科目，贷记“其他业务收入”等科目。

与投资性房地产有关的后续支出如下：

### （一）资本化的后续支出

与投资性房地产有关的后续支出，满足投资性房地产确认条件的应当计入投资性房地产成本。例如，企业为了提高投资性房地产的使用效能，往往需要对投资性房地产进行改建、扩建而使其更加坚固耐用，或通过装修改善其室内装潢。

企业对某项投资性房地产进行改扩建等再开发且将来仍作为投资性房地产的，再开发期间应继续将其作为投资性房地产，将投资性房地产的账面余额转入“投资性房地产——在建”科目，再开发期间不计提折旧或摊销。

### （二）费用化的后续支出

与投资性房地产有关的后续支出，不满足投资性房地产确认条件的应当在发生时计入当期损益（其他业务成本）。

**【例 7-5】**甲企业一栋办公楼出租给乙企业使用，已确认为投资性房地产，采用成本模式进行后续计量。假设该栋办公楼的成本为 1800 万元，按照直线法计提折旧，使用寿命为 20 年，预计净残值为零。按照经营租赁合同约定，乙企业每月支付甲企业租金 8 万元。当年 12 月，这栋办公楼发生减值迹象，经减值调试，其可收回金额为 1200 万元，此时办公楼的账面价值为 1500 万元，以前未计提减值准备。甲企业的账务处理如下：

（1）计提折旧：

每月计提折旧：1800 ÷ 20 ÷ 12=7.5（万元）。

借：其他业务成本　　75000

　贷：投资性房地产累计折旧（摊销）　　75000

（2）确认租金：

借：银行存款（或其他应收款）　　80000

　贷：其他业务收入　　80000

（3）计提减值准备：

借：资产减值损失　　3000000

　贷：投资性房地产减值准备　　3000000

**【例 7-6】**20 × 5 年 3 月，甲企业与乙企业的一项厂房经营租赁合同即将到期。该厂房按照成本模式进行后续计量，原价为 2000 万元，已计提折旧 600 万元。为了提高厂房的租金收入，甲企业决定在租赁期满后对厂房进行改扩建，并与丙企业签订了经营租赁合同，约定自改扩建完工时将厂房出租给丙企业。3 月 15 日，与乙企业的租赁合同到期，厂房随即进入改扩建工程。12 月 10 日，厂房改扩建工程完工，共发生支出 150 万元，即日按照租赁合同出租给丙企业。假设甲企业采用成本计量模式。甲企业的账务处理如下：

（1）20 × 5 年 3 月 15 日，投资性房地产转入改扩建工程：

借：投资性房地产——厂房（在建）　　14000000

　　投资性房地产累计折旧　　6000000

　贷：投资性房地产——厂房　　20000000

（2）20×5年3月15日—12月10日：

借：投资性房地产——厂房（在建）　　1500000

　贷：银行存款等　　1500000

（3）20×5年12月10日，改扩建工程完工：

借：投资性房地产——厂房　　15500000

　贷：投资性房地产——厂房（在建）　　15500000

## 二、采用公允价值模式计量的投资性房地产

投资性房地产采用公允价值模式计量的，不计提折旧或摊销，也不计提减值准备，应当以资产负债表日的公允价值计量。资产负债表日，投资性房地产的公允价值高于其账面余额的差额，借记“投资性房地产——公允价值变动”科目，贷记“公允价值变动损益”科目。公允价值低于其账面余额的差额做相反的分录。

取得的租金收入，借记“银行存款”等科目，贷记“其他业务收入”等科目。

与投资性房地产有关的后续支出如下：

### （一）资本化的后续支出

与投资性房地产有关的后续支出，满足投资性房地产确认条件的应当计入投资性房地产成本。企业对某项投资性房地产进行改扩建等再开发且将来仍作为投资性房地产的，再开发期间应继续将其作为投资性房地产，将投资性房地产的账面余额转入“投资性房地产——在建”科目，再开发期间不计提折旧或摊销。

### （二）费用化的后续支出

与投资性房地产有关的后续支出，不满足投资性房地产确认条件的应当在发生时计入当期损益（其他业务成本）。

**【例7-7】**甲公司为从事房地产经营开发的企业。20×4年8月，甲公司与乙公司签订租赁协议，约定将甲公司开发的一栋精装修的写字楼于开发完成的同时开始租赁给乙公司使用，租赁期为10年。当年10月1日，该写字楼开发完成并开始起租，写字楼的造价为9000万元。20×4年12月31日，该写字楼的公允价值为9200万元。假设甲公司对投资性房地产采用公允价值模式计量。甲企业的账务处理如下：

（1）20×4年10月1日，甲公司开发完成写字楼并出租：

借：投资性房地产——成本　　90000000

　贷：开发成本　　90000000

（2）20×4年12月31日，按照公允价值为基础调整其账面价值，公允价值与原账面价值之间的差额计入当期损益：

借：投资性房地产——公允价值变动　　2000000

　贷：公允价值变动损益　　2000000

【例 7-8】20×5 年 3 月，甲企业与乙企业的一项厂房经营租赁合同即将到期。为了提高厂房的租金收入，甲企业决定在租赁期满后对厂房进行改扩建，并与丙企业签订了经营租赁合同，约定自改扩建完工时将厂房出租给丙企业。3 月 15 日，与乙企业的租赁合同到期，厂房即进入改扩建工程。11 月 10 日，厂房改扩建工程完工，共发生支出 150 万元，即日按照租赁合同出租给丙企业。3 月 15 日，厂房账面余额为 1200 万元，其中成本 1000 万元，累计公允价值变动 200 万元。假设甲企业采用公允价值计量模式。

甲企业的账务处理如下：

（1）20×5 年 3 月 15 日，投资性房地产转入改扩建工程：

借：投资性房地产——厂房（在建）　　12000000

　贷：投资性房地产——成本　　10000000

　　　　　　　　　——公允价值变动　　2000000

（2）20×5 年 3 月 15 日—11 月 10 日：

借：投资性房地产——厂房（在建）　　1500000

　贷：银行存款等　　1500000

（3）20×5 年 11 月 10 日，改扩建工程完工：

借：投资性房地产——成本　　13500000

　贷：投资性房地产——厂房（在建）　　13500000

## 三、投资性房地产后续计量模式的变更

为保证会计信息的可比性，企业对投资性房地产的计量模式一经确定，不得随意变更。只有在房地产市场比较成熟、能够满足采用公允价值模式条件的情况下，才允许企业对投资性房地产从成本模式计量变更为公允价值模式计量。成本模式转为公允价值模式的，应当作为会计政策变更处理，并按计量模式变更时公允价值与账面价值的差额调整期初留存收益。

借：投资性房地产——成本（变更日公允价值）

　　投资性房地产累计折旧（摊销）

　　投资性房地产减值准备

　贷：投资性房地产

　　　利润分配——未分配利润（或借记）

　　　盈余公积（或借记）

已采用公允价值模式计量的投资性房地产，不得从公允价值模式转为成本模式（图 7-1）。

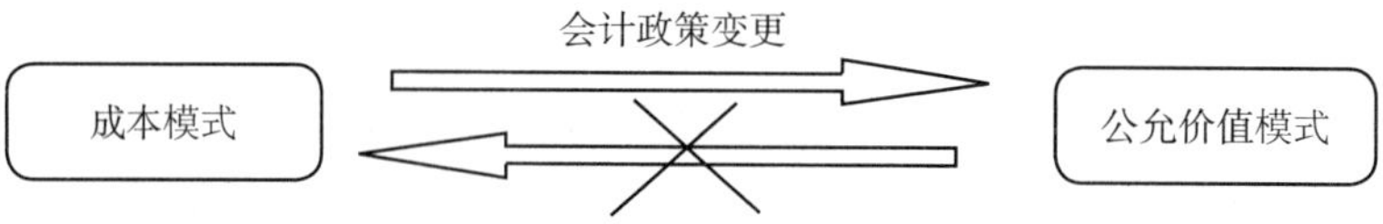


图 7-1　投资性房地产后续计量模式的变更

【例 7-9】20×3 年，甲企业将一栋写字楼对外出租，采用成本模式进行后续计量。20×5 年 2 月 1 日，假设甲企业持有的投资性房地产满足采用公允价值模式的条件，甲企业决定采用公允价值模式对该写字楼进行后续计量。20×5 年 2 月 1 日，该写字楼的原价为 9000 万元，已计提折旧 270 万元，账面价值为 8730 万元，公允价值为 9500 万元。甲企业按净利润的 10% 计提盈余公积。假定除上述对外出租的写字楼外，甲企业无其他的投资性房地产。

甲企业的账务处理如下：

| | | |
|---|---|---|
| 借：投资性房地产——成本 | 90000000 | |
| 　　　　　　　——公允价值变动 | 5000000 | |
| 　投资性房地产累计折旧 | 2700000 | |
| 　贷：投资性房地产 | | 90000000 |
| 　　利润分配——未分配利润 | | 6930000 |
| 　　盈余公积 | | 770000 |

# 第四节　投资性房地产的转换

房地产的转换，是因房地产用途发生改变而对房地产进行的重新分类。这里所说的房地产转换是针对房地产用途发生改变而言，是“自用房地产或存货”与“投资性房地产”之间的转换，而不是后续计量模式的转变。

企业必须有确凿证据表明房地产用途发生改变，才能将投资性房地产转换为非投资性房地产或者将非投资性房地产转换为投资性房地产。这里的确凿证据包括两个方面：一是企业董事会或类似机构应当就改变房地产用途形成正式的书面决议，二是房地产因用途改变而发生实际状态上的改变。

## 一、投资性房地产转换日的确定

转换日是指房地产的用途发生改变、状态相应发生变化的日期。转换日的确定标准主要包括：

（1）投资性房地产开始自用，转换日是指房地产达到自用状态，企业开始将房地产用于生产商品、提供劳务或者经营管理的日期。

（2）投资性房地产转换为存货，转换日是租赁期届满、企业董事会或类似机构做出书面决议明确表明将其重新开发用于对外销售的日期。

（3）作为存货的房地产改为出租，自用建筑物停止自用改为出租，自用土地使用权改为出租或用于资本增值，转换日通常为租赁期开始日或用于资本增值的日期。租赁期开始日是指承租人有权行使其使用租赁资产权利的日期。

"空置建筑物或在建建筑物"用于出租的，租赁期开始日是董事会或类似机构做出书面决议的日期。

**【例 7-10】**关于投资性房地产转换日的确定，下列说法中正确的有：（　）。

A. 作为存货的房地产改为出租，或者自用建筑物或土地使用权停止自用改为出租，其转换日为租赁期开始日

B. 投资性房地产转为自用房地产，其转换日为房地产达到自用状态，企业开始将房地产用于生产商品、提供劳务或者经营管理的日期

C. 自用土地使用权停止自用，改用于资本增值，其转换日为自用土地使用权停止自用后确定用于资本增值的日期

D. 作为存货的房地产改为出租，或者自用建筑物或土地使用权停止自用改为出租，其转换日为承租人支付的第一笔租金的日期

E. 作为存货的房地产改为出租，或者自用建筑物或土地使用权停止自用改为出租，其转换日为租赁合同签订日

**【答案】**ABC，作为存货的房地产改为出租，或者自用建筑物或土地使用权停止自用改为出租，其转换日为租赁期开始日，而不是承租人支付的第一笔租金的日期或租赁合同签订日。

## 二、成本模式下投资性房地产的转换

成本模式下投资性房地产的转换如图 7-2 所示。

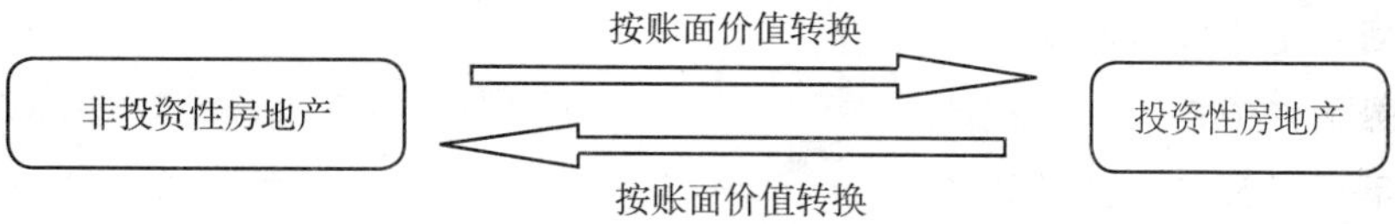


图 7-2　成本模式下投资性房地产的转换

## （一）非投资性房地产转换为投资性房地产

### 1. 作为存货的房地产转换为投资性房地产

作为存货的房地产转换为投资性房地产，通常指房地产开发企业将其持有的开发产品以经营租赁的方式出租，存货相应地转换为投资性房地产。

企业将作为存货的房地产转换为采用成本模式计量的投资性房地产，应当按该项存货在转换日的账面价值，借记“投资性房地产”科目，原已计提跌价准备的，借记“存货跌价准备”科目。按其账面余额，贷记“开发产品”等科目。

【例 7-11】甲企业是从事房地产开发业务的企业，20×5 年 3 月 10 日，甲企业与乙企业签订了租赁协议，将其开发的一栋写字楼出租给乙企业使用，租赁期开始日为 20×5 年 4 月 15 日。20×5 年 4 月 15 日该写字楼的账面余额 55000 万元，计提存货跌价准备 5000 万元。甲企业的账务处理如下：

借：投资性房地产——写字楼　　500000000
　　存货跌价准备　　50000000
　贷：开发产品　　550000000

### 2. 自用房地产转换为投资性房地产

企业将原本用于生产商品、提供劳务或者经营管理的房地产改用于出租，将相应的固定资产或无形资产转换为投资性房地产。

企业将自用土地使用权或建筑物转换为以成本模式计量的投资性房地产时，应当按该项建筑物或土地使用权在转换日的原价、累计折旧、减值准备等，分别转入“投资性房地产”“投资性房地产累计折旧（摊销）”“投资性房地产减值准备”科目，按其账面余额，借记“投资性房地产”科目，贷记“固定资产”或“无形资产”科目，按已计提的折旧或摊销，借记“累计折旧”或“累计摊销”科目，贷记“投资性房地产累计折旧（摊销）”科目，原已计提减值准备的，借记“固定资产减值准备”或“无形资产减值准备”科目，贷记“投资性房地产减值准备”科目。

【例 7-12】甲企业拥有一栋办公楼，用于本企业总部办公。20×5 年 3 月 10 日，甲企业与乙企业签订了经营租赁协议，将这栋办公楼整体出租给乙企业使用，租赁期开始日为 20×5 年 4 月 15 日，为期 5 年。20×5 年 4 月 15 日，这栋办公楼的账面余额 55000 万元，已计提折旧 300 万元，已计提减值准备 200 万元。甲企业的账务处理如下：

借：投资性房地产——写字楼　　550000000
　　累计折旧　　3000000
　　固定资产减值准备　　2000000
　贷：固定资产　　550000000
　　　投资性房地产累计折旧　　3000000
　　　投资性房地产减值准备　　2000000

### （二）投资性房地产转换为非投资性房地产

#### 1. 投资性房地产转换为自用房地产

企业将原本用于赚取租金或资本增值的房地产改用于生产商品、提供劳务或者经营管理，投资性房地产相应地转换为固定资产或无形资产。

企业将成本模式下的投资性房地产转换为自用房地产时，应当按该项投资性房地产在转换日的账面余额、累计折旧（摊销）、减值准备等，分别转入“固定资产”“累计折旧”“固定资产减值准备”等科目；按投资性房地产的账面余额，借记“固定资产”或“无形资产”科目，贷记“投资性房地产”科目；按已计提的折旧或摊销，借记“投资性房地产累计折旧（摊销）”科目，贷记“累计折旧”或“累计摊销”科目，原已计提减值准备的，借记“投资性房地产减值准备”科目，贷记“固定资产减值准备”或“无形资产减值准备”科目。

【例 7-13】20×5 年 8 月 1 日，甲企业将出租在外的厂房收回，开始用于本企业生产商品。该项房地产在转换前采用成本模式计量，其账面价值为 2800 万元，其中原价 5000 万元，累计已提折旧 2200 万元。甲企业的账务处理如下：

| | | |
|---|---|---|
| 借：固定资产 | 50000000 | |
| 　　投资性房地产累计折旧（摊销） | 22000000 | |
| 　贷：投资性房地产——厂房 | | 50000000 |
| 　　　累计折旧 | | 22000000 |

#### 2. 投资性房地产转换为存货

房地产开发企业将用于经营租出的房地产重新开发用于对外销售的，从投资性房地产转换为存货。

企业将成本模式下的投资性房地产转换为存货时，应当按照该项投资性房地产在转换日的账面价值，借记“开发产品”科目，按照已计提的折旧或摊销，借记“投资性房地产累计折旧（摊销）”科目，原已计提减值准备的，借记“投资性房地产减值准备”科目，按其账面余额，贷记“投资性房地产”科目。

## 三、公允价值模式下投资性房地产的转换

公允价值模式下投资性房地产的转换如图 7–3 所示。

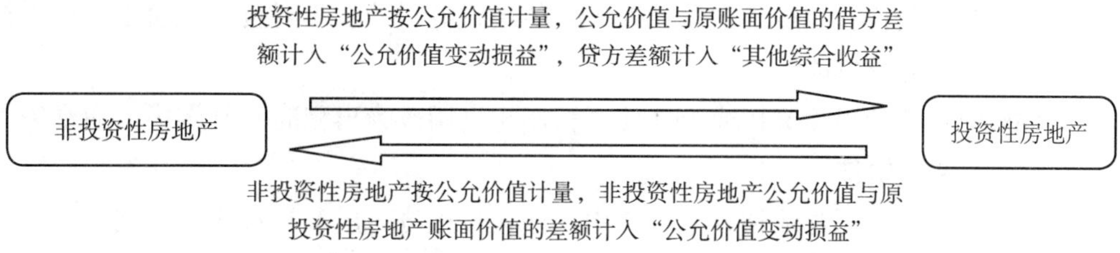


图 7–3　公允价值模式下投资性房地产的转换

## （一）非投资性房地产转换为投资性房地产

### 1. 作为存货的房地产转换为投资性房地产

企业将作为存货的房地产转换为采用公允价值模式计量的投资性房地产时，应当按该项房地产在转换日的公允价值，借记“投资性房地产——成本”科目；原已计提跌价准备的，借记“存货跌价准备”科目；按其账面余额，贷记“开发产品”等科目。同时，转换日的公允价值小于账面价值的，按其差额，借记“公允价值变动损益”科目；转换日的公允价值大于账面价值的，按其差额，贷记“其他综合收益”科目。待该项投资性房地产处理时，因转换计入其他综合收益的部分应转入当期损益。

**【例 7-14】**20×4 年 3 月 10 日，甲房地产开发企业与乙企业签订了租赁协议，将其开发的一栋写字楼出租给乙企业。租赁期开始日为 20×4 年 4 月 15 日。20×4 年 4 月 15 日，该写字楼的账面余额为 45000 万元，公允价值为 47000 万元。20×4 年 12 月 31 日，该项投资性房地产的公允价值为 48000 万元。

甲企业的账务处理如下：

20×4 年 4 月 15 日：

| | | |
|---|---|---|
| 借：投资性房地产——成本 | 470000000 | |
| 贷：开发产品 | | 450000000 |
| 其他综合收益 | | 20000000 |

20×4 年 12 月 31 日：

| | | |
|---|---|---|
| 借：投资性房地产——公允价值变动 | 10000000 | |
| 贷：公允价值变动损益 | | 10000000 |

### 2. 自用房地产转换为投资性房地产

企业将自用房地产转换为采用公允价值模式计量的投资性房地产时，应当按该项土地使用权或建筑物在转换日的公允价值，借记“投资性房地产——成本”科目；按已计提的累计摊销或累计折旧，借记“累计摊销”或“累计折旧”科目；原已计提减值准备的，借记“无形资产减值准备”“固定资产减值准备”科目；按其账面余额，贷记“固定资产”或“无形资产”科目。同时，转换日的公允价值小于账面价值的，按其差额，借记“公允价值变动损益”科目；转换日的公允价值大于账面价值的，按其差额，贷记“其他综合收益”科目。待该项投资性房地产处置时，因转换计入其他综合收益的部分应转入当期损益。

**【例 7-15】**下列有关投资性房地产的说法中，正确的有（　）。

A. 企业对投资性房地产采用公允价值模式计量的，不对投资性房地产计提折旧或进行摊销

B. 企业将自用建筑物或土地使用权停止自用改为出租时，其转换日通常为租赁期开始日

C. 企业将自用建筑物或土地使用权停止自用改为出租，在成本模式下，应当将房地产转换前的账面价值作为转换后的入账价值

D. 企业将自用房地产转换为采用公允价值模式计量的投资性房地产，转换当日的公允价值小于原账面价值的，其差额计入所有者权益

E. 企业将自用房地产转换为采用公允价值模式计量的投资性房地产，转换当日的公允价值大于原账面价值的，其差额计入所有者权益

【答案】ABCE

【解析】选项 D 应计入公允价值变动损益。

【例 7-16】某企业的投资性房地产采用公允价值计量模式。20×5 年 1 月 1 日，该企业将一项固定资产转换为投资性房地产。该固定资产的账面余额为 100 万元，已提折旧 20 万元，已经计提的减值准备为 10 万元。当日该投资性房地产的公允价值为 75 万元。转换日投资性房地产的入账价值为（　）万元。

A. 100　　B. 80　　C. 70　　D. 75

【答案】D

【例 7-17】20×4 年 6 月，甲企业打算搬迁至新建办公楼，由于原办公楼处于商业繁华地段，甲企业准备将其出租，以赚取租金收入。20×4 年 10 月 30 日，甲企业完成了搬迁工作，原办公楼停止自用。20×4 年 12 月，甲企业与乙企业签订了租赁协议，将其原办公楼租赁给乙企业使用，租赁期开始日为 20×5 年 1 月 1 日，租赁期限为 3 年。20×5 年 1 月 1 日，该办公楼的公允价值为 35000 万元，其原价为 50000 万元，已提折旧 14250 万元；假设甲企业对投资性房地产采用公允价值模式计量。甲企业的账务处理如下：

甲企业应当于租赁期开始日（20×5 年 1 月 1 日）将自用房地产转换为投资性房地产。

| | | |
|---|---|---|
| 借：投资性房地产——成本 | 350000000 | |
| 　　公允价值变动损益 | 7500000 | |
| 　　累计折旧 | 142500000 | |
| 　贷：固定资产 | | 500000000 |

### （二）投资性房地产转换为非投资性房地产

#### 1. 投资性房地产转换为自用房地产

企业将采用公允价值模式计量的投资性房地产转换为自用房地产时，应当以其转换当日的公允价值作为自用房地产的账面价值，公允价值与原账面价值的差额计入当期损益。转换日，按该项投资性房地产的公允价值，借记“固定资产”或“无形资产”科目，按该项投资性房地产的成本，贷记“投资性房地产——成本”科目；按该项投资性房地产的累计公允价值变动，贷记或借记“投资性房地产——公允价值变动”科目；按其差额，贷记或借记“公允价值变动损益”科目。

【例 7-18】企业将采用公允价值模式计量的投资性房地产转换为自用房地产时，公允价值与原账面价值的差额应记入的会计科目是（　）。

A. 投资收益　　B. 公允价值变动损益

C. 其他综合收益　　　　　　　　　　D. 其他业务收入

【答案】B

【例 7-19】20×5 年 10 月 15 日，甲企业因租赁期满，将出租的写字楼收回，准备作为办公楼用于本企业的行政管理。20×5 年 12 月 1 日，该写字楼正式开始自用，相应由投资性房地产转换为自用房地产，当日的公允价值为 4800 万元。该项房地产在转换前采用公允价值模式计量，原账面价值为 4750 万元，其中，成本为 4500 万元，公允价值变动为增值 250 万元。

甲企业的账务处理如下：

| | | |
|---|---|---|
| 借：固定资产 | 48000000 | |
| 　贷：投资性房地产——成本 | | 45000000 |
| 　　　　　　　　——公允价值变动 | | 2500000 |
| 　　公允价值变动损益 | | 500000 |

2. 投资性房地产转换为存货

企业将采用公允价值模式计量的投资性房地产转换为存货时，应当以其转换当日的公允价值作为自用房地产的账面价值，公允价值与原账面价值的差额计入当期损益。转换日，按该项投资性房地产的公允价值，借记“开发产品”科目，按该项投资性房地产的成本，贷记“投资性房地产——成本”科目；按该项投资性房地产的累计公允价值变动，贷记或借记“投资性房地产——公允价值变动”科目；按其差额，贷记或借记“公允价值变动损益”科目。

【例 7-20】甲地产经营开发企业将其开发的部分写字楼用于对外经营租赁。20×5 年 10 月 15 日，因租赁期满，甲企业将出租的写字楼收回，并做出书面决议，将该写字楼重新开发用于对外销售，即由投资性房地产转换为存货，当日的公允价值为 5800 万元。该项房地产在转换前采用公允价值模式计量，原账面价值为 5600 万元，其中成本为 5000 万元，公允价值变动为增值 600 万元。

甲企业的账务处理如下：

| | | |
|---|---|---|
| 借：开发产品 | 58000000 | |
| 　贷：投资性房地产——成本 | | 50000000 |
| 　　　　　　　　——公允价值变动 | | 6000000 |
| 　　公允价值变动损益 | | 2000000 |

# 第五节　投资性房地产的处置

当投资性房地产被处置，或者永久退出使用却不能从其处置中取得经济利益时，应当终止确认该投资性房地产。

企业可以通过对外出售或转让的方式处置投资性房地产取得投资收益。对于那些由于使用而不断磨损直到最终报废，或者由于遭受自然灾害等非正常损失发生毁损的投资性房地产应当及时通过“待处理财产损溢”科目进行清理。此外，企业因其他原因，如非货币性交易等而减少投资性房地产也属于投资性房地产的处置。企业出售、转让、报废投资性房地产或者发生投资性房地产毁损，应当将处置收入扣除其账面价值和相关税费后的金额计入当期损益。

处置采用成本模式计量的投资性房地产时，应当按实际收到的金额，借记“银行存款”等科目，贷记“其他业务收入”等科目；按该项投资性房地产的账面价值，借记“其他业务成本”科目；按其账面余额，贷记“投资性房地产”科目；按照已计提的折旧或摊销，借记“投资性房地产累计折旧（摊销）”科目；原已计提减值准备的，借记“投资性房地产减值准备”科目。

【例 7-21】甲公司将其出租的一栋写字楼确认为投资性房地产，采用成本模式计量。租赁期届满后，甲公司将该栋写字楼出售给乙公司，合同价款为 3 亿元，乙公司已用银行存款付清。出售时，该栋写字楼的成本为 28000 万元，已计提折旧 3000 万元。甲公司的账务处理如下：

借：银行存款　　300000000

　贷：其他业务收入　　300000000

借：其他业务成本　　250000000

　　投资性房地产累计折旧　　30000000

　贷：投资性房地产——写字楼　　280000000

处置采用公允价值模式计量的投资性房地产时，应当按实际收到的金额，借记“银行存款”等科目，贷记“其他业务收入”科目；按该项投资性房地产的账面余额，借记“其他业务成本”科目；按其成本，贷记“投资性房地产——成本”科目；按其累计公允价值变动，贷记或借记“投资性房地产——公允价值变动”科目。同时结转投资性房地产累计公允价值变动以及原转换日计入其他综合收益的金额。

【例 7-22】甲企业与乙企业签订了租赁协议，将其原先自用的一栋写字楼出租给乙企业使用，租赁期开始日为20×4年4月15日。20×4年4月15日，该写字楼的账面余额50000万元，已累计折旧5000万元，公允价值为47000万元。20×4年12月31日，该项投资性房地产的公允价值为48000万元。20×5年6月租赁期届满，企业收回该项投资性房地产，并以55000万元出售，出售款项已收讫。假设甲企业采用公允价值模式计量，不考虑相关税费。

甲企业的账务处理如下：

（1）20×4年4月15日，存货转换为投资性房地产：

借：投资性房地产——成本　　470000000
　　累计折旧　　50000000
　贷：固定资产　　500000000
　　　其他综合收益　　20000000

（2）20×4年12月31日，公允价值变动：

借：投资性房地产——公允价值变动　　10000000
　贷：公允价值变动损益　　10000000

（3）20×5年6月，收回并出售投资性房地产：

借：银行存款　　550000000
　　公允价值变动损益　　10000000
　　其他综合收益　　20000000
　　其他业务成本　　450000000
　贷：投资性房地产——成本　　470000000
　　　　　　　　　——公允价值变动　　10000000
　　　其他业务收入　　550000000

**【例7-23】**20×4年6月30日，甲公司与乙公司签订租赁合同，合同规定甲公司将一栋自用办公楼出租给乙公司，租赁期为1年，年租金为200万元。当日，出租办公楼的公允价值为8000万元，大于其账面价值5500万元。20×4年12月31日，该办公楼的公允价值为9000万元。20×5年6月30日，甲公司收回租赁期届满的办公楼并对外出售，取得价款9500万元。甲公司采用公允价值模式对投资性房地产进行后续计量，不考虑其他因素。上述交易或事项对甲公司20×5年度损益的影响金额是（　）。

A. 500万元　　B. 6000万元　　C. 6100万元　　D. 7000万元

**【答案】**C

**【解析】**上述交易或事项对甲公司20×5年度损益的影响金额＝出售损益＋其他综合收益转入损益的金额＋半年的租金收入＝9500−9000+5500+200/2=6100（万元）

**【例7-24】**20×3年2月5日，甲公司资产管理部门建议管理层将一闲置办公楼用于出租。20×3年2月10日，董事会批准关于出租办公楼的方案并明确出租办公楼和意图在短期内不会发生变化。当日办公楼的成本为3200万元，已计提折旧为2100万元，未计提减值准备，公允价值为2400万元，甲公司采用公允价值模式对投资性房地产进行后续计量。

20×3 年 2 月 20 日，甲公司与承租方签订办公楼租赁合同，租赁期为自 20×3 年 3 月 1 日起 2 年，年租金为 360 万元。

办公楼 20×3 年 12 月 31 日的公允价值为 2600 万元，20×4 年 12 月 31 日的公允价值为 2640 万元。

20×5 年 3 月 1 日，甲公司收回租赁期届满的办公楼并对外出售，取得价款 2800 万元。

要求：根据上述资料，不考虑其他因素，回答下列问题。

（1）甲公司将自用房地产转换为投资性房地产的时点是（　）。

A. 20×3 年 2 月 5 日　　B. 20×3 年 2 月 10 日

B. 20×3 年 2 月 20 日　　D. 20×3 年 3 月 1 日

**【答案】**B

**【解析】**本题属于空置建筑物，所以自用房地产转为投资性房地产的时点应该是董事会批准相关的议案时。

（2）甲公司 20×5 年度因出售办公楼而应确认的损益金额是（　）。

A. 160 万元　　B. 400 万元　　C. 1460 万元　　D. 1700 万元

**【答案】**C

**【解析】**因出售办公楼而应确认损益的金额 =2800−2640+［2400−（3200−2100）］= 1460（万元），参考分录：

（1）自用转为投资性房地产时：

借：投资性房地产——成本　　24000000

　　累计折旧　　21000000

　贷：固定资产　　32000000

　　　其他综合收益　　13000000

（2）资产负债表日公允价值变动的处理：

20×3 年 12 月 31 日：

借：投资性房地产——公允价值变动　　2000000

　贷：公允价值变动损益　　2000000

20×4 年 12 月 31 日：

借：投资性房地产——公允价值变动　　400000

　贷：公允价值变动损益　　400000

（3）对外出售时：

借：银行存款　　28000000

　贷：其他业务收入　　28000000

借：其他业务成本　　26400000

　贷：投资性房地产——成本　　24000000

——公允价值变动　　　　　　　　　　2400000

借：其他综合收益　　　　　　　　　13000000

　贷：其他业务成本　　　　　　　　　13000000

借：公允价值变动损益　　　　　　　2400000

　贷：其他业务成本　　　　　　　　　2400000

## 本章小结

掌握投资性房地产的范围，掌握投资性房地产改扩建的后续支出，掌握投资性房地产的后续计量，掌握投资性房地产计量模式间的转换，掌握投资性房地产的转换。

# 第八章

# 非货币性资产交换

**【本章学习目标】**

了解非货币性资产交换的相关概念，了解非货币性资产交换换入资产的计价基础，掌握换入资产成本以公允价值为基础入账的非货币性资产交换会计处理，掌握换入资产成本以账面价值为基础入账的非货币性资产交换会计处理，了解涉及多项资产交换的会计处理。

｜引导案例｜

新修订的非货币性资产交换准则的实施情况：

非货币性资产交换准则是一项新修订的准则，是一种非常特殊的交易，交易双方主要以存货、固定资产、无形资产和长期股权投资等非货币性资产进行交换。2010年披露年报的2129家上市公司中，发生非货币性资产交换的有11家上市公司。年报显示，这11家上市公司发生的非货币性资产交换均具有商业实质且换出和换入资产的公允价值均能够可靠计量，因此，按照非货币性资产交换准则的规定采用公允价值进行计量。长期股权投资、固定资产和无形资产是上市公司非货币性资产交换的主要资产形式，有2家上市公司在非货币性资产交换中还支付了补价，按照企业会计准则规定，应以换出资产的公允价值加上支付的补价作为换入资产的成本，进而确认相关损益。

# 第一节　非货币性资产交换的认定

## 一、货币性资产与非货币性资产的划分

货币性资产，是指企业持有的货币资金和收取固定或可确定金额的货币资金的权利。主要包括货币资金（现金、银行存款、其他货币资金）、应收账款、应收票据、应收股利、应收利息、其他应收款及准备持有至到期的债券投资。

非货币性资产，是指货币性资产以外的资产。主要包括固定资产、在建工程、工程物资、投资性房地产、无形资产、长期股权投资及不准备持有至到期的债券投资。

划分货币性资产和非货币性资产的主要依据在于将来资产为企业带来的经济利益流入（表现形式是货币资金）是否固定或者可以确定。如果资产在将来为企业带来的经济利益是固定的或金额是确定的，则该资产就是货币性资产；反之，如果资产在将来为企业带来的经济利益是不固定的或者是不可确定的，则该资产就属于非货币性资产。例如，企业持有固定资产的主要目的是用于生产经营，通过折旧方式将其磨损价值转移到产品成本中，然后通过产品销售获利，固定资产在将来为企业带来的经济利益，即货币金额是不固定的或不可确定的。因此，固定资产属于非货币性资产。

## 二、非货币性资产交换的认定

### （一）非货币性资产交换的定义

根据《企业会计准则第 7 号——非货币性资产交换》的规定，非货币性资产交换，是指企业主要以固定资产、无形资产、投资性房地产和长期股权投资等非货币性资产进行的交换。该交换不涉及或只涉及少量的货币性资产（即补价）。

### （二）非货币性资产交换的认定标准

非货币性资产交换一般不涉及货币性资产，或只涉及少量货币性资产（即补价）。根据《企业会计准则第 7 号——非货币性资产交换》的规定，认定涉及少量货币性资产的交换为非货币性资产交换，通常以补价占整个资产交换金额的比例是否低于 25% 作为参考标准。如果涉及的货币性资产占整个资产交换金额的比例低于 25%，即视为非货币性资产交换；高于 25%（含 25%）的，则视为货币性资产交换，适用《企业会计准则第 14 号——收入》等相关准则的规定。

在具体运用上述判断标准时，货币性资产的收付双方可以根据公式计算补价占整个资产交换金额的比例：

收到补价的企业：收到的补价 ÷ 换出资产的公允价值 <25%

或：收到的补价 ÷（换入资产的公允价值 + 收到的补价）<25%

支付补价的企业：支付的补价 ÷（换出资产的公允价值 + 支付的补价）<25%

或：支付的补价 ÷ 换入资产的公允价值 <25%

**【例 8-1】**长江企业以一台固定设备与大元公司的长期股权投资交换，固定设备的公允价值为 180 万元，长期股权投资的公允价值为 200 万元，因为固定设备的公允价值低于长期股权投资的公允价值，所以长江企业支付大元公司补价 20 万元。判断该项交易是否属于非货币性资产交换？

对于支付补价的长江企业来说，涉及的货币性资产在整个交易中所占的比例 =20 ÷（180+20）× 100%=10%<25%。对于收到补价的大元公司来说，货币性资产在整个交易中所占的比例 =20 ÷ 200 × 100%=10%<25%。所以双方均应将此项交易认定为非货币性资产交换。

## 三、非货币性资产交换不涉及的交易或事项

### （一）与所有者或所有者以外方面的非货币性资产非互惠转让

非互惠转让是指企业将其拥有的非货币性资产无代价地转让给其所有者或其他企业，或由其所有者或其他企业将非货币性资产无代价地转让给企业。本章所述的非货币性资产交换是企业之间主要以非货币性资产形式的互惠转让，即企业取得一项非货币性资产，必须以付出自己拥有的非货币性资产作为代价，而不是单方面的互惠转让。

实务中，与所有者的非互惠转让如以非货币性资产作为股利发放给股东等，属于资本性交易，适用《企业会计准则第 37 号——金融工具列报》。

企业与所有者以外方面发生的非互惠转让，如政府无偿提供非货币性资产给企业建造固定资产，属于政府以非互惠方式提供非货币性资产，适用《企业会计准则第 16 号——政府补助》。

### （二）在企业合并、债务重组中和发行股票中取得的非货币性资产

在企业合并、债务重组中取得的非货币性资产，其成本确定分别适用《企业会计准则第 20 号——企业合并》和《企业会计准则第 12 号——债务重组》；企业以发行股票形式取得的非货币性资产，相当于以权益工具换入非货币性资产，其成本确定适用《企业会计准则第 37 号——金融工具列报》。

# 第二节　非货币性资产交换的确认和计量

无论是一项资产换入一项资产、一项资产换入多项资产、多项资产换入一项资产，还是多项资产换入多项资产，非货币性资产交换的确认和计量都需要解决两方面的问题，一是换入资产的成本如何计量，二是是否确认非货币性资产交换损益以及如何计量交换损益。据此，非货币性资产交换准则规范了两种计量基础。

## 一、公允价值

### （一）换入资产成本以公允价值为基础的计量方法

非货币性资产交换的换入资产成本以公允价值为基础计量并确认交换损益。

（1）以换出资产公允价值和应支付的税费作为换入资产的成本。

（2）公允价值与换出资产的账面价值的差额计入当期损益。

### （二）换入资产成本以公允价值为基础的计量条件

非货币性资产交换同时满足下列两个条件的，应当以公允价值和应支付的相关税费作为换入资产的成本，公允价值与换入资产账面价值的差额计入当期损益：

（1）该项交换具有商业实质。

（2）换入资产或换出资产的公允价值能够可靠地计量。

### （三）商业实质的判断

非货币性资产交换具有商业实质是换入资产能够采用公允价值计量的重要条件之

一。在确定资产交换是否具有商业实质时，企业应当重点考虑由于发生了该项资产交换预期使企业未来现金流量发生变动的程度，通过比较换出资产和换入资产预计产生的未来现金流量或其现值，确定非货币性资产交换是否具有商业实质。只有当换出资产和换入资产预计未来现金流量或其现值两者之间的差额较大时，才能表明交易的发生使企业经济状况发生了明显改变时，非货币性资产交换因而具有商业实质。具体来说，企业发生的非货币性资产交换符合下列条件两个之一的，视为具有商业实质：

（1）换入资产的未来现金流量在风险、时间和金额方面与换出资产显著不同。通常包括但不仅限于以下几种情况：

①未来现金流量的风险、金额相同，时间不同。比如，某企业以不准备持有至到期的债券投资换入一项设备，因为债券投资流动性强，能够在较短的时间内产生现金流量，设备作为固定资产要在较长时间内给企业带来现金流量，两者产生的现金流量的时间相差较大，则可以判断上述债券投资与固定资产的未来现金流量显著不同，因而该两项资产的交换具有商业实质。

②未来现金流量的时间、金额相同，风险不同。比如，甲企业以其用于经营出租的一幢公寓楼，与乙企业同样用于经营出租的一幢公寓楼进行交换，两幢公寓楼的租期、每期租金总额均相同，但是甲企业是租给一家财务及信用状况良好的企业（该企业租用该公寓是给其单身职工居住），乙企业的客户都是单个租户，相比较而言，甲企业取得租金的风险较小。因此两者现金流量流入的风险或不确定性程度存在明显差异，两幢公寓楼的未来现金流量显著不同，进而可判断该两项资产的交换具有商业实质。

③未来现金流量的风险、时间相同，金额不同。比如，某企业以一项商标权换入另一企业的一项专利权，预计两项无形资产的使用寿命期相同，在使用寿命期内预计为企业带来的现金流量总额相等，但是换入的专利权属于新开发的，预计开始阶段产生的未来现金流量明显少于后期，而该企业拥有的商标权每年产生的现金流量比较均衡，两者产生的现金流量额差异明显，则上述商标权和专利权的未来现金流量显著不同，因而该两项资产的交换具有商业实质。

（2）换入资产和换出资产的预计未来现金流量现值不同，且其差额与换入资产和换出资产的公允价值相比是重大的。企业如按照上述第一个条件难以判断某项非货币性资产交换是否具有商业实质，即可根据第二个条件，通过计算换入资产和换出资产的预计未来现金流量现值进行比较后判断。资产预计未来现金流量现值，应当按照资产在持续使用过程和最终处置时预计产生的税后未来现金流量，根据企业自身而不是市场参与者对资产特定风险的评价，选择恰当的折现率对预计未来现金流量折现后的金额加以确定，即国际财务报告准则所称的“主体特定价值”。

在判断非货币性资产交换是否具有商业实质时，除了运用以上两个条件外，还需注意以下几点：

①不能简单从市场参与者的角度判断商业实质。从市场参与者的角度分析，换入资产和换出资产预计未来现金流量在风险、时间和金额方面可能相同或类似，但是鉴

于换入资产的性质和换入企业经营活动的特征等因素，换入资产和换入企业其他现有资产相结合，能够比换出资产产生更大的作用，使换入企业受该项换入资产影响的经营活动部分产生的现金流量与换出资产明显不同，即换入资产对换入企业的使用价值与换出资产对该企业的使用价值明显不同，使换入资产预计未来现金流量现值与换出资产发生明显差异，因而表明该两项资产的交换具有商业实质。

②非同类资产之间的交换通常具有商业实质。企业在判断非货币性资产交换是否具有商业实质时，还可以从资产是否属于同一类别进行分析。这里的“同一类别”是指用于交换的资产列示在资产负债表同一资产项目下。如固定资产之间的交换、无形资产之间的交换、长期股权投资之间的交换等属于同类资产的交换，而长期股权投资与固定资产的交换、无形资产与长期股权投资的交换等则属于非同类资产的交换。不同类非货币性资产因其产生经济利益的方式不同，一般来说其产生的未来现金流量风险、时间和金额也不相同，因而不同类非货币性资产之间的交换通常具有商业实质。同类非货币性资产交换是否具有商业实质则通常较难判断。

③关联方关系的存在可能影响商业实质。需要强调的是，在确定非货币性资产交换是否具有商业实质时，企业应当关注交易各方之间是否存在关联方关系。关联方关系的存在可能导致发生的非货币性资产交换不具有商业实质。

**（四）公允价值可靠计量的判断**

属于以下三种情形之一的，公允价值视为能够可靠计量：

（1）换入资产或换出资产存在活跃市场。

（2）换入资产或换出资产不存在活跃市场，但同类或类似资产存在活跃市场。

（3）换入资产或换出资产不存在同类或类似资产可比市场交易，但采用估值技术确定的公允价值满足一定的条件。采用估值技术确定的公允价值必须符合以下条件之一，视为能够可靠计量：

①采用估值技术确定的公允价值估计数的变动区间很小。这种情况是指虽然企业通过估值技术确定的资产的公允价值不是一个单一的数据，但是介于一个变动范围很小的区间内，可以认为资产的公允价值能够可靠计量。

②在公允价值估计数变动区间内，各种用于确定公允价值估计量的概率能够合理确定。这种情况是指采用估值技术确定的资产公允价值在一个变动区间内，区间内出现各种情况的概率或可能能够合理确定，企业可以采用类似《企业会计准则第13号——或有事项》计算最佳估计数的方法，确定资产的公允价值，这种情况视为公允价值能够可靠计量。

换入资产和换出资产公允价值均能够可靠计量的，应当以换出资产公允价值作为确定换入资产成本的基础，一般来说，取得资产的成本应当按照所放弃资产的对价来确定，在非货币性资产交换中，换出资产就是放弃的对价，如果其公允价值能够可靠确定，应当优先考虑按照换出资产的公允价值作为确定换入资产成本的基础；如果有确凿证据表明换入资产的公允价值更加可靠的，应当以换入资产公允价值为基础确定换入资产成本，这种情况多发生在非货币性资产交换存在补价的情况，因为存在补价表明换入资产和换出资产公允价值不相等，一般不能直接以换出资产的公允价值作为换入资产的成本。

## 二、账面价值

不具有商业实质或交换涉及资产的公允价值均不能可靠计量的非货币性质资产交换，应当以账面价值为基础计量。对于换入资产，企业应当以换出资产的账面价值和应支付的相关税费作为换入资产的初始计量金额；对于换出资产，终止确认时不确认损益。收到或支付的补价作为确定换入资产成本的调整因素，其中，支付补价的，以换出资产的账面价值，加上支付补价的账面价值和应支付的相关税费，作为换入资产的初始计量金额，不确认损益；收到补价的，以换出资产的账面价值，减去收到补价的公允价值，加上应支付的相关税费，作为换入资产的初始计量金额，不确认损益。

# 第三节　非货币性资产交换的会计处理与信息披露

## 一、以公允价值计量的会计处理

非货币性资产交换具有商业实质且公允价值能够可靠计量的，应当以换出资产的公允价值和应支付的相关税费作为换入资产的成本，除非有确凿证据表明换入资产的公允价值比换出资产公允价值更加可靠。

在以公允价值计量的情况下，不论是否涉及补价，只要换出资产的公允价值与其账面价值不相同，就一定会涉及损益的确认，因为非货币性资产交换损益通常是换出资产公允价值与换出资产账面价值的差额，通过非货币性资产交换予以实现。

非货币性资产交换的会计处理，视换出资产的类别不同而有所区别：

（1）换出资产为固定资产、无形资产的，换出资产公允价值和换出资产账面价值的差额，计入资产处置损益。

（2）换出资产为长期股权投资的，换出资产公允价值和换出资产账面价值的差额，计入投资收益。

换入资产与换出资产涉及相关税费的，如换出固定资产、无形资产视同转让应交纳的增值税等，按照相关税收规定计算确定。

**（一）不涉及补价的情况**

**【例 8-2】**甲公司和乙公司均为增值税一般纳税人，适用的增值税税率均为 17%。20×4 年 7 月，甲公司以一台不需要使用的机器设备与乙公司交换两辆不需要使用的卡车。换入的卡车作为固定资产管理，投入企业日常运营。甲公司换出的设备购入时间为 20×2 年 6 月，账面原价为 200 万元，增值税 34 万元按照税法规定已经抵扣，累计折旧为 70 万元，在交换日的公允价值为 80 万元。乙公司换出的卡车账面价值为 90 万元，累计折旧为 5 万元，在交换日的公允价值为 80 万元，计税价格等于公允价值。乙公司换入的设备也作为固定资产管理和投入使用。甲、乙两公司均开具了增值税专用发票。

假设甲公司此前没有为该项设备计提减值准备，除支付清理费 2 万元外，没有发生除增值税以外的其他相关税费。假设乙公司也没有发生增值税以外的其他税费。根据税法规定，甲、乙两公司换入固定资产支付的增值税均能抵扣。分别为甲公司和乙公司就该项交易进行会计处理。

针对非货币性资产交换交易，会计处理通常需要遵循一定的顺序就以下方面做出判断：该交易是否属于非货币性资产交换，该交易应以公允价值为基础计量还是以账面价值为基础计量，换入资产成本的确定，非货币性资产交换损益的确认。

（1）整个交易过程不涉及货币性资产，因此属于非货币性资产交换。

（2）对于甲公司而言，是以不需要使用的设备换入卡车，对于乙公司而言，是以固定资产换入其需要的设备，两项资产交换后对换入企业的特定价值显著不同，因而对于两方而言，该非货币性资产交换均具有商业实质。

（3）该项交易中涉及的两项资产公允价值都能可靠计量，符合以公允价值计量的两个条件，因此甲公司和乙公司均应以换出资产公允价值为基础确定换入资产的成本。

（4）两项资产的账面价值和公允价值不同，由此产生的差异确认为非货币性资产交换损益。

甲公司的账务处理如下：

| | | |
|---|---|---|
| 借：固定资产清理 | 1436000 | |
| 　　累计折旧 | 700000 | |
| 　贷：固定资产——设备 | | 2000000 |
| 　　　应交税费——应交增值税（销项税额） | | 136000 |
| 借：固定资产清理 | 20000 | |
| 　贷：银行存款 | | 20000 |
| 借：固定资产——卡车 | 800000 | |
| 　　应交税费——应交增值税（进项税额） | 136000 | |

资产处置损益　　520000

贷：固定资产清理　　1456000

乙公司的账务处理如下：

借：固定资产清理　　994500

累计折旧　　50000

贷：固定资产——卡车　　900000

应交税费——应交增值税（销项税额）　　144500

借：固定资产清理——设备　　800000

应交税费——应交增值税（进项税额）　　136000

银行存款　　58500

贷：固定资产清理　　994500

【例 8-3】20×4 年 9 月，A 空调生产企业为了解决生产中的技术难题，以其持有的对 C 公司的长期股权投资换取 B 空调生产企业拥有的一项空调生产专利技术。在交换日，A 企业持有的长期股权投资账面余额为 900 万元，已计提减值准备 80 万元，在交换日的公允价值为 700 万元；B 企业专利权的账面原价为 900 万元，累计摊销金额 200 万元，已计提减值准备 40 万元，交换日的公允价值为 700 万元。B 企业原已持有对 C 公司的长期股权投资，从 A 企业换入 C 公司的长期股权投资后，使得 B 企业成为 C 公司的联营企业。假设整个交易过程中没有涉及其他相关税费。

（1）整个交易过程不涉及货币性资产，因此属于非货币性资产交换。

（2）该项交易属于以长期股权投资交换无形资产。对 A 企业来讲，换入空调生产专利技术能够解决技术难题，相对于持有 C 公司的长期股权投资而言，预计未来现金流量的时间、金额、风险均不相同；对于 B 企业而言，换入对 C 公司的长期股权投资后，对 C 公司的持股比例上升，成为 C 公司的联营企业，因而可以通过参与 C 公司的财务和经营决策等方式对 C 公司施加重大影响，借此增加了从 C 公司的经营活动中获取经济利益的权利，与专利技术预计产生的未来现金流量在时间、金额、风险上都存在差异。因此，该两项资产交换具有商业实质。

（3）该项交易中涉及的两项资产公允价值都能可靠计量，符合以公允价值计量的两个条件，因此 A 企业和 B 企业均应以换出资产公允价值为基础确定换入资产的成本。

（4）两项资产的账面价值和公允价值不同，由此产生的差异确认为非货币性资产交换损益。

A 企业的账务处理：

借：无形资产——专利权　　7000000

长期股权投资减值准备　　800000

投资收益　　1200000

贷：长期股权投资　　9000000

B 企业的账务处理：

借：长期股权投资——成本　　7000000

　　累计摊销　　2000000

　　无形资产减值准备　　400000

　贷：无形资产——专利权　　9000000

　　　资产处置损益　　400000

### （二）涉及补价的情况

在以公允价值确定换入资产成本的情况下，发生补价的，支付补价方和收到补价方应当分别情况处理：

（1）支付补价方：应当以换出资产的公允价值加上支付的补价（换入资产的公允价值）和应支付的相关税费，作为换入资产的成本；换入资产成本与换出资产账面价值加支付的补价、应支付的相关税费之和的差额，应当计入当期损益。

（2）收到补价方：应当以换入资产的公允价值（或换出资产的公允价值减去补价）和应支付的相关税费，作为换入资产的成本；换入资产成本加收到的补价之和与换出资产账面价值加应支付的相关税费之和的差额，应当计入当期损益。

在涉及补价的情况下，对于支付补价方而言，作为补价的货币性资产构成换入资产所放弃对价的一部分，对于收到补价方而言，作为补价的货币性资产构成换入资产的一部分。

**【例 8-4】**承例 8-2，假定交换日乙公司卡车的公允价值为 85 万元，其他条件和数据不变。为此，甲公司另外以货币资金向乙公司支付了卡车公允价值高于设备公允价值的 5 万元及销项税额 8500 元。

对于甲公司而言，换出资产的公允价值为 80 万元，支付的货币资金（补价）为 5 万元，所以支付的补价占整个交易公允价值的比例为 5.85/（80+5）=6.88%<25%；对于乙公司而言，换出资产的公允价值为 85 万元，收到货币资金（补价）5.85 万元，收到的补价占整个交易公允价值的比例为 5.85/85=6.88%<25%，所以属于非货币性资产交换业务。

甲公司的账务处理如下：

借：固定资产清理　　1436000

　　累计折旧　　700000

　贷：固定资产——设备　　2000000

　　　应交税费——应交增值税（销项税额）　　136000

借：固定资产清理　　20000

　贷：银行存款　　20000

借：固定资产——卡车　　850000

　　应交税费——应交增值税（进项税额）　　144500

　　资产处置损益　　511500

　贷：银行存款　　50000

　　　固定资产清理　　1456000

乙公司的账务处理如下：

| | | |
|---|---|---|
| 借：固定资产清理 | 994500 | |
| 　　累计折旧 | 50000 | |
| 　贷：固定资产——卡车 | | 900000 |
| 　　　应交税费——应交增值税（销项税额） | | 144500 |
| 借：固定资产清理——设备 | 800000 | |
| 　　应交税费——应交增值税（进项税额） | 136000 | |
| 　　银行存款 | 58500 | |
| 　贷：固定资产清理 | | 994500 |

**【例 8-5】**承例 8-3，假定交换日 B 企业持有的专利权公允价值为 800 万元，其他条件和数据不变。为此，A 企业另外向 B 企业支付了货币资金 100 万元。

对于 A 企业而言，换出资产的公允价值为 700 万元，支付的货币资金（补价）为 100 万元，所以支付的补价占整个交易公允价值的比例为 100/（700+100）= 12.5%<25%；对于 B 企业而言，换出资产的公允价值为 800 万元，收到货币资金（补价）100 万元，收到的补价占整个交易公允价值的比例为 100/800=12.5%<25%。所以属于非货币性资产交换业务。

A 企业的账务处理：

| | | |
|---|---|---|
| 借：无形资产——专利权 | 8000000 | |
| 　　长期股权投资减值准备 | 800000 | |
| 　　投资收益 | 1200000 | |
| 　贷：银行存款 | | 1000000 |
| 　　　长期股权投资 | | 9000000 |

B 企业的账务处理：

| | | |
|---|---|---|
| 借：长期股权投资——成本 | 7000000 | |
| 　　银行存款 | 1000000 | |
| 　　累计摊销 | 2000000 | |
| 　　无形资产减值准备 | 400000 | |
| 　贷：无形资产——专利权 | | 9000000 |
| 　　　资产处置损益 | | 1400000 |

## 二、以换出资产账面价值计量的会计处理

非货币性资产交换不具备商业实质，或者虽然具有商业实质但换入资产和换出资产的公允价值均不能可靠计量的，应当以换出资产账面价值为基础确定换入资产成本，无论是否支付补价，均不确认损益。

一般来讲，如果换入资产和换出资产的公允价值都不能可靠计量时，该项非货币

性资产交换通常不具有商业实质，因为在这种情况下，很难比较两项资产产生的未来现金流量在时间、风险和金额方面的差异，很难判断两项资产交换后对企业经济状况改变所起的不同效用。因而，此类资产交换通常不具有商业实质。

【例 8-6】甲公司拥有一台专有设备，该设备原价 450 万元，已计提折旧 330 万元，乙公司拥有一项长期股权投资，账面价值 90 万元，两项资产均未计提减值准备。甲公司决定以其专有设备交换乙公司的长期股权投资，该专有设备是生产某种产品必需的设备。由于专有设备系当时专门制造，性质特殊，其公允价值也不能可靠计量；乙公司拥有的长期股权投资在活跃市场中没有报价，其公允价值也不能可靠计量。经双方商定，乙支付了 20 万元补价。假定交易中没有涉及相关税费。

该项资产交换涉及收付货币性资产，即补价 20 万元。对甲公司而言，收到的补价 20 万元 ÷ 换出资产账面价值 120 万元 =16.7%<25%。因此，该项交换属于非货币性资产交换，乙公司的情况也类似。由于两项资产的公允价值不能可靠计量，因此，甲、乙公司换入资产的成本均应当按照换出资产的账面价值确定。

甲公司的账务处理如下：

| | | |
|---|---|---|
| 借：固定资产清理 | 1200000 | |
| 　　累计折旧 | 3300000 | |
| 　贷：固定资产——专有设备 | | 4500000 |
| 借：长期股权投资 | 1000000 | |
| 　　银行存款 | 200000 | |
| 　贷：固定资产清理 | | 1200000 |

乙公司的账务处理如下：

| | | |
|---|---|---|
| 借：固定资产——专有设备 | 1100000 | |
| 　贷：长期股权投资 | | 900000 |
| 　　银行存款 | | 200000 |

从上例可以看出，尽管乙公司支付了 20 万元补价，但由于整个非货币性资产交换是以账面价值为基础计量的，支付补价方和收到补价方均不确认损益。对甲公司而言，换入资产是长期股权投资和银行存款 20 万元，换出资产专有设备的账面价值为 120 万元（450 万元 -330 万元），因此，长期股权投资的成本就是换出设备的账面价值减去货币性补价的差额，即 100 万元（120 万元 -20 万元）；对乙公司而言，换出资产是长期股权投资和银行存款 20 万元，换入资产专有设备的成本等于换出资产的账面价值，即 110 万元（90 万元 +20 万元）。由此可见，在以账面价值计量的情况下，发生的补价是用来调整换入资产的成本，不涉及确认损益问题。

## 三、涉及多项非货币性质资产交换的会计处理

企业以一项非货币性资产同时换入另一个企业的多项非货币性资产，或同时以

多项非货币性资产换入另一个企业的一项非货币性资产，或以多项非货币性资产同时换入多项非货币性资产，也可能涉及补价。涉及多项资产的非货币性资产的交换，企业无法将换出的某一资产与换入的某一特定资产相对应。与单项非货币性资产之间的交换一样，涉及多项资产的非货币性资产交换的计量，企业也应当首先判断是否符合以公允价值计量的两个条件，再分别参照情况确定各项换入资产的成本。

涉及多项非货币性资产交换一般可以分为以下几种情况：

（1）资产交换具有商业实质，且各项换出资产和各项换入资产的公允价值均能够可靠计量。在这种情况下，换入资产的总资本应当按照换出资产的公允价值总额为基础确定，除非有确凿证据证明换入资产的公允价值总额更可靠。各项换入资产的成本，应当按照各项换入资产的公允价值占换入资产公允价值总额的比例，对换入资产总成本进行分配，确定各项换入资产的成本。

（2）资产交换具有商业实质，且换入资产的公允价值能够可靠计量，换出资产的公允价值不能可靠计量。在这种情况下，换入资产的总成本应当按照换入资产的公允价值总额为基础确定，各项换入资产的成本，应当按照各项换入资产的公允价值占换入资产公允价值总额的比例，对换入资产总成本进行分配，确定各项换入资产的成本。

（3）资产交换具有商业实质，换出资产的公允价值能够可靠计量，但换入资产的公允价值不能可靠计量。在这种情况下，换入资产的总成本应当按照换出资产的公允价值总额为基础确定，各项换入资产的成本，应当按照各项换入资产的原账面价值占换入资产原账面价值总额的比例，对按照换出资产公允价值总额确定的换入资产总成本进行分配，确定各项换入资产的成本。

（4）资产交换不具有商业实质，或换入资产和换出资产的公允价值均不能可靠计量。在这种情况下，换入资产的总成本应当按照换出资产的账面价值总额为基础确定，各项换入资产的成本，应当按照各项换入资产的原账面价值占换入资产账面价值总额的比例，对按照换出资产账面价值总额为基础的换入资产总成本进行分配，确定各项换入资产的成本。

实际上，上述第（1）、（2）、（3）种情况，换入资产总成本都是按照公允价值计量的，但各单项换入资产成本的确定，视各单项换入资产的公允价值能否可靠计量而分情况处理；第（4）种情况属于不符合公允价值计量的条件，换入资产总成本按照换出资产账面价值总额确定，各单项换入资产成本的确定，按照各单项换入资产的原账面价值占换入资产账面价值总额的比例确定。

**【例 8-7】**甲公司和乙公司均为增值税一般纳税人，适用的增值税税率均为 17%。为适应企业发展的需要，20×4 年 5 月经协商，甲公司以一项专利技术换入乙公司的一辆货运车和一辆轿车。甲公司的专利技术账面余额为 150 万元，已累计摊销 18 万元，在交换日的公允价值为 120 万元。乙公司货运车的账面原价为 40 万元，已计提折旧 4

万元，在交换日的公允价值为 36 万元；轿车的账面原价为 112 万元，已提折旧 10 万元，在交换日的公允价值为 90 万元。双方约定甲公司支付乙公司补价 6 万元，甲公司另外支付相关费用 3000 元。假设不考虑其他税费。

假定甲公司和乙公司均未对交换资产计提减值准备，甲公司换入乙公司的货运车和轿车作为固定资产管理和使用，乙公司换入甲公司的专利技术作为无形资产使用和管理。

（1）对于甲公司而言，换出资产的公允价值为 120 万元，支付的货币资金（补价）为 6 万元，所以支付的补价占整个交易公允价值的比例为 6/（120+6）=4.76%<25%；对于乙公司而言，换出资产的公允价值为 126 万元，收到货币资金（补价）6 万元，收到的补价占整个交易公允价值的比例为 6/126=4.76%<25%。所以，该交易属于非货币性资产交换业务。

（2）该项交易属于以专利技术交换固定资产。对甲、乙两公司而言，属于不同类型的资产交换，换入、换出资产预计未来现金流量在时间、金额、风险方面存在显著差异，因此该非货币性资产交换具有商业实质。

（3）换入、换出资产的公允价值均能够可靠计量，符合公允价值的计价条件。所以，甲公司和乙公司均应以公允价值为基础确定换入资产成本。

（4）两项资产的账面价值和公允价值不同，由此产生的差异确认为非货币性资产交换损益。

甲公司的账务处理如下：

（1）计算换入资产总成本：

换入资产成本 = 换出资产公允价值 + 支付的补价 + 支付的相关税费 =120+6+0.30=126.30（万元）

（2）计算换入资产公允价值总额：

换入资产公允价值总额 =36+90=126（万元）

（3）计算确定换入各项资产的公允价值占换入资产公允价值总额的比例：

货运车公允价值占换入资产公允价值总额的比例 =36 ÷ 126=28.57%

轿车公允价值占换入资产公允价值总额的比例 =90 ÷ 126=71.43%

（4）计算确定换入各项资产的成本：

货运车的成本 =126.30 × 28.57%=36.0839（万元）

轿车的成本 =126.30 × 71.43%=90.2161（万元）

（5）会计分录：

| | | |
|---|---|---|
| 借：固定资产——货运车 | 360839 | |
| 　　　　　——轿车 | 902161 | |
| 　　累计摊销 | 180000 | |
| 　　资产处置损益 | 120000 | |
| 　贷：无形资产 | | 1500000 |

　　银行存款　63000

乙公司的账务处理如下：

（1）确定换入资产的成本：

换入资产成本 = 换出资产公允价值 − 收到的补价 =36+90−6=120（万元）

（2）会计分录：

借：固定资产清理　1380000
　　累计折旧　140000
　贷：固定资产——货运车　400000
　　　　　　——轿车　1120000

借：无形资产——专利技术　1200000
　　银行存款　60000
　　资产处置损益　120000
　贷：固定资产清理　1380000

## 四、非货币性资产交换的披露

非货币性资产交换不同于正常情况下所进行的货币性交易，披露非货币性资产交换有关信息对于会计信息的使用者全面了解企业的财务状况、经营成果和现金流量的影响因素，把握和预测企业的发展趋势都有重要作用。企业应当在财务会计报告中披露和非货币性资产交换相关的信息主要有两点：

（1）非货币性资产交换中换入、换出资产的类别，即应当说明换入的是什么资产，换出的是什么资产。

（2）非货币性资产交换涉及的金额，即应当说明换出资产的账面价值，换入资产的入账价值，涉及补价的，应说明补价的金额。

## 本章小结

非货币性资产交换是指交易双方主要以固定资产、无形资产和长期股权投资等非货币性资产进行的交换，这种交换不涉及或只涉及少量的货币性资产（即补价）。认定涉及少量货币性资产的交换为非货币性资产交换的标准是涉及的货币性资产占整个资产交换金额的比例低于25%。非货币性资产交换同时满足以下两个条件的，应当以公允价值和应支付的相关税费作为换入资产的成本，公允价值与换出资产的账面价值的差额计入当期损益，否则换入资产成本以账面价值为基础计量不确认交换损益：

（1）该项交易具有商业实质。

（2）换入资产或换出资产的公允价值能够可靠计量。

当非货币性资产交换按公允价值计量时，若非货币性资产交换不涉及补价，换入

资产成本以换出 / 换入资产的公允价值加上应支付的相关税费确定，换出 / 换入资产的公允价值与其账面价值的差额计入当期损益；若非货币性资产交换发生补价，支付补价方换入资产成本以换出 / 换入资产的公允价值假设应支付的相关税费加上支付的补价确定，收到补价方换入资产成本以换出资产的公允价值加上应支付的相关税费减去收到的补价确定，换出 / 换入资产的公允价值与其账面价值的差额计入当期损益。

当非货币性资产交换按账面价值计量时，若非货币性资产交换不涉及补价，换入资产成本以换出资产的账面价值加上应支付的相关税费确定；若非货币性资产交换发生补价，支付补价方应当以换出资产的账面价值，加上支付的补价和应支付的相关税费，作为换入资产的成本，收到补价方应当以换出资产的账面价值，减去收到的补价，加上应支付的相关税费，作为换入资产的成本。非货币性资产交换按账面价值计量时不管是否涉及补价均不确认损益。

涉及多项资产的非货币性资产交换的确认和计量，其处理原则和方法与单项非货币性资产基本相同，但需要将换入资产总成本按照各项换入资产公允价值占换入资产公允价值总额的比例或各项换入资产账面价值占换入资产账面价值总额的比例在各项资产之间进行分配，分别确定每项非货币性资产的入账成本。

## 思考题

（1）非货币性资产交换中确定换入资产成本的计价基础有哪几类？其选择标准是什么？

（2）换入资产入账价值的确定原则是什么？

（3）如何判断资产交换是否属于非货币性的？

（4）如何判断非货币性资产交换是否具有商业实质？

（5）涉及多项资产交换的交易是怎样确定换入资产入账价值的？

第九章

# 负　债

## 【本章学习目标】

掌握负债的确认和计量基本原理，掌握企业财务会计核算中常用的短期负债和长期负债会计核算的职业判断要点，掌握基本记账方法，同时考虑如何在财务报告中列报和披露这些负债信息，以帮助利益相关者做出投资决策。以我国会计准则当前基本规定为基准，同时考虑我国会计准则与国际财务报告持续趋同的方向，提高读者的操作技能，为今后从事会计实务工作打下基础。

## 丨引导案例丨

胡雪岩是中国近代历史上极具传奇色彩的红顶商人，他的故事被改编成小说、拍成连续剧等。在研究财务会计信息对于决策支持方面，分析胡雪岩的失败教训对我们会大有裨益。关于胡雪岩的破败有正史，也有野史，还有戏说，众说纷纭，但无论如何都离不开债务危机。

说法一：胡雪岩认为洋商为了垄断蚕丝出口市场，拼命压低生丝价格以从中攫取暴利。胡雪岩囤积生丝，希望高价卖给外国人，而外国商人认为估价过高而观望。在开始阶段胡雪岩占尽优势，生丝价格暴涨。但是欧洲意大利生丝丰收超出胡雪岩的意料，欧洲对中国生丝需求量大跌，价格暴跌。同时，中法因越南问题交恶爆发战争，钱庄出现挤兑现象，胡雪岩"虽有物可抵，有本可偿，而提现不能"。

说法二：胡雪岩协助左宗棠向汇丰银行还款400万两白银，并偿还本息50万两白银。李鸿章派系的盛宣怀扣押上海道台划拨给胡雪岩旗下阜康钱庄的银子，造成钱庄现银紧张。盛宣怀同时联手洋商绝不购买胡雪岩的蚕茧和生丝，又派人四处散布胡雪岩囤积的蚕茧和生丝无法卖出的谣言，鼓动存款人到钱庄挤兑，钱庄是存款人的债务人，虽说后台老板的产业很大，但如果无法转变为现银提取给存款人也是徒劳。

说法三[1]：胡雪岩的倒台起源于上海金融风暴，胡雪岩的阜康钱庄不过是多米诺骨牌中的一枚罢了。当时上海所积之丝，洋商是全部买光的，导致购买中国蚕丝产业年年下降的根本原因是养蚕区开始蔓延的蚕瘟病。《慎节斋文存》和《见闻琐录》中，有关洋人"相约一年不买丝""共誓今年不贩丝出口"等说法完全靠不住。当时中国兴起了造铁路、开煤矿、兴轮船的热潮，相关的股份公司纷纷建立，这些股份公司的股票可以上市买卖，大量资金从钱庄、商号流向股市。股票价格经历过山车式的暴涨之后迎来暴跌，胡雪岩旗下的各地阜康钱庄贷给炒股者的资金无法收回，一旦遭遇挤兑风潮，自然就难以招架，这应该是胡雪岩破败的真正原因。囤积生丝不仅不是胡雪岩倒闭的原因，还起到一定缓冲作用。

---

[1] 张学勤.胡雪岩破败的真正原因.浙江档案，2011年第6期。本书作者摘录核心内容并根据中级财务会计的要求进行适当改编。

# 第一节 负债概述

## 一、负债的定义

以负债方式筹集生产经营所需资金是企业扩大经营的重要手段之一，特别是在我国资本市场尚未发展成熟的条件下更是如此。从财务会计视角来看，负债是指企业过去的交易或者事项形成的、预期会导致经济利益流出企业的现时义务。只有深入了解负债相关业务和事项的特征，才能为负债的确认、计量和报告打下基础。

### （一）负债是指企业承担的现时义务

负债属于资产负债表要素之一，是静态反映某一时点[1]企业承担的还本付息的义务，因此只有现时义务才纳入财务会计核算范围。现时义务是指企业在现行条件下已承担的义务。未来发生的交易或者事项形成的义务，不属于某一时点的现时义务，不应当确认为企业负债的核算范围。

现时义务是企业在现行条件下已经承担的，要以一定方式履行的责任，既包括法定义务也包括推定义务。其中，法定业务是指依据有约束力的合同或者法律法规产生的义务，比如依据税法规定应当缴纳的税金、应支付的职工薪酬、购买原材料形成应付账款、向银行借入短期借款等。推定义务是指根据企业多年来形成的惯例、公开做出的承诺或者公开宣布的政策而导致企业承担的责任，利益相关者对企业履行该业务以解脱责任形成了合理预期，企业为了维护其社会形象也会履行该义务，在该义务履行之前就构成现时义务。比如，某企业多年来制定了一项销售政策，对于售出的商品提供一定期限内的售后保修服务，预期将为售出商品提供的保修服务就属于推定义务，应当将其确认为一项负债。当然，法定义务和推定义务并不一定非常容易区分，很多推定义务会随着法制社会的发展转变为法定义务。

### （二）负债是由企业过去的交易或者事项形成的

负债应当由过去的交易或事项所形成，企业未来发生的交易或者事项形成的义务，不属于现时义务，不应该纳入负债进行核算。虽然说财务会计不再强调历史成本原则，

---

[1] 按照传统的观点主要是指资产负债表日，但在信息化发展的今天，很多企业可以提供即时的财务报告，特定时点就不见得一定是资产负债表日。

公允价值等理念逐步被会计界接受使得会计面向未来的特征越来越明显，但是对于负债来讲，还是强调已经发生而不是未来可能发生。有兴趣的读者可以参考本章关于或有负债和预计负债部分的内容进行比较分析。

#### （三）负债预期会导致经济利益流出企业

负债是企业承担的现时义务，但不需要企业当时立即偿还，否则该义务就已经因了结而消除，负债要求企业未来采取一定行为让渡经济利益来消除该义务，也就意味着未来会有经济利益流出企业。经济利益流出企业的形式很多，例如以现金、实物资产或劳务偿还债务，债务转为资本，或者上述方式的组合。

### 二、负债的确认条件

企业要把一项现时义务确认为负债，除了要符合负债的定义之外，还应当符合以下条件：

#### （一）与该义务有关的经济利益很可能流出企业

经济业务或事项的不确定性是常态，很多看似铁板钉钉的事情其实都不见得那么确定。与该义务有关的经济利益很可能流出企业强调的重点不是经济利益流出企业，而是“很可能”这几个字，是从发生可能性角度来考虑是否把交易或事项纳入负债进行核算。而如果企业预计经济利益流出的可能性很小，就不能确认为一项负债。在财务会计实务中，财务人员需要运用职业判断，根据会计基本原则而不是规则判断履行义务所需流出的经济利益的可能性，如果有确凿证据表明，与现时义务有关的经济利益很可能流出企业，就应当作为负债予以确认；反之不应将其作为负债予以确认。进行职业判断过程中，即便不考虑盈余管理或舞弊等因素，不同的会计师对经济利益流出可能性的判断也会有差异；企业会计人员和注册会计师对于可能性的职业判断也会有差异，甚至产生冲突，这些差异对会计信息的可验证性会产生不利影响。

#### （二）未来流出经济利益的金额能够可靠计量

会计把千变万化的企业经营情况采用抽象的价值形式反映到账户和财务报表当中，如果未来经济利益的流出不能可靠计量，则负债相关会计信息质量将不能满足利益相关者决策的需要，只能在财务报告附注中进行披露。对于与法定义务有关的经济利益流出金额，通常可以根据合同或者法律规定的金额予以确定。由于负债相关义务的履行涉及未来期间，而未来充满不确定性，财务会计从成本效益角度考虑，对于短期负债一般不考虑时间价值，而对于长期负债则要考虑货币时间价值的影响。对于与推定义务有关的经济利益流出金额，企业应当根据履行相关义务所需支出的最佳估计数进行估计，并综合考虑有关货币时间价值、风险等因素的影响，具体参考本章预计负债部分的内容。

## 三、负债的分类

根据负债的流动性差异，在资产负债表的列示中，将负债划分为流动负债和非流动负债。将负债划分为流动和非流动两类，并进一步划分为会计报表中的详细项目（在日常核算中则是划分为不同的总分类账或明细账）符合财务报告目标，有利于企业管理者分析债务偿还的轻重缓急和资金成本，有利于债务偿还进度等方面的相关决策。虽然目前有学者认为可以把负债按照经营活动、投资活动和筹资活动进行分类，但这样不利于非财务背景的人士读懂财务报告，不利于会计作为通用商业语言与其他部门之间的沟通，因此还没有得到实务界的广泛认可。

### （一）流动负债

流动负债，是指满足下列条件之一的负债：

（1）预计在一年或一个正常经营周期内清偿的负债，比如企业采用商业信用方式购买原材料形成的应付账款，或者收到的预收账款等。

（2）为交易目的而持有的负债，比如银行类型的金融企业为近期回购而发行的短期票据，银行此时就承担了在未来赎回短期票据而支付现金或银行存款给票据权利人的现时义务。

（3）自资产负债表日起一年内（含一年）到期应予以偿还的负债，比如企业20×5年1月1日发行的5年期债券，在编制20×9年8月31日资产负债表时，该债券需要在不到一年内进行偿还，虽然该债券还在长期负债类的“应付债券”科目中进行核算，但是在资产负债表当中应当纳入“一年内到期的长期负债”项目中进行列报。

（4）企业无权自主将清偿期限推迟至资产负债表日后一年以上的负债，比如企业购买商品或接受劳务时开出并承兑的商业汇票，无权延长付款期限。

按照我国目前会计准则体系的规定，流动负债的核算范围包括短期借款、交易性金融负债、应付票据、应付账款、预收账款、应付职工薪酬、应交税费、应付利息、应付股利和其他应付款等。

### （二）非流动负债

非流动负债，是指流动负债以外的负债。非流动负债通常是由于筹集长期资产所需资金而发生的，例如企业为购买大型设备向银行借入专门借款，或者设备制造商融资租入资产而承担定期偿还租金义务等，例如航空公司以融资租赁形式取得飞机投入运行会形成长期应付款。从财务管理角度来看，以长期负债筹集长周期投资项目的资金需求符合稳健性原则，否则发生财务风险的概率就很高。我国准则体系规定的非流动负债主要包括长期借款、应付债券、长期应付款、预计负债等。

# 第二节　流动负债

流动负债再进一步细分又包括短期借款、应付票据、应付款项、预收款项、应付职工薪酬、应交税费、应付利息、应付股利、其他应付款等。一些特殊行业可能还有特殊的流动负债，例如存入保证金、拆入资金、应付保单红利等；还有些短期负债放到本书的其他部分讲述更加合理，例如递延收益等，本章也不再赘述。

## 一、短期借款

### （一）短期借款的确认条件

短期借款是指企业向银行或其他金融机构等借入的期限在一年以下（含一年）的各种借款。由于我国目前还不允许一般工商企业之间直接发生借贷关系，企业需要资金只能向银行等金融机构借款，因此短期借款的指向性非常明确。企业向银行或其他金融机构等借入的期限在1年以上的各种借款，在“长期借款”科目核算。短期借款应当按照借款种类和贷款人进行明细核算。对于企业发生的短期借款，应设置“短期借款”科目核算，期末余额填入资产负债表对应项目。

### （二）企业借款时的会计核算

企业借入的各种短期借款，借记“银行存款”科目，贷记“短期借款”科目；归还借款时，做相反的会计分录。

### （三）计提利息时的会计核算

企业向银行等金融机构借款需要定期支付利息，银行的结息日一般为每个季度最后一个月的20日（不同的商业银行目前情况略有差异）。但是，企业会计分期核算一般是按照月末、季末、半年和年度来划分，因此企业应当在每个月末根据权责发生制的要求计提借款利息，将其确认为一项负债，计入应付利息，同时确认当期损益。对于短期借款产生的利息，通常依据借款合同的规定，根据借款本金和利率，实际利率与合同约定的名义利率差异不大的，也可以采用合同约定的名义利率计算确定利息费用。每个资产负债表日，企业应计算确定短期借款的应计利息，按照应计的金额，借记“财务费用”“利息支出（金融企业）”等科目，贷记“应付利息”等科目。

### （四）归还借款时的会计核算

如果按照借款合同规定，按照银行结息日自动扣息，则此时归还利息的会计分录为：

借：应付利息

　贷：银行存款

到期偿还借款时，除了要归还借款本金以外，还要计提上次结息日至还款日之间的利息，会计分录如下：

借：短期借款

　　应付利息

　　财务费用

　贷：银行存款

## 二、应付票据

### （一）应付票据的确认条件和分类

应付票据是由出票人出票，委托付款人在指定日期无条件支付特定的金额给收款人或者持票人的票据。根据承兑人的不同，商业汇票包括商业承兑汇票和银行承兑汇票。目前，国家为了降低银行承兑汇票的诈骗案件发生率，正努力推行电子银行承兑汇票的使用范围。企业应设置“应付票据”科目进行核算。应付票据按是否带息分为带息应付票据和不带息应付票据两种。

### （二）不带息应付票据的会计核算

#### 1. 票据到期能正常偿还的会计核算

不带息应付票据，其面值就是票据到期时的应付金额。应付票据发生时的会计分录一般为：

借：原材料等

　　应交税费——应交增值税（进项税额）

　贷：应付票据

如果该票据属于银行承兑汇票，企业还应当向银行支付承兑手续费，计入当期损益，此时的会计分录为：

借：财务费用

　贷：银行存款

票据到期时，企业支付款项偿还债务，此时会计分录为：

借：应付票据

　贷：银行存款

【例 9-1】A 企业 4 月 10 日，收到开户行通知，应付供货商青隆公司的银行承兑汇票 12000000 元已到期，银行已经从 A 公司账户内直接支付。

借：应付票据　　12000000

　贷：银行存款　　12000000

2. 票据到期不能正常偿还的会计核算

企业如果在商业汇票到期而无法支付票据款项时，只是票据形式的负债减少，但是仍然承担归还款项的现实义务，因此作为“应付账款”进行会计核算，会计分录为：

借：应付票据

　贷：应付账款

如果该票据属于银行承兑汇票，银行先无条件代出票人支付款项给该汇票的权利人，然后把相关款项作为对出票人的贷款，按期计收利息。出票人新增的现时义务应当纳入“短期借款”进行核算，会计分录为：

借：应付票据

　贷：短期借款

（三）带息应付票据的会计核算

按照《票据法》的相关规定，我国商业汇票期限较短（最长 6 个月），企业通常在资产负债表日对尚未支付的应付票据计提利息，计入当期财务费用，会计分录为：

借：财务费用

　贷：应付利息

票据到期时，企业归还票据本金，以及前期计提的应付利息，对尚未计提的利息部分直接计入当期财务费用，会计分录为：

借：应付票据

　　应付利息

　　财务费用

　贷：银行存款

## 三、应付账款

### （一）应付账款的确认条件和核算内容

应付账款，是指企业购买材料、商品或劳务等经营活动应支付的款项。按照会计恒等式原理分析，就是取得物资或服务而增加一项资产，同时承担支付款项或其他对价的现时义务，对购买方来说是采购和付款时间差而产生的负债。应付账款应于收到发票时按照发票账单注明的价款入账，具体内容包括：

（1）因购买材料、商品或者接受劳务时应向销货方或劳务提供方支付的合同或协议价款。

（2）按照货款计算的增值税进项税额。

（3）购买材料商品时应负担的运杂费和包装费等。

### （二）应付账款产生时的会计核算

应付账款的确认时间，与销售收入的确认紧密相关，因为采购和销售是对应的。因此确认应付账款的时间，一般也要采用与所购买物资控制权有关的风险和报酬已经转移作为标志。

#### 1. 货物和发票同时到达

货物与发票同时到达，一般意味着与该货物相关的风险和报酬已经转移到收货方（除非合同条款有特别规定），此时的会计分录为：

借：原材料 / 库存商品等

　　应交税费——应交增值税（进项税额）

　贷：应付账款

#### 2. 发票已到，货物未到

此时，虽然货物没有到达收货方，但是根据风险和报酬转移的标准，也应当纳入收货方的存货进行核算，为了和已经入库的原材料和库存商品等进行区分，以便于加强存货管理，企业一般设置“在途物资”科目核算这类存货，会计分录为：

借：在途物资

　　应交税费——应交增值税（进项税额）

　贷：应付账款

#### 3. 货物已到，发票未到

如果购买的物资已经入库，但发票在资产负债表日尚未到达的，一般按照暂估金额确定应付账款的入账价值，会计分录为：

借：原材料

　　库存商品

　贷：应付账款

待下月初取得发票后将暂估价值冲销（红字冲正），以收到发票的准确金额重新入账。

### （三）应付账款归还时的会计核算

企业归还应付账款时，意味着承担的现时义务消失，因此借记“应付账款”即可，会计分录为：

借：应付账款

　贷：银行存款

对于确实无法支付的应付账款，属于企业的利得，而不是收入，应计入“营业外收入”科目，会计分录为：

借：应付账款

　贷：营业外收入

【例 9-2】A 企业 4 月 12 日购买原材料，收到增值税发票上列明材料价格 36000000 元，增值税 6120000 元，约定 2 个月后支付款项。A 企业正好资金充裕，在

5 月 10 日即向供货方支付货款。

借：原材料　36000000

　应交税费——应交增值税（进项税额）　6120000

　贷：应付账款　42120000

借：应付账款　42120000

　贷：银行存款　42120000

## 四、预收账款

### （一）预收账款的含义和产生条件

供货方当然希望采购方越早付款越好，发货前付款更是求之不得，但是要求采购方提前付款是有前提条件的，特别是在市场竞争激烈的情况下更是难得。在市场上，供需双方的力量对比是有差异的，如果供货方由于在技术上具有某种程度的垄断，采购方难以找到替代供货商，供货方可能要求采购方提前支付货款之后再发货。此外，如果供货方对采购方的资信条件有怀疑，采购方的业务量又不大，供货方认为没有必要进行详细的尽职调查来决定是否可以赊销，也会直接要求采购方提前付款之后再发货。

### （二）收到预收账款时的会计核算

如果供货方收到采购方提前支付的货款，则意味着供货方承担了未来向采购方提供货物（或劳务）的现实义务，这种现时义务一般通过“预收账款”科目进行核算。当然，按照重要性和成本效益原则，如果企业预收账款不多，也可以不设置“预收账款”科目，而直接记入“应收账款”科目的贷方，并按照采购方设置明细科目进行核算。企业收到预收款项时的会计分录为：

借：银行存款

　贷：预收账款

### （三）按照合同供货时的会计核算

企业按照合同规定提供货物，此时资产相关的收益和风险转移，同时与预收款项相关的现时义务消失，会计分录为：

借：预收账款

　贷：主营业务收入

　　应交税费——应交增值税（销项税额）

如果购货单位预付款项不足以支付货款而需要补付款项时，还需要在上面的分录中按照差额借记“银行存款”等科目；如果预付款项多于货款需要退回多付的款项，则需要贷记“银行存款”等科目。

“预收账款”科目的期末贷方余额，反映企业向购货单位预收的款项，如果期末为借方余额，反映应由购货单位补付的款项。

## 五、应付职工薪酬

### （一）职工薪酬的概念及核算原理

要确认职工薪酬，首先要明确职工的范围，因为企业利用财务与非财务资源以求生存、发展、获利，在此过程中需要雇佣各类人员，并支付相应的薪酬，但这些被雇佣人员不见得都属于会计视角的职工。

所谓职工是指与企业订立劳动合同的所有人员，含全职、兼职和临时职工（短期工、季节工），也包括虽未与企业订立劳动合同但由企业正式任命的人员，如董事会成员、监事会成员等。未与企业订立劳动合同或未由其正式任命，但向企业所提供服务与职工所提供服务类似的人员，也属于职工的范畴，包括通过企业与劳务中介公司签订用工合同而向企业提供服务的人员。需要注意的是，劳务外包性质的用工，不属于本企业职工范畴。

而职工薪酬，是指企业为获得职工提供的服务或解除劳动关系而给予的各种形式的报酬或补偿，包括职工在职期间和离职后提供给职工的全部经济利益，含货币性报酬及非货币性福利，及提供给职工配偶、子女或其他被赡养人的福利等。

职工薪酬会计处理所贯彻的基本原则是谁收益、谁承担。这也要求企业依据职工所服务的不同部门以及职工为其服务的会计期间，将职工的薪酬所得分别计入相关的资产成本或费用，并将应付的职工薪酬确认为负债。如企业生产产品、提供劳务负担的职工薪酬，计入产品成本或劳务成本；应由在建工程、无形资产负担的职工薪酬，计入建造固定资产或无形资产成本；销售人员职工薪酬，计入销售费用；对企业管理人员的薪酬支出，因难以确定直接的收益对象，则在发生这些支出时计入当期损益，具体来说就是计入管理费用。由此可见，薪酬对价应计入存货资产、固定资产、无形资产、管理费用以及其他期间费用。

### （二）短期薪酬的核算

短期薪酬，是指企业在职工提供相关服务的年度报告期间结束后十二个月内需要全部予以支付的职工薪酬，因解除与职工的劳动关系给予的补偿除外。短期薪酬具体包括：职工工资、奖金、津贴和补贴，职工福利费，医疗保险费、工伤保险费和生育保险费等社会保险费，住房公积金，工会经费和职工教育经费，短期带薪缺勤，短期利润分享计划，非货币性福利以及其他短期薪酬。

#### 1. 职工工资的核算

企业应当在职工为其提供服务的会计期间，将实际发生的短期薪酬确认为负债，并计入当期损益，允许计入资产成本的除外。在账务处理上，企业需要设置“应付职工薪酬”科目核算根据有关规定应付给职工的各种薪酬，各种形式的薪酬均体现为二级科目。所有与职工薪酬相关的支出都必须通过“应付职工薪酬”科目核算。对于直接发放货币给员工的，也须先贷记“应付职工薪酬”科目，再以银行存款或现金支付。

【例 9-3】A 企业 20×9 年 1 月应付各类职工工资总额 500000 元，其中：产品生产工人工资 350000 元，在建工程人员工资 50000 元，管理人员工资 70000 元，产品销售人员工资 30000 元。

工资的会计核算分录为：

借：生产成本　350000

　　在建工程　50000

　　管理费用　70000

　　销售费用　30000

　贷：应付职工薪酬　500000

按工资总额 10% 计算应缴纳的住房公积金时的会计分录为：

借：生产成本　35000

　　在建工程　5000

　　管理费用　7000

　　销售费用　3000

　贷：应付职工薪酬——住房公积金　50000

按工资总额分别计提工会经费和职工教育经费时的会计分录与计提住房公积金类似，只不过要通过应付职工薪酬的“工会经费”和“职工教育经费”明细科目进行核算而已。

对于由公司代员工扣缴内容，应从“应付职工薪酬”科目中转出到“其他应付款”“应交税费”等科目。代扣代缴职工个人应负担的住房公积金、工会经费和个人所得税时的会计分录为：

借：应付职工薪酬——工资

　贷：其他应付款——应付住房公积金

　　　其他应付款——应付工会经费

　　　应交税费——应交个人所得税

2. 非货币性福利支出的核算

公司为员工发放各类福利支出，均应通过“应付职工薪酬——福利费”科目核算。如此类福利为货币性福利，则在发放货币时直接冲减“应付职工薪酬——福利费”科目余额。若为非货币性福利，应将福利金额从“应付职工薪酬——福利费”科目转出至“应付职工薪酬——非货币性福利”科目，再进行支付或转入其他应付款。福利发生时福利费提取的余额不足时，须先提取后再按上述方法处理。

【例 9-4】A 企业 20×9 年 12 月以其生产的成本为 100000 元的各类调味品（市场价格为 20000 元）作为福利发放给一线生产工人。该型公司适用的增值税税率为 17%。

决定发放非货币性福利时，应作如下会计分录：

借：生产成本　23400

　贷：应付职工薪酬——非货币性福利　23400

实际发放非货币性福利时，应作会计分录：

借：应付职工薪酬——非货币性福利　　23400
　贷：主营业务收入　　20000
　　　应交税费——应交增值税（销项税额）　　3400

借：主营业务成本　　10000
　贷：库存商品　　10000

### （三）离职后福利

离职后福利，是指企业为获得职工提供的服务而在职工退休或与企业解除劳动关系后，提供的各种形式的报酬和福利，短期薪酬和辞退福利除外（如养老保险、失业保险等属于离职后福利）。离职后福利包括设定提存计划和设定受益计划两种。其中，设定提存计划，是指向独立的基金缴存固定费用后，企业不再承担进一步支付义务的离职后福利计划；设定受益计划，是指除设定提存计划以外的离职后福利计划。

#### 1. 设定提存计划的会计处理

企业应当在职工为其提供服务的会计期间，将根据设定提存计划计算的应缴存金额确认为负债，并计入当期损益或相关资产成本。根据设定提存计划，预期不会在职工提供相关服务的年度报告期结束后十二个月内支付全部应缴存金额的，企业应当将全部应缴存金额以折现后的金额计量应付职工薪酬。其中，折现时所采用的折现率应当根据资产负债表日与设定提存计划义务期限和币种相匹配的国债或活跃市场上的高质量公司债券的市场收益率确定。当雇员在一个期间为企业提供了服务，企业应确认为换取该服务应付给设定提存计划的提存金，将扣除所有已付提存金后余额作为一项负债。

#### 2. 设定受益计划的会计处理

企业对设定受益计划的会计处理通常包括下列几个步骤：

（1）计量设定受益计划所产生的对离职后职工的义务，并确定相关义务的归属期间。

（2）把义务金额归属于职工提供服务的期间，计入当期损益或资产成本。企业应根据预期累计福利单位法确定的本期福利义务，按受益原则进行账务处理，借记“管理费用”等科目（现值），以及“未确认融资费用”科目（利息），同时贷记“应付职工薪酬”科目（本期增加的义务）。在每期末，企业需要按照实际利率法分摊原先未确认的融资费用，分录为借记“财务费用”科目，贷记“未确认融资费用”科目。

（3）设定受益计划存在资产的，确定设定收益计划净负债或净资产。

（4）设定受益计划产生的职工薪酬成本计入当期损益或资产成本以及计入其他综合收益。

（5）重新计量设定受益计划净负债或者净资产导致的变动（精算利得或损失等），计入其他综合收益，且在后续不允许转回至损益。

（6）在设定受益计划结算时，确认一项结算利得或损失。

### （四）辞退福利的核算

辞退福利，是指企业在职工劳动合同到期之前解除与职工的劳动关系，或者为鼓励职工自愿接受裁减而给予职工的补偿。辞退福利包括两方面的内容：一是在职工劳动合同尚未到期前，不论职工本人是否愿意，企业决定解除与职工的劳动关系而给予的补偿。二是在职工劳动合同尚未到期前，为鼓励职工自愿接受裁减而给予的补偿。

企业向职工提供辞退福利的，应当在下列两者孰早日确认辞退福利产生的职工薪酬负债（孰早原则即一旦满足确认负债的条件就确认负债），并计入当期损益，通常是计入管理费用：

（1）企业不能单方面撤回因解除劳动关系计划或裁减建议所提供的辞退福利时。

（2）企业确认与涉及支付辞退福利的重组相关的成本或费用时。企业应当按照辞退计划条款的规定，合理预计并确认辞退福利产生的应付职工薪酬。

企业确认因辞退福利产生的预计负债时，借记“管理费用”“未确认融资费用”科目，贷记“应付职工薪酬——辞退福利”科目；各期支付辞退福利款项时，借记“应付职工薪酬——辞退福利”科目，贷记“银行存款”科目；同时，借记“财务费用”科目，贷记“未确认融资费用”科目。应付辞退福利款金额与其折现后金额相差不大的，也可不折现。

**【例 9-5】**A 企业因金融危机以及全行业产能过剩，董事会决定 20×9 年 3 月 1 日起拟解除与部分职工的劳动关系，一次性支付具有辞退福利性质的经济补偿，共计金额 60 万元。

| | | |
|---|---|---|
| 借：管理费用 | 600000 | |
| 贷：应付职工薪酬——辞退福利 | | 600000 |
| 借：应付职工薪酬——辞退福利 | 600000 | |
| 贷：银行存款 | | 600000 |

### （五）其他长期职工福利的核算

其他长期职工福利，是指除短期薪酬、离职后福利、辞退福利之外所有的职工薪酬，包括长期带薪缺勤、长期残疾福利、长期利润分享计划等。

其他长期职工福利符合设定提存计划的，按照设定提存计划进行会计处理；不符合的，按照设定受益计划进行会计处理，但重新计量所导致的其他长期职工福利净负债或者净资产的变动，应当计入当期损益。报告期末，按照设定受益计划核算的其他长期职工福利产生的职工薪酬成本包括下列组成部分：服务成本，其他长期职工福利净负债或净资产的利息净额，重新计量其他长期职工福利净负债或净资产所产生的变动。

关于职工薪酬的列报，企业应在资产负债表中，根据应支付的职工薪酬负债流动性，对职工薪酬负债按照流动性和非流动进行分类列报。由于企业所支付职工薪酬对象的多样性与薪酬对价水平的复杂性，仅靠上述财务报告来揭示职工薪酬会计信息显然难以满足利益相关者全面了解企业相关信息，这就要求财务报表附注对其财务报表所提供职工薪酬信息进行补充。职工薪酬表外披露有关短期薪酬、设定提存计划、设定受益计划、辞退福利和其他长期职工福利的相关信息，我国企业会计准则有相关规定，有兴趣的读者可以查阅相关资料。

## 六、应交税费

企业在一定时期内取得的营业收入和实现的利润或发生特定经营行为，要按照规定向国家交纳各种税金，企业承担的交纳的税金具有强制性，也就是说一旦发生税法所规定的纳税行为，纳税义务就已经产生，属于权责发生制基础下的现时义务，需要在交纳税金之前确认为负债，并且是短期负债。

### （一）增值税

增值税是税务机关代表国家就货物或应税劳务的增值部分征收的一种税。企业购入货物或接受应税劳务支付的增值税（进项税额），可以从销售货物或提供劳务按规定收取的增值税（销项税额）中抵扣。除了货物和应税劳务以外，企业购入的机器设备等生产经营用固定资产所支付的增值税也可以在销项税额中扣除，而不是作为固定资产计价的组成部分。

#### 1. 科目设置

企业应在“应交税费”科目下设置“应交增值税”明细科目核算应当交纳的增值税。“应交增值税”明细科目的借方发生额，反映企业购进货物或接受应税劳务支付的进项税额、实际已交纳的增值税等；贷方发生额，反映销售货物或提供应税劳务应交纳的增值税额，出口货物退税、转出已支付或应分担的增值税等；期末借方余额，反映企业尚未抵扣的增值税。“应交税费——应交增值税”科目分别设置“进项税额”“已交税金”“销项税额”“出口退税”“进项税额转出”“转出未交增值税”“转出多交增值税”“减免税款”“出口抵减内销产品应纳税额”等专栏。

#### 2. 采购阶段的增值税核算

作为一般纳税人的企业采购物资时，按应计入采购成本的金额，借记“材料采购”“在途物资”或“原材料”“库存商品”“固定资产”等科目，按可抵扣的增值税额，借记“应交税费——应交增值税——进项税额”，按应付或实际支付的金额，贷记“应付账款”“应付票据”“银行存款”等科目。购入物资发生的退货，作相反的会计分录即可。

需要特别注意的是，如果纳税人属于小规模纳税人，购入货物时无论是否取得增值税专用发票，支付的增值税税额均不计入进项税额，不得由销项税额抵扣，应计入购入货物的成本，也就是借记“材料采购”“在途物资”等科目（金额包含增值税），贷记“银行存款”科目。

#### 3. 销售阶段的增值税核算

作为一般纳税人的企业销售物资或提供应税劳务时，按营业收入和应收取的增值税额，借记“应收账款”“应收票据”“银行存款”等科目，按专用发票上注明的增值税额，贷记“应交税费——应交增值税——销项税额”科目，按实现的营业收入，贷记“主营业务收入”或“其他业务收入”科目。发生的销售退回，作相反的会计分录。

需要特别注意的是，如果企业属于小规模纳税人，销售货物或者提供应税劳务时只能开具普通发票，实行简易办法计算应纳税额，通过公式“销售额＝含税销售额÷（1+征收率）”计算不含税销售额。另外，小规模纳税企业“应交税费——应交增值税”科目，应采用三栏式账户。

4. 实际交纳增值税的核算

企业交纳增值税时，意味着承担的现时义务已经了结，所以从“应交税费——应交增值税——已交税金”的借方转出，同时贷记“银行存款”科目。

本书不是税务教材因而只能讲述增值税相关原理，增值税的核算其实远比上述内容要复杂，例如还有视同销售计算应交增值税的情况，还有不予抵扣增值税进项税额的各项规定，需要读者将来在实务中遵照执行。

（二）消费税

为了正确引导消费方向，国家在普遍征收增值税的基础上，选择部分消费品，再征收一道消费税。消费税的征收方法采取从价定率和从量定额两种方法。消费税采用销售应税产品时应交纳，以防止税款损失。

1. 科目设置

企业应在“应交税费”科目下设置“应交消费税”明细科目核算应交纳的消费税，其借方发生额反映实际交纳的消费税和待扣的消费税，贷方发生额反映按规定应交纳的消费税，期末贷方余额反映尚未交纳的消费税（如果期末余额在借方则意味着多交或待扣消费税）。

2. 产品销售或视同销售的核算

企业销售应税产品时，应借记“税金及附加”科目，贷记“应交税费——应交消费税”科目。如果企业把应税产品用于构建本企业使用的固定资产等方面，视同销售产品，此时应当把涉及的消费税计入相关资产的成本，也就是借记“在建工程”等科目，贷记“应交税费——应交消费税”科目。

3. 进出口产品消费税的核算

如果进口属于应交纳增值税的货物，交纳的消费税应计入进口货物的成本，构成资产价值的组成部分，借记“固定资产”“材料采购”等科目，贷记“银行存款”等科目。

（三）资源税

资源税是国家对在我国境内开采矿产品或者生产盐的单位和个人征收的种税。资源税的计算公式为“应纳税额＝课税数量×单位税额”，其中课税数量等于销售数量或自用数量。

1. 科目设置

企业应在“应交税费”科目下设置“应交资源税”明细科目核算资源税的交纳情况，其借方发生额反映企业已交的或按规定允许抵扣的资源税，贷方发生额反映应交的资源税，期末贷方余额反映尚未交纳的资源税（如果期末余额在借方则意味着多交或尚未抵扣资源税）。

2. 销售产品或自产自用产品相关的资源税的核算

在会计核算时，企业按规定计算出销售应税产品应交纳的资源税，借记“税金及附加”科目，贷记“应交税费——应交资源税”科目；企业计算出自产自用的应税产品应交纳的资源税，借记“生产成本”“制造费用”等科目，贷记“应交税费——应交资源税”科目。

3. 收购未税矿产品相关资源税的核算

企业应按收购未税矿产品需要代扣代缴资源税，税款作为收购矿产品价值的组成部分，借记“原材料”或“库存商品”等科目，贷记“银行存款”和“应交税费——应交资源税”科目。

4. 外购液体盐加工固体盐相关资源税的核算

企业外购液体盐加工固体盐时，所购入液体盐交纳的资源税可以抵扣销售固体盐的资源税。因此，购入液体盐时的会计核算与采购货物计算增值税进项税额类似，借记“原材料”或“材料采购”等科目，可以抵扣的资源税则通过借记“应交税费——应交资源税”科目核算，同时贷记“银行存款”“应付账款”等科目。企业将液体盐加工成可以对外销售的固体盐后，计算应交的资源税款时，借记“税金及附加”科目，贷记“应交税费——应交资源税”科目。实际交纳资源税时，借记“应交税费——应交资源税”科目，贷记“银行存款”科目。

（四）土地增值税

企业转让国有土地使用权、地上建筑物及其附着物并取得收入时应交纳土地增值税。土地增值税按照转让房地产所取得的增值额和规定的税率计算征收，其中增值额是指转让房地产所取得的收入减除规定扣除项目金额后的余额。

1. 科目设置

企业应在“应交税费”科目下设置“应交土地增值税”明细科目核算土地增值税的交纳情况。其借方发生额反映企业已交的土地增值税，贷方发生额反映应交的土地增值税，期末余额一般在贷方，反映尚未交纳的资源税（如果期末余额在借方则意味着多交土地增值税）。

2. 兼营房地产土地增值税的核算

兼营房地产业务的企业计算当期收入负担的土地增值税时，应借记“税金及附加”科目，同时贷记“应交税费——应交土地增值税”科目。

3. 转让国有土地使用权与其地上建筑物及其附着物土地增值税的核算

转让的国有土地使用权与其地上建筑物及其附着物，如果相关资产在“固定资产”

或“在建工程”科目核算，计算该转让行为应交纳的土地增值税时，借记“固定资产清理”（如果转让的资产还没有达到预定可使用状态，还在“在建工程”科目核算，应交的税金应先计入在建工程的成本，即借记“在建工程”科目，虽然看起来和固定资产清理的核算有很大差异，其实本质相同），同时贷记“应交税费——应交土地增值税”科目。

### （五）房产税

房产税是国家对在城市、县城、建制镇和工矿区征收的由产权所有人交纳的一种税。企业计算税金时借记“管理费用”科目，同时贷记“应交税费——应交房产税”科目，实际缴纳税款时从其借记转出。

### （六）土地使用税

土地使用税是国家为了合理利用城镇土地和调节土地级差收入，提高土地使用效益，加强土地管理而开征的一种税。其核算与房产税基本相同，只不过企业需要在“应交税费”科目下专门设置“土地使用税”而已。

### （七）车船税

企业拥有并且使用车船需要交纳车船税。其核算与房产税和土地使用税相同，差异仅仅在于需要在“应交税费”科目下专门设置“车船税”。

### （八）城市维护建设税

企业为了核算城市维护建设税的交纳情况，需要在“应交税费”科目下设置“应交城市维护建设税”明细科目。按规定计算城市维护建设税时，借记“税金及附加”科目，贷记“应交税费——应缴城市维护建设税”科目，实际交纳时从该明细科目的借方转出。

### （九）教育费附加

企业按规定计算应交教育费附加时，借记“税金及附加”等科目，贷记“应交税费——应交教育费附加”科目，实际交纳时从其借方转出。

### （十）矿产资源补偿费

企业按规定计算应交矿产资源补偿费时，借记“管理费用”等科目，贷记“应交税费——应交矿产资源补偿费”科目，实际交纳时从其借方转出。我国已经在全国范围统一将煤炭、原油、天然气矿产资源补偿费费率降为零，并停止征收煤炭、原油、天然气价格调节基金，也就是矿产资源补偿费的征收范围大幅减少。

### （十一）所得税

#### 1. 企业所得税

企业所得税的核算是资产负债观下的重要课题，读者请查阅本书的相关章节，此处仅就所得税的交纳情况进行讲述。企业应在“应交税费”科目下设置“应交所得税”明细科目。所得税不属于利润分配，而属于为了取得最终净资产增加而发生的费用，因此发生时计入“所得税费用”科目的借方，而“应交税费——应交所得税”科目属于负债类科目，此时应计入贷方，实际交纳时从后者的借方转出。

2. 应交个人所得税

企业按规定计算应代扣代交的职工个人所得税时，借记“应付职工薪酬”科目，贷记“应交税费——应交个人所得税”科目。实际交纳个人所得税时，借记“应交税费——应交个人所得税”科目，贷记“银行存款”等科目。

需要注意的是，并不是所有的税金都通过“应交税费”进行核算，税收法规的变化要求企业相关会计核算与时俱进。首先，企业交纳的印花税是自行计算应纳税额以购买并一次贴足印花税票，企业应在购买印花税票时直接借记“管理费用”科目，贷记“银行存款”科目。其次，企业交纳的耕地占用税也不需要通过“应交税费”科目核算，而是借记“在建工程”科目。

## 七、应付利息

企业向银行举借的长期借款，如果按照借款合同采用分期付息方式，则需要通过“应付利息”核算利息的计提和支付情况；此外，企业通过发行债券方式筹集资金如果也是分期计算利息，同样通过本科目进行核算。

利息的计算可以采用实际利率法，合同利率与实际利率差异较小的也可以采用合同利率计算确定利息费用，具体核算请读者参阅本章长期负债部分的相关内容。在资产负债表日，企业应按摊余成本和实际利率计算确定的利息费用，借记“利息支出”“在建工程”“财务费用”“研发支出”等科目，按合同利率计算确定的应付未付利息，贷记“应付利息”，按借贷双方之间的差额，借记或贷记“长期借款——利息调整”等科目。

实际支付利息时，借记“应付利息”，贷记“银行存款”等科目。

## 八、应付股利

应付股利，是指企业经股东大会或类似机构审议批准分配的现金股利或利润。企业股东大会或类似机构审议批准的利润分配方案，宣告分派的现金股利或利润，在实际支付前，形成企业的负债。企业董事会或类似机构通过的利润分配方案中拟分配的现金股利或利润，不应确认负债，但应在附注中披露。

企业经股东大会或类似机构审议批准的利润分配方案，按应支付的现金股利或利润，借记“利润分配”科目，贷记“应付股利”科目；实际支付现金股利或利润时，借记“应付股利”，贷记“银行存款”等科目。

## 九、其他应付款

其他应付款是除应付票据、应付账款、预收账款、应付职工薪酬、应付利息、应付股利、应交税费、长期应付款等以外的其他各项应付或暂收的款项。

企业采用售后回购方式融入资金的，应按实际收到的金额，借记“银行存款”科目，贷记“其他应付款”“应交税费”等科目。回购价格与原销售价格之间的差额，应在售后回购期间内按期计提利息费用，借记“财务费用”科目，贷记“其他应付款”。按照合同约定购回该项商品时，应按实际支付的金额，借记“其他应付款”科目和“应交税费”科目，贷记“银行存款”科目。

企业发生的其他各种应付、暂收款项，借记“银行存款”或“管理费用”等科目，贷记“其他应付款”；支付的其他各种应付、暂收款项，借记“其他应付款”，贷记“银行存款”等科目。

## 第三节　非流动负债

非流动负债是与流动负债相比较而言的，按照我国会计准则的相关规定，主要有长期借款、应付债券、长期应付款、预计负债等类型。还有一些非流动负债与特定业务相联系，例如递延所得税负债与所得税相联系，未确认融资费用和租赁业务联系紧密，递延收益主要与政府补助联系紧密，这些类型的非流动负债在其相关业务中讲解更加符合逻辑，本章不再赘述。还有些非流动负债属于金融行业特有，如未到期责任准备金、保险责任准备金、保户储金、永续债等，本书作为中级财务会计都不再涉及。

非流动负债应当按照公允价值进行初始计量，与流动负债基本不考虑货币时间价值不同，需要考虑时间价值的影响，要采用摊余成本进行后续计量。摊余成本一般采用实际利率法，只有实际利率与合同利率差别较小的，才可按合同利率计算利息费用，实际利率法的应用将在本章应付债券部分详细讲述。

### 一、长期借款

长期借款，是指企业从银行或其他金融机构借入的期限在 1 年以上（不含 1 年）的借款。需要注意的是，如果在资产负债表日，距离还款日期不到 1 年，不需要在账户中进行调整，但是编制财务报告时，需要把这些长期借款的金额计入流动负债类别里的“一年内到期的非流动负债”项目。

#### （一）科目设置

企业设置“长期借款”科目核算企业从银行实际取得和归还借款期限长、债务金额大的长期借款类经济业务。为了提供企业资金筹集和偿还期限所需要的信息，“长期借款”科目还要按照贷款单位和贷款种类设置明细科目；为了核算长期借款相关利息，还需要按照“本金”“利息调整”“应计利息”等进行明细核算。

### （二）借入长期借款的核算

企业借入各种长期借款直接存入银行存款账户，因此要借记“银行存款”科目，但承担的现实义务的核算相对复杂，借款的本金要专门设置明细账户反映，所以按照借款本金的金额贷记“长期借款——本金”科目，如果本金和取得借款的金额之间存在差额，借记或贷记“长期借款——利息调整”科目。

### （三）承担债务期间利息的核算

在每个资产负债表日，企业计算长期借款的摊余成本和实际利率计算确定的长期借款的利息费用（注意与银行结息日在时点上有差异），按照借款的用途把相关利息记入对应科目，体现因果关系。如果借款用于固定资产的构建，其利息则应借记“在建工程”，如果该借款用于构建长于一年才能达到预订可使用或可销售状态的存货则借记“制造费用”等科目，如果不属于上述两种类型则不需要记入资产价值进行资本化，而是直接费用化处理，在会计分录上就体现为借记“财务费用”科目。每期需要偿付的利息是按照合同利率而不是实际利率计算，企业需要按借款本金和合同利率计算确定的应付未付利息，贷记“应付利息”科目。如果实际利率和合同利率之间存在差异，则二者之间的差额需要借记或贷记“长期借款——利息调整”科目。实际支付利息时，借记“应付利息”科目，贷记“银行存款”科目。需要注意的是，对于一次还本付息的长期借款，由于归还的利息从性质上看更类似长期借款，因此利息不纳入“应付利息”科目核算，而是贷记“长期借款——应计利息”科目。

### （四）归还长期借款的核算

企业归还长期借款时，按照会计原理还要计算资产负债表日之后的利息，借记“在建工程”“财务费用”“制造费用”等科目，贷记“应付利息”明细科目，借记或贷记“长期借款——利息调整”科目，最终“利息调整”明细科目的余额为0（此时根据名义利率和实际利率之间计算的利息已经达到相同）。最后，按归还的长期借款本金，借记“长期借款——本金”以及“应付利息”科目，贷记“银行存款”。也可以简化处理，即在归还长期借款时借记“长期借款——本金”明细科目以及“应付利息”科目（此时前期计提的利息还没有支付，如果已经支付则不需要借记“应付利息”科目），借记或贷记“长期借款——利息调整”科目，按实际归还的款项，贷记“银行存款”科目，按其差额，借记“在建工程”“财务费用”“制造费用”等科目。

【例 9-6】A 造船企业 1 月 1 日接到 3 年后交付的订单，于是当年 7 月 1 日向 M 银行借入专门借款 180000000 元，借款利率与市场利率相同为 6%，每半年付息一次，期满后一次还清本金。7 月 1 日当日支付为生产船只的材料价款 150000000 元，7 月 15 日该批原材料中有 100000000 元投入生产，其余原材料陆续投入使用。9 月 1 日，以专门借款支付职工薪酬 30000000 元。3 年后 A 企业按期交付船只并偿还银行借款。

假定不考虑闲置专门借款资金存款的利息收入，A 企业与借款及其偿还相关的有关账务处理如下：

（1）取得借款时：

借：银行存款　　180000000

　贷：长期借款——M 银行——本金　　180000000

（2）每半年计算利息时：

借：在建工程——B 船　　5400000

　贷：应付利息——M 银行　　5400000

（3）支付借款利息时：

借：应付利息——M 银行　　5400000

　贷：银行存款　　5400000

（4）归还借款本息时：

由于 A 企业按照合同交付船只以后的专门借款利息不应当资本化，而应当记入期间费用，此时计算利息的会计分录为：

借：财务费用　　5400000

　贷：应付利息——M 银行　　5400000

同时：

借：应付利息——M 银行　　180000000

　　长期借款——M 银行——本金　　5400000

　贷：银行存款　　185400000

## 二、应付债券

企业可以发行一般债券筹集资金，也可以发行可转换公司债券。无论是上述哪种债券的发行，企业都要设置“应付债券”科目来核算为筹集长期资金而发行的债券本金和利息，并且该科目应当按照“面值”“利息调整”“应计利息”进行明细核算，其期末贷方余额，反映企业尚未偿还的长期债券的摊余成本。

### （一）一般公司债券

#### 1. 一般公司债券的发行

按照票据法的规定，企业发行债券一般会超过一年以上，构成了企业的长期负债。由于公司债券的票面利率和市场利率可能会存在差异，即便这种差异是考虑了发债公司的特有风险，这种差异也会导致公司债券的发行价格可能与票面价值不同，也就是说公司债券可以平价发行，也可以采取溢价或折价方式发行。如果票面利率高于实际市场利率，意味着发债公司每期要支付高于市场的利息，在不考虑其他条件的情况下，公司可以按照超过债券票面价值的价格发行，也就是溢价发行。其实溢价不过是时间差而已，是企业以后各期多付利息而事先得到的补偿。反之，如果公司债券票面利率低于市场利率，在不考虑其他条件时可按低于债券票面价值的价格发行，即折价发行，折价也是时间差，是公司由于未来按照票面利率计算的少付利息而预先给投资者的补偿。

企业无论是按面值发行，还是溢价发行或折价发行公司债券，均应按其面值贷记“应付债券——面值”科目，同时借记“银行存款”科目，根据二者之间的差额，借记或贷记“应付债券——利息调整”科目。

2. 利息调整的摊销

公司债券可以一次还本付息，也可以分期付息、一次还本。按照我国会计准则的规定，无论采用哪种付息方式，债券存续期间的利息调整都要采用实际利率法进行摊销。

在资产负债表日，企业对于分期付息、一次还本的公司债券，应按应付债券的摊余成本和实际利率计算确定的债券利息费用，借记“在建工程”“制造费用”“财务费用”等科目，按票面利率计算确定的应付未付利息，贷记“应付利息”科目，按其差额，借记或贷记“应付债券——利息调整”科目。

对于一次还本付息的债券，企业应于资产负债表日按摊余成本和实际利率计算确定的债券利息费用，借记“在建工程”“制造费用”“财务费用”等科目，按票面利率计算确定的应付未付利息，贷记“应付债券——应计利息”科目，按其差额，借记或贷记“应付债券——利息调整”科目。

实际利率与票面利率差异很小的，也可以采用合同约定的名义利率计算确定利息费用。

3. 债券的偿还

如果债券利息采取一次还本付息方式计算，企业应于债券到期支付债券本息时，借记“应付债券——面值”“应付债券——应计利息”科目，贷记“银行存款”科目。

如果债券利息采用一次还本、分期付息方式计算，企业应在每期计算利息之后实际支付利息时（计算利息的核算见利息调整的摊销部分的内容），借记“应付利息”科目，贷记“银行存款”科目。债券到期偿还本金并支付最后一期利息时，借记“应付债券——面值”“在建工程”“财务费用”“制造费用”等科目，贷记“银行存款”科目，按其差额，借记或贷记“应付债券——利息调整”科目。

为了加强对公司债券的管理，企业应当设置“公司债券备查簿”，详细登记每一企业债券的票面金额、债券票面利率、还本付息期限与方式、发行总额、发行日期和编号、委托代售单位、转换股份等资料。企业债券到期结清时，应当在备查簿内逐笔注销。

【例 9-7】20×9 年 1 月 1 日，甲上市发行 5 年期公司债券，债券票面价值为 110000 万元，由于票面利率低于市场利率，因而按照折价 95000 万元发行。甲公司每年按票面利率向投资者支付固定利息 4000 万元。5 年后甲公司向投资者归还本金和最后一年的利息。

公司债券的会计核算要按照摊余成本进行计量，首先要计算实际利率。

$$\frac{4000}{(1+r)}+\frac{4000}{(1+r)^2}+\frac{4000}{(1+r)^3}+\frac{4000}{(1+r)^4}+\frac{4000}{(1+r)^5}+\frac{110000}{(1+r)^5}=95000$$

求得实际利率：$r$=6.96%

报告期内公司债券的摊余成本和利息摊销见表 9–1。

表 9–1　报告期内公司债券的摊余成本和利息摊销

| 年份 | 年初摊余成本<br>$a$ | 实际利息<br>$b=a\times r$ | 票面利息<br>$c$ | 年末摊余成本<br>$d=a+b-c$ |
|---|---|---|---|---|
| 20×9 | 95000 | 6610 | 4000 | 97610 |
| 20×0 | 97610 | 6790 | 4000 | 100410 |
| 20×1 | 100410 | 6990 | 4000 | 103390 |
| 20×2 | 103390 | 7190 | 4000 | 106580 |
| 20×3 | 106580 | 7420 | 4000+110000 | 0 |

（1）20×9 年 1 月 1 日发行债券时：

借：银行存款　　950000000

　　应付债券——利息调整　　150000000

　贷：应付债券——面值　　1100000000

（2）20×9 年 12 月 31 日，计算利息费用时：

借：财务费用 / 制造费用 / 在建工程　　66100000

　贷：应付利息　　40000000

　　　应付债券——利息调整　　26100000

（3）20×9 年 12 月 31 日，支付利息时：

借：应付利息　　40000000

　贷：银行存款　　40000000

20×0 年、20×1 年、20×2 年确认利息费用的会计分录与 20×9 年相同，金额与表 9–1 的对应金额一致。

（4）20×3 年 12 月 31 日，归还债券本金及最后一期利息费用时：

借：财务费用 / 制造费用 / 在建工程　　74200000

　　应付债券——面值　　1100000000

　贷：银行存款　　1140000000

　　　应付债券——利息调整　　34200000

## （二）可转换公司债券

可转换公司债券（简称可转换债券或可转债）是指持有者可以在一定时期内和特定条件下，按一定比例或价格将之转换成一定数量的普通股票的特殊公司债券，兼具债权和期权的特征。企业发行的可转换公司债券在"应付债券"科目下设置"可转换公司债券"明细科目核算。

1. 可转债发行的核算

发行可转换公司债券时，企业应按《金融工具确认和计量》准则将负债和权益成分进行分拆，把分拆后形成的负债成分确认为应付债券。我国企业会计准则规定，企业发行的某些非衍生金融工具（如可转换公司债券等）既含有负债成分，又含有权益成分时，应当在初始确认时将负债和权益成分进行分拆，分别进行处理。具体来说，在进行分拆时，应当先确定负债成分的公允价值并以此作为其初始确认金额，再按照该金融工具整体的发行价格扣除负债成分初始确认金额后的金额确定权益成分的初始确认金额。此外，发行该非衍生金融工具发生的交易费用，应当在负债成分和权益成分之间按照各自的相对公允价值进行分摊。

具体来说就是按实际收到的金额，借记"银行存款"等科目，按该项可转换公司债券包含的负债成分的公允价值，贷记"应付债券——可转换公司债券"科目，按其差额贷记"其他权益工具"科目。

2. 转换为股票的核算

可转换公司债券持有人行使转换权利，将其持有的债券转换为股票的，按可转换公司债券的余额，借记"应付债券——可转换公司债券——面值"科目，借记或贷记"应付债券——可转换公司债券——利息调整"科目，按其权益成分的金额，借记"其他权益工具"科目，按股票面值和转换的股数计算的股票面值总额，贷记"股本"科目，按其差额，贷记"资本公积——股本溢价"科目。如用现金支付不可转换股票的部分，还应贷记"库存现金""银行存款"等科目。

【例 9-8】可转换公司债券在转换为股票之前，其所包含的负债成分，以及未转换股票的可转换公司债券到期还本付息，应当比照一般公司债券的会计处理方式。

20×9 年 1 月 1 日，乙上市公司按每份面值 1000 元发行了 50000 份可转换债券，取得总收入 50000000 元。该债券期限为 3 年，票面年利息为 6%，利息按年支付；每份债券均可在债券发行 1 年后的任何时间转换为 250 股普通股。乙公司发行该债券时，二级市场上与之类似但没有转股权的债券的市场利率为 9%。假定不考虑其他相关因素，乙公司将发行的债券划分为以摊余成本计量的金融负债，并且债券利息费用直接记入当期财务费用。

本例中，先对负债部分进行计量，债券发行收入与负债部分的公允价值之间的差额则分配到所有者权益部分。负债部分的现值按 9% 的折现率计算（表 9-2）。按照新准则规定，发行的可转换公司债券，应按实际收到的金额，借记"银行存款"等科目，按该项可转换公司债券包含的负债成本的面值，贷记"应付债券——可转换公司债券——面值"科目，按权益成分的公允价值，贷记"其他权益工具"，按其差额，借记或贷记"应付债券——利息调整"。

表 9-2　可转换债券拆分表

单位：元

| | |
|---|---|
| 本金的现值（第 3 年年末应付本金 50000000 元，复利现值系数为 0.7721835） | 38609175 元 |
| 利息的现值（3 年期内每年应付利息 3000000 元，年金现值系数为 2.5312917） | 7593875 元 |
| 计入负债部分总额 | 46203050 元 |
| 计入所有者权益部分 | 3796950 元 |
| 债券发行总收入 | 50000000 元 |

（1）20×9 年 1 月 1 日，发行可转换债券时会计分录为：

借：银行存款　50000000

　应付债券——可转换公司债券——利息调整　3796950

　贷：应付债券——可转换公司债券——面值　50000000

　　其他权益工具　3796950

（2）20×9 年 12 月 31 日，确认利息费用并支付利息时：

应计入财务费用的利息 =46203050×9%=4158274.5（元）

当期应付未付的利息费用 =50000000×6%=3000000（元）

借：财务费用　4158274.5

　贷：应付利息　3000000

　　应付债券——可转换公司债券——利息调整　1158274.5

借：应付利息　3000000

　贷：银行存款　3000000

（3）20×0 年 1 月 1 日，债券持有人行使转换权时：

转换的股份数 =50000×250=12500000（股）

借：应付债券——可转换公司债券——面值　50000000

　其他权益工具　3796950

　贷：股本　12500000

　　应付债券——可转换公司债券——利息调整　2638675.5

　　资本公积——股本溢价　38658274.5

## 三、长期应付款

长期应付款是指企业除长期借款和企业债券以外的其他各种长期应付款项，包括以分期付款方式购入固定资产和无形资产发生的应付账款、应付融资租入固定资产的租赁费等。企业应设置“长期应付款”科目核算这些交易或事项，并且按照长期应付款的种类和债权人进行明细核算。还应设置“未确认融资费用”科目核算因延期支付产生的利息费用，并按照未确认融资费用项目进行明细核算。

### （一）具有融资性质的延期付款购买资产

1. 购买资产时的核算

如果企业延期支付的购买价款超过正常信用条件，实质上是具有融资性质的，所购资产的成本应当以延期支付购买价款的现值为基础确定。实际支付的价款与购买价款的现值之间的差额，应当在信用期间内采用实际利率法进行摊销，符合资本化条件的，计入相关资产成本，否则计入当期损益。其账务处理为：企业购入资产超过正常信用条件延期付款实质上具有融资性质时，应按购买价款的现值，借记“固定资产”“在建工程”“无形资产”“研发支出”等科目，按应支付的价款总额，贷记“长期应付款”科目，按其差额，借记“未确认融资费用”科目。按期支付价款，借记“长期应付款”科目，贷记“银行存款”科目。

2. 未确认融资费用的核算

“未确认融资费用”属于负债性质，在赊购到付款之间的期间逐步确认为当期费用。企业应当采用实际利率法计算确定当期的利息费用，借记“财务费用”“在建工程”“研发支出”科目，贷记“未确认融资费用”科目。最终的结果就是所有的“未确认融资费用”确认为各期的融资费用，而融资费用是资本化还是费用化？企业应根据《企业会计准则第 17 号——借款费用》的规定执行。

【例 9-9】甲企业于 20×9 年 1 月 1 日与乙企业签订一项购货合同，甲企业从乙企业购入一台需要安装的大型机器设备 A。合同约定，甲企业采用分期付款方式支付价款。该设备价款共计 900000 元，首期款项 150000 元于 20×9 年 1 月 1 日支付，其余款项在未来 5 年期间的年底平均支付。20×9 年 1 月 1 日，设备如期运抵甲企业并开始安装，发生运杂费和相关税费 160000 元，已用银行存款付讫。甲企业按照合同约定用银行存款如期支付了款项（折现率为 10%）。20×9 年 12 月 31 日，大型机器设备 A 达到预定可使用状态，发生安装费 40000 元，已用银行存款付讫。并按照约定通过银行存款支付该设备每年年底应付的 150000 元。

企业购买固定资产通常会在正常信用条件期限内付款，但也会发生超过正常信用条件购买固定资产的经济业务事项，如采用分期付款方式购买资产，且在合同中规定的付款期限比较长，超过了正常信用条件，通常在 3 年以上。在这种情况下，该类购货合同实质上具有融资租赁性质，购入资产的成本不能以各期付款额之和确定，而应以各期付款额的现值之和确定。购入固定资产时，按购买价款的现值，借记“固定资产”或“在建工程”科目；按应支付的金额，贷记“长期应付款”科目；按其差额，借记“未确认融资费用”科目。固定资产购买价款的现值，应当按照各期支付的购买价款选择恰当的折现率进行折现后的金额加以确定。折现率是反映当前市场货币时间价值和延期付款债务特定风险的利率。该折现率实质上是供货企业的必要报酬率。各期实际支付的价款与购买价款的现值之间的差额，符合《企业会计准则第 17 号——借款费用》中规定的资本化条件的，应当计入固定资产成本，其余部分应当在信用期间内确认为财务费用，计入当期损益。

购买价款的现值 =150000+150000×（P/A，10%，5）

=150000+150000×3.7908

=718620（元）

20×9 年 1 月 1 日甲企业的账务处理如下：

借：在建工程——设备 A　　718620

　　未确认融资费用　　181380

　贷：长期应付款——应付融资租赁款　　900000

借：长期应付款——应付融资租赁款　　150000

　贷：银行存款　　150000

借：在建工程——设备 A　　160000

　贷：银行存款　　160000

表 9-3　甲企业设备 A 未确认融资费用分摊表

20×9 年 12 月 31 日　　金额单位：元

| 日期 | 分期付款额 | 确认的融资费用 | 应付本金减少额 | 应付本金余额 |
|---|---|---|---|---|
| （1） | （2） | （3）=期初（5）×10% | （4）=（3）-（2） | 期末（5）=期初（5）-（4） |
| 20×9-1-1 | | | | 568620① |
| 20×9-12-31 | 150000 | 56862 | 93138 | 475482 |
| 20×0-12-31 | 150000 | 47548 | 102452 | 373030 |
| 20×1-12-31 | 150000 | 37303 | 112697 | 260333 |
| 20×2-12-31 | 150000 | 26033 | 123967 | 136366 |
| 20×3-12-31 | 150000 | 13634② | 136366③ | 0 |
| 合计 | 750000 | 181380 | 568620 | — |

① 568620=718620-150000。

② 13634=181380（未确认融资费用）-56862-47548-37303-26033。

③ 136366=150000-13634。

12 月 31 日，甲企业的账务处理如下：

借：在建工程——设备 A　　56862

　贷：未确认融资费用　　56862

借：长期应付款　　150000

　贷：银行存款　　150000

借：在建工程——设备 A　　40000

　贷：银行存款　　40000

借：固定资产　　2725482

贷：在建工程——设备 A　　　　　　　　　　　　　　　　　2725482

设备 A 已经达到预定可使用状态，未确认融资费用的分摊额不再符合资本化条件，应计入当期损益。

**（二）应付融资租入固定资产的租赁费**

**1. 融资租赁相关概念及判断标准**

我国企业会计准则与国际财务报告准则持续趋同，国际会计准则委员会已经修订了租赁准则，我国也已经在 2018 年完成修订工作并正式颁布《企业会计准则第 21 号——租赁》。租赁，是指在一定期间内，出租人将资产的使用权让与承租人以获取对价的合同。在合同开始日，企业应当评估合同是否为租赁或者包含租赁。如果合同中一方让渡了在一定期间内控制一项或多项已识别资产使用的权利以换取对价，则该合同为租赁或者包含租赁。承租人和出租人应当在租赁开始日将租赁分为融资租赁和经营租赁。租赁开始日，是指租赁协议日与租赁各方就主要租赁条款做出承诺日中的较早者。

租赁期开始日，是指出租人提供租赁资产使其可供承租人使用的起始日期。在租赁期开始日，承租人应当对租入资产、最低租赁付款额和未确认融资费用进行初始确认；出租人应当对应收融资租赁款、未担保余值和未实现融资收益进行初始确认。

融资租赁，是指实质上转移了与资产所有权有关的全部风险和报酬的租赁。其所有权最终可能转移，也可能不转移。符合下列一项或数项标准的，应当认定为融资租赁：

（1）在租赁期届满时，租赁资产的所有权转移给承租人。此种情况通常是指在租赁合同中已经约定，或者在租赁开始日根据相关条件做出合理判断，租赁期届满时出租人能够将资产的所有权转移给承租人。

（2）承租人有购买租赁资产的选择权，所订立的购买价款预计将远低于行使选择权时租赁资产的公允价值，因而在租赁开始日就可以合理确定承租人将会行使这种选择权。

（3）即使资产的所有权不转移，但租赁期占租赁资产使用寿命的大部分。其中“大部分”通常是指租赁期占租赁资产使用寿命的 75% 以上（含 75%）。

（4）承租人在租赁开始日的最低租赁付款额现值，几乎相当于租赁开始日租赁资产公允价值；出租人在租赁开始日的最低租赁收款额现值，几乎相当于租赁开始日租赁资产公允价值。其中“几乎相当于”通常掌握在 90% 以上（含 90%）。

（5）租赁资产性质特殊，如果不作较大改造，只有承租人才能使用。

租赁期，是指租赁合同规定的不可撤销的租赁期间。承租人有权选择续租该资产，并且在租赁开始日就可以合理确定承租人将会行使这种选择权，不论是否再支付租金，续租期也包括在租赁期之内。

最低租赁付款额，是指在租赁期内，承租人应支付或可能被要求支付的款项（不包括或有租金和履约成本），加上由承租人或与其有关的第三方担保的资产余值。

承租人有购买租赁资产选择权，所订立的购买价款预计将远低于行使选择权时租赁资产的公允价值，因而在租赁开始日就可以合理确定承租人将会行使这种选择权的，购买价款应当计入最低租赁付款额。

或有租金，是指金额不固定，以时间长短以外的其他因素（如销售量、使用量、物价指数等）为依据计算的租金。或有租金应当在实际发生时计入当期损益。

履约成本，是指租赁期内为租赁资产支付的各种使用费用，如技术咨询和服务费、人员培训费、维修费、保险费等。

最低租赁收款额，是指最低租赁付款额加上独立于承租人和出租人的第三方对出租人担保的资产余值。

**2. 融资租赁中承租人的会计核算**

（1）初始确认与计量。融资租入固定资产，在租赁期开始日，应按租赁准则确定的应计入固定资产成本的金额，借记“在建工程”或“固定资产”科目，按最低租赁付款额，贷记“长期应付款”科目，按发生的初始直接费用，贷记“银行存款”等科目，按其差额，借记“未确认融资费用”科目。按期支付租金时，借记“长期应付款”，贷记“银行存款”等科目。承租人在租赁谈判和签订租赁合同过程中发生的，可归属于租赁项目的手续费、律师费、差旅费、印花税等初始直接费用，应当计入租入资产价值。

承租人在计算最低租赁付款额的现值时，能够取得出租人租赁内含利率的，应当采用租赁内含利率作为折现率；否则，应当采用租赁合同规定的利率作为折现率。承租人无法取得出租人的租赁内含利率且租赁合同没有规定利率的，应当采用同期银行贷款利率作为折现率。租赁内含利率，是指在租赁开始日，使最低租赁收款额的现值与未担保余值的现值之和等于租赁资产公允价值与出租人的初始直接费用之和的折现率。

担保余值，就承租人而言，是指由承租人或与其有关的第三方担保的资产余值；就出租人而言，是指就承租人而言的担保余值加上独立于承租人和出租人的第三方担保的资产余值。资产余值，是指在租赁开始日估计的租赁期届满时租赁资产的公允价值。未担保余值，是指租赁资产余值中扣除就出租人而言的担保余值以后的资产余值。

（2）未确认融资费用的分摊。未确认融资费用应当在租赁期内各个期间进行分摊，采用实际利率法计算确定的当期利息费用，借记“财务费用”或“在建工程”科目，贷记“未确认融资费用”科目。承租人应当采用实际利率法计算确认当期的融资费用。承租人采用实际利率法分摊未确认融资费用时，应当根据租赁期开始日租入资产入账价值的不同情况，对未确认融资费用采用不同的分摊率：

①以出租人的租赁内含利率为折现率将最低租赁付款额折现，且以该现值作为租入资产入账价值的，应当将租赁内含利率作为未确认融资费用的分摊率。

②以合同规定利率为折现率将最低租赁付款额折现，且以该现值作为租入资产入账价值的，应当将合同规定利率作为未确认融资费用的分摊率。

③以银行同期贷款利率为折现率将最低租赁付款额折现，且以该现值作为租入资产入账价值的，应当将银行同期贷款利率作为未确认融资费用的分摊率。

④以租赁资产公允价值作为入账价值的，应当重新计算分摊率。该分摊率是使最低租赁付款额的现值与租赁资产公允价值相等的折现率。

承租人应当采用与自有固定资产相一致的折旧政策计提租赁资产折旧。能够合理确定租赁期届满时取得租赁资产所有权的，应当在租赁资产使用寿命内计提折旧。无法合理确定租赁期届满时能够取得租赁资产所有权的，应当在租赁期与租赁资产使用寿命两者中较短的期间内计提折旧。

（3）租赁期届满的会计核算。租赁期届满时，承租人可以返还、优惠续租和留购租赁资产。如果承租人向出租人返还租赁资产，应借记“长期应付款——应付融资租赁款”“累计折旧”科目，贷记“固定资产——融资租入固定资产”科目。如果承租人行使优惠续租选择权，则应视同该项租赁一直存在进行会计核算。如果承租人在租赁期届满时没有续租，根据租赁协议规定向出租人支付违约金时，应当借记“营业外支出”科目，贷记“银行存款”等科目。如果承租人享有优惠购买选择权，在支付购买价款时，借记“长期应付款——应付融资租赁款”科目，贷记“银行存款”等科目；同时将固定资产从“融资租赁固定资产”明细科目转入有关明细科目。

### （三）融资租赁中出租人的会计处理

在租赁期开始日，出租人应当将租赁开始日最低租赁收款额与初始直接费用之和作为应收融资租赁款的入账价值，同时记录未担保余值；将最低租赁收款额、初始直接费用及未担保余值之和与其现值之和的差额确认为未实现融资收益。出租人在租赁期开始日按照上述规定转出租赁资产，租赁资产公允价值与其账面价值如有差额，应当计入当期损益。

未实现融资收益应当在租赁期内各个期间进行分配。出租人应当采用实际利率法计算确认当期的融资收入。出租人采用实际利率法分配未实现融资收益时，应当将租赁内含利率作为未实现融资收益的分配率。

## 四、预计负债

### （一）或有事项的概念及其特征

或有事项，是指过去的交易或者事项形成的，其结果须由某些未来事项的发生或不发生才能决定的不确定事项。常见的或有事项主要包括：未决诉讼或仲裁、债务担保、产品质量保证（含产品安全保证）、承诺、亏损合同、重组义务、环境污染整治等。或有事项的主要特征有如下三个方面：

#### 1. 由过去交易或事项形成

或有事项的现存状况是过去交易或事项引起的客观存在。比如，未决诉讼虽然是正在进行中的诉讼，但该诉讼是企业因过去的经济行为导致起诉其他单位或被其他单位起诉。这是现存的一种状况而不是未来将要发生的事项。未来可能发生的自然灾害、交通事故、经营亏损等，不属于或有事项。

2. 结果具有不确定性

或有事项的结果是否发生具有不确定性，或者或有事项的结果预计将会发生，但发生的具体时间或金额具有不确定性。比如，债务担保事项的担保方到期是否承担和履行连带责任，需要根据债务到期时被担保方能否按时还款加以确定。这一事项的结果在担保协议达成时具有不确定性。

3. 由未来事项决定

或有事项的结果只能由未来不确定事项的发生或不发生才能决定。比如，债务担保事项只有在被担保方到期无力还款时企业（担保方）才履行连带责任。

（二）预计负债的确认

或有负债，是指过去的交易或者事项形成的潜在义务，其存在须通过未来不确定事项的发生或不发生予以证实；或过去的交易或者事项形成的现时义务，履行该义务不是很可能导致经济利益流出企业或该义务的金额不能可靠计量。

企业不应当确认或有负债和或有资产。或有事项会形成或有负债，也可能带来或有资产，但是否在资产负债表中确认需要我们按照负债和资产的定义进行比较和分析，是指过去的交易或事项形成的潜在义务，其存在须通过未来不确定事项的发生或不发生予以证实；或过去的交易或事项形成的现时义务，履行该义务不是很可能导致经济利益流出企业或该义务的金额不能可靠计量。企业不应当就未来经营亏损确认预计负债。与或有事项相关的义务同时满足下列条件的，应当确认为预计负债：

1. 该义务是企业承担的现时义务

企业没有其他现实的选择，只能履行该义务，如法律要求企业必须履行，有关各方合理预期企业应当履行等。

2. 履行该义务很可能导致经济利益流出企业

很可能，通常是指履行与或有事项相关的现时义务时，导致经济利益流出企业的可能性超过 50%。履行或有事项相关义务导致经济利益流出的可能性，通常按照下列情况加以判断（表 9–4）：

表 9–4　可能性对应概率区间表

| 结果的可能性 | 对应的概率区间 |
|---|---|
| 基本确定 | 大于 95% 但小于 100% |
| 很可能 | 大于 50% 但小于或等于 95% |
| 可能 | 大于 5% 但小于或等于 50% |
| 极小可能 | 大于 0 但小于或等于 5% |

3. 该义务的金额能够可靠计量

即便能够符合预计负债其他确认条件而无法可靠计量，也仅能作为财务报告附注进行披露。

### （三）预计负债的计量

企业计量预计负债金额时，应充分考虑与或有事项有关的风险和不确定性，在此基础上按照最佳估计数确定预计负债的金额。预计负债的金额通常等于未来应支付的金额，但未来应支付金额与其现值相差较大的，如油气井及相关设施或核电站的弃置费用等，应当按照未来应支付金额的现值确定。有确凿证据表明相关未来事项将会发生的，如未来技术进步、相关法规出台等，确定预计负债金额时应考虑相关未来事项的影响。确定预计负债的金额不应考虑预期处置相关资产形成的利得。

预计负债应当按照履行相关现时义务所需支出的最佳估计数进行初始计量。所需支出存在一个连续范围，且该范围内各种结果发生的可能性相同的，最佳估计数应当按照该范围内的中间值确定。在其他情况下，最佳估计数应当分别按下列情况处理：

（1）或有事项涉及单个项目的，按照最可能发生金额确定。

（2）或有事项涉及多个项目的，按照各种可能结果及相关概率计算确定。

企业在确定最佳估计数时，应当综合考虑与或有事项有关的风险、不确定性和货币时间价值等因素。货币时间价值影响重大的，应当通过对相关未来现金流出进行折现后确定最佳估计数。

**【例 9-10】**甲企业于 12 月 31 日根据以前年度的维修记录，以及维修费用与产品销售收入之间存在相关关系确认和计量预计负债。如果产品发生较小的质量问题，发生的维修费用为销售收入的 2%，如果发生较大的质量问题，发生的维修费用为销售收入的 5%。根据技术部门的预测，本年度销售的产品中，90% 不会发生质量问题，8% 可能发生较小的质量问题，2% 可能发生较大的质量问题。

本业务中的维修费用属于或有事项，由于具备合理估计未来修理费用的金额的条件，所以应当确认预计负债 294500000 × 90% × 0+294500000 × 8% × 2%+294500000 × 2% × 5%=765700 元。

借：销售费用　　765700

　贷：预计负债　　765700

企业应当在资产负债表日对预计负债的账面价值进行复核。有确凿证据表明该账面价值不能真实反映当前最佳估计数的，应当按照当前最佳估计数对该账面价值进行调整。

### （四）预计负债的列报和披露

在资产负债表中，因或有事项而确认的预计负债应与其他负债项目区别开来，单独反映。如果企业因多项或有事项确认了预计负债，在资产负债表上一般只需通过“预计负债”项目进行总括反映。在将或有事项确认为负债的同时，应确认一项支出或费用。这项费用或支出在利润表中不应单列项目反映，而应与其他费用项目（如“销售费用”“管理费用”“营业外支出”等）合并反映。比如，企业因产品质量保证确认负债时所确认的费用，在利润表中应作为“销售费用”的组成部分予以反映；又如，企业因对其他单位提供债务担保确认负债时所确认的费用，在利润表中应作为“营业外支出”的组成部分予以反映。

企业应在会计报表附注中披露预计负债的如下内容：

（1）预计负债的种类、形成原因以及经济利益流出不确定性的说明。

（2）各类预计负债的期初、期末余额和本期变动情况。

（3）与预计负债有关的预期补偿金额和本期已确认的预期补偿金额。

**（五）或有负债的披露**

或有负债无论作为潜在义务还是现时义务，均不符合负债的确认条件，因而不予确认。但是，除非或有负债极小可能导致经济利益流出企业，否则企业应当在附注中披露下列信息（不包括极小可能导致经济利益流出企业的或有负债）：

（1）或有负债的种类及其形成原因，包括已贴现商业承兑汇票、未决诉讼、未决仲裁、对外提供担保等形成的或有负债。

（2）经济利益流出不确定性的说明。

（3）或有负债预计产生的财务影响，以及获得补偿的可能性；无法预计的，应当说明原因。

在涉及未决诉讼、未决仲裁的情况下，披露全部或部分信息预期对企业造成重大不利影响的，企业无须披露这些信息，但应当披露该未决诉讼、未决仲裁的性质，以及没有披露这些信息的事实和原因。

## 本章小结

本章阐述了所有者权益核算的基本要求及其各组成项目的会计处理。主要包括：权益工具与金融负债的区分，实收资本和其他权益工具的确认、计量及账务处理，资本公积和其他综合收益的确认、计量及账务处理，留存收益的构成及其各自的确认、计量及账务处理方法。

## 思考题

（1）通过获得商业信用而分期付款取得的固定资产，与一次性付款取得的资产的计量存在差异，这种差异对财务报告有哪些影响？

（2）应付职工薪酬的核算与税法有哪些差异，如何进行协调？

# 第十章
# 借款费用

【本章学习目标】

了解借款费用的概念及其适用范围，掌握借款费用资本化的标准，资本化的开始时间，暂停资本化和停止资本化的条件，以及借款费用资本化金额的计量。

| 引导案例 |

B公司是一家从事飞行人员及航空相关人员培训的企业。公司向银行借款购买两台模拟飞行设备，记入“在建工程”科目，其中一台于2010年1月竣工，发生借款利息200多万元，另一台于2010年12月竣工，发生借款利息120多万元，公司将该笔借款利息支出直接记入“财务费用——利息净支出”科目一次列支，检查员认为公司应该对该财务费用进行资本化处理。B公司财务人员称，因为公司业务单一，财务核算制度也比较简单，大多数的费用性支出都是一次性列支，故没有仔细分析该模拟设备项目中借款费用的资本化问题。检查员向B公司财务人员详细介绍了借款费用资本化的相关规定，同时认为根据相关规定和取证资料显示，B公司的模拟飞行设备项目完全符合借款费用资本化要求，公司应将借款计入在建工程成本，反映在“在建工程”科目中。同时，为了准确反映企业在建工程成本中借款费用所占的金额比重，应在“在建工程”科目中，单设一个“借款费用”明细科目，来反映企业每期资本化的借款费用，企业当就该项目进行资本化处理并补缴相应税款。检查员与B公司财务人员争论的焦点在于借款费用的确认和计量，这也是本章我们要讨论的问题。

# 第一节　借款费用概述

## 一、借款及其分类

借款包括专门借款和一般借款。专门借款是指为购建或者生产符合资本化条件的资产而专门借入的款项。专门借款通常应当有明确的用途，即为购建或者生产某项符合资本化条件的资产而专门借入的，并通常应当具有标明该用途的借款合同。例如，某制造企业为了建造厂房向某银行专门贷款1亿元，某房地产开发企业为了开发某住宅小区向某银行专门贷款2亿元，某施工企业为了完成承接的某运动场馆建造合同向银行专门贷款5000万元等，均属于专门借款，其使用目的明确，而且其使用受与银行签订的相关合同限制。一般借款是指除专门借款之外的借款，相对于专门借款而言，一般借款在借入时，其用途通常没有特指用于符合资本化条件的资产的购建或者生产。

## 二、借款费用的概念

借款费用是企业因借入资金所付出的成本与代价，具体包括借款利息、折价或者溢价的摊销、辅助费用以及因外币借款而发生的汇兑差额等。与融资租赁有关的融资费用，虽然属于借款费用，但请读者参阅本书租赁相关内容。需要注意的是，企业发生的权益性融资费用，不属于借款费用。

其中，借款利息包括企业向银行或者其他金融机构等借入资金发生的利息，发行公司债券或企业债券发生的利息，以及为购建或者生产符合资本化条件的资产而发生的带息债务所承担的利息等。折溢价摊销主要是指发行债券等时发生的折价或者溢价。从实质上看，这是对债券票面利息的调整，应当作为以后各期利息费用的调整额。辅助费用是指企业在借款过程中发生的诸如手续费、佣金等费用。这些费用是因借款而发生，是借款费用的构成部分。外币借款而发生的汇兑差额是指因宏观汇率变动导致市场汇率与账面汇率出现差异，从而对外币借款本金及其利息的记账本位币金额所产生的影响金额。

## 三、借款费用资本化的范围

借款费用应予资本化的借款范围既包括专门借款，也包括一般借款。其中，对于一般借款，只有在构建或者生产符合资本化条件的资产的实体已经开始时，才可予以资本化。虽说专门借款从字面上看与资产构建本身具有因果关系，有人认为应当把专门借款的利息全部进行资本化，但是根据我国目前会计准则的规定，专门借款资本化只能在允许资本化期间才能进行确认，专门借款利息资本化的比例较一般借款来讲更高，但不是全部。

需要读者注意的是，从财务会计视角看待的企业是所有者的企业，企业因债务融资而发生的费用，无论当时是进行资本化还是费用化，最终都会转化为费用，是企业为了取得净利润而付出的代价。虽然同为融资成本，企业发生的权益性融资费用，例如发放的股利，就不能采用和借款费用类似的会计核算方法。

## 四、符合资本化条件的资产

符合资本化条件的资产是指需要经过相当长时间的购建或者生产活动才能达到预定可使用或者可销售状态的固定资产、投资性房地产和存货等资产。建造合同成本、确认为无形资产的开发支出等在符合条件的情况下，也可以认定为符合资本化条件的资产。

符合资本化条件的存货，主要包括房地产开发企业开发的用于对外出售的房地产开发产品、企业制造的用于对外出售的大型机械设备等，这类存货通常需要经过相当长时间的建造或者生产过程，才能达到预定可销售状态。其中，“相当长时间”应当是指为资产的构建或者生产所必需的时间，通常为 1 年以上（含 1 年）。

但是读者需要注意，并不是所有的与固定资产购建相关的借款利息都需要进行资本化，“需要经过相当长时间的构建才能达到预定可使用状态”的资产才需要资本化。同时要考虑会计的成本效益原则，会计核算本身如果过于复杂而能够为决策提供的信息有限，不如采用简化处理方法。因此，如果用银行借款开工建设简易厂房，当月开工并于当月达到预定可使用状态，则根本不需要按照借款费用准则进行复杂的会计处理，借款利息计入当期财务费用即可。同样，如果由于人为或者故意等非正常因素导致资产的购建或者生产时间相当长的，该资产不属于符合资本化条件的资产。

## 第二节 借款费用的确认

将每期发生的借款费用资本化，计入相关资产的成本，还是将有关借款费用费用化，计入当期损益，这是借款费用的确认将要主要解决的问题。由于企业只有发生在资本化期间内的有关借款费用才允许资本化，因此资本化期间的确定对于借款费用确认和计量至关重要。

### 一、借款费用资本化的原则

借款费用的确认主要解决的是将每期发生的借款费用资本化，计入相关资产的成本，还是将有关借款费用费用化，计入当期损益的问题。根据借款费用准则的规定，借款费用确认的基本原则是：企业发生的借款费用，可直接归属于符合资本化条件的资产的购建或者生产的，应当予以资本化，计入相关资产成本；其他借款费用，应当在发生时根据其发生额确认为费用，计入当期损益。

企业只有发生在资本化期间内的有关借款费用，才允许资本化，资本化期间的确定是借款费用确认和计量的重要前提。借款费用资本化期间，是指从借款费用开始资本化时点到停止资本化时点的期间，但不包括借款费用暂停资本化的期间。

在实务中，如果由于人为或者故意等非正常因素导致资产的购建或者生产时间相当长的，该资产不属于符合资本化条件的资产。购入即可使用的资产，或者购入后需要安装但所需安装时间较短的资产，或者需要建造或生产但建造或生产时间较短的资产，均不属于符合资本化条件的资产。

例如，船舶在很多人印象当中应当纳入固定资产核算，其实大家是站在使用者角度来思考问题，对于生产船舶的企业来说，船舶属于需要相当长时间才能达到预定可使用状态的存货，为造船所借款项的利息可以资本化（资本化金额根据本章相关内容计量）。与此不同的是，钢铁生产企业向银行借款的利息，一般来说就要直接计入当期财务费用。

## 二、借款费用开始资本化的时点

借款费用允许开始资本化必须同时满足三个条件，即资产支出已经发生、借款费用已经发生、为使资产达到预定可使用或者可销售状态所必要的购建或者生产活动已经开始。

### （一）"资产支出已经发生"的界定

"资产支出已经发生"，是指企业已经发生了支付现金、转移非现金资产或者承担带息债务形式所发生的支出。

#### 1. 支付现金

支付现金是指用货币资金支付符合资本化条件的资产的购建或者生产支出。

#### 2. 转移非现金资产

转移非现金资产是指企业将自己的非现金资产直接用于符合资本化条件的资产的购建或者生产。

#### 3. 承担带息债务

承担带息债务是指企业为了购建或者生产符合资本化条件的资产所需用物资等而承担的带息应付款项（如带息应付票据）。企业以赊购方式购买这些物资所产生的债务可能带息，也可能不带息。如果企业赊购这些物资承担的是不带息债务，就不应当将购买价款计入资产支出，因为该债务在偿付前不需要承担利息，也没有占用借款资金。企业只有等到实际偿付债务，发生了资产流出时，才能将其作为资产支出。如果企业赊购物资承担的是带息债务，则企业要为这笔债务付出代价，支付利息，与企业向银行借入款项用以支付资产支出在性质上是一致的。所以，企业为购建或者生产符合资本化条件的资产而承担的带息债务应当作为资产支出，当该带息债务发生时，视同资产支出已经发生。

### （二）"借款费用已经发生"的界定

"借款费用已经发生"，是指企业已经发生了因购建或者生产符合资本化条件的资产而专门借入款项的借款费用或者所占用的一般借款的借款费用。

### （三）"购建生产活动已经开始"的界定

"为使资产达到预定可使用或者可销售状态所必要的购建或者生产活动已经开始"，是指符合资本化条件的资产的实体建造或者生产工作已经开始，例如主体设备的安装、厂房的实际开工建造等。它不包括仅仅持有资产、但没有发生为改变资产形态而进行的实质上的建造或者生产活动。

需要特别注意的是，企业只有在上述三个条件同时满足的情况下，有关借款费用才可开始资本化，只要其中有一个条件没有满足，借款费用就不能开始资本化。例如，某企业借助专门借款构建厂房，当时构建固定资产过程中所需要的建筑材料等都是供应商垫付，施工工人的薪酬也没有形成现金流出。由于在该厂房的构建过程中没有使用专门借款，只是在厂房建设完工后再以专门借款偿付给供应商，这种情况下由于没有满足第一个确认条件，因此不能把专门借款的利息资本化，而是直接计入当期财务费用。再如，如果厂房建设开工时专门借款还没到位，那么开工之前发生的专门借款利息也不能资本化。再比如，使用专门借款购买厂房构建所需要的钢筋水泥等工程物资，专门借款也已到位并开始计提利息，只不过厂房还没开始构建，在厂房开始施工之前发生的专门借款利息也要费用化处理。

## 三、借款费用暂停资本化的时间

符合资本化条件的资产在购建或者生产过程中发生非正常中断，且中断时间连续超过 3 个月的，应当暂停借款费用的资本化。中断的原因必须是非正常中断，属于正常中断的，相关借款费用仍可资本化。在实务中，企业应当遵循“实质重于形式”等原则来判断借款费用暂停资本化的时间，如果相关资产购建或者生产的中断时间较长而且满足其他规定条件的，相关借款费用应当暂停资本化。

### （一）正常中断

非正常中断与正常中断显著不同。正常中断通常仅限于因购建或者生产符合资本化条件的资产达到预定可使用或者可销售状态所必要的程序，或者事先可预见的不可抗力因素导致的中断。比如，某些工程建造到一定阶段必须暂停下来进行质量或者安全检查，检查通过后才可继续下一阶段的建造工作，这类中断是在施工前可以预见的，而且是工程建造必须经过的程序，属于正常中断。某些地区的工程在建造过程中，由于可预见的不可抗力因素（如雨季或冰冻季节等原因）导致施工出现停顿，也属于正常中断。例如，在哈尔滨等寒冷地区施工，由于低温对水泥强度有影响，每年都会有几个月的停工时间，这种中断就属于正常中断，停工期间如果发生符合资本化条件的借款费用就可以资本化。

### （二）非正常中断

非正常中断，通常是由于企业管理决策上的原因或者其他不可预见的原因等所导致的中断。比如，企业因与施工方发生了质量纠纷，或者工程、生产用料没有及时供应，或者资金周转发生了困难，或者施工、生产发生了安全事故，或者发生了与资产购建、生产有关的劳动纠纷等原因，导致资产购建或者生产活动发生中断，均属于非正常中断。例如，某企业在施工过程中发生火灾，停工清理整顿期间发生的借款利息就不能资本化。

## 四、借款费用停止资本化的时点

### （一）一般情况下停止资本化时点的判断

购建或者生产符合资本化条件的资产达到预定可使用或者可销售状态时，借款费用应当停止资本化。在符合资本化条件的资产达到预定可使用或者可销售状态之后所发生的借款费用，应当在发生时根据其发生额确认为费用，计入当期损益。购建或者生产符合资本化条件的资产是否达到预定可使用或者可销售状态，可从下列几个方面进行判断：

（1）符合资本化条件的资产的实体建造（包括安装）或者生产工作已经全部完成或者实质上已经完成。

（2）所购建或者生产的符合资本化条件的资产与设计要求、合同规定或者生产要求相符或者基本相符，即使有极个别与设计、合同或者生产要求不相符的地方，也不影响其正常使用或者销售。

（3）继续发生在所购建或生产的符合资本化条件的资产上的支出金额很少或者几乎不再发生。

例如，工程达到预定可使用状态以后，还没有办理竣工决算和移交，此时就应当停止资本化，此后的工程验收日、竣工结算日、资产移交日和投入使用日均不应作为借款费用停止资本化的时点。

### （二）分别建造和分别完工情况下停止资本化的时点判断

所购建或者生产的资产分别建造、分别完工的，企业应当区别情况界定借款费用停止资本化的时点。所购建或者生产的符合资本化条件的资产的各部分分别完工，且每部分在其他部分继续建造或者生产过程中可供使用或者可对外销售，且为使该部分资产达到预定可使用或可销售状态所必要的购建或者生产活动实质上已经完成的，应当停止与该部分资产相关的借款费用的资本化，因为该部分资产已经达到了预定可使用或者可销售状态。购建或者生产的资产的各部分分别完工，但必须等到整体完工后才可使用或者可对外销售的，应当在该资产整体完工时停止借款费用的资本化。

### （三）需要试生产或试运行情况下停止资本化时点的判断

购建或者生产符合资本化条件的资产需要试生产或者试运行的，在试生产结果表明资产能够正常生产出合格产品，或者试运行结果表明资产能够正常运转或者营业时，应当认为该资产已经达到预定可使用或者可销售状态。

# 第三节　借款费用的计量

在借款费用资本化期间内，借款利息才可以资本化，读者不要根据专门借款利息资本化确定部分的内容得出错误结论，因为本章的内容是建立在借款费用资本化期间这一前提下的。

## 一、借款利息资本化金额的确定

### （一）专门借款利息资本化金额的确定

为购建或者生产符合资本化条件的资产而借入专门借款的，应当以专门借款当期实际发生的利息费用，减去将尚未动用的借款资金存入银行取得的利息收入或进行暂时性投资取得的投资收益后的金额确定。由于财务会计强调因果关系，专门借款的发生目的就是为了构建或生产相应资产，因而只要是在资本化期间内的专门借款利息就应当资本化，而不是像一般借款那样还要计算累计资产支出是否超过专门借款。同时，超出资本化期间的专门借款利息，我国会计准则规定要记入当期财务费用，主要原因是专门借款利息的发生与资产构建或生产之间的期间不配比。费用化金额的计算应参照资本化金额的计算方法以保持会计核算的一致性，费用化的金额应当是费用化期间的利息费用减去费用化期间尚未动用的借款资金存入银行取得的利息收入或进行暂时性投资取得的投资收益后的金额。

### （二）一般借款利息资本化金额的确定

为购建或者生产符合资本化条件的资产而占用了一般借款的，虽然说与相关资产之间没有必然因果关系，但是资产价值构成的一般原则是为了达到预定可使用状态前发生的所有必要支出都应当计算在内，这也是政治经济学中关于商品价值原理的体现，因此一般借款利息如果符合资本化的相关规定也应该记入相关资产的价值。

一般借款利息资本化金额的确定需要考虑两个因素：

（1）累计资产支出超过专门借款部分的资产支出加权平均数。

（2）所占用一般借款的资本化率。

二者相乘的结果就是一般借款利息的资本化金额。计算上述两个因素的主要参数可以通过下面的公式计算得出：

$$资产支出加权平均数=\sum 每笔资产支出金额\times\frac{该笔资产支出在当期所占用的天数}{当期天数}$$

$$所占用一般借款的资本化比率=\frac{所占用一般借款当期实际发生的利息之和}{所占用一般借款本金加权平均数}$$

$$所占用一般借款的资本化比率 = \sum 所占用每笔一般借款本金$$

$$=\frac{每笔一般借款在当期所占用的天数}{当期天数}$$

需要注意的是，每一会计期间的利息资本化金额，不应当超过当期相关借款实际发生的利息金额。

**【例 10-1】**甲公司于 20×6 年 1 月 1 日正式动工采用外包方式兴建销售中心大楼，工期预计为 1 年零 6 个月，每半年支付一次工程款，时间分别是 20×6 年 1 月 1 日、20×6 年 7 月 1 日和 20×7 年 1 月 1 日。甲公司于 20×6 年 1 月 1 日为构建该销售中心大楼向乙银行借入专门借款 2000 万元，借款期限为 3 年，年利率为 6%。甲公司于 20×6 年 7 月 1 日又向丙银行借入专门借款 4000 万元，借款期限为 5 年，年利率为 7%。借款利息为按年支付，名义利率与实际利率均相同。闲置借款资金均用于固定收益债券短期投资，该短期投资月收益率为 0.5%。销售中心大楼于 20×7 年 6 月 30 日完工，达到预定可使用状态。

**表 10-1　甲公司建造销售中心大楼的支出金额**

| 日期 | 每期资产支出额 | 累计资产支出额 | 闲置借款资金用于短期投资金额 |
|---|---|---|---|
| 20×6 年 1 月 1 日 | 1500 | 1500 | 500 |
| 20×6 年 7 月 1 日 | 2500 | 4000 | 2000 |
| 20×7 年 1 月 1 日 | 1500 | 5500 | 500 |
| 总计 | 5500 | — | — |

由于甲公司使用专门借款建销售中心大楼，而且该大楼的建造支出没有超过专门借款金额，因此甲公司 20×6 年和 20×7 年为发生的资本化的利息金额计算过程如下：

（1）确定资本化期间：按照借款利息资本化的确认步骤，首先要确定借款费用资本化期间，按照本章讲述的三个条件分析，本例中资本化期间为 20×6 年 1 月 1 日至 20×7 年 6 月 30 日，也就是说超过了这个时间阶段，即便是专门借款的利息也是费用化处理。

（2）20×6 年借款利息的核算：

20×6 年全年专门借款发生的利息 =2000×6%+4000×7%×6/12=260（万元）

20×6 年全年短期投资收益 =500×0.5%×6+2000×0.5%×6=75（万元）

20×6 年全年的利息资本化金额 =260−75=185（万元）

20×6 年 12 月 31 日会计核算的分录（简化为按年进行会计处理）为：

借：在建工程　　1850000

　　应收利息（或银行存款）　　750000

　贷：应付利息　　2600000

（3）20×7 年上半年借款利息的核算：

20×7 年上半年的专门借款利息 =2000×6%×6/12+4000×7%×6/12=200（万元）

20×7 年上半年闲置的专门借款用于短期投资收益 =500×0.5%×6=15（万元）

20×7 年上半年的利息资本化金额 =200−15=185（万元）

20×7 年 6 月 30 日会计分录为：

借：在建工程　　1850000

　　应收利息（或银行存款）　　150000

　贷：应付利息　　2000000

【例 10-2】沿用例 10-1 的数据，假定甲公司构建销售大楼时没有借入专门借款，而是使用的一般借款。一般借款的情况如下：

（1）向 A 银行长期贷款 3000 万元，期限为 20×5 年 11 月 15 日至 20×8 年 11 月 15 日，年利率为 6%，按年支付利息。

（2）发行公司债券 2 亿元，于 20×6 年 1 月 1 日发行，期限为 5 年，年利率为 8%，按年支付利息。

为了方便计算，利息计算时假定全年为 360 天，资产支出进度和其他资料沿用例 10-1 的数据。

甲公司建造职工餐厅没有占用专门借款，而占用了一般借款，因此，公司应当首先计算所占用一般借款的加权平均利率作为资本化率，然后计算建造职工餐厅的累计资产支出加权平均数，将其与资本化率相乘，计算求得当期应予资本化的借款利息金额。

需要读者注意的是，虽然闲置的一般借款和专门借款一样都可以用于短期投资，但是对于一般借款，如果用于短期投资取得的短期投资收益，不需要像专门借款那样在计算资本化金额的时候进行扣除，因此表 10-2 与表 10-1 也就有了差异。

表 10-2　甲公司建造销售中心大楼的支出金额

| 日期 | 每期资产支出金额 | 累计资产支出金额 |
|---|---|---|
| 20×6 年 1 月 1 日 | 1500 | 1500 |
| 20×6 年 7 月 1 日 | 2500 | 4000 |
| 20×7 年 1 月 1 日 | 1500 | 5500 |
| 总计 | 5500 | — |

（1）计算所占用一般借款资本化率：

一般借款资本化率（年）=（3000×6%+20000×8%）÷（3000+20000）=7.74%

（2）20×6年的借款利息核算：

20×6年累计资产支出加权平均数 =1500×360/360+2500×180/360=2750（万元）

20×6年为建造销售中心大楼的利息资本化金额 =2750×7.74%=212.85（万元）

20×6年实际发生的一般借款利息费用 =3000×6%+20000×8%=1780（万元）

20×6年费用化利息的金额 =1780−212.85=1567.15（万元）

如果20×6年年底进行会计处理（简化处理），会计分录为：

借：在建工程　　2128500

　　财务费用　　15671500

　贷：应付利息　　17800000

（3）20×7年上半年的借款利息核算：

20×7年上半年的借款结构没有发生改变，因此加权的一般借款资本化率和20×6年相同。假设有部分借款在20×7年上半年的某一时点到期，有重新计算该比率的可能性。

20×7年上半年累计资产支出加权平均数 =（4000+1500）×180÷360=2750（万元）

20×7年上半年为销售中心大楼的利息资本化金额 =2750×7.74%=212.85（万元）

20×7年上半年实际发生的一般借款利息费用 =（3000×6%+20000×8%）×180÷360=890（万元）

20×7年上半年费用化利息的金额 =890−212.85=677.15（万元）

20×7年上半年的会计分录为：

借：在建工程　　2128500

　　财务费用　　6771500

　贷：应付利息　　8900000

**【例10-3】**假定甲公司为建造销售中心大楼时，于20×6年1月1日从银行借入专门借款2000万元，借款期限为3年，年利率为6%。除此之外所需资金通过一般借款解决，两笔一般借款的情况与例10-2相同。资产支出的进度见表10-2。

（1）20×6年借款利息的核算：

公司应当首先计算专门借款利息的资本化金额，然后计算所占用一般借款利息的资本化金额。

20×6年专门借款利息资本化金额 =2000×6%−500×6%×6/12=105（万元）

20×6年7月1日支出的2500万元中，占用的一般借款金额为2000万元。

20×6年占用一般借款的资产支出加权平均数 =2000×180/360=1000（万元）

由于一般借款利息资本化率与例10-2相同，即为7.74%，因此计算一般借款资本化率时采用这个比率。或许有读者有疑虑，为什么不使用第一笔一般借款的利率呢？原因就是使用的资金是“一般借款”，无法找到对应关系，无法区分建设销售中心大楼到底使用的是短期借款还是发行债券的资金，只能采取加权平均的利率。

20×6 年应予资本化的一般借款利息金额 =2000×180/360×7.74%=77.4（万元）

20×6 年利息资本化金额 =105+77.4=182.4（万元）

剩余专门借款在 20×6 年上半年进行短期投资取得利息收入 =500×6%×6/12=15（万元）

20×6 年实际借款利息 =2000×6%+3000×6%+20000×8%=1900（万元）

费用化利息金额 =1900−182.4−15=1702.6（万元）

20×6 年会计分录（简化处理）为：

借：在建工程　　1824000

　　财务费用　　17026000

　　银行存款　　150000

　贷：应付利息　　19000000

（2）20×7 年上半年借款利息的核算：

20×7 年上半年的借款结构没有发生改变，因此加权的一般借款资本化率和 20×6 年相同。假设有部分借款在 20×7 年上半年的某一时点到期，有重新计算该比率的可能性。

20×7 年上半年专门借款利息资本化金额 =2000×6%×180/360=60（万元）

20×7 年上半年占用一般借款的资产支出平均数 =（2000+1500）×180/360=1750（万元）

20×7 年上半年应予资本化的一般借款利息金额 =1750×7.74%=135.45（万元）

20×7 年上半年利息资本化金额 =60+135.45=195.45（万元）

20×7 年上半年实际借款利息 =（2000×6%+3000×6%+20000×8%）/2=950（万元）

20×7 年上半年费用化利息金额 =950−195.45=754.55（万元）

20×7 年上半年会计分录为：

借：在建工程　　1954500

　　财务费用　　7545500

　贷：应付利息　　9500000

## 二、借款辅助费用资本化金额的确定

辅助费用是指企业为了取得借款而发生的必要费用，包括银行借款手续费、发行债券手续费、服务中介的佣金等。虽然说在互联网金融时代辅助费用可能会大大降低，但是银行业的中间业务收费是银行的重要利润来源，辅助费用还是必不可少的，并且辅助费用的产生与借款有因果关系，辅助费用也属于借款费用的有机组成部分。

对于企业发生的专门借款辅助费用，在所购建或者生产的符合资本化条件的资产达到预定可使用或者可销售状态之前发生的，应当在发生时根据其发生额予以资本化；

在所购建或者生产的符合资本化条件的资产达到预定可使用或者可销售状态之后所发生的，应当在发生时根据其发生额确认为费用，计入当期损益。上述资本化或计入当期损益的辅助费用的发生额，应当按照实际利率法对确定的金融负债交易费用产生的每期利息费用进行调整。借款实际利率与合同利率差异较小的，也可以采用合同利率计算确定利息费用。一般借款发生的辅助费用，应当在发生时根据其发生额确认为费用，计入当期损益。

为购建或者生产符合资本化条件的资产的专门借款或者一般借款，一般不属于以公允价值计量且其变动计入当期损益的金融负债，而是属于其他负债，考虑到借款辅助费用与金融负债交易费用是一致的，交易费用应当计入金融负债的初始确认金额。对于这些金融负债所发生的辅助费用需要计入借款的初始确认金额，也就是抵减相关借款的初始确认金额，其结果会导致相关借款实际利率的上升，因此需要调整各期利息费用，在确定借款辅助费用资本化金额时可结合借款利息资本化金额一并计算。

## 三、外币专门借款汇兑差额资本化金额的确定

当企业为购建或者生产符合资本化条件的资产所借入的专门借款为外币借款时，由于企业取得外币借款日、使用外币借款日和会计结算日往往并不一致，而外汇汇率又在随时发生变化，因此，外币借款会产生汇兑差额。相应地，在借款费用资本化期间内，为购建固定资产而专门借入的外币借款所产生的汇兑差额，是购建固定资产的一项代价，应当予以资本化，计入固定资产成本。出于简化核算的考虑，在资本化期间内，外币专门借款本金及其利息的汇兑差额，应当予以资本化，计入符合资本化条件的资产的成本。而除外币专门借款之外的其他外币借款本金及其利息所产生的汇兑差额应当作为财务费用，计入当期损益。

**【例 10-4】**甲公司产能利用率非常高，需要通过建造新的厂房提高生产能力。甲公司于是在 20×6 年 1 月 1 日以面值发行美元公司债券 2000 万元为构建新厂房融资，年利率为 5%，期限为 2 年，假定不考虑与发行债券有关的辅助费用、未支出专门借款的利息收入或投资收益。合同约定，每年 1 月 1 日支付上年利息，到期还本。

工程于 20×6 年 1 月 1 日开始实体建造，20×7 年 6 月 30 日完工，达到预定可使用状态，期间发生的资产支出如下：

20×6 年 1 月 1 日，支出 400 万美元；

20×6 年 7 月 1 日，支出 1000 万美元；

20×7 年 1 月 1 日，支出 600 万美元。

甲公司的记账本位币为人民币，外币业务采用外币业务发生时当日的市场汇率折算。假定相关汇率如下：

20×6 年 1 月 1 日，市场汇率为 1 美元 =6.48 元人民币；

20×6 年 12 月 31 日，市场汇率为 1 美元 =6.55 元人民币；

20×7 年 1 月 1 日，市场汇率为 1 美元 =6.57 元人民币；

20×7 年 6 月 30 日，市场汇率为 1 美元 =6.50 元人民币。

（1）计算 20×6 年汇兑差额资本化金额：

美元债券应付利息 =2000×5%×6.55=655（万元）

会计分录为：

借：在建工程　　6550000

　贷：应付利息　　6550000

美元债券本金及利息汇兑差额 =（2000+100）×（6.55−6.48）=147（万元）

会计处理为：

借：在建工程　　1470000

　贷：应付债券　　1470000

（2）20×7 年 1 月 1 日实际支付利息：

应当支付利息 100 万美元，折算成人民币为 657 万元。该金额与原账面金额 655 万元之间的差额 2 万元应当继续予以资本化，计入在建工程成本。

会计分录为：

借：应付利息　　6550000

　　在建工程　　20000

　贷：银行存款　　6570000

（3）计算 20×7 年 6 月 30 日时的汇兑差额资本化金额：

债券应付利息 =2000×5%×1/2×6.50=325（万元）

会计分录为：

借：在建工程　　3250000

　贷：应付利息　　3250000

外币债券本金及利息汇兑差额 =（2000+50）×（6.50−6.57）=−143.5（万元）

会计分录为：

借：应付债券　　1435000

　贷：在建工程　　1435000

此外，借款费用不仅要在会计报表中进行列报，还要在附注中披露与借款费用有关的下列信息：当期资本化的借款费用金额，当期用于计算确定借款费用资本化金额的资本化率。

## 本章小结

借款费用有两种核算方法，即费用化和资本化。借款所发生费用资本化的处理，直接影响到企业当期的资产和损益，进而影响到整个企业的财务状况和经营管理者业绩的好坏。多年来，借款费用一直是某些企业调节利润的手段，尤其是上市公司，尽可能多地把借款费用计入资产，从而达到虚增收入和利润的目的。为此，借款费用的处理方式逐渐提到议程上。为了增强企业会计报表的可比性，提高会计信息质量，财政部于 2006 年 2 月颁布《企业会计准则第 17 号——借款费用》，后来又颁布相应的实施指南。该准则规范了借款费用的确认计量和相关信息的披露要求，准则扩大了借款费用资本化的资产范围和借款范围，进一步实现了我国会计准则与国际惯例的趋同，更好地适应了实务操作的需要，提高了信息的相关性和可比性。准则扩大了资本化相关资产的范围，不仅增加了资产负债表中的资产价值，同时因减少了企业财务费用，在短期内会提升企业的经营业绩。但该准则也给了一些企业虚增资本化费用、虚增利润的机会。

第十一章

# 债务重组

【本章学习目标】

通过本章学习，读者应该能够掌握债务重组的定义，掌握债务重组的方式，掌握常见债务重组的方式的会计处理。

| 引导案例 |

我们来看一下被誉为“打工皇帝”的陈久霖的故事。1997年，在亚洲金融危机中，陈久霖率领一名助手被派接手管理中国航油（新加坡）股份有限公司。公司在他的管理下，一举扭亏为盈。中国航油的净资产由1997年的16.8万美元猛增至2003年的1.28亿美元，增幅高达761倍。公司的经营业绩和管理机制被列为新加坡国立大学MBA课程教学案例。2003年10月，陈久霖被《世界经济论坛》评选为2003年度“亚洲经济新领袖”。

中国企业家的大赌基因在陈久霖身上体现得淋漓尽致，他也因此创造了“大赌大赢”的财富神话。出任中国航油总裁之后，陈久霖共进行了4次大收购，有人将其戏称为四次“豪赌”。陈久霖自己说：“赌可能是人的天性。我经常会以某种‘赌’的精神致力于公司的发展。收购本身就是一种赌。”在中国当代现实环境中，“大赌”能够“大赢”吗？在风险与收益之间，我们究竟应当如何选择？

# 第一节　债务重组的定义和重组方式

## 一、债务重组的定义

在市场经济条件下，竞争日趋激烈，企业为此需要不断地根据环境的变化，调整经营策略，防范和控制经营及财务风险。但有时由于各种因素（包括内部和外部）的影响，企业可能出现一些暂时性或严重的财务困难，致使资金周转不灵，难以按期偿还债务。在此情况下，作为债权人，一种方式是可以通过法律程序，要求债务人破产，以清偿债务；另一种方式，可以通过互相协商，以债务重组的方式，债权人做出某些让步，使债务人减轻负担，渡过难关。

债务重组，是指在债务人发生财务困难的情况下，债权人按照其与债务人达成的协议或法院的裁定做出让步的事项。债务重组有以下两个基本特征：

（1）债务人发生财务困难。这是指债务人出现资金周转困难或经营陷入困境，导致其无法或者没有能力按原定条件偿还债务。

（2）债权人做出让步。这是指债权人同意发生财务困难的债务人现在或者将来以低于重组债务账面价值的金额或者价值偿还债务。“债权人做出让步”的情形主要包括：债权人减免债务人部分债务本金或者利息、降低债务人应付债务的利率等。

债务人发生财务困难，是债务重组的前提条件，而债权人做出让步是债务重组的必要条件。

## 二、债务重组的方式

债务重组主要有以下几种方式：

（1）以资产清偿债务，是指债务人转让其资产给债权人以债务清偿的债务重组方式。债务人通常用于偿债的资产主要有：现金、存货、金融资产、固定资产、无形资产等。这里的现金，是指货币资金，即库存现金、银行存款和其他货币资金，在债务重组的情况下，以现金清偿债务，通常是指以低于债务的账面价值的现金清偿债务，如果以等量的现金偿还所欠债务，则不属于本章所指的债务重组。

（2）债务转为资本，是指债务人将债务转为资本，同时债权人将债权转为股权的债务重组方式。但债务人根据转换协议，将应付可转换公司债券转为资本的，则属于正常情况下的债务转资本，不能作为债务重组处理。

债务转为资本时，对股份有限公司而言是将债务转为股本；对其他企业而言，是将债务转为实收资本。债务转为资本的结果是，债务人因此而增加股本（或实收资本），债权人因此而增加股权。

（3）修改其他债务条件，是指修改不包括上述第一、第二种情形在内的债务条件进行债务重组的方式，如减少债务本金、降低利率、免去应付未付的利息等。

（4）以上三种方式的组合，是指采用以上三种方法共同清偿债务的债务重组方式。例如，以转让资产清偿某项债务的一部分，另一部分债务通过修改其他债务条件进行债务重组。主要包括以下可能的方式：

①债务的一部分以资产清偿，另一部分则转为资本。

②债务的一部分以资产清偿，另一部分则修改其他债务条件。

③债务的一部分转为资本，另一部分则修改其他债务条件。

④债务的一部分以资产清偿，一部分转为资本，另一部分则修改其他债务条件。

# 第二节 债务重组的会计处理

## 一、以资产清偿债务

在债务重组中，企业以资产清偿债务的，通常包括以现金清偿债务和以非现金资产清偿债务等方式。

### （一）以现金清偿债务

（1）债务人的会计处理。债务人以现金清偿债务的，债务人应当将重组债务的账面价值与支付的现金之间的差额确认为债务重组利得，作为营业外收入，计入当期损益，其中相关重组债务应当在满足金融负债终止确认条件时予以终止确认。

（2）债权人的会计处理。债权人应当将重组债权的账面余额与收到的现金之间的差额确认为债务重组损失，作为营业外支出，计入当期损益，其中相关重组债权应当在满足金融资产终止确认条件时予以终止确认。重组债权已经计提减值准备的，应当先将上述差额冲减已计提的减值准备，冲减后仍有损失的，计入营业外支出（债务重组损失）；冲减后减值准备仍有余额的，应予转回并抵减当期资产减值损失。

**【例 11-1】**甲企业于 20×5 年 1 月 20 日销售一批材料给乙企业，不含税价格为 1000000 元，增值税税率为 17%，按合同规定，乙企业应于 20×5 年 4 月 1 日前偿付货款。由于乙企业发生财务困难，无法按合同规定的期限偿还债务，经双方协议于 7 月 1 日进行债务重组。债务重组协议规定，甲企业同意减免乙企业 200000 元债务，余额用现金立即偿清。乙企业于当日通过银行转账支付了该笔剩余款项，甲企业随即收到了通过银行转账偿还的款项。甲企业已为该项应收债权计提了 150000 元的坏账准备。

（1）乙企业（债务人）的账务处理：

借：应付账款　　1170000

　贷：银行存款　　970000

　　营业外收入——债务重组利得　　200000

（2）甲企业（债权人）的账务处理：

借：银行存款　　970000

　营业外支出——债务重组损失　　50000

　坏账准备　　150000

贷：应收账款　　1170000

若甲公司已对该项应收债权计提坏账准备 250000 元，则甲公司 3 月 20 日会计处理如下：

借：银行存款　　970000

　　坏账准备　　250000

　贷：应收账款　　1170000

　　　资产减值损失　　50000

### （二）以非现金资产清偿某项债务

（1）债务人的会计处理。债务人以非现金资产清偿某项债务的，债务人应当将重组债务的账面价值与转让非现金资产的公允价值之间的差额确认为债务重组利得，作为营业外收入，计入当期损益，其中相关重组债务应当在满足金融负债终止确认条件时予以终止确认。确认非现金资产的公允价值与其账面价值的差额作为转让资产损益，计入当期损益。

债务人在转让非现金资产过程中发生的一些费用，如资产评估费、运杂费等，直接计入转让资产损益。对于增值税应税项目，如债权人不向债务人另行支付增值税，则债务重组利得应为转让非现金资产的公允价值和该非现金资产的增值税销项税额与重组债务账面价值的差额；如债权人向债务人另行支付增值税，则债务重组利得应为转让非现金资产的公允价值与重组债务账面价值的差额。

（2）债权人的会计处理。债务人以非现金资产清偿某项债务的，债权人应当对受让的非现金资产按其公允价值入账，重组债权的账面余额与受让的非现金资产的公允价值之间的差额，确认为债务重组损失，作为营业外支出，计入当期损益，其中相关重组债权应当在满足金融资产终止确认条件时予以终止确认。重组债权已经计提减值准备的，应当先将上述差额冲减已计提的减值准备，冲减后仍有损失的，计入营业外支出（债务重组损失）；冲减后减值准备仍有余额的，应予转回并抵减当期资产减值损失。对于增值税应税项目，如债权人不向债务人另行支付增值税，则增值税进项税额可以作为冲减重组债券的账面余额处理；如债权人向债务人另行支付增值税，则增值税进项税额不能作为冲减重组债权的账面余额处理。债权人收到非现金资产时发生的有关运杂费等，应当计入相关资产的价值。

#### 1. 以库存材料、商品产品抵偿债务

债务人以库存材料、商品产品抵偿债务，应视同销售进行核算。企业可将该项业务分为两部分：一是将库存材料、商品产品出售给债权人，取得货款。出售库存材料、商品产品业务与企业正常的销售业务处理相同，其发生的损益计入当期损益；二是以取得的货币清偿债务。当然在这项业务中实际上并没有发生相应的货币流入与流出。

**【例 11-2】**甲公司欠乙公司购货款 350000 元。由于甲公司财务发生困难，短期内不能支付已于 20×5 年 5 月 1 日到期的货款。20×5 年 7 月 1 日，经双方协商，乙公司同意甲公司以其生产的产品偿还债务。该产品的公允价值为 200000 元，实际成本为

120000 元。甲公司为增值税一般纳税人，适用增值税税率 17%。乙公司于 20×5 年 8 月 1 日收到甲公司抵债的产品，并作为库存商品入库；乙公司对该项应收账款计提了 50000 元的坏账准备。

（1）甲公司（债务人）的账务处理：

借：应付账款　　350000

　贷：主营业务收入　　200000

　　应交税费——应交增值税（销项税额）　　34000

　　营业外收入——债务重组利得　　116000

借：主营业务成本　　120000

　贷：库存商品　　120000

（2）乙公司（债权人）的账务处理：

借：库存商品　　200000

　应交税费——应交增值税（进项税额）　　34000

　坏账准备　　50000

　营业外支出——债务重组损失　　66000

　贷：应收账款　　350000

2. 以固定资产抵偿债务

债务人以固定资产抵偿债务，应将固定资产的公允价值与该项固定资产账面价值和清理费用的差额作为转让固定资产的损益处理。同时，将固定资产公允价值与应付债务账面价值的差额，作为债务重组利得，计入营业外收入。债权人收到的固定资产应按公允价值计量。

**【例 11-3】**甲公司于 20×5 年 1 月 1 日销售给乙公司一批材料，价值 400000 元（包括应收取的增值税额），按购销合同约定，乙公司应于 20×5 年 1 月 31 日前支付货款，但至 20×5 年 1 月 31 日乙公司尚未支付货款。由于乙公司财务发生困难，短期内不能支付货款，20×5 年 2 月 3 日，与甲公司协商，甲公司同意乙公司以一台设备偿还债务。该项设备的账面原价为 350000 元，已提折旧 50000 元，设备的公允价值为 360000 元（假定企业转让该项设备不需要交纳增值税）。

甲公司对该项应收账款已提取坏账准备 20000 元。抵债设备已于 20×5 年 3 月 10 日运抵甲公司。假定不考虑该项债务重组相关的税费。

（1）乙公司（债务人）的账务处理：

将固定资产净值转入固定资产清理：

借：固定资产清理　　300000

　累计折旧　　50000

　贷：固定资产　　350000

确认债务重组利得：

借：应付账款　　400000

贷：固定资产清理　360000

营业外收入——债务重组利得　40000

确认固定资产处置利得：

借：固定资产清理　60000

贷：资产处置损益　60000

（2）甲公司（债权人）的账务处理：

借：固定资产　360000

坏账准备　20000

营业外支出——债务重组损失　20000

贷：应收账款　400000

**3. 以股票、债权等金融资产抵偿债务**

债务人以股票、债券等金融资产清偿债务，应按相关金融资产的公允价值与其账面价值的差额，作为转让金融资产的利得与损失处理；相关金融资产的公允价值与重组债务账面价值的差额，作为债务重组利得。债权人收到的相关金融资产应按公允价值计量。

**【例 11-4】**甲公司于 20×5 年 7 月 1 日销售给乙公司一批产品，价值 450000 元（包括应收取的增值税额），乙公司于 20×5 年 7 月 1 日开出 6 个月承兑的商业汇票。乙公司 20×5 年 12 月 31 日尚未支付货款。由于乙公司财务发生困难，短期内不能支付货款。当日经与甲公司协商，甲公司同意乙公司以其所拥有并作为以公允价值计量且公允价值变动计入当期损益的某公司股票抵偿债务。乙公司该股票的账面价值为 400000 元（假定该资产账面公允价值变动额为零），当日的公允价值 380000 元。假定甲公司为该项应收账款提取了坏账准备 40000 元。用于抵债的股票于当日即办理相关转让手续，甲公司将取得的股票作为以公允价值计量且公允价值变动计入当期损益的金融资产处理。债务重组前甲公司已将该项应收票据转入应收账款；乙公司已将应付票据转入应付账款。假定不考虑与商业汇票或者应付款项有关的利息。

（1）乙公司（债务人）的账务处理：

借：应付账款　450000

投资收益　20000

贷：交易性金融资产　400000

营业外收入——债务重组利得　70000

（2）甲公司（债权人）的账务处理：

借：交易性金融资产　380000

营业外支出——债务重组损失　30000

坏账准备　40000

贷：应收账款　450000

## 二、债务转为资本

1. 债务人的会计处理

债务人为股份有限公司时，债务人应将债权人因放弃债权而享有股份的面值总额确认为股本；股份的公允价值总额与股本之间的差额确认为资本公积。重组债务账面价值与股份公允价值总额之间的差额确认为债务重组利得，计入当期损益。债务人为其他企业时，债务人应将债权人因放弃债权而享有的股权份额确认为实收资本；股权公允价值与实收资本之间的差额确认为资本公积。重组债务账面价值与股权公允价值之间的差额作为债务重组利得，计入当期损益。

2. 债权人的会计处理

债务人将债务转为资本，即债权人将债权转为股权。在这种方式下，债权人应将重组债权账面余额与因放弃债权而享有的股权公允价值之间的差额，先冲减已计提减值准备，减值准备不足冲减的部分，或未提取减值准备的，将该差额确认为债务重组损失，计入营业外支出。同时，债权人应将因放弃债权而享有的股权按公允价值计量。发生的相关税费，分别按照长期股权投资或者金融工具确认和计量等准则的规定进行处理。

**【例 11-5】** 20×5 年 7 月 1 日，甲公司应收乙公司账款的账面余额为 60000 元，由于乙公司发生财务困难，无法偿付应付账款。经双方协商同意，采取将乙公司所欠债务转为乙公司股本的方式进行债务重组，假定乙公司普通股的面值为 1 元，乙公司以 20000 股抵偿该项债务，股票每股市价为 2.5 元。甲公司对该项应收账款计提了坏账准备 2000 元。股票登记手续已办理完毕，甲公司对其作为长期股权投资处理。

（1）乙公司（债务人）的账务处理：

| | | |
|---|---|---|
| 借：应付账款 | 60000 | |
| 贷：股本 | | 20000 |
| 资本公积——股本溢价 | | 30000 |
| 营业外收入——债务重组利得 | | 10000 |

（2）甲公司（债权人）的账务处理：

| | | |
|---|---|---|
| 借：长期股权投资 | 50000 | |
| 营业外支出——债务重组损失 | 8000 | |
| 坏账准备 | 2000 | |
| 贷：应收账款 | | 60000 |

## 三、修改其他债务条件

以修改其他债务条件进行债务重组的，应当区分是否涉及或有应付（或应收）金额进行会计处理。所谓或有应付（或应收）金额，是指需要根据未来某种事项出现而发生的应付（或应收）金额，并且该未来事项的出现具有不确定性。

1. 不涉及或有应付金额的债务重组

（1）债务人的会计处理。对于不涉及或有应付金额的债务重组，债务人应将修改其他债务条件后债务的公允价值作为重组后债务的入账价值。重组债务的账面价值与重组后债务的入账价值之间的差额为债务重组利得，计入当期损益。

（2）债权人的会计处理。对于不涉及或有应付金额的债务重组，债权人应当将修改其他债务条件后的债权的公允价值作为重组后债权的账面价值，重组债权的账面余额与重组后债权账面价值之间的差额确认为债务重组损失，计入营业外支出。如果债权人已对该项债权计提了减值准备，应当首先冲减已计提的减值准备，减值准备不足以冲减的部分，作为债务重组损失，计入营业外支出。

【例 11-6】甲公司 20×6 年 12 月 31 日应收乙公司票据的账面余额为 65400 元，其中，5400 元为累计未付的利息，票面年利率 4%。由于乙公司连年亏损，资金周转困难，不能偿付应于 20×6 年 12 月 31 日前支付的应付票据。经双方协商，于 20×7 年 1 月 5 日进行债务重组。甲公司同意将债务本金减至 50000 元；免去债务人所欠的全部利息；将利率从 4% 降低到 2%（等于实际利率），并将债务到期日延至 20×8 年 12 月 31 日（延期两年），利息按年支付。该项债务重组协议从协议签订日起开始实施。甲、乙公司已将应收、应付票据转入应收、应付账款。甲公司已为该项应收款项计提了 5000 元坏账准备。

（1）乙公司（债务人）的账务处理：

债务重组时的会计分录：

借：应付账款　　65400

　贷：应付账款——债务重组　　50000

　　　营业外收入——债务重组利得　　15400

20×7 年 12 月 31 日支付利息：

借：财务费用　　1000

　贷：银行存款　　（50000×2%）1000

20×8 年 12 月 31 日偿还本金和最后一年利息：

借：应付账款——债务重组　　50000

　　财务费用　　1000

　贷：银行存款　　51000

（2）甲公司（债权人）的账务处理：

债务重组日的会计分录：

借：应收账款——债务重组　　50000

　　营业外支出——债务重组损失　　10400

　　坏账准备　　5000

贷：应收账款　　65400

20×7 年 12 月 31 日收到利息：

借：银行存款　　1000

贷：财务费用　　（50000×2%）1000

20×8 年 12 月 31 日收到本金和最后一年利息：

借：银行存款　　51000

贷：财务费用　　1000

应收账款——债务重组　　50000

2. 涉及或有应付金额的债务重组

（1）债务人的会计处理。修改其他债务条件的债务重组，修改后的债务条款如涉及或有应付金额，且该或有应付金额符合或有事项中有关预计负债确认条件的，债务人应当将该或有应付金额确认为预计负债。重组债务的账面价值与重组后债务入账价值和预计负债金额之和的差额，作为债务重组利得，计入营业外收入。在附或有支出的债务重组方式下，债务人应当在每期末，按照或有事项确认和计量要求，确认其最佳估计数，期末确定的最佳估计数与原预计数的差额计入当期损益。

（2）债权人的会计处理。对债权人而言，修改后的债务条款中涉及或有应收金额的，不应当确认或有应收金额，不得将其计入重组后债权的账面价值。根据谨慎性原则，或有应收金额属于或有资产，或有资产不予确认。只有在或有应收金额实际发生时，才计入当期损益。

**【例 11-7】**乙公司从甲公司贷款 500000 元，年利率 10%，期限 2 年，因为乙公司发生财务困难，无法按合同规定清偿债务。经协商，甲公司同意乙公司延期 3 年偿还，本金降到 300000 元，原利息全免，年利率降为 6%，债务重组后的第一年，如果乙公司盈利，从第二年都按 10% 的年利率计息，如果第一年仍然亏损，则年利率仍维持 6%，按年计息。假定实际利率也为 6%。

（1）乙公司（债务人）的账务处理：

预计负债金额 =300000×（10%−6%）×2=24000（万元）

债务重组时的会计分录：

借：应付账款　　600000

贷：应付账款　　300000

预计负债　　24000

营业外收入——债务重组利得　　276000

第一年付息：

借：财务费用　　18000

贷：银行存款　　18000

第二年：

如果第一年盈利：

借：财务费用　　18000
　　预计负债　　12000
　贷：银行存款　　30000
如果第一年亏损：
借：财务费用　　18000
　　预计负债　　12000
　贷：银行存款　　18000
　　　营业外收入　　12000
第三年还本付息：
如果第一年盈利：
借：应付账款　　300000
　　财务费用　　18000
　　预计负债　　12000
　贷：银行存款　　330000
如果第一年亏损：
借：应付账款　　300000
　　财务费用　　18000
　　预计负债　　12000
　贷：银行存款　　318000
　　　营业外收入　　12000
（2）甲公司（债权人）的账务处理：
债务重组日的会计分录：
借：应收账款　　300000
　　营业外支出——债务重组损失　　300000
　贷：应收账款　　600000
第一年收息：
借：银行存款　　18000
　贷：财务费用　　18000
第二年：
如果第一年盈利：
借：银行存款　　30000
　贷：财务费用　　30000
如果第一年亏损：
借：银行存款　　18000
　贷：财务费用　　18000
第三年还本付息：

如果第一年盈利：

借：银行存款　　330000

　贷：应收账款　　300000

　　　财务费用　　30000

如果第一年亏损：

借：银行存款　　318000

　贷：应收账款　　300000

　　　财务费用　　18000

以组合方式进行债务重组，主要有以下几种情况：

（1）以现金、非现金资产两种方式的组合清偿某项债务的，重组债务的账面价值与支付的现金、转让的非现金资产的公允价值的差额作为债务重组利得。非现金资产的公允价值与其账面价值的差额作为转让资产损益。债权人重组债权的账面价值与收到的现金、受让的非现金资产的公允价值，以及已计提减值准备的差额作为债务重组损失。

（2）以现金、债务转为资本两种方式的组合清偿某项债务的，重组债务账面价值与支付的现金、债权人因放弃债权而享有的股权公允价值的差额作为债务重组利得。股权公允价值与股本（或实收资本）的差额作为资本公积。债权人重组债权的账面价值与收到的现金、因放弃债权而享有的公允价值，以及已计提减值准备的差额作为债务重组损失。

（3）以非现金资产、债务转为资本两种方式的组合清偿某项债务的，重组债务账面价值与转让的非现金资产公允价值、债权人因放弃债权而享有的股权公允价值的差额为债务重组利得。非现金资产公允价值与账面价值的差额作为转让资产损益；股权公允价值与股本（或实收资本）的差额作为资本公积。债权人重组债权账面价值与受让的非现金资产公允价值、因放弃债权而享有的股权公允价值，以及已提减值准备的差额作为债券重组损失。

（4）以现金、非现金资产、债务转为资本三种方式的组合清偿某项债务的，重组债务的账面价值与支付的现金、转让的非现金资产公允价值、债权人因放弃债权而享有股权公允价值的差额作为债务重组利得；非现金资产公允价值与其账面价值的差额作为转让资产损益；股权公允价值与股本（或实收资本）的差额作为资本公积。债权人重组债权账面价值与收到的现金、受让的非现金资产公允价值、因放弃债权而享有的股权公允价值，以及已计提减值准备的差额作为债权重组损失。

（5）以资产、债务转为资本等方式清偿某项债务的一部分，并对该项债务的另一部分以修改其他债务条件进行债务重组。在这种方式下，债务人应先以支付的现金、转让的非现金资产公允价值、债权人因放弃债权而享有的股权公允价值冲减重组债务账面价值，余额与重组后债务公允价值进行比较，据此计算债务重组利得。债权人因放弃债权而享有的股权公允价值与股本（或实收资本）的差额作为资本公积；非现金资产公允价值与其账面价值的差额作为转让资产损益，于当期确认。债权人应先以收到的现金、受让非现金资产公允价值、因放弃债权而享有的股权公允价值冲减重组债权账面价值，差额与重组后债务的公允价值进行比较，据此计算债务重组损失。

## 本章小结

（1）债务重组是资产重组的重要组成部分，在当今的资本市场，债务重组已经成为企业减负和扭亏以及增强竞争力的重要资本运作手段，理解债务重组的方式，掌握好各种债务重组的会计处理是会计专业学生的基本要求。

（2）债务重组的方式有以资产抵偿债务、债务转为资本和修改其他债务条件以及以上三种方式的组合，不管哪一种方式，都必须是以债务人发生财务困难，债权人做出让步为前提。

（3）以资产清偿债务的，资产公允价值低于债务账面价值的部分，债务人应该确认为债务重组利得，资产公允价值与资产账面价值的差异，债务人确认为资产转让损益，债权人确认为债务重组损失。

（4）债务转为资本的，债务人应将债权人因放弃债权而享有股份的面值总额确认为股本；股份的公允价值总额与股本之间的差额确认为资本公积。重组债务的账面价值与股份的公允价值总额之间的差额确认为债务重组利得，计入当期损益。债权人应将重组债权账面余额与因放弃债权而享有的股权公允价值之间的差额，确认为债务重组损失。同时，债权人应将因放弃债权而享有的股权按公允价值计量。发生的相关税费，分别按照长期股权投资或者金融工具确认和计量的规定进行处理。

（5）不附或有条件的债务重组。债务人应将修改其他债务条件后债务的公允价值作为重组后债务的入账价值。重组债务账面价值与重组后债务入账价值之间的差额计入损益。

（6）附或有条件的债务重组，对于债务人而言，以修改其他债务条件进行的债务重组修改后的债务条款如涉及或有应付金额，且该或有应付金额符合或有事项中有关预计负债确认条件的，债务人应当将该或有应付金额确认为预计负债。重组债务账面价值与重组后债务入账价值和预计负债金额之和的差额作为债务重组利得，计入营业外收入。

# 第十二章

# 所有者权益

**【本章学习目标】**

通过本章的学习，掌握所有者权益核算的基本要求，并按照所有者权益的构成，逐一学习和掌握实收资本、其他权益工具、资本公积、其他综合收益，以及留存收益各构成项目的确认、计量、会计处理方法及报告。

## | 引导案例 |

京东商城是中国最大的综合网络零售商，是中国电子商务领域最受消费者欢迎和最具影响力的电子商务网站之一。一直以来，京东商城在资本市场上表现活跃。

（1）2007 年 8 月，获得国际著名风险投资基金——今日资本 1000 万美元投资。

（2）2009 年 9 月，获得今日资本、雄牛资本及亚洲著名投资银行家梁伯韬先生的私人公司的联合注资，总投资金额 2100 万美元。

（3）2010 年 1 月，获得老虎环球基金领投的总金额超过 1.5 亿美元的第三轮融资。

（4）2011 年 4 月 1 日，公司宣布完成 C2 轮融资，投资方为俄罗斯的 DTS、老虎基金等六家基金和一些社会知名人士，融资金额总计 15 亿美元，其中 11 亿美元已经到账。

（5）2012 年 10 月，京东完成第六轮融资，融资金额为 3 亿元。该笔融资由加拿大安大略教师退休基金领投，京东的第三轮投资方老虎基金跟投，两者分别投资 2.5 亿美元和 5000 万美元。

（6）2013 年 2 月，京东完成新一轮 7 亿美元融资，投资方包括加拿大安大略教师退休基金和沙特亿万富翁阿尔瓦利德王子控股的王国控股集团以及公司一些主要股东跟投。

（7）2014 年 5 月 22 日，京东正式在美国纳斯达克挂牌上市。京东此次上市获得 15 倍超额认购，共发行美国存托股票 9370 万股，每股发行价为 19 美元，融资 17.8 亿美元。开盘价 21.75 美元，较发行价上涨 14.5%，市值达到约 300 亿美元。

通过上述案例思考如下问题：

（1）京东商城通过上述渠道取得的融资会形成资产负债表上何种权益？

（2）公司应如何确认上市前上述融资的入账价值？

（3）公司在美国 IPO 交易时在财务上应如何处理？

（4）除投资者投资外，企业还有哪些增资方式，会增加企业的实收资本 / 股本？

# 第一节 实收资本

投资者设立企业首先必须投入资本，这是我国有关法律的规定。投入资本一般情况下无须偿还，可以长期周转使用。投资者投入资本形成的法定资本的价值就是实收资本。

## 一、实收资本确认和计量的基本要求

有限责任公司应设置“实收资本”科目，核算投资者投入资本形成法定资本的增减变动情况，股份有限公司则设置“股本”科目核算这一内容。我国设立企业采用注册资本制，根据该制度的要求，企业会计核算中的实收资本即为法定资本，应当与注册资本相一致。投资者向企业投资，可以使用现金，也可以用现金以外的其他有形资产投资，符合国家规定比例的，还可以用无形资产投资。当企业收到投资时，一般作如下会计处理：

借：银行存款

　　固定资产、无形资产等

　贷：实收资本（或股本）

　　　资本公积——资本溢价（股本溢价）

上述账务处理应分别在企业实际收到现金或存入企业开户行、实物资产办理产权转移手续、按照合同协议或公司章程规定移交有关凭证时进行。当投资者投资额超出其在注册资本中所占份额时，超出部分计入“资本公积——资本溢价（股本溢价）”科目。

**1. 有限责任公司**

有限责任公司初建时，投资者投入企业的资本，全部作为“实收资本”入账；企业增资时，若有新投资者加入，其缴纳的出资额大于在注册资本中按约定比例计算的所占份额时，产生资本溢价，记入“资本公积——资本溢价”。

**【例 12-1】**某服装公司向 B 公司投资 200 万元，取得 B 公司 20% 的所有权份额，B 公司的注册资本总额 800 万元，资金已存入 B 公司开户银行。

B 公司编制会计分录：

借：银行存款　　　　　　　　　　　　　　　　2000000

贷：实收资本——××公司　　1600000

　　资本公积——资本溢价　　400000

2. 股份有限公司

股份有限公司的全部资本由等额股份构成并通过发行股票筹集资本。会计处理上设置“股本”科目，记录发行股票的面值部分，超过股票面值的溢价部分在扣除发行手续费、佣金等发行费用后，记入“资本公积——股本溢价”。

需要说明的是，企业发行股票的价格与面值往往不一致，高于面值发行称为溢价发行，反之，则为折价发行，我国目前不允许企业折价发行股票。

## 二、实收资本增减变动的会计处理

公司的实收资本发生增减变动应遵循我国相关法律法规的规定，办理公告、变更登记等相关手续。

### （一）实收资本增加的会计处理

1. 企业增加资本的一般途径

（1）接受投资者投入。在企业接受原有或新的投资者投入时，应按实际收到的款项或其他资产，借记“银行存款”“固定资产”“无形资产”等科目，按增加的实收资本或股本金额，贷记“实收资本”或“股本”科目，按两者之间的差额，贷记“资本公积——资本溢价”或“资本公积——股本溢价”科目。

（2）资本公积转增资本。企业在采用资本公积转增资本时，企业应按照转增的资本金额，借记“资本公积——资本溢价（或股本溢价）”科目，贷记“实收资本”（或“股本”）科目。

（3）盈余公积转增资本。企业在采用盈余公积转增资本时，企业应按照转增的资本金额，借记“盈余公积”科目，贷记“实收资本”或“股本”科目。

2. 企业增加资本的其他途径

（1）股份有限公司采用发放股票股利的方法实现增资：

发放股票股利是通过减少未分配利润的方式实现股本的增加。利润分配方案中的股票股利，应在企业办理增资手续后，借记“利润分配——转作股本的股利”科目，贷记“股本”科目。当实际发放股票股利时，若股东不足领取1股股票股利，可将不足1股的股票股利改为现金股利，用现金支付，或由股东相互转让，凑为整股。利润分配方案中的股票股利在办理增资手续后，借记“利润分配”，贷记“股本”科目。

（2）可转换公司债券持有人行使转换权利：

可转债持有人将持有债券转为股票时，账务处理如下：

借：应付债券——可转换公司债券（面值、利息调整）

　　其他权益工具

　贷：股本（面值×转换股数）

资本公积——股本溢价

其中，“应付债券”记录可转债的余额；“其他权益工具”记录债券权益成分的金额。

（3）企业将重组债务转为资本：

重组债务转为资本时，账务处理如下：

借：应付账款等

贷：实收资本（或股本）

资本公积——资本溢价（或股本溢价）

营业外收入——债务重组利得

其中，“资本公积”按股份的公允价值总额与相应的实收资本或股本之间的差额计入贷方，也可能记录在借方。借贷方差额记入“营业外收入”。

（4）以权益结算的股份支付的行权：

以权益结算的股份支付换取职工或其他方提供服务时，应在行权日进行如下账务处理：

借：资本公积——其他资本公积

贷：实收资本（或股本）

**（二）实收资本减少的会计处理**

当企业经营规模缩小、资本过剩，或由于发生重大亏损，短期内无力弥补等特殊原因，按法定程序报批减资的，可宣告减少实收资本。其中，因资本过剩而减资通常需发还股款。

（1）有限责任公司发还投资时，按法定程序报经批准减少注册资本的，借记“实收资本”科目，贷记“银行存款”等科目。

（2）股份有限公司发还股款通过回购本企业股票实现。公司回购的股票在注销前作为库存股管理，回购普通股形成的库存股不得参与公司利润分配，在资产负债表中作为所有者权益的备抵项目列示。

回购股票时，按实际支付的金额，借记“库存股”，贷记“银行存款”等科目。

注销库存股时，若回购价格高于回购股票的面值总额，账务处理如下（括号中的说明为该账户的入账金额）：

借：股本（注销股票的面值总额）

资本公积——股本溢价

盈余公积

利润分配——未分配利润

贷：库存股（注销库存股的账面余额）

上述处理中，注销股数的账面余额超出面值的部分，首先冲减股票发行时形成的股本溢价，即“资本公积——股本溢价”，若有不足，依次冲减“盈余公积”“利润分配——未分配利润”。

若回购价格低于回购股票的面值总额，账务处理如下：

借：股本（注销股票的面值总额）

　贷：库存股（注销库存股的账面余额）

　　资本公积——股本溢价（差额）

【例 12-2】某股份有限公司截至 20×5 年 12 月 31 日共发行股票 50000000 股，股票面值为 1 元，资本公积（股本溢价）8000000 元，盈余公积 6000000 元。经股东大会批准，公司以现金回购本公司股票 5000000 股并注销。

假定公司按照每股 3 元回购股票，不考虑其他因素，账务处理如下：

库存股的成本 =5000000×3=15000000（元）

| | | |
|---|---|---|
| 借：库存股 | 15000000 | |
| 　贷：银行存款 | | 15000000 |
| 借：股本 | 5000000 | |
| 　资本公积——股本溢价 | 8000000 | |
| 　盈余公积 | 2000000 | |
| 　贷：库存股 | | 15000000 |

假定 B 公司以每股 0.8 元回购股票，其他条件不变。账务处理如下：

库存股的成本 =5000000×0.8=4000000（元）

| | | |
|---|---|---|
| 借：库存股 | 4000000 | |
| 　贷：银行存款 | | 4000000 |
| 借：股本 | 5000000 | |
| 　贷：库存股 | | 4000000 |
| 　　资本公积——股本溢价 | | 1000000 |

# 第二节　其他权益工具

企业发行的除普通股（作为实收资本或股本）以外，按照金融负债和权益工具区分原则分类为权益工具的其他权益工具，按照以下原则进行会计处理。

## 一、会计处理的基本原则

企业应当以所发行金融工具的分类为基础，确定该工具利息支出或股利分配等的会计处理：对于归类为权益工具的金融工具，无论其名称中是否包含“债”，其利息支出或股利分配都应当作为发行企业的利润分配，其回购、注销等作为权益的变动处理；对于归类为金融负债的金融工具，无论其名称中是否包含“股”，其利息支出或股利分配原则上按照借款费用进行处理，其回购或赎回产生的利得或损失等计入当期损益。

企业发行金融工具的手续费、佣金等交易费用，若该金融工具分类为权益工具，从其他权益工具中扣除；若分类为债务工具且以摊余成本计量，计入所发行工具的初始计量金额。

## 二、科目设置

发行方应设置如下会计科目核算金融工具：

（1）应付债券：核算发行方归类为金融负债的金融工具，并按“面值”“利息调整”“应计利息”设置明细账。

（2）衍生工具：核算拆分形成的衍生金融负债或衍生金融资产，按公允价值计量。

（3）交易性金融负债：嵌入了非紧密相关的衍生金融资产或衍生金融负债的金融工具，若发行方选择将其整体指定为以公允价值计量且其变动计入当期损益，记入该科目。

（4）其他权益工具：属于所有者权益类科目，核算企业发行的除普通股以外的归类为权益工具的各种金融工具。

## 三、主要账务处理

（1）发行的金融工具归类为债务工具并以摊余成本计量的，按实际收到的金额，借记“银行存款”等科目，按债务工具的面值，贷记“应付债券——优先股、永续债（面值）等”科目，按二者的差额，借记或贷记“应付债券——优先股、永续债（利息调整）等”科目。

（2）发行的金融工具归类为权益工具时，按实际收到的金额，借记“银行存款”等科目，贷记“其他权益工具——优先股、永续债等”科目。若存续期间分派股利，作为利润分配处理，按股利分配方案，借记“利润分配——应付优先股股利、应付永续债利息等”科目，贷记“应付股利——优先股股利、永续债利息等”科目。分类为权益工具的金融工具产生的利息，同此处理。

（3）发行的金融工具归类为复合金融工具时，按实际收到的金额，借记“银行存款”等科目，按金融工具的面值，贷记“应付债券——优先股、永续债（面值）等”科目，按负债成分的公允价值与金融工具面值之间的差额，借记或贷记“应付债券——优先股、永续债（利息调整）等”科目，按实际收到的金额扣除负债成分公允价值后的金额，贷记“其他权益工具——优先股、永续债等”科目。

（4）权益工具与金融负债重分类：

①权益工具重分类为金融负债时，在重分类日，作如下账务处理，括号中的说明为该账户的入账金额，下同。

借：其他权益工具——优先股、永续债等（账面价值）

　贷：应付债券——优先股、永续债等（面值）

　　　　　　——优先股、永续债等（利息调整）

（借记或贷记应付债券公允价值与面值的差额）

　　资本公积——资本溢价（或股本溢价）

（借记或贷记重分类后公允价值与应付债券账面价值的差额）

当资本公积不够冲减的，依次冲减盈余公积和未分配利润。

②金融负债重分类为权益工具时，在重分类日，作如下账务处理：

借：应付债券——优先股、永续债等（面值）

　　　　　——优先股、永续债等（利息调整）

（借记或贷记利息调整余额）

　贷：其他权益工具——优先股、永续债等

（5）发行方按合同条款约定赎回所发行的除普通股以外的分类为权益工具的金融工具时，按赎回价格，借记“库存股——其他权益工具”科目，贷记“银行存款”等科目；注销时，借记“其他权益工具”科目，贷记“库存股——其他权益工具”科目，按赎回工具的账面价值与赎回价格的差额，借记或贷记“资本公积——资本溢价（或股本溢价）”科目。

（6）发行方按合同条款约定将发行的除普通股以外的金融工具转换为普通股时，按账面价值，借记“应付债券”“其他权益工具”科目，按普通股面值，借记“实收资本（或股本）”科目，按二者差额，贷记“资本公积——资本溢价（或股本溢价）”科目，若转股时金融工具的账面价值不足转换为1股普通股而以现金或其他金融资产支付的，还应按支付金额，贷记“银行存款”等对应科目。

此外，发行方发行的本身是衍生金融负债或衍生金融资产抑或内嵌了衍生金融负债或衍生金融资产的金融工具，核算内容见相关章节，这里不再赘述。

# 第三节　资本公积和其他综合收益

## 一、资本公积的确认与计量

### （一）资本公积的内容

资本公积是企业收到的投资者超出其在注册资本或股本中所占份额的投资以及直接计入所有者权益的利得和损失等。具体来说，形成资本公积的项目主要包括：

1. 资本（或股本）溢价

（1）资本溢价。有限责任公司股东的实际投资额超出其在注册资本中所占比例的部分，形成资本公积中的资本溢价。对于有限责任公司来讲，公司创立时出资者认缴的出资额全部记入“实收资本”科目。但当公司重组并有新的投资者加入时，为了维护原有投资者的权益，新加入的投资者要取得与原有投资者相同的投资比例，需付出大于原有投资者的出资额。因为等额的投资，由于出资时间不同，其对企业的影响程度不同，给投资者带来的权利亦不相同，往往早期出资带给投资者的权利要大于后期出资。而且，由于企业经营过程中实现的部分利润留在企业形成留存收益，这部分也属于投资者权益，但未转入实收资本。新加入的投资者如与原投资者共享这部分留存收益，也需付出大于原有投资者的出资额，才能取得与原有投资者相同的投资比例。

（2）股本溢价。股份有限公司是以发行股票的方式筹集股本。由于股东按其所持企业股份享有权利和承担义务，为了反映和便于计算各股东所持股份占企业全部股本的比例，企业的股本总额应按股票的面值与股份总数的乘积计算。国家规定，实收股本总额应与注册资本相等。因此，为提供企业股本总额及其构成和注册资本等信息，股票面值记入“股本”科目，而在采用溢价发行股票的情况下，企业发行股票取得的收入会超出股票面值，这一部分即为股本溢价。

2. 直接计入所有者权益的利得和损失

主要涉及以权益结算的股份支付和采用权益法核算的长期股权投资。

### （二）资本公积的会计处理

1. 资本溢价

投资者投入的资本中按其投资比例计算的出资额部分，应记入“实收资本”科目，超出部分记入“资本公积——资本溢价”科目。

2. 股本溢价

股份有限公司平价发行股票时，发行收入全部记入“股本”科目；在采用溢价发行股票的情况下，发行股票取得收入中相当于面值的部分记入“股本”科目，超过股票面值的溢价部分在扣除发行手续费、佣金等发行费用后，记入“资本公积——股本溢价”科目。

【例 12-3】某服装公司委托证券公司代理发行普通股 4000000 股，每股面值 1 元，按每股 1.1 元的价格发行，公司与受托单位约定，按发行收入的 3% 收取手续费，从发行收入中扣除，假如收到的股款已存入银行。

根据上述资料，A 公司应作如下账务处理：

收到受托发行单位交来的现金 =4000000 × 1.1 ×（1-3%）=4268000（元）

记入“资本公积”的金额 = 溢价收入 - 发行手续费 =268000（元）

借：银行存款　　4268000

　贷：股本　　4000000

　　　资本公积——股本溢价　　268000

3. 其他资本公积的会计处理

（1）以权益结算的股份支付。以权益结算的股份支付换取职工或其他方提供服务的，在等待期每个资产负债表日，应按确定的金额，借记“管理费用”等科目，贷记“资本公积——其他资本公积”科目；在行权日，按实际行权的权益工具数量计算确定的金额，借记“资本公积——其他资本公积”科目，按计入实收资本或股本的金额，贷记“实收资本”或“股本”科目，按其差额，计入“资本公积——资本溢价”或“资本公积——股本溢价”科目。

（2）采用权益法核算的长期股权投资。长期股权投资采用权益法核算时，被投资单位除净损益、其他综合收益和利润分配以外的所有者权益的其他变动，投资方按持股比例计算应享有的份额，借记或贷记“长期股权投资——其他权益变动”科目，同时贷记或借记“资本公积——其他资本公积”科目；处置采用权益法核算的长期股权投资时，应将原记入“资本公积——其他资本公积”科目的相关金额转入投资收益，即借记或贷记“资本公积——其他资本公积”科目，同时贷记或借记“投资收益”科目。

4. 资本公积转增资本的会计处理

如前所述，资本公积转增资本是企业增资的一种方式，经股东大会或类似权力机构决议，增资时，应冲减资本公积，同时按转增前的实收资本或股本的结构或比例，将转增的金额计入“实收资本”或“股本”科目下各所有者的明细分类账。

## 二、其他综合收益的确认与计量及会计处理

其他综合收益，是指企业根据其他会计准则规定未在当期损益中确认的各项利得

和损失。包括如下两类：

**（一）以后会计期间不能重分类进损益的其他综合收益项目**

主要包括重新计量设定受益计划净负债或净资产导致的变动，以及按照权益法核算因被投资单位重新计量设定受益计划净负债或净资产变动导致的权益变动，投资企业按持股比例计算确认的该部分其他综合收益项目。

**（二）以后会计期间满足规定条件时将重分类进损益的其他综合收益项目**

**1. 可供出售金融资产公允价值的变动**

可供出售金融资产公允价值变动形成的利得，除减值损失和外币货币性金融资产形成的汇兑差额外，借记“可供出售金融资产——公允价值变动”科目，贷记“其他综合收益”科目；若形成损失，作相反的分录。

**2. 可供出售外币非货币性项目的汇兑差额**

可供出售外币非货币性项目，应在期末将以外币反映的公允价值按当日即期汇率折算为记账本位币金额，并与原记账本位币进行比较，若发生汇兑损失，借记“其他综合收益”科目，贷记“可供出售金融资产”科目；若发生汇兑收益，则作相反会计分录。

**3. 金融资产的重分类**

（1）将可供出售金融资产重分类为采用成本或摊余成本计量的金融资产，重分类日该项金融资产的公允价值或账面价值作为成本或摊余成本，该项金融资产没有固定到期日的，与该金融资产相关、原直接计入所有者权益的利得或损失，仍应记入“其他综合收益”科目，在该金融资产被处置时转入当期损益。

（2）将持有至到期投资重分类为可供出售金融资产，并以公允价值进行后续计量，重分类日的账务处理如下所示：

借：可供出售金融资产（金融资产的公允价值）

　　持有至到期投资减值准备

　贷：持有至到期投资

　　　其他综合收益

（贷记或借记账面价值与公允价值之差）

产生的“其他综合收益”在该可供出售金融资产发生减值或终止确认时转入当期损益。

**4. 采用权益法核算的长期股权投资**

（1）被投资单位其他综合收益变动时，投资方按持股比例计算应享有的份额，调整长期股权投资的账面价值，借记或贷记“长期股权投资——其他综合收益”科目，同时贷记或借记“其他综合收益”科目。

（2）处置采用权益法核算的长期股权投资时，将原记入其他综合收益的金额转入当期损益，即借记或贷记“其他综合收益”科目，同时贷记或借记“投资收益”科目。

5. 存货或自用房地产转换为投资性房地产

（1）企业将作为存货的房地产转为采用公允价值模式计量的投资性房地产，其公允价值大于账面价值的，按该房地产在转换日的公允价值，借记“投资性房地产——成本”科目，原已计提跌价准备的，借记“存货跌价准备”科目，按该房地产的账面价值，贷记“开发产品”等科目，按其差额，贷记“其他综合收益”科目。

（2）企业将自用房地产转为采用公允价值模式计量的投资性房地产，其公允价值大于账面价值的，各科目入账价值的确定同上，具体分录如下：

借：投资性房地产——成本

　　累计折旧

　　固定资产减值准备

　贷：固定资产

　　　其他综合收益

需要说明的是，若转换日的公允价值小于账面价值，二者差额计入“公允价值变动损益”科目。

（3）处置该项投资性房地产时，因转换而计入其他综合收益的金额应转入当期损益，账务处理如下：

借：其他综合收益

　贷：其他业务成本

6. 现金流量套期工具产生的利得或损失中属于有效套期的部分

现金流量套期工具利得或损失中属于有效套期部分，直接确认为其他综合收益。有效套期部分的金额，按下列两项绝对额中较低者确定：

（1）套期工具自套期开始的累计利得或损失。

（2）被套期项目自套期开始的预计未来现金现值的累计变动额。

7. 外币财务报表折算差额

按照外币折算的要求，企业在处置境外经营的当期，将已列入合并财务报表所有者权益的外币报表折算差额中与该境外经营相关部分，自其他综合收益项目转入处置当期损益。如果是部分处置境外经营，应当按处置的比例计算处置部分的外币报表折算差额，转入处置当期损益。

# 第四节 留存收益

## 一、留存收益概述

留存收益是指企业从历年实现利润中提取或形成的留存企业内部积累，包括盈余公积和未分配利润两部分。留存收益的目的是保证企业实现的净利润中有一部分留存在企业，一方面满足企业维持或扩大再生产经营活动的资金需要，保持或提高企业的获利能力；另一方面保证企业有足够的资金弥补以后年度可能出现的亏损，也保证企业有足够的资金用于偿还债务，保护债权人的权益。

## 二、盈余公积

### （一）盈余公积的组成

盈余公积是指企业按照有关规定从净利润中提取的积累资金。公司制企业的盈余公积包括法定盈余公积和任意盈余公积。

（1）法定盈余公积。根据我国公司法的规定，有限责任公司和股份有限公司应按照净利润的10%提取法定盈余公积，计提的法定盈余公积累计达到注册资本的50%时，可以不再提取。需要说明的是，法定盈余公积的计提基数不包括企业年初未分配利润。

（2）任意盈余公积。它是企业经股东大会或类似机构批准按照规定的比例从净利润中提取的盈余公积，其提取比例由企业自行决定。

### （二）盈余公积的用途

企业提取的盈余公积主要有以下几个方面的用途：

#### 1. 弥补亏损

根据企业会计准则和有关法规的规定，企业发生亏损应自行弥补，主要有三种方法：

（1）用发生亏损后五年内实现的税前利润来弥补。

（2）当发生的亏损在五年内不足弥补时，第六年起使用税后利润弥补。

（3）用所提取的盈余公积弥补亏损，但是盈余公积补亏应当由董事会提议，经股东大会批准或者由类似机构批准。

2. 转增资本

盈余公积转增资本必须经股东大会或类似机构批准。转增时，要按股东原有持股比例结转。需要说明的是，无论是弥补亏损，还是转增资本，只是所有者权益内部的结构调整，不会引起所有者权益总额的变动。

3. 扩大企业生产经营

提取盈余公积并不是将这部分资金单独从企业资金周转过程中抽出，盈余公积的结存数只是作为企业所有者权益的一个组成部分，表明企业生产经营资金的一个来源而已，其形成的资金可能表现为多种形态，如货币资金、存货、固定资产等。它随同企业其他来源形成的资金进行循环周转，用于企业的生产经营。

### （三）盈余公积的会计处理

企业应设置“盈余公积”科目反映盈余公积的形成和使用情况。

1. 提取盈余公积

企业提取盈余公积时，应借记“利润分配——提取法定盈余公积”“利润分配——提取任意盈余公积”科目，贷记“盈余公积——法定盈余公积”“盈余公积——任意盈余公积”科目。

外商投资企业按净利润的一定比例提取的储备基金、企业发展基金，也作为盈余公积核算。但其提取的职工奖励及福利基金，则作为应付职工薪酬核算。提取储备基金和发展基金时，账务处理为：借记“利润分配——提取储备基金”“利润分配——提取企业发展基金”科目，贷记“盈余公积——储备基金”“盈余公积——企业发展基金”。提取职工奖励及福利基金时，账务处理为：借记“利润分配——提取职工奖励及福利基金”科目，贷记“应付职工薪酬”科目。

2. 使用盈余公积

盈余公积弥补亏损时，应借记“盈余公积”科目，贷记“利润分配——盈余公积补亏”科目；转增资本时，应借记“盈余公积”科目，贷记“实收资本（或股本）”科目；派送新股时，按派送新股计算的金额，借记“盈余公积”科目，按股票面值和派送新股总数计算的股票面值总额，贷记“股本”科目。

【例 12-4】某服装上市公司以前年度累计未弥补亏损 500 万元，照规定已超过了以税前利润弥补亏损的期间。经股东大会的批准，公司以盈余公积全额弥补以前年度未弥补亏损。该公司进行账务处理时，应当编制如下会计分录：

借：盈余公积　　5000000

　贷：利润分配——盈余公积补亏　　5000000

## 三、未分配利润

### （一）未分配利润的形成和用途

未分配利润是企业实现的净利润经过弥补亏损、提取盈余公积和向投资者分配利润后留待以后年度进行分配的结存利润。相对于盈余公积而言，未分配利润属于未确定用途的留存收益。因此，企业在使用未分配利润上有较大的自主权，受国家法律法规的限制比较少。从数量上来说，未分配利润是期初未分配利润，加上本期实现的净利润，减去提取的各种盈余公积和分出利润后的余额。

### （二）未分配利润的会计处理

在会计处理上，未分配利润通过“利润分配——未分配利润”科目进行核算，除未分配利润外，“利润分配”一级科目下，还应分别设置“提取法定盈余公积”“提取任意盈余公积”“应付现金股利或利润”“转作股本的股利”“盈余公积补亏”进行明细核算。

#### 1. 分配股利或利润的会计处理

经股东大会或类似机构决议，分配现金股利或利润时，借记“利润分配——应付现金股利或利润”科目，贷记“应付股利”科目；分配股票股利时，应在办理增资手续后，借记“利润分配——转作股本的股利”科目，贷记“股本”科目。

#### 2. 期末结转的会计处理

在会计期末，企业应将会计期间内所有损益类科目的余额转入“本年利润”科目，计算出净利润或净亏损之后，转入“利润分配——未分配利润”科目，如为净利润，转入贷方，如为亏损则转入借方；同时，将利润分配所属的其他明细科目也转入“利润分配——未分配利润”。结转后，“利润分配——未分配利润”科目的余额如果在贷方，即为累积未分配利润；如果在借方，即为累积未弥补亏损。除未分配利润外，“利润分配”科目所属的其他二级科目应无余额。

#### 3. 弥补亏损的会计处理

“利润分配——未分配利润”科目的借方余额即为企业的未弥补亏损。企业以当年实现的利润弥补以前年度亏损时，不需要进行专门的会计处理。因为，当本年实现的利润从“本年利润”科目转入“利润分配——未分配利润”科目的贷方时，自然抵补了该账户的借方余额。企业以税前或税后利润补亏的会计处理方法相同，但二者在计算交纳企业所得税时的处理不同：税前补亏的数额可以抵减当期的应纳税所得额，而税后补亏的数额则不能作为纳税所得的扣除处理。

**【例 12-5】**某服装股份有限公司的股本为 50000000 元，每股面值 1 元。20×5 年年初未分配利润为贷方 4000000 元，20×5 年实现净利润 8000000 元。

假定公司按照 20×5 年实现净利润的 10% 提取法定盈余公积，5% 提取任意盈余公积，同时向股东按每股 0.1 元派发现金股利，按每 10 股送 4 股的比例派发股票股利。20×6 年 3 月 15 日，公司以银行存款支付了全部现金股利，新增股本也已经办理完股权登记和相关增资手续。

甲公司的账务处理如下：

（1）20×5 年度终了时，企业结转本年实现的净利润：

借：本年利润　　　　8000000

贷：利润分配——未分配利润 8000000

（2）提取法定盈余公积和任意盈余公积：

借：利润分配——提取法定盈余公积 800000

——提取任意盈余公积 400000

贷：盈余公积——法定盈余公积 800000

——任意盈余公积 400000

（3）结转“利润分配”的明细科目：

借：利润分配——未分配利润 1200000

贷：利润分配——提取法定盈余公积 800000

——提取任意盈余公积 400000

A 公司 20×5 年年底“利润分配——未分配利润”科目的贷方余额为：4000000+8000000−1200000=10800000（元），即企业累计未分配利润为 10800000 元。

（4）批准发放现金股利：

50000000×0.1=5000000（元）

借：利润分配——应付现金股利 5000000

贷：应付股利 5000000

借：利润分配——未分配利润 5000000

贷：利润分配———应付现金股利 5000000

20×6 年 3 月 15 日，实际发放现金股利：

借：应付股利 5000000

贷：银行存款 5000000

（5）20×6 年 3 月 15 日，发放股票股利：

50000000×1×40%=2000000（元）

借：利润分配——转作股本的股利 2000000

贷：股本 2000000

借：利润分配——未分配利润 2000000

贷：利润分配——转作股本的股利 2000000

## 本章小结

本章阐述了所有者权益核算的基本要求及其各组成项目的会计处理。主要包括：

（1）实收资本的确认、计量及账务处理。

（2）其他权益工具的确认、计量及账务处理。

（3）资本公积和其他综合收益的确认、计量及账务处理。

（4）留存收益的构成及其各自的确认、计量及账务处理方法。

# 第十三章

# 收入、费用和利润

**【本章学习目标】**

通过本章学习，理解收入、费用、利润等基本概念，掌握商品销售收入、提供劳务收入和让渡资产使用权收入以及建造合同收入等收入的确认要求与会计处理，掌握期间费用、营业外收入和营业外支出核算的内容，掌握利润的形成与核算。

| 引导案例 |

小天鹅发布的2007年年报中称：2007年公司实现营业收入50亿元，同比增长1%；实现利润总额4.2亿元，同比增长1120.63%；实现归属于上市公司股东的净利润3.3亿元，同比增长868.3%；实现基本每股收益0.91元。小天鹅的惊艳登场，无疑搅动了一池早已“沉底见绿”的股市之水，也给家电业带来了不少震动。

研究发现，在惊艳的背后却是小天鹅诸多的剥离出售行为。在这增长8倍的净利润中，有2.851亿元来自投资收益（小天鹅出售了3笔投资）。与巨大的利润增长形成对比的是，小天鹅的主营业务却低于行业水平。年报显示，公司洗衣机营业收入为32.6亿元，比2006年增长2%；冰箱实现营业收入11.9亿元，比2006年下滑7%；电机业务和铸件业务分别实现营业收入1.7亿元、1.8亿元，增幅分别为31%和21%。而国家统计局数据显示，2007年家用电器行业累计销售产值为5953亿元，同比增长28.24%。其中：洗衣机产量3856万台，同比增长13.21%；冰箱产量4397万台，同比增长22.24%。

同时，原材料价格上涨以及人民币升值对公司毛利率水平和出口业务的不利影响十分明显。年报显示，小天鹅洗衣机的毛利率为21.6%，比2006年下降了0.06个百分点；冰箱毛利率为18.7%，比2006年下降了7.8个百分点。在海外市场，小天鹅2007年实现销售收入12.7亿元，比2006年的13.5亿元下降6%。

利润是反映企业一定期间经营成果、评价企业经营业绩的重要指标，备受各方报表使用者关注，利润的确认和计量一直是财务会计领域中的重点问题之一。上述案例中，应如何理解小天鹅2007年的利润增长背后的实质？本章将重点讨论有关收入、费用以及利润的相关问题。

# 第一节　收入概述

## 一、收入的定义

企业是以盈利为目的的生产经营组织，追求利润是企业经营的基本目标。收入是利润的重要来源，有广义和狭义之分。广义的收入包括营业收入、投资收益和营业外收入等所有利润的增加项。狭义的收入是指企业在日常活动中形成的、会导致所有者权益增加的、与所有者投入资本无关的经济利益总流入。其中，日常活动是指企业为完成其经营目标所从事的经常性活动以及与之相关的其他活动。但无论狭义的收入还是广义的收入，都不包括企业投资者出资引起的权益增加。

## 二、收入的分类

收入可以按照两种类型分类，一般按照日常活动的性质和日常活动的重要性进行分类。

### （一）按照日常活动的性质划分

按照企业从事日常活动的性质，可将收入分为销售商品收入、提供劳务收入、让渡资产使用权收入、建造合同收入等。其中，销售商品收入是指企业通过销售商品实现的收入，提供劳务收入是指企业通过提供劳务实现的收入。让渡资产使用权收入是指企业通过让渡资产使用权实现的收入，如商业银行对外贷款、租赁公司出租资产等实现的收入。建造合同收入是指企业承担建造合同所形成的收入。

### （二）按照日常活动的重要性划分

按照企业从事日常活动的重要性，可以将收入分为主营业务收入和其他业务收入。其中，主营业务收入是指企业为完成其经营目标从事的经常性活动实现的收入。例如，工业企业销售商品、安装公司提供安装服务等取得的收入。其他业务收入是指企业为完成其经营目标所从事的与经常性活动相关的活动实现的收入，如工业企业的材料销售，技术转让，固定资产出租、包装物出租等业务取得的收入，均属于其他业务收入范畴。主营业务收入通常占企业全部收入的比重较大，其他业务收入占企业全部收入的比重较小。

## 三、收入的确认和计量

收入的确认和计量主要有五个步骤：第一步，识别与客户订立的合同；第二步，识别合同中的单项履约义务；第三步，确定交易价格；第四步，将交易价格分摊至各单项履约义务；第五步，履行每一单项履约义务时确认收入。其中，第一、第二、第五步与收入的确认有关，第三、第四步与收入的计量有关。

第一步，识别与客户订立的合同。

合同，是指双方或多方之间订立有法律约束力的权利义务的协议。合同有书面形式、口头形式以及其他形式。企业与客户之间的合同应当同时满足下列条件：

（1）合同各方已批准该合同并承诺将履行各自义务。

（2）该合同明确了合同各方与所转让商品或提供劳务（以下简称“转让商品”）相关的权利和义务。

（3）该合同有明确的与所转让商品相关的支付条款。

（4）该合同具有商业实质，即履行该合同将改变企业未来现金流量的风险、时间分布或金额。

（5）企业因向客户转让商品而有权取得的对价很可能收回。

第二步，识别合同中的单项履约义务。

合同开始日，企业应当对合同进行评估，识别该合同所包含的各单项履约义务，并确定各单项履约义务是在某一时段内履行，还是在某一时点履行。

履约义务，是指合同中企业向客户转让可明确区分商品的承诺。履约义务既包括合同中明确的承诺，也包括由于企业已公开宣布的政策、特定声明或以往的习惯做法等导致合同订立时客户合理预期企业将履行的承诺。企业向客户转让一系列实质相同且转让模式相同的、可明确区分商品的承诺，也应当作为单项履约义务。

满足下列条件之一的，属于在某一时段内履行履约义务；否则，属于在某一时点履行履约义务：

（1）客户在企业履约的同时即取得并消耗企业履约所带来的经济利益。

（2）客户能够控制企业履约过程中在建的商品。

（3）企业履约过程中所产出的商品具有不可替代用途，且该企业在整个合同期间内有权就累计至今已完成的履约部分收取款项。

第三步，确定交易价格。

企业应当根据合同条款，并结合其以往的习惯做法确定交易价格。交易价格，是指企业因向客户转让商品而预期有权收取的对价金额。企业代第三方收取的款项以及企业预期将退还给客户的款项，应当作为负债进行会计处理，不计入交易价格。

在确定交易价格时，企业应当考虑可变对价、合同中存在的重大融资成分、非现金对价、应付客户对价等因素的影响。

第四步，将交易价格分摊至各单项履约义务。

合同中包含两项或多项履约义务的，企业应当在合同开始日，按照各单项履约义务所承诺商品的单独售价的相对比例，将交易价格分摊至各单项履约义务。企业不得因合同开始日之后单独售价的变动而重新分摊交易价格。

对于合同折扣，企业应当在各单项履约义务之间按比例分摊。合同折扣，是指合同中各单项履约义务所承诺商品的单独售价之和高于合同交易价格的金额。

有确凿证据表明合同折扣仅与合同中一项或多项（而非全部）履约义务相关的，企业应当将该合同折扣分摊至相关一项或多项履约义务。

合同折扣仅与合同中一项或多项（而非全部）履约义务相关，且企业采用余值法估计单独售价的，应当首先按照前款规定在该一项或多项（而非全部）履约义务之间分摊合同折扣，然后采用余值法估计单独售价。余值法，是指企业根据合同交易价格减去合同中其他商品可观察的单独售价后的余值，确定某商品单独售价的方法。

第五步，履行每一单项履约义务时确认收入。

企业应当在履行了合同中的履约义务，即在客户取得相关商品控制权时确认收入。企业应当按照分摊至各单项履约义务的交易价格计量收入。

# 第二节　销售商品收入

## 一、销售商品收入的确认

商品包括企业为销售而生产的产品和为转售而购进的商品，如工业企业生产的产品、商业企业购进的商品等，企业销售的其他存货，如原材料、包装物等，也视同企业的商品。销售商品收入同时满足下列条件的，才能够被确认。

### （一）企业已将商品所有权上的主要风险和报酬转移给购货方

企业已将商品所有权上的主要风险和报酬转移给购货方，是指与商品所有权有关的主要风险和报酬同时转移给了购货方。其中，与商品所有权有关的风险，是指商品可能发生减值或毁损等形成的损失；与商品所有权有关的报酬，是指商品价值增值或通过使用商品等形成的经济利益。

判断企业是否已将商品所有权上的主要风险和报酬转移给购货方，应当关注交易的实质，而不是形式，并结合所有权凭证的转移或实物的交付进行判断。如果与商品所有权有关的任何损失均不需要销货方承担，与商品所有权有关的任何经济利益也不归销货方所有，就意味着商品所有权上的主要风险和报酬转移给了购货方。

（1）通常情况下，转移商品所有权凭证并交付实物后，商品所有权上的所有风险和报酬随之转移，如大多数零售商品。

（2）某些情况下，转移商品所有权凭证或交付实物后，商品所有权上的主要风险和报酬随之转移，企业只保留商品所有权上的次要风险和报酬，如交款提货方式销售商品。在这种情形下，应当视同商品所有权上的所有风险和报酬已经转移给购货方。

**【例 13-1】**B 公司从 A 公司购买了一些货物。B 公司已根据 A 公司开出的发票账单支付了货款，取得了提货单，但 A 公司还没有给 B 公司货物。

这种交款提货的销售方式，购买方已根据销售方开出的发票账单支付货款，并取得卖方开出的提货单，说明商品所有权上的主要风险和报酬已转移给购买方，虽然商品未实际交付，A 公司仍可以认为商品所有权上的主要风险和报酬已经转移，在同时满足销售商品收入确认的其他条件时，应当确认收入。

（3）某些情况下，转移商品所有权凭证或交付实物后，商品所有权上的主要风险和报酬并未随之转移，如有退货条款、回购条款、安装条款、委托代销等。

【例 13-2】A 公司向 B 公司销售一批商品，商品已经发出，B 公司已经预付部分货款，剩余货款由 B 公司开出一张商业承兑汇票，销售发票账单已交付 B 公司。B 公司收到商品后，发现商品质量没有达到合同约定的要求，立即根据合同有关条款与 A 公司交涉，要求在价格上给予一定折让，否则要求退货。双方没有就此达成一致意见，A 公司也未采取任何补救措施。

根据本例的资料，尽管商品已经发出，并将发票账单交付买方，同时收到部分货款，但是由于双方在商品质量的弥补方面未达成一致意见，说明购买方尚未正式接受商品，商品可能被退回。因此，商品所有权上的主要风险和报酬仍保留在 A 公司，没有随商品所有权凭证的转移或实物的交付而转移，不能确认收入。

【例 13-3】A 公司为推销一种新产品，承诺凡购买新产品的客户均有一个月的试用期，在试用期内如果对产品使用效果不满意，甲公司无条件给予退货。该种新产品已交付买方，货款已收讫。

根据本例的资料，A 公司虽然已将产品售出，并已收到货款，但是由于是新产品，A 公司无法估计退货的可能性，这表明产品所有权上的主要风险和报酬并未随实物的交付而发生转移，不能确认收入。

**（二）企业既没有保留通常与所有权相联系的继续管理权，也没有对已售出的商品实施有效控制**

通常情况下，企业售出商品后不再保留与商品所有权相联系的继续管理权，也不再对售出商品实施有效控制，商品所有权上的主要风险和报酬已经转移给购货方，通常应在发出商品时确认收入。

【例 13-4】A 公司属于软件开发公司。A 公司销售某成套软件给客户后，接受客户委托对该成套软件进行日常有偿维护管理。

根据本例的资料，A 公司接受客户委托对成套软件进行日常有偿维护管理，是与成套软件销售无关的另一项提供劳务的交易。A 公司虽然仍对该成套软件进行管理，但这种管理与成套软件所有权无关，因为成套软件的所有权属于客户。

**（三）收入的金额能够可靠地计量**

收入能否可靠地计量，是确认收入的基本前提，收入不能可靠计量，则无法确认收入。企业在销售商品时，售价通常已经确定。但销售过程中由于某种不确定因素，也有可能出现售价变动的情况，则新的售价未确定前不应确认收入。

**（四）相关的经济利益很可能流入企业**

相关的经济利益很可能流入企业，是指销售商品价款收回的可能性大于不能收回的可能性，即销售商品价款收回的可能性超过 50%。企业在确定销售商品价款收回的可能性时，应当结合以前和买方交往的直接经验、政府有关政策、其他方面取得信息等因素进行综合分析。企业销售的商品符合合同或协议要求，已将发票账单交付买方，买方承诺付款，通常表明满足本确认条件（相关的经济利益很可能流入企业）。如果企业根据以前与买方交往的直接经验判断买方信誉较差，或销售时得知买方在另一项交易中发生了巨额亏损，资金周转十分困难，或在出口商品时不能肯定进口企业所在国政府是否允许将款项汇出等，就可能会出现与销售商品相关的经济利益不能流入企业的情况，不应确认收入。如果企业判断销售商品收入满足确认条件确认了一笔应收债权，以后由于购货方资金周转困难无法收回该债权时，不应调整原确认的收入，而应对该债权计提坏账准备、确认坏账损失。

#### （五）相关的已发生或将发生的成本能够可靠地计量

通常情况下，销售商品相关的已发生或将发生的成本能够合理地估计。如果不能合理估计相关的已发生或将发生的成本，已收到的价款应确认为负债。例如订货销售，是指企业已收到买方全部或部分货款，但库存无现货，需要通过制造或通过第三方交货。在这种销售方式下，企业尽管已收到全部或部分货款，但商品尚在制造过程中或仍在第三方，相关的成本不能可靠地计量，因此只有在商品交付时才能确认收入。预收的货款应作为负债处理。

## 二、销售商品收入的会计处理

#### （一）通常情况下销售商品收入的处理

确认销售商品收入时，企业应按已收或应收的合同或协议价款，加上应收取的增值税额，借记“银行存款”“应收账款”“应收票据”等科目，按确定的收入金额，贷记“主营业务收入”“其他业务收入”等科目，按应收取的增值税额，贷记“应交税费——应交增值税（销项税额）”科目；同时或在资产负债表日，按应交纳的消费税、资源税、城市维护建设税、教育费附加等税费金额，借记“税金及附加”科目，贷记“应交税费——应交消费税（或应交资源税、应交城市维护建设税等）”科目。

借：银行存款、应收账款等

　贷：主营业务收入

　　　应交税费——应交增值税（销项税额）

如果售出商品不符合收入确认条件，则不应确认收入，已经发出的商品，应当通过“发出商品”科目进行核算。

#### （二）托收承付方式销售商品的处理

托收承付，是指企业根据合同发货后，委托银行向异地付款单位收取款项，由购货方向银行承诺付款的销售方式。在这种情况下，通常在发出商品且办妥托收手续时确认收入。但风险和报酬未转移的除外。

【例 13-5】A 公司在 20×4 年 5 月 31 日向 B 公司销售一批商品，开出的增值税专用发票上注明的销售价格为 300000 元，增值税税额为 51000 元，款项尚未收到；该批商品成本为 220000 元。A 公司在销售时已知 B 公司资金周转发生困难，但为了减少存货积压，同时也为了维持与 B 公司长期建立的商业关系，A 公司仍将商品发往 B 公司且办妥托收手续。假定A公司销售该批商品的增值税纳税义务已经发生。

根据本例的资料，A公司在销售时已知B公司资金周转发生困难（不满足相关的经济利益很可能流入企业），但为了减少存货积压，同时也为了维持与B公司长期建立的商业关系，A公司仍将商品发往B公司且办妥托收手续，假定A公司销售该批商品的增值税纳税义务已经发生。已经发出的商品成本应通过“发出商品”科目反映。A公司的账务处理如下：

（1）20×4年5月31日发出商品时：

借：发出商品　　220000

　　贷：库存商品　　220000

同时，将增值税专用发票上注明的增值税税额转入应收账款：

借：应收账款　　51000

　　贷：应交税费——应交增值税（销项税额）　　51000

注：如果销售该商品的增值税纳税义务尚未发生，则不作这笔分录，待纳税义务发生时再作应交增值税的分录。

（2）20×4年10月10日，A公司得知B公司经营情况逐渐好转，B公司承诺近期付款时：

借：应收账款　　300000

　　贷：主营业务收入　　300000

借：主营业务成本　　220000

　　贷：发出商品　　220000

（3）20×4年10月20日收到款项时：

借：银行存款　　351000

　　贷：应收账款　　351000

### （三）销售商品涉及现金折扣、商业折扣、销售折让的处理

企业销售商品有时也会遇到现金折扣、商业折扣、销售折让等问题，应当分别不同情况进行处理：

（1）现金折扣，是指债权人为鼓励债务人在规定的期限内付款而向债务人提供的债务扣除。按照扣除现金折扣前的金额确认收入，买方实际享受折扣时，将折扣额计入财务费用。

（2）商业折扣，是指企业为促进商品销售而在商品标价上给予的价格扣除。按照扣除商业折扣后的金额确认收入。

（3）销售折让，是指企业因售出商品的质量不合格等原因而在售价上给予的减让。对于销售折让，企业应分别不同情况进行处理：

①未确认收入的销售折让，同商业折扣。

②非日后期间，冲减退回当期的销售收入。

③日后期间，冲减报告年度的销售收入。

### （四）销售退回的处理

销售退回，是指企业售出商品之后发生的退货。对于销售退回，企业有以下几种会计处理方式：

（1）对于未确认收入的售出商品发生销售退回的，将“发出商品”转入“库存商品”。

（2）对于已确认收入的售出商品发生退回的，非日后期间的，冲减当期的销售收入和销售成本。

（3）已确认收入的售出商品发生的销售退回属于资产负债表日后事项的，应当按照有关资产负债表日后事项的相关规定进行会计处理。

【例 13-6】A 公司在 20×4 年 12 月 25 日向 B 公司销售一批商品，开出的增值税专用发票上注明的销售价款为 60000 元，增值税税额为 10200 元。该批商品成本为 26000 元。为及早收回货款，A 公司和 B 公司约定的现金折扣条件为：2/10，1/20，n/30。乙公司在 20×4 年 12 月 29 日支付货款。20×5 年 4 月 20 日，该批商品因质量问题被 B 公司退回，A 公司当日支付有关款项。

假定计算现金折扣时不考虑增值税，假定销售退回不属于资产负债表日后事项。甲公司的账务处理如下：

（1）20×4 年 12 月 18 日销售实现，按销售总价确认收入时：

借：应收账款　70200

　贷：主营业务收入　60000

　　　应交税费——应交增值税（销项税额）　10200

借：主营业务成本　26000

　贷：库存商品　26000

（2）在 20×4 年 12 月 29 日收到货款时，按销售总价 60000 元的 2% 享受现金折扣 1200（60000×2%）元，实际收款 69000（70200-1200）元：

借：银行存款　69000

　　财务费用　1200

　贷：应收账款　70200

（3）20×5 年 4 月 20 日发生销售退回时：

借：主营业务收入　60000

　　应交税费——应交增值税（销项税额）　10200

　贷：银行存款　69000

　　　财务费用　1200

借：库存商品　26000

　贷：主营业务成本　26000

### （五）特殊销售商品业务的处理

企业会计实务中，可能遇到一些特殊的销售商品业务。在将销售商品收入和计量原则运用于特殊销售商品收入的会计处理时，应结合这些特殊销售商品交易的形式，并注重交易的实质。

1. 代销商品

代销商品分以下情况处理：

（1）视同买断方式。委托方和受托方签订合同或协议，委托方按合同或协议收取代销的货款，实际售价由受托方自定，实际售价与合同或协议价之间的差额归受托方所有。由于这种销售本质上仍是代销，委托方将商品交付给受托方时，商品所有权上的风险和报酬并未转移给受托方，因此，委托方在交付商品时不确认收入，受托方也不作购进商品处理。受托方将商品销售后，应按实际售价确认为销售收入，并向委托方开具代销清单。委托方收到代销清单时，再确认本企业的销售收入。

**【例 13-7】**A 公司委托 B 公司销售商品 100 件，协议价为 200 元 / 件，成本为 120 元 / 件。代销协议约定，B 公司在取得代销商品后，无论是否能够卖出、是否获利，均与 A 公司无关。这批商品已经发出，货款尚未收到，A 公司开出的增值税专用发票上注明的增值税税额为 3400 元。

根据本例的资料，A 公司采用视同买断方式委托 B 公司代销商品。因此，A 公司在发出商品时的账务处理如下：

借：应收账款　23400
　贷：主营业务收入　20000
　　　应交税费——应交增值税（销项税额）　3400
借：主营业务成本　12000
　贷：库存商品　12000

（2）收取手续费方式。在这种方式下，委托方在发出商品时通常不应确认销售商品收入，而应在收到受托方开出的代销清单时确认销售商品收入；受托方应在商品销售后，按合同或协议约定的方法计算确定的手续费确认收入。

**【例 13-8】**A 公司委托 B 公司销售服装 200 件，商品已经发出，每件成本为 400 元。合同约定 B 公司应按每件 600 元对外出售，A 公司按不含增值税的售价的 10% 向 B 公司支付手续费。B 公司实际销售了 150 件，开出的增值税专用发票上注明的销售价款为 90000 元，增值税税额为 15300 元，款项已经收到。A 公司收到 B 公司开来的代销清单时，向 B 公司开具了一张相同金额的增值税专用发票。假定 A 公司发出商品时纳税义务尚未发生，不考虑其他因素。

本例中，B 公司代销结果与委托方 A 公司有关，因此 A 公司在收到 B 公司开来的代销清单时确认收入。

A 公司的会计处理如下：

（1）发出商品时：

借：发出商品　80000
　贷：库存商品　80000

（2）收到代销清单时：

借：应收账款——B 公司　105300

　贷：主营业务收入　90000

　　应交税费——应交增值税（销项税额）　15300

借：主营业务成本　60000

　贷：发出商品　60000

手续费的处理：

借：销售费用　9000

　贷：应收账款　9000

（3）收到款项时：

借：银行存款　96300

　贷：应收账款　96300

B 公司的会计处理如下：

（1）收到商品时：

借：受托代销商品　120000

　贷：委托代销商品　120000

（2）实际销售商品时：

借：银行存款　105300

　贷：应付账款——A 公司　90000

　　应交税费——应交增值税（销项税额）　15300

（3）收到增值税专用发票时：

借：应交税费——应交增值税（进项税额）　15300

　贷：应付账款——A 公司　15300

借：受托代销商品款　90000

　贷：受托代销商品　90000

（4）按合同或协议价将款项付给 A 公司时：

借：应付账款——A 公司　105300

　贷：银行存款　96300

　　主营业务收入　9000

**2. 具有融资性质的分期收款销售商品**

企业销售商品，有时会采取分期收款的方式，如分期收款发出商品，即商品已经交付，货款分期收回。

企业分期收款销售商品（通常为超过 3 年），实质上具有融资性质的，应当按照应收的合同或协议价款的公允价值确定收入金额。

应收的合同或协议价款与其公允价值之间的差额，应当在合同或协议期间内，按照应收款项摊余成本和实际利率计算确定的摊销金额，冲减财务费用。

应收的合同或协议价款与其公允价值之间的差额，按照实际利率法摊销与直线法摊销结果相差不大的，也可以采用直线法进行摊销。

销售商品时：

借：长期应收款（应收合同或协议价款）

　贷：主营业务收入（应收价款的公允价值）

　　未实现融资收益

注意："未实现融资收益"属于资产类科目的备抵科目，作为"长期应收款"科目的抵减在资产负债表中列报。

同时，结转销售成本：

借：主营业务成本

　贷：库存商品

分期收款时：

借：银行存款

　贷：长期应收款

借：未实现融资收益

　贷：财务费用

此外，涉及增值税的处理要看题目中的条件。一般在各期收款时确认增值税。

**【例 13-9】** 20×1 年 1 月 1 日，A 公司采用分期收款方式向 B 公司销售一套大型设备，合同约定的销售价格为 2000 万元，分 5 次于每年 12 月 31 日等额收取。该大型设备成本为 1560 万元。在现销方式下，该大型设备的销售价格为 1600 万元。假定 A 公司发出商品时，其有关的增值税纳税义务尚未发生，在合同约定的收款日期，发生有关的增值税纳税义务。

根据本例的资料，A 公司应当确认的销售商品收入金额为 1600 万元。

根据下列公式：

未来五年收款额的现值 = 现销方式下应收款项金额，可以得出：

400 ×（P/A，$r$，5）=1600（万元）

用插值法计算折现率。

当 $r$ =7% 时，400 × 4.1002=1640.08>1600（万元）

当 $r$ =8% 时，400 × 3.9927=1597.08<1600（万元）

用插值法计算 $r$ =7.93%

A 公司的财务费用和已收本金见下表。

财务费用和已收本金计算表

单位：万元

| 年份 | 未收本金<br>（1） | 财务费用<br>（2）=（1）×7.93% | 收现总额<br>（3） | 已收本金<br>（4）=（3）-（2） |
|---|---|---|---|---|
| 20×1 年 1 月 1 日 | 1600 | | | |

续表

| 年份 | 未收本金（1） | 财务费用（2）=（1）×7.93% | 收现总额（3） | 已收本金（4）=（3）-（2） |
|---|---|---|---|---|
| 20×1年12月31日 | 1600 | 26.88 | 400 | 273.12 |
| 20×2年12月31日 | 1326.88 | 105.22 | 400 | 294.78 |
| 20×3年12月31日 | 1032.10 | 81.85 | 400 | 318.15 |
| 20×4年12月31日 | 713.95 | 56.62 | 400 | 343.38 |
| 20×5年12月31日 | 370.57 | 29.43① | 400 | 370.57 |
| 总额 | | 400 | 2000 | 1600 |

①尾数调整。

根据上表的计算结果，A公司各期的会计分录如下：

（1）20×1年1月1日销售实现时：

借：长期应收款　　20000000
　贷：主营业务收入　　16000000
　　　未实现融资收益　　4000000
借：主营业务成本　　15600000
　贷：库存商品　　15600000

（2）20×1年12月31日收取货款和增值税税额时：

借：银行存款　　4680000
　贷：长期应收款　　4000000
　　　应交税费——应交增值税（销项税额）　　680000
借：未实现融资收益　　1268800
　贷：财务费用　　1268800

（3）20×2年12月31日收取货款和增值税税额时：

借：银行存款　　4680000
　贷：长期应收款　　4000000
　　　应交税费——应交增值税（销项税额）　　680000
借：未实现融资收益　　1052200
　贷：财务费用　　1052200

（4）20×3年12月31日收取货款和增值税税额时：

借：银行存款　　4680000
　贷：长期应收款　　4000000
　　　应交税费——应交增值税（销项税额）　　680000
借：未实现融资收益　　818500
　贷：财务费用　　818500

（5）20×4 年 12 月 31 日收取货款和增值税税额时：

借：银行存款　　4680000

　贷：长期应收款　　4000000

　　　应交税费——应交增值税（销项税额）　　680000

借：未实现融资收益　　566200

　贷：财务费用　　566200

（6）20×5 年 12 月 31 日收取货款和增值税税额时：

借：银行存款　　4680000

　贷：长期应收款　　4000000

　　　应交税费——应交增值税（销项税额）　　680000

借：未实现融资收益　　294300

　贷：财务费用　　294300

3. 售后回购

售后回购，是指销售商品的同时，销售方同意日后再将同样或类似的商品购回的销售方式。在这种方式下，销售方应根据合同或协议条款判断企业是否已将商品所有权上的主要风险和报酬转移给购货方，以确定是否确认销售商品收入。在大多数情况下，回购价格固定或等于原售价加合理回报，售后回购交易属于融资交易，商品所有权上的主要风险和报酬没有转移，企业不应确认销售商品收入；回购价格大于原售价的差额，企业应当在回购期间按期计提利息，计入财务费用。

**【例 13-10】**20×4 年 7 月 1 日 A 公司与 B 公司签订一项销售合同，根据合同向 B 公司销售一批商品，开出的增值税专用发票上注明的销售价格为 200 万元，增值税税额为 34 万元。商品已经发出，款项已收到。该批商品的成本为 180 万元。合同规定，A 公司应于 10 月 31 日以 210 万元价格（不含增值税）将所售商品购回。

本例中，A 公司 7 月 1 日售出商品时不符合收入确认条件，其会计处理如下：

（1）20×4 年 7 月 1 日：

借：银行存款　　2340000

　贷：其他应付款　　2000000

　　　应交税费——应交增值税（销项税额）　　340000

借：发出商品　　1800000

　贷：库存商品　　1800000

（2）回购价格大于原售价的差额，应在回购期间按期计提利息，计入财务费用。由于回购期间为 4 个月，货币时间价值影响不大，因此，采用直线法计提利息费用。20×4 年 7—10 月，每月末计提利息费用为 25000（100000/4）元。

借：财务费用　　25000

　贷：其他应付款　　25000

（3）20×4 年 10 月 31 日回购商品时，收到的增值税专用发票上注明商品价款为

2100000元，增值税税额为357000元，款项已支付。

借：其他应付款　2100000
　　应交税费——应交增值税（进项税额）　357000
　贷：银行存款　2457000
借：库存商品　1800000
　贷：发出商品　1800000

4. 以旧换新销售

以旧换新销售，是指销售方在销售商品的同时回收与所售商品相同的旧商品。在这种销售方式下，销售的商品应当按照销售商品收入确认条件确认收入，回收的商品作为购进商品处理。

【例13-11】A公司采用以旧换新方式销售给B企业产品4台，单位售价为5万元，单位成本为3万元；同时收回4台同类旧商品，每台回收价为0.5万元（不考虑增值税），款项已收入银行。

A公司会计处理如下：

借：银行存款　234000
　贷：主营业务收入　200000
　　　应交税费——应交增值税（销项税额）　34000
借：主营业务成本　120000
　贷：库存商品　120000
借：库存商品　（4×5000）20000
　贷：银行存款　20000

# 第三节　提供劳务收入

## 一、提供劳务收入的确认

### （一）提供劳务交易结果能够可靠估计的确认条件

企业在资产负债表日提供劳务交易的结果能够可靠估计的，应当采用完工百分比法确认提供劳务收入。

提供劳务交易的结果能够可靠估计，是指同时满足下列条件：

（1）收入的金额能够可靠地计量。

（2）相关的经济利益很可能流入企业，是指提供劳务收入总额收回的可能性大于不能收回的可能性。

（3）交易的完工进度能够可靠地确定，是指交易的完工进度能够合理地估计。企业确定提供劳务交易的完工进度，可以选用下列方法：

①已完工作的测量。这是一种比较专业的测量方法，由专业测量师对已经提供的劳务进行测量，并按一定方法计算确定提供劳务交易的完工程度。

②已经提供的劳务占应提供劳务总量的比例。

③已经发生的成本占估计总成本的比例。只有反映已提供劳务的成本才能包括在已经发生的成本中，只有反映已提供或将提供劳务的成本才能包括在估计总成本中。

（4）交易中已发生和将发生的成本能够可靠地计量，是指交易中已经发生和将要发生的成本能够合理地估计。企业应当建立完善的内部成本核算制度和有效的内部财务预算及报告制度，准确地提供每期发生的成本，并对完成剩余劳务将要发生的成本做出科学、合理的估计，并随着劳务的不断提供或外部情况的不断变化，随时对将要发生的成本进行修订。

### （二）特殊劳务收入的确认

下列提供劳务满足收入确认条件的，应按规定确认收入：

（1）安装费，在资产负债表日根据安装的完工进度确认收入。安装工作是商品销售附带条件的安装费，通常应在确认商品销售实现时确认为收入。

（2）宣传媒介的收费，在相关广告或商业行为开始出现于公众面前时确认为收入。广告的制作费，应在资产负债表日根据广告的完工进度确认收入。

（3）为特定客户开发软件的收费，在资产负债表日根据开发的完工进度确认收入。

（4）包括在商品售价内可区分的服务费，在提供服务的期间内分期确认收入。

（5）特许权费收入，包括提供初始及后续服务、设备和其他有形资产及专门技术等方面的收入。其中属于提供设备和其他有形资产的部分，应在这些资产的所有权转移时，确认为收入；属于提供初始及后续服务的部分，应在提供服务时确认为收入。

（6）定期收费，有的企业与客户签订合同，长期为客户提供某一种或几种重复的劳务，客户按期支付劳务费。这种情况下，企业应在合同约定的收款日期确认收入。

## 二、提供劳务收入的计量

企业应当按照从接受劳务方已收或应收的合同或协议价款确定提供劳务收入总额，但已收或应收的合同或协议价款不公允的除外。

### （一）提供劳务交易结果能够可靠估计

企业在资产负债表日提供劳务交易结果能够可靠估计的，应当采用完工百分比法确认提供劳务收入。企业应当在资产负债表日按照提供劳务收入总额乘以完工进度扣除以前会计期间累计已确认提供劳务收入后的金额，确认当期提供劳务收入；同时，按照提供劳务估计总成本乘以完工进度扣除以前会计期间累计已确认劳务成本后的金额，结转当期劳务成本。

### （二）提供劳务交易结果不能可靠估计

如果企业在资产负债表日提供劳务交易结果不能够可靠估计，企业不能采用完工百分比法确认提供劳务收入。此时，企业应正确预计已经发生的劳务成本能够得到补偿和不能得到补偿，分别进行会计处理：

（1）已经发生的劳务成本预计能够得到补偿的，应按已收或预计能够收回的金额确认提供劳务收入，并结转已经发生的劳务成本。

（2）已经发生的劳务成本预计全部不能得到补偿的，应将已经发生的劳务成本计入当期损益，不确认提供劳务收入。

## 三、提供劳务收入的会计处理

### （一）单纯提供劳务交易的会计处理

**【例 13-12】**A 公司于 20×4 年 10 月 1 日与 B 公司签订合同，为 B 公司订制一项软件，工期大约 5 个月，合同总收入 8000000 元。至 20×4 年 12 月 31 日，A 公司已发生成本 4400000 元（假定均为开发人员薪酬），预收账款 5000000 元。A 公司预计开发该软件还将发生成本 1600000 元。20×4 年 12 月 31 日，经专业测量师测量，该软件的完工进度为 60%。假定 A 公司按季度编制财务报表。A 公司的账务处理如下：

（1）计算：

20×4 年 12 月 31 日确认提供劳务收入 =8000000×60%−0=4800000（元）

20×4 年 12 月 31 日确认提供劳务成本 =（4400000+1600000）×60%−0=3600000（元）

（2）账务处理：

①实际发生劳务成本时：

借：劳务成本　　4400000

　贷：应付职工薪酬　　4400000

②预收劳务款项时：

借：银行存款　　5000000

　贷：预收账款　　5000000

③ 20×4 年 12 月 31 日确认提供劳务收入并结转劳务成本时：

借：预收账款　　4800000

　贷：主营业务收入　　4800000

借：主营业务成本　　3600000

　贷：劳务成本　　3600000

### （二）同时销售商品和提供劳务交易的会计处理

企业与其他企业签订的合同或协议，有时既包括销售商品又包括提供劳务，如销售电梯的同时负责安装工作，销售软件后继续提供技术支持，设计产品同时负责生产等。

如果销售商品部分和提供劳务部分能够区分且能够单独计量的，企业应当分别核算销售商品部分和提供劳务部分，将销售商品的部分作为销售商品处理，将提供劳务的部分作为提供劳务处理。

如果销售商品部分和提供劳务部分不能够区分，或虽能区分但不能够单独计量的，企业应当将销售商品部分和提供劳务部分全部作为销售商品部分进行会计处理。

**【例 13-13】** A 公司与 B 公司签订合同，向 B 公司销售一部电梯并负责安装。A 公司开出的增值税专用发票上注明的价款合计为 1000000 元，其中电梯销售价格为 980000 元，安装费为 20000 元，增值税税额为 170000 元。电梯的成本为 560000 元；电梯安装过程中发生安装费 12000 元，均为安装人员薪酬。假定电梯已经安装完成并经验收合格，款项尚未收到；安装工作是销售合同的重要组成部分。A 公司的账务处理如下：

（1）电梯发出时：

| | | |
|---|---|---|
| 借：发出商品 | 560000 | |
| 　贷：库存商品 | | 560000 |

（2）发生安装费用 12000 元时：

| | | |
|---|---|---|
| 借：劳务成本 | 12000 | |
| 　贷：应付职工薪酬 | | 12000 |

（3）电梯销售实现确认收入 980000 元并结转电梯成本 560000 元时：

| | | |
|---|---|---|
| 借：应收账款 | 1150000 | |
| 　贷：主营业务收入 | | 980000 |
| 　　应交税费——应交增值税（销项税额） | | 170000 |
| 借：主营业务成本 | 560000 | |
| 　贷：发出商品 | | 560000 |

（4）确认安装费收入 20000 元并结转安装成本 12000 元时：

| | | |
|---|---|---|
| 借：应收账款 | 20000 | |
| 　贷：主营业务收入 | | 20000 |
| 借：主营业务成本 | 12000 | |
| 　贷：劳务成本 | | 12000 |

同时假定电梯销售价格和安装费用无法区分。A 公司的账务处理如下：

（1）电梯发出时：

| | | |
|---|---|---|
| 借：发出商品 | 560000 | |
| 　贷：库存商品 | | 560000 |

（2）发生安装费用 12000 元时：

借：劳务成本　　12000

　贷：应付职工薪酬　　12000

（3）销售实现确认收入 1000000 元并结转成本 572000 元时：

借：应收账款　　1170000

　贷：主营业务收入　　1000000

　　　应交税费——应交增值税（销项税额）　　170000

借：主营业务成本　　572000

　贷：发出商品　　560000

　　　劳务成本　　12000

# 第四节　让渡资产使用权收入

## 一、让渡资产使用权收入的确认

让渡资产使用权收入主要包括：

（1）利息收入，主要是指金融企业对外贷款形成的利息收入，以及同业之间发生往来形成的利息收入等。

（2）使用费收入，主要是指企业转让无形资产（如商标权、专利权、专营权、软件、版权）等资产的使用权形成的使用费收入。

（3）企业对外出租资产收取的租金，进行债权投资收取的利息，进行股权投资取得的现金股利，也构成让渡资产使用权收入。

让渡资产使用权收入同时满足相关的经济利益很可能流入企业，收入的金额能够可靠地计量两个条件时，才能予以确认。

## 二、让渡资产使用权收入的计量

### （一）利息收入

企业应在资产负债表日，按照他人使用本企业货币资金的时间和实际利率计算确定利息收入金额。按计算确定的利息收入金额，借记“应收利息”“银行存款”等科目，贷记“利息收入”“其他业务收入”等科目。

**（二）使用费收入**

使用费收入应当按照有关合同或协议约定的收费时间和方法计算确定。不同的使用费收入，收费时间和方法各不相同。有一次性收取一笔固定金额的，如一次性收取10年的场地使用费；有在合同或协议规定的有效期内分期等额收取的，如合同或协议规定在使用期内每期收取一笔固定的金额；也有分期不等额收取的，如合同或协议规定按资产使用方每期销售额的百分比收取使用费等。

如果合同或协议规定一次性收取使用费，且不提供后续服务的，应当视同销售该项资产一次性确认收入；提供后续服务的，应在合同或协议规定的有效期内分期确认收入。如果合同或协议规定分期收取使用费的，通常应按合同或协议规定的收款时间和金额或规定的收费方法计算确定的金额分期确认收入。

**【例 13-14】**A 公司于 20×4 年 1 月 1 日向 B 公司转让某专利权的使用权。协议约定转让期为 5 年，每年年末收取使用费 200000 元。20×5 年该专利权计提的摊销额为 120000 元，每月计提金额为 10000 元。假定不考虑其他因素。

A 公司会计处理如下：

（1）20×5 年年末确认使用费收入：

借：应收账款（或银行存款）　　200000

　贷：其他业务收入　　200000

（2）20×5 年每月计提专利权摊销额：

借：其他业务成本　　10000

　贷：累计摊销　　10000

## 三、建造合同收入

**（一）建造合同概述**

建造合同，是指为建造一项或数项在设计、技术、功能、最终用途等方面密切相关的资产而订立的合同。其特点是体积大、周期长、价值大。

建造合同分为固定造价合同和成本加成合同。

固定造价合同，是指按照固定的合同价或固定单价确定工程价款的建造合同。

成本加成合同，是指以合同约定或其他方式议定的成本为基础，加上该成本的一定比例或定额费用确定工程价款的建造合同。

**（二）合同的分立与合并**

企业通常应当按照单项建造合同进行会计处理。但是，在某些情况下，为了反映一项或一组合同的实质，需要将单项合同进行分立或将数项合同进行合并。

**1. 合同分立**

有的资产建造虽然形式上只签订了一项合同，但其中各项资产在商务谈判、设计施工、价款结算等方面都是可以相互分离的，实质上是多项合同，在会计上应当作为不同的核算对象。

同时满足下列三项条件的，每项资产应当分立为单项合同：

（1）每项资产均有独立的建造计划。

（2）与客户就每项资产单独进行谈判，双方能够接受或拒绝与每项资产有关的合同条款。

（3）每项资产的收入和成本可以单独辨认。

例如：某建筑公司与客户签订一项合同，为客户建造一栋宿舍楼和一座食堂。在签订合同时，建筑公司与客户分别就所建宿舍楼和食堂进行谈判，并达成一致意见：宿舍楼的工程造价为500万元，食堂的工程造价为200万元。宿舍楼和食堂均有独立的施工图预算，宿舍楼的预计总成本为450万元，食堂的预计总成本为170万元。根据上述资料分析：由于宿舍楼和食堂均有独立的施工图预算，因此符合条件（1）；由于在签订合同时，建筑公司与客户分别就所建宿舍楼和食堂进行谈判，并达成一致意见，因此符合条件（2）；由于宿舍楼和食堂均有单独的造价和预算成本，因此符合条件（3）。建筑公司应将建造宿舍楼和食堂分立为两个单项合同进行会计处理。

**2. 合同合并**

有的资产建造虽然形式上签订了多项合同，但各项资产在设计、技术、功能、最终用途上是密不可分的，实质上是一项合同，在会计上应当作为一个核算对象。

同时满足下列三项条件的，应当合并为单项合同：

（1）该组合同按一揽子交易签订。

（2）该组合同密切相关，每项合同实际上已构成一项综合利润率工程的组成部分。

（3）该组合同同时或依次履行。

**3. 追加资产的建造**

有时，建造合同在执行中，客户可能会提出追加建造资产的要求，从而与建造承包商协商变更原合同内容或者另行签订建造追加资产的合同。

追加资产的建造，满足下列条件之一的，应当作为单项合同：

（1）该追加资产在设计、技术或功能上与原合同包括的一项或数项资产存在重大差异。

（2）议定该追加资产的造价时，不需要考虑原合同价款。

例如：某建筑商与客户签订了一项建造合同。合同规定，建筑商为客户设计并建造一栋教学楼，教学楼的工程造价（含设计费用）为700万元，预计总成本为600万元。合同履行一段时间后，客户决定追加建造一座地上车库，并与该建筑商协商一致，变更了原合同内容。根据上述资料分析：由于该地上车库在设计、技术和功能上与原合同包括的教学楼存在重大差异，表明符合条件（1），因此该追加资产的建造应当作为单项合同。

### （三）合同收入与合同成本

#### 1. 合同收入的组成

合同收入包括两部分内容：

（1）合同规定的初始收入，即建造承包商与客户签订的合同中最初商定的合同总金额，它构成了合同收入的基本内容。

（2）因合同变更、索赔、奖励等形成的收入。

合同变更是指客户为改变合同规定的作业内容而提出的调整。合同变更款同时满足下列条件的，才能构成合同收入：

①客户能够认可因变更而增加的收入。

②该收入能够可靠地计量。例如，某建造承包商与客户签订了一项建造图书馆的合同，建设期 3 年。第二年，客户要求将原设计中采用的铝合金门窗改为塑钢门窗，并同意增加合同造价 100 万元。本例中，建造承包商可在第二年将因合同变更而增加的收入 100 万元认定为合同收入的组成部分；假如建造承包商认为此项变更应增加造价 100 万元，但双方最终只达成增加造价 80 万元的协议，则只能将 80 万元认定为合同收入的组成部分。

索赔款是指因客户或第三方原因造成的、向客户或第三方收取的、用以补偿不包括在合同造价中成本的款项。满足下列条件时，索赔款才能构成合同收入：

①根据谈判情况，预计对方能够同意该项索赔。

②对方同意接受的金额能够可靠地计量。例如，某建造承包商与客户签订了一项建造工厂的合同。合同规定的建设期是 20×1 年 1 月至 20×4 年 12 月；同时规定，设备由客户采购，于 20×1 年 10 月交付建造承包商进行安装。该项合同在执行过程中，客户于 20×2 年 1 月才将设备交付建造承包商。建造承包商因客户交货延期要求客户支付延误工期款 200 万元。本例中，假如客户不同意支付延误工期款，则不能将 200 万元计入合同总收入；假如客户只同意支付延误工期款 80 万元，则只能将 80 万元认定为合同收入的组成部分。

奖励款是指工程达到或超过规定的标准，客户同意支付的额外款项。奖励款同时满足下列条件的，才能构成合同收入：

①根据合同目前完成情况，足以判断工程进度和工程质量能够达到或超过规定的标准。

②奖励金额能够可靠地计量。

#### 2. 合同成本的组成

合同成本是指为建造某项合同而发生的相关费用，合同成本包括从合同签订开始至合同完成止所发生的、与执行合同有关的直接费用和间接费用。直接费用是指为完成合同所发生的、可以直接计入合同成本核算对象的各项费用支出。间接费用是指为完成合同所发生的、不宜直接归属于合同成本核算对象而应分配计入有关合同成本核算对象的各项费用支出。

（1）直接费用的组成。直接费用包括四项内容：耗用的材料费用、耗用的人工费用、耗用的机械使用费和其他直接费用。

①耗用的材料费用主要包括施工生产过程中耗用的构成工程实体或有助于形成工程实体的原材料、辅助材料、构配件、零件、半成品的成本和周转材料的摊销及租赁费用。周转材料是指企业在施工过程中能多次使用并可基本保持原来实物形态而逐渐转移其价值的材料，如施工中使用的模板、挡板和脚手架等。

②耗用的人工费用主要包括从事工程建造人员的工资、奖金、津贴补贴、职工福利费等职工薪酬。

③耗用的机械使用费主要包括施工生产过程中使用自有施工机械所发生的机械使用费，租用外单位施工机械支付的租赁费和施工机械的安装、拆卸和进出场费。

④其他直接费用是指在施工过程中发生的除上述三项直接费用以外的其他可以直接计入合同成本核算对象的费用。主要包括有关的设计和技术援助费用、施工现场材料的二次搬运费、生产工具和用具使用费、检验试验费、工程定位复测费、工程点交费用、场地清理费用等。

（2）间接费用的组成。间接费用主要包括临时设施摊销费用和企业、下属的施工、生产单位组织和管理施工生产活动所发生的费用，如管理人员薪酬、劳动保护费、固定资产折旧费及修理费、物料消耗、取暖费、水电费、办公费、差旅费、财产保险费、工程保修费、排污费等。这里所说的"施工单位"是指建筑安装企业的施工队、项目经理部等；"生产单位"是指船舶、飞机、大型机械设备等制造企业的生产车间。这些单位可能同时组织实施几项合同，其发生的费用应由这几项合同成本共同负担。

需要指出的是，建造承包商为订立合同而发生的差旅费、投标费等，能够单独区分和可靠计量且合同很可能订立的，应当予以归集，待取得合同时计入合同成本；未满足上述条件的，应当计入当期损益。

不计入合同成本的各项费用。下列各项费用属于期间费用，应在发生时计入当期损益，不计入建造合同成本：

（1）企业行政管理部门为组织和管理生产经营活动所发生的管理费用。

（2）船舶等制造企业的销售费用。

（3）企业为建造合同借入款项所发生的、不符合借款费用准则规定资本化条件的借款费用。如在建造合同完成后发生的利息净支出、汇兑净损失、金融机构手续费以及筹资发生的其他财务费用。

### （四）合同收入与合同费用的确认

合同收入与合同费用确认的基本原则是：

（1）如果建造合同的结果能够可靠估计，企业应根据完工百分比法在资产负债表日确认合同收入和合同费用。

（2）如果建造合同的结果不能可靠估计，应分两种情况进行处理：合同成本能够收回的，合同收入根据能够收回的实际合同成本金额予以确认，合同成本在其发生的当期确认为合同费用；合同成本不可能收回的，应在发生时立即确认为合同费用，不确认合同收入。

合同预计总成本超过合同总收入的，应当将预计损失确认为当期费用。

**1. 结果能够可靠估计的建造合同**

建造合同的结果能够可靠估计的，企业应根据完工百分比法在资产负债表日确认合同收入和合同费用。完工百分比法是根据合同完工进度确认合同收入和费用的方法，运用这种方法确认合同收入和费用，能为报表使用者提供有关合同进度及本期业绩的有用信息。

（1）建造合同的结果能够可靠估计的认定标准。固定造价合同的结果能够可靠估计的认定标准为同时具备以下四个条件：

①合同总收入能够可靠地计量。

②与合同相关的经济利益很可能流入企业。

③实际发生的合同成本能够清楚地区分和可靠地计量。

④合同完工进度和为完成合同尚需发生的成本能够可靠地确定。

成本加成合同的结果能够可靠估计的认定标准应同时具备以下两个条件：

①与合同相关的经济利益很可能流入企业。

②实际发生的合同成本能够清楚地区分和可靠地计量。

（2）完工进度的确定。确定合同完工进度有以下三种方法：

①根据累计实际发生的合同成本占合同预计总成本的比例确定。该方法是确定合同完工进度比较常用的方法。计算公式如下：

$$合同完工进度=\frac{累计实际发生的合同成本}{合同预计总成本}\times 100\%$$

累计实际发生的合同成本是指形成工程完工进度的工程实体和工作量所耗用的直接成本和间接成本，不包括与合同未来活动相关的合同成本（如施工中尚未安装、使用或耗用的材料成本），以及在分包工程的工作量完成之前预付给分包单位的款项（根据分包工程进度支付的分包工程进度款，应构成累计实际发生的合同成本）。

②根据已经完成的合同工作量占合同预计总工作量的比例确定。该方法适用于合同工作量容易确定的建造合同，如道路工程、土石方挖掘、砌筑工程等。计算公式如下：

$$合同完工进度=\frac{已经完成的合同工作量}{合同预计总工作量}\times 100\%$$

③根据实际测定的完工进度确定。该方法是在无法根据上述两种方法确定合同完工进度时所采用的一种特殊技术测量方法，适用于一些特殊的建造合同，如水下施工工程等。需要注意的是，这种技术测量并不是由建造承包商自行随意测定，而应由专业人员现场进行科学测定。

（3）完工百分比法的运用。确定建造合同的完工进度后，就可以根据完工百分比法确认和计量当期的合同收入和费用。当期确认的合同收入和费用可用下列公式计算：

当期确认的合同收入=合同总收入×完工进度-以前会计期间累计已确认的收入

当期确认的合同费用=合同预计总成本×完工进度-以前会计期间累计已确认的费用

当期确认的合同毛利 = 当期确认的合同收入 - 当期确认的合同费用

上述公式中的完工进度指累计完工进度。

对于当期完成的建造合同，应当按照实际合同总收入扣除以前会计期间累计已确认收入后的金额，确认为当期合同收入；同时，按照累计实际发生的合同成本扣除以前会计期间累计已确认费用后的金额，确认为当期合同费用。

2. 结果不能可靠估计的建造合同

如果建造合同的结果不能可靠估计，则不能采用完工百分比法确认和计量合同收入和费用，而应区别以下两种情况进行会计处理：

（1）合同成本能够收回的，合同收入根据能够收回的实际合同成本予以确认，合同成本在其发生的当期确认为合同费用。

（2）合同成本不可能收回的，应在发生时立即确认为合同费用，不确认合同收入。

3. 合同预计损失的处理

建造承包商正在建造的资产，类似于工业企业的在产品，性质上属于建造承包商的存货，期末应当对其进行减值测试。如果建造合同的预计总成本超过合同总收入，则形成合同预计损失，应提取损失准备，并确认为当期费用。合同完工时，将已提取的损失准备冲减合同费用。

提取损失准备时：

借：资产减值损失

　　贷：存货跌价准备

【例 13-15】红星建筑公司签订了一项总金额为 240 万元的固定造价合同，最初预计总成本为 200 万元。第一年实际发生成本 140 万元。年末，预计为完成合同尚需发生成本 110 万元。该合同的结果能够可靠估计。该公司在年末应进行如下账务处理：

第一年合同完工进度 =140÷（140+110）×100%=56%

第一年确认的合同收入 =240×56%=134.4（万元）

第一年确认的合同费用 =（140+110）×56%=140（万元）

第一年确认的合同毛利 =134.4-140=-5.6（万元）

第一年预计的合同损失 =［（140+110-240］×（1-56%）=4.4（万元）

其账务处理如下：

| | | |
|---|---|---|
| 借：主营业务成本 | 1400000 | |
| 　　贷：主营业务收入 | | 1344000 |
| 　　　　工程施工——合同毛利 | | 56000 |

借：资产减值损失　　44000

　贷：存货跌价准备　　44000

### （五）房地产建造协议收入的确认

企业自行建造或通过分包商建造房地产，应当根据房地产建造协议条款和实际情况，判断确认收入应适用的会计准则。房地产购买方在建造工程开始前能够规定房地产设计的主要结构要素，或者能够在建造过程中决定主要结构变动的，房地产建造协议符合建造合同定义，企业应当遵循建造合同准则确认收入；房地产购买方影响房地产设计的能力有限的（如仅能对基本设计方案作微小变动），企业应当遵循收入准则中有关商品销售收入的原则确认收入。

# 第五节　费用

## 一、费用的确认

费用是指企业在日常活动中发生的、会导致所有者权益减少的、与所有者分配利润无关的经济利益总流出。

费用有狭义和广义之分。广义的费用泛指企业各种日常活动发生的所有耗费，狭义的费用仅指与本期营业收入相配比的那部分耗费。

费用的确认应遵循权责发生制和配比原则，凡应属于本期发生的费用，不论其款项是否支付，均确认为本期费用；反之，不属于本期发生的费用，即使其款项已在本期支付，也不确认为本期费用。

在确认费用时，首先应当划分生产费用与非生产费用的界限。生产费用是指与企业日常生产经营活动有关的费用，如生产产品所发生的原材料费用、人工费用等；非生产费用是指不属于生产费用的费用，如用于购建固定资产所发生的费用不属于生产费用。其次，应当分清生产费用与产品成本的界限。生产费用与一定的期间相联系，而与生产的产品无关；产品成本与一定品种和数量的产品相联系，而不论发生在哪一期。再次，应当分清生产费用与期间费用的界限。生产费用应当计入产品成本，而期间费用直接计入当期损益。

在确认费用时，对于确认为期间费用的费用，必须进一步划分为管理费用、销售费用和财务费用。对于确认为生产费用的费用，必须根据该费用发生的实际情况分别不同的费用性质将其确认为不同产品所负担的费用；对于几种产品共同发生的费用，必须按受益原则，采用一定方法和程序将其分配计入相关产品的生产成本。本节主要讲述期间费用。

## 二、期间费用

期间费用是企业当期所发生费用中的重要组成部分，是指本期发生的、不能直接或间接归入某种产品成本的、直接计入损益的各项费用，包括管理费用、销售费用和财务费用。

### （一）管理费用

管理费用是指企业行政管理部门为组织和管理企业生产经营活动而发生的各种费用。主要包括：企业在筹建期间内发生的开办费、公司经费、工会经费、董事会费、聘请中介机构费、咨询费（含顾问费）、诉讼费、业务招待费、房产税、车船税、土地使用税、印花税、技术转让费、矿产资源补偿费、研究费用、排污费以及生产车间（部门）和行政管理部门等发生的固定资产修理费等。

### （二）销售费用

销售费用是指企业在销售商品和材料、提供劳务过程中发生的各种费用。主要包括企业销售过程中发生的运输费、装卸费、包装费、保险费、展览费和广告费、商品维护费、预计产品质量保证损失等以及为销售本企业商品而专设的销售机构（含销售网点，售后服务网点等）的职工薪酬、业务费、折旧费、固定资产修理费等费用。

### （三）财务费用

财务费用是指企业为筹集生产经营所需资金等而发生的筹资费用。主要包括：利息支出（减利息收入）、汇兑损益以及相关手续费、企业发生的现金折扣或取得的现金折扣等。

# 第六节　利润

## 一、利润的构成

企业作为独立的经济实体，应当以自己的经营收入抵补其成本费用，并且实现盈利。企业盈利的大小在很大程度上反映企业生产经营的经济效益，表明企业在每一会计期间的最终经营成果。

利润是指企业在一定会计期间的经营成果。利润包括收入减去费用后的净额、直接计入当期利润的利得和损失等。

直接计入当期的利得和损失，是指应当计入当期损益、会导致所有者权益发生增减变动的、与所有者投入资本或者向所有者分配利润无关的利得或者损失。

利润相关计算公式如下：

### （一）营业利润

营业利润＝营业收入－营业成本－税金及附加－销售费用－管理费用－研发费用－财务费用－资产减值损失＋其他收益＋投资收益（－投资损失）＋净敞口套期收益（－净敞口套期损失）＋公允价值变动损益＋资产处置收益（－资产处置损失）

其中，营业收入是指企业经营业务所实现的收入总额，包括主营业务收入和其他业务收入。营业成本是指企业经营业务所发生的实际成本总额，包括主营业务成本和其他业务成本。资产减值损失是指企业计提各项资产减值准备所形成的损失。公允价值变动损益是指企业交易性金融资产等公允价值变动形成的应计入当期损益的利得或损失。资产处置收益（或损失）是指企业以各种方式对外投资所取得的收益（或发生的损失）。

### （二）利润总额

利润总额＝营业利润＋营业外收入－营业外支出

其中，营业外收入（或支出）是指企业发生的与日常活动无直接关系的各项利得（或损失）。

### （三）净利润

净利润＝利润总额－所得税费用

其中，所得税费用是指企业确认的应从当期利润总额中扣除的所得税费用。

## 二、营业外收支的会计处理

营业外收支是指企业发生的与日常活动无直接关系的各项收支。

### （一）营业外收入

营业外收入是指企业发生的与日常活动无直接关系的各项利得。营业外收入并不是由企业经营资金耗费所产生的，不需要企业付出代价，实际上是一种纯收入，不可能也不需要与有关费用进行配比。因此，在会计处理上，应当严格区分营业外收入与营业收入的界限。营业外收入主要包括：非流动资产处置利得、非货币性资产交换利得、债务重组利得、盘盈利得、政府补助、捐赠利得等。

（1）非流动资产处置利得，包括固定资产处置利得和无形资产出售利得。固定资产处置利得，指企业出售固定资产所取得价款或报废固定资产的残料价值和变价收入等，扣除固定资产的账面价值、清理费用、处置相关税费后的净收益；无形资产出售利得，指企业出售无形资产所取得价款扣除出售无形资产的账面价值、出售相关税费后的净收益。

（2）非货币性资产交换利得，指在非货币性资产交换中换出资产为固定资产、无形资产的，换入资产公允价值大于换出资产账面价值的差额，扣除相关费用后计入营业外收入的金额。

（3）债务重组利得，指重组债务的账面价值超过清偿债务的现金、非现金资产的公允价值、所转股份的公允价值，或者重组后债务账面价值之间的差额。

（4）盘盈利得，指企业对于现金等资产清查盘点中盘盈的资产，报经批准后计入营业外收入的金额。

（5）政府补助，指企业从政府无偿取得货币性资产或非货币性资产形成的利得。

（6）捐赠利得，指企业接受捐赠产生的利得。

企业应当通过“营业外收入”科目，核算营业外收入的取得和结转情况。该科目可按营业外收入项目进行明细核算。期末，应将该科目余额转入“本年利润”科目，结转后该科目无余额。

### （二）营业外支出

营业外支出是指企业发生的与日常活动无直接关系的各项损失。营业外支出主要包括：非流动资产处置损失、非货币性资产交换损失、债务重组损失、公益性捐赠支出、非常损失等。

（1）非流动资产处置损失，包括固定资产处置损失和无形资产出售损失。固定资产处置损失，指企业出售固定资产所取得价款或报废固定资产的残料价值和变价收入等，不足抵补处置固定资产的账面价值、清理费用、处置相关税费后的净损失；无形资产出售损失，指企业出售无形资产所取得价款，不足抵补出售无形资产的账面价值、出售相关税费后的净损失。

（2）非货币性资产交换损失，指在非货币性资产交换中换出资产为固定资产、无形资产的，换入资产公允价值小于换出资产账面价值的差额，扣除相关费用后计入营业外支出的金额。

（3）债务重组损失，指重组债权的账面余额超过受让资产的公允价值、所转股份的公允价值，或者重组后债权的账面价值之间的差额。

（4）公益性捐赠支出，指企业对外进行公益性捐赠发生的支出。

（5）非常损失，指企业对于因客观因素（如自然灾害等）造成的损失，在扣除保险公司赔偿后计入营业外支出的净损失。

企业应通过“营业外支出”科目，核算营业外支出的发生及结转情况。该科目可按营业外支出项目进行明细核算。期末，应将该科目余额转入“本年利润”科目，结转后该科目无余额。

需要注意的是，营业外收入和营业外支出应当分别核算。在具体核算时，不得以营业外支出直接冲减营业外收入，也不得以营业外收入冲减营业外支出。

## 三、本年利润的会计处理

企业应设置“本年利润”科目，核算企业当期实现的净利润（或发生的净亏损）。

企业期（月）末结转利润时，应将各损益类科目的金额转入本科目，结平各损益类科目。结转后本科目的贷方余额为当期实现的净利润；借方余额为当期发生的净亏损。

年度终了，应将本年收入利得和费用、损失相抵后结出的本年实现的净利润，转入“利润分配”科目，借记本科目，贷记“利润分配——未分配利润”科目；如为净亏损作相反的会计处理。结转后本科目应无余额。

## 本章小结

本章主要介绍了收入、费用、利润等的概念，以及各类收入、费用、利润的确认、计量与报告等内容。收入、费用与利润的关系是收入的产生会导致资产的增加或负债的减少，从而导致所有者权益的增加；而费用的产生会导致资产的减少或负债的增加，从而导致所有者权益的减少。收入、费用、利润不仅影响企业的经营成果，而且会最终影响企业财务状况。

# 第十四章
# 所得税会计

**【本章学习目标】**

掌握资产、负债账面价值与计税基础的确定方法，掌握应纳税暂时性差异和可抵扣暂时性差异的确定方法，掌握应纳税所得额以及应纳所得税额的计算，掌握所得税费用的确认和计量以及会计处理。同时结合税法相关章节的学习，为以后的实际应用打下坚实的基础。

## | 引导案例 |

近年来我国钢铁行业产能过剩，使得钢铁类公司出现大面积亏损。以首钢股份为例，2015 年度出现了数额较大的亏损。相关经营数据如下：

首钢股份相关经营数据

| 项目 | 首钢股份 |
|---|---|
| 2015 年净利润 | −1476231988.97 |
| 2015 年递延所得税资产 | 293661131.87 |
| 2014 年净利润 | −28561508.87 |
| 2014 年递延所得税资产 | 42668176.63 |

税法规定，对于企业确认的经营性亏损，可以结转以后 5 个纳税年度扣除，该可抵扣亏损会计准则中规定的会计处理是什么？它与企业递延所得税资产之间是否存在一定关系？同时首钢股份 2015 年较 2014 年增长较快的递延所得税资产是一种什么类型的资产？它是怎么确认和计量的？它与企业利润表所得税费用之间存在着什么样的钩稽关系？在学习本章后，你将会对上述问题以及首钢股份的所得税会计处理方式有更清晰的认识。

资料来自首钢股份 2015 年度报告。

# 第一节　所得税会计概述

2007 年 1 月 1 日我国《企业会计准则第 18 号——所得税》开始实施。相应地，2007 年 3 月 16 日所颁布的新《中华人民共和国企业所得税法》也已于 2008 年 1 月 1 日起全面实施。2008 年所得税会计准则的主要重大变化在于以资产负债表债务法的暂时性差异取代了利润表债务法的时间性差异。其中，时间性差异着眼点是利润表中会计和税法对企业一段时期内收入以及费用的入账时间不同而形成的差异，所反映的是一段时期内的差异；而暂时性差异来源于资产负债表中有关资产、负债的账面价值与计税基础之间的不同，所反映的是某一时点的累计差异，这种差异可以分为应纳税暂时性差异以及可抵扣暂时性差异。

资产负债表债务法要求企业从资产负债表出发，通过比较资产负债表上列示的资产、负债按照会计准则规定确定的账面价值与按照税法规定确定的计税基础，对于两者之间的差异分别为应纳税暂时性差异与可抵扣暂时性差异，确认相关的递延所得税负债与递延所得税资产，并在此基础上确定每一会计期间利润表中的所得税费用。

资产负债表债务法下，企业应当应于每一资产负债表日进行所得税的核算。核算一般应遵循以下程序：

（1）确定资产、负债项目的账面价值。按照相关会计准则规定确定资产负债表中除递延所得税资产和递延所得税负债以外的其他资产和负债项目的账面价值。其中，资产、负债的账面价值，是指企业按照相关会计准则的规定进行核算后在资产负债表中列示的金额。对于计提了减值准备的各项资产，是指其账面余额减去已计提的减值准备后的金额。

（2）确定资产、负债项目的计税基础。按照会计准则中对于资产和负债计税基础的确定方法，以适用的税收法规为基础，确定资产负债表中有关资产、负债项目的计税基础。

（3）比较资产、负债的账面价值与其计税基础。在比较时，对于两者之间存在差异的，分析其性质，除准则中规定的特殊情况外，分别划归为应纳税暂时性差异或可抵扣暂时性差异。与此同时，明确资产负债表日递延所得税负债和递延所得税资产的应有余额，并与期初递延所得税资产和递延所得税负债的余额相比，确定当期应予进一步确认的递延所得税资产和递延所得税负债金额或应予转销的金额，作为递延所得税费用。

（4）计算当期应交所得税。根据企业当期发生的交易或事项，按照适用的税法规定将当期税前利润调整为应纳税所得额，将应纳税所得额与适用的所得税税率计算的结果确认为当期应交所得税。

当期应交所得税 = 应纳税所得额 × 适用税率

（5）确定利润表中的所得税费用。资产负债表债务法下，利润表中的所得税费用包括当期所得税和递延所得税两个部分。企业在计算确定了当期所得税费用和递延所得税费用后，两者之和（或之差），是利润表中的所得税费用。

在所得税的会计核算中，所使用的账户主要有四个：

（1）所得税费用。该账户用来核算企业按规定缴纳的所得税，反映本期计入利润表的所得税费用。借方反映按规定从当期损益中扣除的所得税费用，贷方反映期末转入“本年利润”账户的金额，结转后无余额。

（2）应交税费——应交所得税。该账户反映按照税法规定计算的应交所得税。贷方发生额记录企业按应纳税所得额计算的当期应缴纳的所得税，借方发生额记录缴纳的所得税。期末余额在贷方，表示期末尚未支付的所得税。

应纳税所得额是将企业会计利润依据税法口径调整的应税利润。造成会计利润与应纳税所得额之间的差异是会计确认利润与税法认可企业利润的标准不同所致。这也就是说，某些收入、费用的发生，尽管被会计确认，但税法不认可。如企业的罚款支出、企业的非公益性捐赠等，会计作为“营业外支出”冲减利润，但税法不认可。因此在纳税调整时必须依据税法标准调整。由于收入的产生通常会导致资产增加或负债减少，从而导致所有者权益增加；而费用的产生通常会导致资产减少或负债增加，从而导致所有者权益减少。因此，收入、费用的发生必然导致资产、负债账面价值的变化。所以，当会计与税法对收入、费用的确认标准不一致时，必然产生资产账面价值与计税基础的差异，从而产生递延所得税资产与递延所得税负债。

（3）递延所得税资产。该账户借方登记“递延所得税资产”增加额，贷方登记“递延所得税资产”减少额。“递延所得税资产”借方余额为资产，表示将来可以少交的所得税金额。有关计算公式如下：

递延所得税资产期末余额 = 可抵扣暂时性差异期末余额 × 所得税税率

本期递延所得税资产发生额 = 递延所得税资产期末余额 − 递延所得税资产期初余额

（4）递延所得税负债。该账户贷方登记“递延所得税负债”增加额，借方登记“递延所得税负债”减少额。“递延所得税负债”贷方余额为负债，表示将来应交所得税金额。有关计算公式如下：

递延所得税期末余额 = 应纳税暂时性差异期末余额 × 所得税税率

本期递延所得税负债发生额 = 递延所得税负债期末余额 − 递延所得税负债期初余额

# 第二节　资产、负债的计税基础、暂时性差异

资产负债表体现了企业某一时点的财务状况。该财务状况的优化与否取决于企业盈利能力。从资产负债角度考虑，资产的账面价值代表的是某项资产在持续持有及最终处置的一定期间内为企业带来未来经济利益的总额，而其计税基础代表的是该期间内按照税法规定就该项资产可以税前扣除的总额。资产的账面价值小于其计税基础的，表明该项资产于未来期间产生的经济利益流入低于按照税法规定允许税前扣除的金额，产生可抵减未来期间应纳税所得额的因素，减少未来期间以所得税税款的方式流出企业的经济利益，应确认为递延所得税资产。反之，资产的账面价值大于其计税基础，则两者之间的差额会增加企业于未来期间的应纳税所得额及应交所得税，使企业形成未来经济利益流出的义务，应确认为递延所得税负债。

## 一、资产、负债的计税基础

### （一）资产的计税基础

资产的计税基础，是指企业收回资产账面价值过程中，计算应纳税所得额时按照税法规定可以自应税经济利益中抵扣的金额，即某一项资产在未来期间计税时按照税法规定可以税前扣除的金额。该金额即税法认可的资产消耗成本。从本质上看，企业经营过程即运用资产获取收益的过程。在此过程中，资产消耗成本最终都会转变为成本费用。税法认可的资产消耗成本即税法允许抵税的成本费用。这一成本费用有时与会计确认的资产消耗成本不同。这就产生了资产的计税基础与其账面价值的差异。

资产在初始确认时，其计税基础一般为取得成本，即企业为取得某项资产支付的成本，在未来期间准予税前扣除。在资产持续持有的过程中，其计税基础是指资产的取得成本减去以前期间按照税法规定已经税前扣除的金额后的余额。如固定资产、无形资产等长期资产在某一资产负债表日的计税基础是指其成本扣除按照税法规定已在以前期间税前扣除的累计折旧额或累计摊销额后的余额。

### （二）负债的计税基础

依据《企业会计准则第 18 号——所得税》，负债的计税基础，是指负债的账面价值减去未来期间计算应纳税所得额时按照税法规定可予抵扣的金额。

负债的计税基础 = 账面价值 – 未来期间按照税法规定可予税前扣除的金额

由此可见：

负债的计税基础与其账面价值的差异 = 账面价值 – 计税基础 = 账面价值 –（账面价值 – 可税前扣除的金额）= 可税前扣除的金额

负债的确认与偿还一般不会影响企业的损益，也不会影响其应纳税所得额，未来期间计算应纳税所得额时按照税法规定可予抵扣的金额为零，计税基础即为账面价值。但是，某些情况下，负债的确认可能会影响企业的损益，进而影响不同期间的应纳税所得额，使得其计税基础与账面价值之间产生差额，如按照会计规定确认的某些预计负债等。

## 二、特殊交易或事项中产生资产、负债计税基础的确定

除企业在正常生产经营活动过程中取得的资产和负债以外，对于某些特殊交易中产生的资产、负债，其计税基础的确定应遵从税法规定，如企业合并过程中取得资产、负债计税基础的确定。

企业会计准则规定，视参与合并各方在合并前后是否为同一方或相同的多方最终控制，分为同一控制下的企业合并与非同一控制下的企业合并两种类型。同一控制下的企业合并，合并中取得的有关资产、负债基本上维持其原账面价值不变，合并中不

产生新的资产和负债；对于非同一控制下的企业合并，合并中取得的有关资产、负债应按其在购买日的公允价值计量，企业合并成本大于合并中取得可辨认净资产公允价值的份额部分确认为商誉，企业合并成本小于合并中取得可辨认净资产公允价值的份额部分计入合并当期损益。

对于企业合并的税收处理，通常情况下被合并企业应视为按公允价值转让、处置全部资产，计算资产的转让所得，依法缴纳所得税。合并企业接受被合并企业的有关资产，计税时可以按经评估确认的价值确定计税基础。另外，在考虑有关企业合并是应税合并还是免税合并时，某些情况下还需要考虑在合并中涉及的获取资产或股权的比例、非股权支付额的比例，具体划分标准和条件应遵从税法规定。

由于会计与税法法规对企业合并的划分标准不同，处理原则不同，某些情况下，会造成企业合并中取得的有关资产、负债的入账价值与其计税基础的差异。

## 三、暂时性差异

暂时性差异是指资产、负债的账面价值与其计税基础不同产生的差额。由于资产、负债的账面价值与其计税基础不同，产生了在未来收回资产或清偿负债的期间内，应纳税所得额增加或减少并导致未来期间应交所得税增加或减少的情况，形成企业的资产或负债，在有关暂时性差异发生当期，符合确认条件的情况下，应当确认相关的递延所得税负债或递延所得税资产。

根据暂时性差异对未来期间应纳税所得额的影响，分为应纳税暂时性差异和可抵扣暂时性差异。

除因资产、负债的账面价值与其计税基础不同产生的暂时性差异以外，按照税法规定可以结转以后年度的未弥补亏损和税款抵减，也视同可抵扣暂时性差异处理。

### （一）应纳税暂时性差异

应纳税暂时性差异，是指在确定未来收回资产或清偿负债期间的应纳税所得额时，将导致产生应税金额的暂时性差异，该暂时性差异在未来期间转回时，会增加转回期间的应纳税所得额，在其产生当期应当确认相关的递延所得税负债。

应纳税暂时性差异通常产生于以下情况：

（1）资产的账面价值大于其计税基础。一项资产的账面价值代表的是企业在持续使用或最终出售该项资产时将取得的经济利益的总额，而计税基础代表的是资产在未来期间可予税前扣除的总金额。资产的账面价值大于其计税基础，该项资产未来期间产生的经济利益不能全部税前扣除，两者之间的差额需要交纳企业所得税，产生应纳税暂时性差异。

（2）负债的账面价值小于其计税基础。一项负债的账面价值为企业预计在未来期间清偿该项负债时的经济利益流出，而其计税基础代表的是账面价值在扣除税法规定未来期间允许税前扣除的金额之后的差额。因负债的账面价值与其计税基础不同产生的暂时性差异，本质上是税法规定就该项负债在未来期间可以税前扣除的金额。负债的账面价值小于其计税基础，则意味着就该项负债在未来期间可以税前抵扣的金额为负数，即应在未来期间应纳税所得额的基础上调增，增加未来期间的应纳税所得额和应交所得税金额，产生应纳税暂时性差异。

### （二）可抵扣暂时性差异

可抵扣暂时性差异，是指在确定未来收回资产或清偿负债期间的应纳税所得额时，将导致产生可抵扣金额的暂时性差异。该差异在未来期间转回时会减少转回期间的应纳税所得额，减少未来期间的应交所得税。在可抵扣暂时性差异产生当期，符合确认条件时，应当确认相关的递延所得税资产。可抵扣暂时性差异一般产生于以下情况：

（1）资产的账面价值小于其计税基础。从经济含义来看，资产在未来期间产生的经济利益少，按照税法规定允许税前扣除的金额多，则就账面价值与计税基础之间的差额，可以减少企业在未来期间的应纳税所得额并减少应交所得税，产生可抵扣暂时性差异，符合有关条件时，应当确认相关的递延所得税资产。

（2）负债的账面价值大于其计税基础，负债产生的暂时性差异实质上是税法规定就该项负债可以在未来期间税前扣除的金额。一项负债的账面价值大于其计税基础，意味着未来期间按照税法规定与该项负债相关的全部或部分支出可以自未来应税经济利益中扣除，减少未来期间的应纳税所得额和应交所得税，产生可抵扣暂时性差异。

### （三）特殊项目产生的暂时性差异

某些交易或事项发生以后，因为不符合资产、负债确认条件而未体现为资产负债表中的资产、负债，但是税法规定能够确定其计税基础，也会产生暂时性差异。

#### 1. 未作为资产、负债确认的项目产生的暂时性差异

例如企业发生的符合条件的广告费和业务宣传费支出，除另有规定外，不超过当年销售收入 15% 的部分准予扣除；超过部分准予在以后纳税年度结转扣除。该类费用在发生时按照会计准则规定即计入当期损益，不形成资产负债表中的资产，但按照税法规定可以确定其计税基础的，两者之间的差异也形成暂时性差异。再如，企业在开始正常的生产经营活动之前发生的筹建费用，会计规定应予发生时计入当期损益，不体现为资产负债表中的资产，税法规定企业发生的该类费用可以在开始正常生产经营活动后的 5 年内分期税前扣除。

**【例 14-1】**甲企业 20×4 年发生了 1000 万元的筹建费，在发生时已计入当期损益。企业在 20×5 年开始正常生产经营活动。税法规定企业在筹建期间发生的筹建费可以在正常生产经营活动之后 5 年内分期税前扣除。

该项费用在发生时已计入当期损益，不体现为资产负债表中的资产，所以可视为 20×5 年 12 月 31 日其账面价值为零。

由于 20×5 年开始正常生产经营，该笔筹建费可于 20×5 年扣除金额为 200 万元，于未来可税前扣除的金额为 800 万元，即 20×5 年 12 月 31 日的计税基础为 800 万元。

该项资产的账面价值零与计税基础 800 万元之间产生了 800 万元的暂时性差异，该暂时性差异在未来期间可减少企业的应纳税所得额，为可抵扣暂时性差异。

2. 可抵扣亏损及税款抵减产生的暂时性差异

按照税法规定可以结转以后年度的未弥补亏损及税款抵减，虽不是因资产、负债的账面价值与计税基础不同产生的，但与可抵扣暂时性差异具有同样的作用，均能够减少未来期间的应纳税所得额，进而减少未来期间的应交所得税，会计处理上视同可抵扣暂时性差异，符合条件的情况下，应确认与其相关的递延所得税资产。

【例 14-2】甲企业于 20×5 年发生经营亏损 1000 万元，税法规定，该亏损可用于抵减以后 5 个年度的应纳税所得额。该公司预计其于未来 5 年期间能够产生足够的应纳税所得额弥补该亏损。

该经营亏损不是资产、负债的账面价值与其计税基础不同产生的，但其从性质上可以减少未来期间的应纳税所得额和应交所得税，属于可抵扣暂时性差异。

## 四、资产、负债的暂时性差异实务

本节将以列举的方式阐述下列资产账面价值与计税基础以及相应的暂时性差异。

### （一）资产的暂时性差异实务

1. 固定资产

以各种方式取得的固定资产，初始确认时按照会计准则规定确定的入账价值基本上是被税法认可的，即取得时其账面价值一般等于计税基础。

固定资产在持续期间进行后续计量时，由于会计与税法规定就折旧方法、折旧年限以及固定资产减值准备的计提等处理的不同，可能造成固定资产的账面价值与计税基础的差异。

（1）折旧方法、折旧年限不同产生的差异。会计准则规定，企业既可以按直线法计提折旧，也可以按照双倍余额递减法、年数总和法计提折旧，前提是有关的方法能够反映固定资产为企业带来经济利益的实现方式。税法规定，除某些按照规定可以加速折旧的情况外（如由于技术进步、产品更新换代较快等），基本上可以税前扣除的是按照直线法计提的折旧。因折旧方法不同，会产生固定资产账面价值与计税基础之间的差异。企业会计准则规定，折旧年限是由企业按照固定资产能够为企业带来经济利益的期限估计确定的。但税法规定了每一类固定资产的最低折旧年限，而因折旧年限的不同，也会产生固定资产账面价值与计税基础之间的差异。

（2）因计提固定资产减值准备产生的差异。企业持有固定资产的期间内，在对固定资产计提减值准备以后，因所计提的减值准备不允许税前扣除，其账面价值下降，但计税基础不会随资产减值准备的提取而发生变化，也会造成其账面价值与计税基础的差异。与此同时，对固定资产计提减值准备以后，固定资产后续期间每年应计提折旧费用也将发生变化，从而造成固定资产后续使用期间账面价值与计税基础的差异。

【例 14-3】甲企业于 20×4 年 12 月 25 日取得某项固定资产，原价为 500 万元，使用年限为 5 年，会计上采用年限平均法计提折旧，净残值为零。由于处于强腐蚀的环境，税法规定该类固定资产采用加速折旧法计提的折旧可予税前扣除，该企业在计税时采用双倍余额递减法计提折旧，净残值为零。20×6 年 12 月 31 日，甲企业估计该项资产的可收回金额为 240 万元。

20×6 年 12 月 31 日，该项固定资产的账面净值 =500-100×2=300（万元），该账面净值大于其可收回金额 240 万元，两者之间的差额应计提 60 万元的固定资产减值准备。

因此，20×6 年 12 月 31 日，该项固定资产的账面价值为 240（万元）。

其计税基础 =500-500×20%-400×20%=320（万元）

20×6 年 12 月 31 日，该项固定资产的账面价值 240 万元与其计税基础 320 万元之间的 80 万元差额，将于未来期间产生可抵扣暂时性差异。

上例中，因 20×6 年 12 月 31 日该项固定资产计提了 60 万元的减值准备，导致固定资产账面价值为 240 万元，因此，20×7 年全年的折旧费用为：80 万元（240 万元 ÷ 3）。20×7 年 12 月 31 日，该项固定资产的账面价值为 160 万元（240 万元 -80 万元）。

计税基础 =500-500×20%-400×20%-320×20%=256（万元）

20×7 年 12 月 31 日，该项固定资产的账面价值 160 万元与其计税基础 256 万元之间的 96 万元差额，将于未来期间产生可抵扣暂时性差异。

2. 无形资产

除内部研究开发形成的无形资产以外，其他方式取得的无形资产，初始确认时按照会计准则规定确定的入账价值与按照税法规定确定的计税基础之间一般不存在差异。无形资产的差异主要产生于内部研究开发形成的无形资产以及使用寿命不确定的无形资产。

（1）对于内部研究开发形成的无形资产，企业会计准则规定有关研究开发支出区分两个阶段，研究阶段的支出应当费用化计入当期损益，而开发阶段符合资本化条件以后发生的支出应当资本化作为无形资产的成本；税法规定，企业为开发新技术、新产品、新工艺发生的研究开发费用，未形成无形资产计入当期损益的，在按照规定据实扣除的基础上，按照研究开发费用的 50% 加计扣除；形成无形资产的，按照无形资产成本的 150% 摊销。

（2）无形资产在后续计量时，会计与税法的差异主要产生于对无形资产是否需要摊销、摊销方法、摊销年限、预计净残值的不同以及无形资产减值准备的计提。

会计准则规定，应根据无形资产的使用寿命情况，区分为使用寿命有限的无形资产与使用寿命不确定的无形资产。对于使用寿命不确定的无形资产，不要求摊销，但持有期间每年应进行减值测试。税法规定，企业取得的无形资产成本（外购商誉除外）应在一定期限内摊销。对于使用寿命不确定的无形资产，会计处理时不予摊销，但计税时按照税法规定确定的摊销额允许税前扣除，造成该类无形资产账面价值与计税基础的差异。

在对无形资产计提减值准备的情况下，因税法规定计提的无形资产减值准备在转变为实质性损失前不允许税前扣除，即无形资产的计税基础不会随减值准备的提取发生变化，从而造成无形资产的账面价值与计税基础的差异。

**【例 14-4】**甲企业当期为开发新技术发生研究开发支出 500 万元，其中研究阶段支出 100 万元，开发阶段符合资本化条件前发生的支出为 200 万元，符合资本化条件后至达到预定用途前发生的支出为 200 万元。

企业当期发生的研究开发支出中，按照会计准则规定应予费用化的金额为 300 万元，形成无形资产的成本为 200 万元，即企业当期期末无形资产账面价值为 200 万元。

企业当年度发生的 500 万元研发支出中，300 万元只能作为收益性支出而无法资本化。这些支出按照税法规定可在当期税前扣除的金额为：300 万元 ×150%=450 万元。

企业当年研发支出中，可以资本化为无形资产，账面价值为 200 万元；在未来期间可予税前扣除的金额为 200 万元 ×150%，即计税基础为 300 万元。形成暂时性差异 100 万元。

3. 以公允价值计量且其变动计入当期损益的金融资产

按照企业会计准则的规定，以公允价值计量且其变动计入当期损益的金融资产于某一会计期末的账面价值为其公允价值。税法规定，企业以公允价值计量的金融资产、金融负债以及投资性房地产等，持有期间公允价值的变动不计入应纳税所得额，在实际处置或结算时，处置取得的价款扣除其历史成本后的差额应计入处置或结算期间的应纳税所得额。按照该规定，以公允价值计量的金融资产在持有期间由市价引起的波动在计税时不予考虑，有关金融资产在某一会计期末的计税基础为其取得成本，从而造成在公允价值变动的情况下，对以公允价值计量的金融资产账面价值与计税基础之间的差异。企业持有的以公允价值计量且其变动计入其他综合收益的金融资产，其计税基础的确定，与以公允价值计量且其变动计入当期损益的金融资产类似，可比照处理。

**【例 14-5】**20×5 年 11 月 10 日，甲公司取得一项交易性金融资产，成本为 100 万元，20×5 年 12 月 31 日，该交易性金融资产的公允价值为 150 万元。

按照会计准则规定，该项金融资产的账面价值为其期末公允价值 150 万元。税法规定，以公允价值计量的金融资产在持有期间公允价值的变动不计入应纳税所得额，其计税基础仍维持 20×5 年 11 月 10 日的取得成本 100 万元不变。此时，交易性金融资产账面价值与计税基础之间产生的 50 万元暂时性差异为应纳税暂时性差异。

为了使读者进一步理解该应纳税暂时性差异，本例假设 20×5 年税前利润 300 万元，且无其他暂时性差异与纳税调整事项。则 20×5 年应纳税所得额为：300 万元 −50 万元 = 250 万元。由此可见，因该 50 万元应纳税暂时性差异，导致应纳税所得额比税前会计利润少 50 万元，且这部分暂时性差异现在暂时无须交税，将来应纳税。假设 20×6 年企业以 160 万元将该交易性金融资产全部出售，20×6 年税前利润 210 万元，且无其他暂时性差异与纳税调整事项。则 20×6 年应纳税所得额为：210 万元 +（60−10）万元 =260 万元。这表明，20×6 年企业处置该交易性金融资产时，会计确认的资产处置损益为 10 万元，而税法认可的资产处置损益为 60 万元。因此，20×6 年应纳税所得额为 260 万元。

4. 投资性房地产

企业持有的投资性房地产进行后续计量时，会计准则规定可以采用两种模式：成本模式与公允价值模式。在成本模式下，投资性房地产需要计提折旧。采用该模式计量的投资性房地产，其账面价值与计税基础的确定与固定资产、无形资产相同；另一种是在符合规定条件的情况下，可以采用公允价值模式对投资性房地产进行后续计量。对于采用公允价值模式进行后续计量的投资性房地产，其计税基础的确定类似于固定资产或无形资产计税基础的确定，而账面价值则取决于公允价值。

【例 14-6】甲企业 20×5 年 1 月 1 日将自有办公楼对外出租，该办公楼的成本为 500 万元，预计使用年限为 10 年，转为出租时已使用 4 年，甲企业按照年限平均法计提折旧，预计净残值为零。甲企业对投资性房地产采用公允价值模式进行后续计量。该办公楼在 20×5 年 12 月 31 日的公允价值为 800 万元。假定税法对于该项资产的折旧方法和净残值等估计均与会计一致。

20×5 年 12 月 31 日该投资性房地产的账面价值为其公允价值 800 万元，计税基础为 500−50×5=250（万元）。该项投资性房地产的账面价值 800 万与其计税基础 250 万元之间产生了 550 万元的暂时性差异，会增加企业在未来期间的应纳税所得额。

5. 其他计提了资产减值准备的各项资产

有关资产计提了减值准备后，其账面价值会随之下降，而税法规定资产在发生实质性损失之前，不允许税前扣除，即其计税基础不会因减值准备的提取而变化，造成在计提资产减值准备以后，资产的账面价值与计税基础之间的差异。

【例 14-7】甲企业 20×5 年采购原材料成本为 1000 万元，因市场趋势预测不准确，所采购原材料拟生产产品过时，20×5 年 12 月 31 日，估计该原材料的可变现净值为 800 万元。假定 20×5 年年初原材料期初余额为零。

该原材料因期末可变现净值低于成本，应计提的存货跌价准备为 1000−800=200（万元）。计提存货跌价准备后该项原材料的账面价值为 800 万元。该项原材料的计税基础为 1000 万元。该存货的账面价值 800 万元与其计税基础 1000 万元之间产生了 200 万元的暂时性差异，该差异会减少企业未来期间的应纳税所得额。

（二）负债的暂时性差异实务

1. 企业因销售商品提供售后服务等原因确认的预计负债

按照《企业会计准则第 13 号——或有事项》的规定，企业应将预计提供售后服务发生的支出满足有关确认条件时，在销售当期确认为费用，同时确认预计负债。如果税法规定，与销售产品有关的支出可于实际发生时税前扣除，由于该类事项产生的预计负债在期末的计税基础为其账面价值与未来期间可税前扣除的金额之间的差额，因此其计税基础为零。

其他交易或事项中确认的预计负债，应按照税法规定的计税原则确定其计税基础。某些情况下，因有些事项确认的预计负债，税法规定其支出无论是否实际发生均不允许税前扣除，即未来期间按照税法规定可予抵扣的金额为零，账面价值等于计税基础。

【例 14-8】甲企业因销售商品承诺提供保修的原因，于 20×5 年确认了 200 万元的销售费用，同时确认了预计负债，假定税法规定与产品售后服务相关的费用在实际发生时允许税前扣除。

该项预计负债 20×5 年年末账面价值为 200 万元，该项预计负债的计税基础 = 账面价值 - 未来期间计算应纳税所得额时按照税法规定可予抵扣的金额 =200 万元 -200 万元 =0。

企业会计核算成本费用以权责发生制为原则，属于当期的成本费用，不论款项是否支付，均作为当期的成本费用；不属于当期的成本费用，即使款项已经在当期支付，均不作为当期的成本费用。税法通常贯彻的是实现原则，即某些费用，只有实实在在支出，才可认定为抵税费用。本例中企业确认预计负债 200 万元，导致当期费用增加 200 万元，利润减少 200 万元，但因该售后服务费用并未实际支出，所以当期所确认的预计负债，其未来期间计算应纳税所得额时按照税法规定可予抵扣的金额为 200 万元，从而该项预计负债的计税基础为零。

2. 预收账款

企业在收到客户预付的款项时，因不符合收入确认条件，会计上将其确认为负债。税法中对于收入的确认原则一般与会计规定相同，即会计上未确认收入时，计税时一般亦不计入应纳税所得额，该部分经济利益在未来期间计税时可予税前扣除的金额为零，计税基础等于账面价值。

某些情况下，因不符合会计准则规定的收入确认条件，未确认为收入的预收款项，按照税法规定应计入当期应纳税所得额时，有关预收账款的计税基础为零，即因其产生时已经计算交纳所得税，未来期间可全额税前扣除。

【例 14-9】甲公司于 20×5 年 12 月 25 日收到客户预付款 200 万元。按照适用税法规定，该款项应计入取得当期应纳税所得额计算交纳所得税。

20×5 年 12 月 31 日该预收账款的账面价值为 200 万元，该预收账款的计税基础 = 账面价值 - 未来期间计算应纳税所得额时按照税法规定可予抵扣的金额 =200 万元 -200 万元 =0。该项负债的账面价值 200 万元与其计税基础零之间产生 200 万元暂时性差异，会减少企业于未来期间的应纳税所得额。

3. 应付职工薪酬

会计准则规定，企业为获得职工提供的服务给予的各种形式的报酬以及其他相关支出均应作为企业的成本费用，在未支付之前确认为负债。税法中对于合理的职工薪酬基本允许税前扣除，但税法中如果规定了税前扣除标准的，按照会计准则规定计入成本费用的金额超过规定标准部分，应进行纳税调整。因超过部分在发生当期不允许税前扣除，在以后期间也不允许税前扣除，即该部分差额对未来期间计税不产生影响，所产生应付职工薪酬的账面价值等于计税基础。

【例 14-10】甲企业 20×5 年 12 月确认应支付的职工工资及其他薪金性质支出 1500 万元，至 20×5 年年末尚未支付，作为资产负债表中的应付职工薪酬进行核算。假定按照税法规定的计税工资标准可以于当期扣除的合理部分为 1000 万元。

该项应付职工薪酬账面价值 1500 万元。

该项应付职工薪酬计税基础 = 账面价值 - 未来期间计算应纳税所得额时按照税法规定可予扣除的金额 =1500-0=1500（万元）

该项应付职工薪酬账面价值等于其计税基础，因此不形成暂时性差异。

4. 其他负债

其他负债如企业应交的罚款和滞纳金等，在尚未支付之前按照会计规定确认为费用（通常计入“营业外支出”账户），同时作为负债（通常计入“其他应付款”账户）反映。税法规定，行政性的罚款和滞纳金不得税前扣除，其计税基础为账面价值减去未来期间计税时可予税前扣除的金额之间的差额，即计税基础等于账面价值。

【例 14-11】甲企业 20×5 年 12 月因违反税收相关法规，被税务部门处以 100 万元的罚款。20×5 年 12 月 31 日该项罚款尚未支付。

该项负债账面价值为 100 万元。

该项负债的计税基础 = 账面价值 - 未来期间计算应纳税所得额时按照税法规定可予抵扣的金额 =100-0=100（万元）

该项负债的账面价值等于其计税基础，不形成暂时性差异。

# 第三节　递延所得税负债及递延所得税资产的确认

资产、负债的账面价值与计税基础的暂时性差异导致企业产生应纳税暂时性差异与可抵扣暂时性差异。因此，企业应当依据所得税会计准则的规定，确认与应纳税暂时性差异相关的递延所得税负债以及与可抵扣暂时性差异相关的递延所得税资产。

## 一、递延所得税负债的确认和计量

递延所得税负债产生于应纳税暂时性差异。因应纳税暂时性差异在转回期间将增加企业的应纳税所得额和应交所得税，导致企业经济利益的流出，在其发生当期，构成企业应支付税金的义务，应作为负债确认。

### （一）递延所得税负债的确认

企业在确认因应纳税暂时性差异产生的递延所得税负债时，应遵循以下确认原则：

（1）除所得税准则中明确规定可不确认递延所得税负债的情况以外，企业对于所有的应纳税暂时性差异均应确认相关的递延所得税负债。除与直接计入所有者权益的交易或事项以及企业合并中取得资产、负债相关的以外，在确认递延所得税负债的同时，应增加利润表中的所得税费用。

**【例 14-12】**甲企业于 20×5 年 12 月 20 日取得某项固定资产，取得成本为 100 万元，会计上采用年限平均法计提折旧，使用年限为 10 年，预计净残值为零，因该固定资产常年处于强腐蚀状态，税法准许采用双倍余额递减法计提折旧扣除，使用年限及预计净残值与会计处理相同。甲企业使用的所得税税率为 25%。

20×6 年资产负债表日，会计处理上本年计提折旧为 10 万元，税法规定准予扣除的折旧为 20 万元，则该项固定资产的账面价值 90 万元与其计税基础 80 万元之间的差额形成应纳税暂时性差异，企业应确认相关的递延所得税负债，账务处理如下：

借：所得税费用　　25000

　贷：递延所得税负债　　25000

本例中，假设 20×6 年税前利润 600 万元，且无其他暂时性差异与纳税调整事项。则 20×6 年应纳税所得额为：600 万元 -10 万元 +20 万元 =610 万元。可见，该应纳税暂时性差异 10 万元导致尽管税前利润 600 万元，但应纳税所得额为 610 万元。该暂时性差异现在暂时无须交税，将来应纳企业所得税。假设 20×7 年企业以 95 万元将该固定资产全部出售，20×7 年税前利润 650 万元，且无其他暂时性差异与纳税调整事项。则 20×7 年应纳税所得额为：650 万元 +（15-5）万元 =660 万元。这表明，20×7 年企业处置该固定资产时，会计确认的固定资产处置损益为 5 万元，而税法认可的固定资产处置损益为 15 万元。因此，20×7 年应纳税所得额为 660 万元。

（2）不确认递延所得税负债的特殊情况。有些情况下，虽然资产、负债的账面价值与其计税基础不同，产生了应纳税暂时性差异，但出于各方面考虑，所得税准则中规定不确认相应的递延所得税负债，主要包括：

①商誉的初始确认。非同一控制下的企业合并中，企业合并成本大于合并中取得的被购买方可辨认净资产公允价值份额的差额，按照会计准则规定应确认为商誉。因会计与税收的划分标准不同，会计上作为非同一控制下的企业合并，但如果按照税法规定计税时作为免税合并的情况下，商誉的计税基础为零，其账面价值与计税基础形成应纳税暂时性差异，准则中规定不确认与其相关的递延所得税负债。因为，此时若确认递延所得税负债，则减少了被并方可辨认净资产的公允价值。这就进一步增加了合并商誉，并形成新的暂时性差异，从而循环往复，无休无止。因此，准则采用了简便处理的原则，即不确认该暂时性差异。

需要指出的是，若非同一控制下企业合并中确认了商誉，并且按照所得税法的规定，该商誉在初始确认时计税基础等于账面价值的，则该商誉在后续计量过程中因会计准则与税法规定不同产生暂时性差异的，应当确认相关的所得税影响。

②与子公司、联营企业、合营企业投资等相关的应纳税暂时性差异，一般应确认相应的递延所得税负债。但若投资企业能够控制暂时性差异转回的时间，同时该暂时性差异在可预见的未来很可能不会转回，则无须确认相应的递延所得税负债。此时不确认递延所得税负债的原因在于：防止出现投资企业相关的应纳税暂时性差异对未来期间的计税不产生影响的情形。

对于采用权益法核算的长期股权投资，其计税基础与账面价值产生的有关暂时性差异是否应确认相关的所得税影响，应当考虑该项投资的持有意图：

①对于采用权益法核算的长期股权投资，在准备长期持有的情况下，长期股权投资账面价值与计税基础之间的差异，投资企业一般不确认相关的所得税影响。其原因是：如果企业拟长期持有，则因初始投资成本调整产生的暂时性差异预计未来期间不会转回，对未来期间没有所得税影响；因确认投资损益产生的暂时性差异，如果在未来期间逐期收回现金股利或利润时免税，也不存在对未来期间的所得税影响；因确认应享有被投资单位其他权益变动而产生的暂时性差异，在长期持有的情况下预计未来期间也不会转回。

②对于采用权益法核算的长期股权投资，如果投资企业改变持有意图，不拟长期持有，而拟近期对外出售。此时，因会计与税法对该长期股权投资预期的资产处置损益存在差异，长期股权投资的账面价值与计税基础不同产生的有关暂时性差异，应确认相关的所得税影响。

除企业合并以外的其他交易或事项中，如果该项交易或事项发生时既不影响会计利润，也不影响应纳税所得额，则所产生的资产、负债的初始确认金额与其计税基础不同，形成应纳税暂时性差异的，交易或事项发生时不确认相应的递延所得税负债。这是因为，考虑到由于交易发生时既不影响会计利润，也不影响应纳税所得额，确认递延所得税负债将导致有关资产账面价值的增加或是降低所确认负债的账面价值，使得资产、负债在初始确认时，违背历史成本原则，影响会计信息的可靠性。

#### （二）递延所得税负债的计量

递延所得税负债应以相关应纳税暂时性差异转回期间适用的所得税税率计量，无论应纳税暂时性差异在转回期间如何，相关的递延所得税负债不要求折现。

## 二、递延所得税资产的确认和计量

#### （一）递延所得税资产的确认

可抵扣暂时性差异产生递延所得税资产。确认递延所得税资产应以未来期间可能取得的应纳税所得额为限。在可抵扣暂时性差异转回的未来期间内，企业无法产生足够的应纳税所得额用以利用可抵扣暂时性差异的影响，使得与可抵扣暂时性差异相关的经济利益无法实现的，不应确认递延所得税资产；企业有明确证据表明其于可抵扣暂时性差异转回的未来期间能够产生足够的应纳税所得额，进而利用可抵扣暂时性差异的，则应以可能取得的应纳税所得额为限，确认相关的递延所得税资产。

**【例 14-13】**20×5 年 12 月 31 日，甲企业存货成本为 100 万元，估计可变现净值为 80 万元，已计提存货跌价准备 20 万元。甲企业适用所得税税率为 25%。

由于存货的账面价值为 80 万元，资产的计税基础为 100 万元，资产的账面价值小于计税基础，两者的差异 20 万元为可抵扣暂时性差异，应确认相关递延所得税资产的影响。相关分录如下：

借：递延所得税资产　　　　50000

　贷：所得税费用　　　　50000

（1）对与子公司、联营企业、合营企业的投资相关的可抵扣暂时性差异，同时满足下列条件的，应当确认相关的递延所得税资产；一是暂时性差异在可预见的未来很可能转回，二是未来很可能获得用来抵扣可抵扣暂时性差异的应纳税所得额。

对联营企业和合营企业等的投资产生的可抵扣暂时性差异，主要产生于权益法下被投资单位发生亏损时，投资企业按照持股比例确认应予承担的部分相应减少长期股权投资的账面价值，但税法规定长期股权投资的成本在持有期间不发生变化，造成长期股权投资的账面价值小于其计税基础，产生可抵扣暂时性差异。

（2）按照税法规定可以结转以后年度的未弥补亏损和税款抵减，应视同可抵扣暂时性差异处理。在预计可利用未弥补亏损或税款抵减的未来期间内能够取得足够的应纳税所得额时，除准则中规定不予确认的情况外，应当以很可能取得的应纳税所得额为限，确认相应的递延所得税资产，同时减少确认当期的所得税费用。

（3）企业合并中，按照会计准则规定确认的合并中取得各项可辨认资产、负债的入账价值与其计税基础之间形成可抵扣暂时性差异的，应确认相应的递延所得税资产，并调整合并中应予确认的商誉等。

（4）某些情况下，如果企业发生的某项交易或事项不是企业合并，并且交易发生时既不影响会计利润也不影响应纳税所得额，且该项交易中产生的资产、负债的初始确认金额与其计税基础不同，产生可抵扣暂时性差异的，所得税准则中规定在交易或事项发生时不确认相应的递延所得税资产。

**【例 14-14】**甲企业因内部研究开发形成的无形资产成本为 100 万元，按照税法规定可于未来期间税前扣除的金额为 150 万元，则该无形资产计税基础为 150 万元。

由于该项无形资产并非产生于企业合并，且在初始确认时既不影响会计利润也不影响应纳税所得额，确认其账面价值与计税基础之间产生暂时性差异的所得税影响需要调整该项资产的历史成本，因此会计准则规定，该种情况下不确认相关的递延所得税资产。

（5）与直接计入所有者权益的交易或事项相关的可抵扣暂时性差异，相应的递延所得税资产应计入所有者权益。

### （二）递延所得税资产的计量

确认递延所得税资产时，应当以预期收回该资产期间的适用所得税税率为基础计算确定。无论相关的可抵扣暂时性差异转回期间如何，递延所得税资产均不要求折现。

## 三、递延所得税资产的减值

资产负债表日，企业应当对递延所得税资产的账面价值进行复核。如果未来期间很可能无法取得足够的应纳税所得额用以利用可抵扣暂时性差异带来的利益，应当减记递延所得税资产的账面价值。减记的递延所得税资产，除原确认时计入所有者权益的，其减记金额亦应计入所有者权益外，其他的情况均应增加所得税费用。

递延所得税资产的账面价值减记以后，后期根据新的环境和情况判断能够产生足够的应纳税所得额用以利用可抵扣暂时性差异，使得递延所得税资产包含的经济利益能够实现的，应相应恢复递延所得税资产的账面价值。

## 四、适用税率变化对已确认递延所得税资产和递延所得税负债的影响

因税收法规的变化，导致企业在某一会计期间适用的所得税税率发生变化的，企业应对已确认的递延所得税资产和递延所得税负债按照新的税率进行重新计量。递延所得税资产和递延所得税负债的金额代表的是有关可抵扣暂时性差异或应纳税暂时性差异于未来期间转回时，导致企业应交所得税金额的减少或增加的情况。适用税率变动的情况下，应对原已确认的递延所得税资产及递延所得税负债的金额进行调整，反映税率变化带来的影响。

除直接计入所有者权益的交易或事项产生的递延所得税资产及递延所得税负债，相关的调整金额应计入所有者权益以外，其他情况下因税率变化产生的调整金额应确认为税率变化当期的所得税费用或收益。

# 第四节　所得税费用的确认和计量

资产负债表债务法所核算的所得税费用包括当期所得税费用和递延所得税费用两个部分。

## 一、当期所得税费用

当期所得税费用是指企业按照税法标准，应交纳给税务部门的所得税金额，即当期应交所得税。

企业在确定当期应交所得税时，对于当期发生的交易或事项，会计处理与税法处理不同的，应在会计利润的基础上，依据适用税收法规的规定进行调整，计算出当期应纳税所得额，按照应纳税所得额与适用所得税税率计算确定当期应交所得税。一般情况下，应纳税所得额可在会计利润的基础上，考虑会计与税收法规之间的差异，按照以下公式计算确定：

应纳税所得额 = 会计利润 + 按照会计准则规定计入利润表但计税时不允许税前扣除的费用 ± 计入利润表的费用与按照税法规定可予税前抵扣的金额之间的差额 ± 计入利润表的收入与按照税法规定应计入应纳税所得额的收入之间的差额 − 税法规定的不征税收入 ± 其他需要调整的因素

**【例 14-15】**甲企业适用的企业所得税税率为 25%。甲企业在申报 20×5 年度企业所得税时，涉及以下事项：

（1）20×5 年，甲企业应收账款年初余额为 3000 万元，坏账准备年初余额为零；应收账款年末余额为 24000 万元，坏账准备年末余额为 2000 万元。税法规定，企业计提的各项资产减值损失在未发生实质性损失前不允许税前扣除。

（2）20×5 年 10 月 2 日，甲企业以 2400 万元购入某公司股票，作为交易性金融资产。至 12 月 31 日，该股票尚未出售，公允价值为 2600 万元。税法规定，资产在持有期间公允价值的变动不计税，在处置时一并计算应计入应纳税所得额的金额。

（3）甲企业于 20×4 年 1 月购入的对乙企业股权投资的初始投资成本为 2800 万元，采用成本法核算，20×5 年 10 月 1 日，甲企业从乙企业分得现金股利 200 万元，计入投资收益。至 20×5 年 12 月 31 日，该项投资未发生减值。甲、乙企业均为设立在我国境内的居民企业，所适用的所得税税率相同。税法规定，取得我国境内居民企业之间的股息、红利免税。

（4）20×5年，甲企业将业务宣传活动外包给其他单位，当年发生业务宣传费4800万元，至年末尚未支付。甲企业当年实现销售收入30000万元。税法规定，企业发生的业务宣传费支出，不超过当年销售收入15%的部分，准予税前扣除；超过部分，准予结转以后年度税前扣除。

（5）20×4年12月31日，甲企业存在可用于3年内税前弥补的亏损2600万元，甲企业对这部分未弥补亏损已确认递延所得税资产650万元。甲企业20×5年实现利润总额3000万元。

本例（1）中，企业当期提取坏账准备2000万元将增加资产减值损失从而减少当期税前利润。但税法并不认可企业计提的各项资产减值准备。税法规定，企业计提的各项资产减值损失在未发生实质性损失前不允许税前扣除。因此，企业当年纳税调整时应将当期提取的坏账准备调增应纳税所得额。

本例（2）中，企业购入股票，作为交易性金融资产，其公允价值变动应计入当期损益，增加当期税前利润。而税法并不认可交易性企业金融资产公允价值变动所增加或减少的利润，这些浮盈浮亏只有在处置时才允许计入或冲减应纳税所得额。因此，企业当年纳税调整时应将当期交易性金融资产公允价值变动调整应纳税所得额。本例中，股票的浮盈所计入税前利润的200万元应调减应纳税所得额。

本例（3）中，长期股权投资成本法下，投资企业所收到的被投资企业红利200万元，尽管会计计入投资收益，增加当期税前利润，但税法规定，取得我国境内居民企业之间的股息、红利免税。因此，我国境内居民企业之间的股息、红利不纳入应纳税所得额。

本例（4）中，尽管企业会计核算时对业务宣传费4800万元据实列支，但税法规定，企业发生的业务宣传费支出，不超过当年销售收入15%的部分，准予税前扣除；超过部分，准予结转以后年度税前扣除。因此，本例超过的部分300万元（30000万元×15%−4800万元），当期不能抵税，只能结转以后年度税前扣除。

本例（5）中，企业可用于税前弥补的亏损2600万元，企业也已对这部分未弥补亏损确认了递延所得税资产650万元。因此，当前未弥补的亏损2600万元可用于抵税。

综上所述，得到：

甲企业20×5年度应纳税所得额=3000+2000−200−200+300−2600=2300（万元）

应交所得税=2300×25%=575（万元）

## 二、递延所得税费用

递延所得税费用是指按照所得税准则规定当期应予确认的递延所得税资产和递延所得税负债金额，即递延所得税资产及递延所得税负债当期发生额的综合结果，但不包括计入所有者权益的交易或事项的所得税影响。用公式表示即为：

递延所得税 =（递延所得税负债的期末余额 - 递延所得税负债的期初余额）-（递延所得税资产的期末余额 -递延所得税资产的期初余额）

需要指出的是，企业因确认递延所得税资产和递延所得税负债产生的递延所得税，一般应当计入所得税费用，但以下两种情况除外：

（1）某项交易或事项按照会计准则规定应计入所有者权益的，由该交易或事项产生的递延所得税资产或递延所得税负债及其变化亦应计入所有者权益，不构成利润表中的递延所得税费用（或收益）。

【例 14-16】甲企业持有的某项以公允价值计量且其变动计入其他综合收益的其他债权投资，成本为 100 万元，会计期末其公允价值为 150 万元，甲企业适用的所得税税率为 25%。除该事项外，该企业不存在其他会计与税法之间的差异，且递延所得税资产和递延所得税负债不存在期初余额。

会计期末在确认 50 万元的公允价值变动时，会计分录应为：

借：其他债权投资　　500000

　贷：其他综合收益　　500000

确认应纳税暂时性差异的所得税影响时，会计分录应为：

借：其他综合收益　　（50 万 ×25%）125000

　贷：递延所得税负债　　（50 万 ×25%）125000

（2）企业合并中取得的资产、负债，其账面价值与计税基础不同，应确认相关递延所得税的，该递延所得税的确认影响合并中产生的商誉或是计入当期损益的金额，不影响所得税费用。

## 三、所得税费用

在确定了当期所得税费用与递延所得税费用的基础上，企业利润表中应予确认的所得税费用为两者之和，即：

所得税费用 = 当期所得税费用 + 递延所得税费用

计入当期损益的所得税费用不包括企业合并和直接在所有者权益中确认的交易或事项产生的所得税影响。与直接计入所有者权益的交易或者事项相关的当期所得税和递延所得税，应当计入所有者权益。

【例 14-17】沿用例 14-14 有关资料，20 × 5 年甲企业预计未来期间能够产生足够的应纳税所得额用于抵扣可抵扣暂时性差异，预计未来期间适用所得税税率不会发生变化。甲企业 20 × 5 年 12 月 31 日应收账款账面价值 22000 万元，计税基础 24000 万元，可抵扣暂时性差异 2000 万元；业务宣传形成的其他应付款账面价值 4800 万元，计税基础 4500 万元，可抵扣暂时性差异 300 万元；交易性金融资产账面价值 2600 万元，计税基础 2400 万元，应纳税暂时性差异 200 万元。

甲企业 20 × 5 年度应交所得税 =2300 × 25%=575（万元）

递延所得税资产 =（2000+300）×25%−650=−75（万元）

递延所得税负债 =200×25%=50（万元）

因此，递延所得税费用为：125 万元（50 万元 +75 万元）。

相关会计分录如下：

| | | |
|---|---|---|
| 借：所得税费用 | 7000000 | |
| 　贷：应交税费——应交所得税 | | 5750000 |
| 　　　递延所得税资产 | | 750000 |
| 　　　递延所得税负债 | | 500000 |

## 四、所得税的会计信息披露

表内信息披露：在个别财务报表中，所得税费用在利润表中列示；应交税费（应交所得税）、递延所得税资产及递延所得税负债以抵销后的净额列示在资产负债表中分别作为非流动资产和非流动负债列示。

表外信息披露：从会计信息的决策有用性角度看，企业同时还应在附注中披露与所得税会计决策有关的信息。

## 本章小结

本章主要介绍了企业利润与应纳税所得之间的关系，在此基础上，阐述了企业资产计税基础的确定、负债计税基础的确定、应纳税暂时性差异和可抵扣暂时性差异的确定、递延所得税资产和递延所得税负债的确认以及所得税费用的确认和计量等。

## 思考题

（1）说明资产负债表债务法的基本原理及核算所得税费用的一般程序是什么。

（2）简要说明资产、负债计税基础的含义。

（3）什么是暂时性差异？简述可抵扣暂时性差异和应纳税暂时性差异形成的一般情形。

## 第十五章

# 财务报告

【本章学习目标】

了解财务报告的构成，重点掌握财务报表的定义和分类；熟练掌握资产负债表、利润表、现金流量表、所有者权益变动表的内容和编制方法；熟悉报表附注披露的主要内容，了解报表附注信息的重要作用。

## | 引导案例 |

每年的2月到4月是上市公司年报披露的高峰期，从上市公司的年报中我们可以发现绩优股，但是也有可能踩上“地雷”。熟悉公司财务报告的编制方法和披露信息，是辨别财务造假的前提和基础。

上市公司粉饰报表，主要是通过虚构经营收入来实现的。大部分公司虚构收入时，都是通过关联交易来实现。也就是说，公司的产品大部分卖给集团公司或者子公司，如果不认真读报表的话不容易看出来。因此我们要特别留意这家公司关联销售和主营业务的比例有多大。如果一家公司销售收入的50%以上是靠一家公司，比如靠大股东或者是一家子公司，这说明公司产品市场竞争力不强，向市场上其他非关联方企业进行销售不容易，公司的命运被少数几家公司控制，市场风险高。

另外我们要留心公司的收益增长的构成是不是通过主营的增长来实现的，如果是依赖于非经常性因素，那么我们就要当心了。所谓的非经常性收入，就是跟主营业务收入不太相关的一些收益。如果非经常性收入超过30%要密切关注，如果在50%—70%就要特别重视。举个例子，我们研究南华西（已经退市）公司财务报表，发现该公司的非经常性收入占了非常大的比重，公司的利润很大部分来自投资收益，就是拿上市公司的钱炒自己的股票，这样的公司我们要多加小心。同时我们发现，该公司大股东占用上市公司资金、对外担保等现象都非常严重。因此我们投资此类公司应该非常谨慎。

还有就是看关键的财务比例。比如净资产收益率，如果是一家成熟的大企业，该指标应和GDP的增速同步，如果超出太多，就要特别留意了。有的公司特别是高科技企业、中小板公司、垄断企业可能会超过GDP的增速。这也很正常。所以我们要结合公司成长阶段、公司特性来分析这个指标。

最后我们要留意公司的盈利质量，也就是看公司经营活动产生的现金流量，看现金流是正还是负的，产生的收入有没有拿回来，钱是最重要的。西方有一句名言：“现金为王。”过去大家都特别关心公司盈利能力，比去年盈了多少，每股收益涨多少，利润总额涨多少。今后我们更应该关心现金流怎么样，赚了钱拿不回来，都是应收账款，那也是没有意义的。有现金流量没有利润，这个情况不是很多，说明利润比较低，现金流量过高，现金流量不能持续，把未来的现金流量物理移位到今年来。

可见，阅读财务报表是一项技术活，外行看热闹，内行看门道，投资者只有深谙此道，才能练就一双火眼金睛，从上市公司年报中发现金矿。

讨论1：财务报告的哪些信息能有效帮助投资人避免投资陷阱？

讨论2：企业的财务状况质量是如何通过财务报告反映的？

# 第一节　财务报告概述

财务报告，是指企业对外提供的反映企业某一特定日期的财务状况和某一会计期间的经营成果、现金流量等会计信息的文件。财务报告包括财务报表和其他应当在财务报告中披露的相关信息和资料。

## 一、财务报表的定义与分类

### （一）财务报表的定义

财务报表是对企业财务状况、经营成果和现金流量的结构性表述。财务报表至少应该包括下列组成部分：资产负债表、利润表、现金流量表、所有者权益（或股东权益）变动表和附注。

资产负债表是指反映企业在某一特定日期的财务状况的会计报表，利润表是指反映企业在一定会计期间的经营成果的会计报表，现金流量表是指反映企业在一定会计期间的现金和现金等价物流入和流出的会计报表，所有者权益变动表是指反映企业构成所有者权益的各组成部分当期的增减变动情况的会计报表，附注是指对会计报表中列示项目所作的进一步说明，以及对未能在这些会计报表中列示项目的说明等。

通过对这些财务报表的列报进行规范，可以保证同一企业不同时期和同一时期不同企业的财务报表相互可比。

### （二）财务报表的分类

财务报表可以按照不同的标准进行分类：

（1）按财务报表编报期间的不同，可以分为中期财务报表和年度财务报表。中期财务报表是以短于一个完整会计年度的报告期间为基础编制的财务报表，包括月报、季报和半年报等。

（2）按财务报表编报主体的不同，可以分为个别财务报表和合并财务报表。个别财务报表是由企业在自身会计核算基础上对账簿记录进行加工而编制的财务报表，它主要用以反映企业自身的财务状况、经营成果和现金流量情况。合并财务报表是以母公司和子公司组成的企业集团为会计主体，根据母公司和所属子公司的财务报表，由母公司编制的综合反映企业集团财务状况、经营成果及现金流量的财务报表。

## 二、财务报表列报的基本要求

### （一）披露的内容

企业在所编制的财务报表中应当在显著位置至少披露下列内容：

（1）编报企业的名称，若有变更应标明。

（2）资产负债表日或财务报表涵盖的会计期间。

（3）人民币金额单位。

（4）财务报表是合并财务报表的，应当予以标明。

企业至少应当按年编制财务报表。年度财务报表涵盖的期间短于一年的，应当披露其年度财务报表的涵盖期间，以及短于一年的原因。

### （二）遵守的原则

企业在列报财务报表时应遵守如下的基本原则：

#### 1. 真实、公允列报

企业在列报财务报表时，应严格遵守基本准则对资产、负债、所有者权益、收入和费用的定义和确认标准，如实地反映企业的交易与其他经济事项，真实而公允地反映企业的财务状况、经营成果以及现金流量。在必要的情况下，企业还可以通过附注的形式来补充说明财务报表的内容以及财务报表不能反映的内容，进一步提高财务报表的真实性与公允性。

#### 2. 持续经营

企业应该以持续经营为基础编制财务报表。企业管理当局应对是否能够持续经营进行评估，若某些重大不确定因素可能导致对企业持续经营产生重大怀疑时，应对不确定因素充分加以披露。若财务报表不是以持续经营为基础编制的，应说明原因。

#### 3. 权责发生制

除现金流量表外，企业应该按权责发生制会计编制财务报表。

#### 4. 信息列报的一致性

财务报表中的列报和分类应在各个会计期间之间保持一致性，不得随意变动。但下列情况例外：

（1）企业会计准则要求改变财务报表项目的列报。

（2）企业经营业务的性质发生了重大变化后，变更财务报表项目的列报能够提供更可靠、更相关的会计信息。

#### 5. 重要性

重要性是指财务报表某项目的省略或错报会影响使用者据此做出经济决策的，该项目就具有重要性。重要性应当根据企业所处的环境，从项目的性质和金额大小两方面予以判断。性质或功能不同的项目，应该在财务报表中单独列报，但不具有重要性的项目除外；性质或功能相似的项目，其所属类别具有重要性的，应当按其类别在财务报表中单独列报。

6. 信息列报的可比性

当期财务报表的列报，至少应当提供所有列报项目上一可比会计期间的比较数据，以及与理解当期财务报表相关的说明，但其他会计准则另有规定的除外。财务报表项目的列报发生变更的，应当对上期比较数据按照当期的列报要求进行调整，并在附注中披露调整的原因和性质，以及调整的各项目金额。对于上期比较数据进行调整不切实可行的，应当在附注中披露不能调整的原因。这里的不切实可行是指企业在做出所有合理努力后仍然无法采用某项规定。

7. 抵消原则

财务报表中的资产项目和负债项目的金额、收入项目和费用项目的金额不得相互抵消。单独列报资产和负债、收入和费用以便使用者更容易理解已发生的交易、其他事项的情况，以及评估主体未来的现金流量。资产项目按扣除减值准备后的净额列示，不属于抵消；非日常活动中产生的损益，以收入扣除费用后的净额列示，也不属于抵消。如存货跌价准备与应收账款坏账准备、非流动资产处置产生的利得与损失等，若这些项目非常重要，则应该在财务报表中单独列报。

8. 报告期间要求

企业至少应当按年编制财务报表。根据《中华人民共和国会计法》的规定，会计年度自公历 1 月 1 日起至 12 月 31 日止。因此，在编制年度财务报表时，可能存在年度财务报表涵盖的期间短于一年的情况，比如企业在年度中间（如 3 月 1 日）开始设立等。在这种情况下，企业应当披露年度财务报表的实际涵盖期间及其短于一年的原因，并说明由此引起财务报表项目与比较数据不具可比性这一事实。

# 第二节　资产负债表

## 一、资产负债表的作用

资产负债表是反映企业某一特定日期财务状况的报表，该表也称为财务状况表。所谓财务状况，是指企业在某一特定日期资产、负债和所有者权益的构成及其相互关系，资产负债表的数字为时点数，反映的内容是资金循环相对静止状态下的表现形式，属静态报表。资产负债表是根据“资产 = 负债 + 所有者权益”这一基本的会计恒等式，按照一定的分类标准和次序，把企业特定日期的资产、负债和所有者权益三要素的所属项目予以适当排列编制而成的。

资产负债表是企业重要的会计报表之一，在财务报告体系中具有举足轻重的地位，它所提供的会计信息，对于各种不同使用者都具有十分重要的作用，这些作用主要体现在以下几个方面：

### （一）有助于分析和评价企业的财务状况及资本结构

通过本表可以了解企业所拥有或控制的经济资源及其分布及企业的生产经营规模，企业资金的来源及其构成，有助于分析和评价企业的财务状况和资本结构。

财务状况是指资产、负债和所有者权益的构成及其相互关系；资产的分布是指企业资产的构成，企业资产总额反映企业总的生产经营规模；资本结构是指企业的资金的权益总额中负债和所有者权益的相对比例。通过对上述三项会计要素的构成及其相互关系的分析，就可以衡量和评价企业的财务状况是否良好，资本结构是否合理。

### （二）有助于分析和评价企业的偿债能力及财务弹性

通过本表可以了解企业资产和负债的数量关系及其流动性，有助于分析和评价企业的短期偿债能力、长期偿债能力和财务弹性。

短期偿债能力是指企业以能及时变现的资产清偿短期债务的能力，短期偿债能力取决于企业的资产和负债的流动性，资产的流动性体现为资产转化为现金的能力，负债的流动性则反映债务迫近到期日的程度；长期偿债能力是指企业的全部资产清偿全部债务的能力，长期偿债能力主要取决于企业的资本结构和资产负债的比例关系；财务弹性是指企业在面临突发性的现金需要时，能够在资金调度上采取有效行动做出迅速反应的能力。由于资产负债方式清楚反映了不同类别资产的变现能力和不同负债的偿还先后，这样就为报表使用者分析和评价企业的短期偿债能力、长期偿债能力和财务弹性提供了重要的依据。

### （三）有利于预测企业未来的发展趋势

通过对本表不同时期的相同项目进行比较，可以了解企业财务状况情况，预测企业未来财务状况的发展趋势。

将资产负债表与前期或者以前各期的资产负债表进行比较，可以了解不同时点资产、负债和所有者权益的变化情况，从中分析变化的规律，并预测企业未来财务状况的发展趋势。

## 二、资产负债表的分类列报要求

企业的资产负债表应该按资产、负债和所有者权益分类列报。其中资产和负债应按流动性列报，资产可分为流动资产和非流动资产，负债可分为流动负债和非流动负债。另外，在流动资产和流动负债中要单独列示持有待售的非流动资产和持有待售的非流动负债，以充分披露影响企业持续经营的重要因素。

### （一）流动资产和非流动资产的列报要求

企业的流动资产应当满足下列条件之一：

（1）预计在一个正常营业周期中变现、出售或耗用。

（2）主要是为交易的目的而持有。

（3）预计在资产负债表日起一年内（含一年，下同）变现。

（4）自资产负债表日起一年内，交换其他资产或清偿负债的能力不受限制的现金或现金等价物。除流动资产外，其他资产统称为非流动资产，并应按其性质分类列示。

所谓“正常营业周期”，是指企业从购买用于加工的资产起至实现现金或现金等价物的期间。正常营业周期通常短于一年，在一年内有几个营业周期。但是，因生产周期较长等导致正常营业周期长于一年的，尽管相关资产往往超过一年才变现、出售或耗用，仍应当划分为流动资产。当正常营业周期不能确定时，企业应当以一年（12个月）作为正常营业周期。

### （二）流动负债和非流动负债的列报要求

企业的流动负债应当满足下列条件之一：

（1）预计在一个正常营业周期中清偿。

（2）主要为交易的目的而持有。

（3）自资产负债表日起一年内到期（含一年，下同）应予以清偿。

（4）企业无权自主地将清偿推迟至资产负债表日后一年以上。流动负债之外的所有负债统称为非流动负债。

值得注意的是，企业在资产负债表上对债务流动性和非流动性的划分，总的判断原则是，应当反映在资产负债表日有效的合同安排，考虑在资产负债表日起一年内企业是否必须无条件清偿，而资产负债表日之后（即使是财务报告批准报出之前）的再融资、展期或提供宽限期等行为，与资产负债表日判断负债的流动性状况无关。具体而言：

（1）对于在资产负债表日起一年内到期的负债，企业有意图且有能力自主地将清偿义务展期至资产负债表日后一年以上的，应当归类为非流动负债；不能自主地将清偿义务展期的，即使在资产负债表日后、财务报告批准报出日前签订了重新安排清偿计划协议，该项负债在资产负债表日仍应当归类为流动负债。

（2）企业在资产负债表日或之前违反了长期借款协议，导致贷款人可随时要求清偿的负债，应当归类为流动负债。但是，如果贷款人在资产负债表日或之前同意提供在资产负债表日后一年以上的宽限期，在此期限内企业能够改正违约行为，且贷款人不能要求随时清偿的，应当归类为非流动负债。企业的其他长期负债存在类似情况的，应当比照上述规定进行处理。

## 三、资产负债表的基本格式

资产负债表是根据资产、负债和所有者权益之间的相互关系，按一定的分类标准和一定的顺序，把企业某一特定日期的资产、负债和所有者权益各项目进行适当的排列，并对日常会计核算资料中形成的大量数据进行分类整理后编制而成的。

资产负债表分为表头、表体和表尾三个部分。表头部分包括表名、编制单位、编表时间和货币计量单位四个要素，编表时间为某年某月某日。表体部分是资产负债表的主体部分，包括资产、负债和所有者权益各项目的名称及其年初数和年末数。表尾主要包括各项附注资料等。

表体部分为账户式（左右式）和报告式（上下式）两种。现行会计制度规定一般使用账户式。资产负债表的左边为资产项目，右边为负债和所有者权益项目。

在编制资产负债表时，需要把所有的项目按一定的标准进行分类，并以适当的顺序加以排列。我国的资产负债表项目的排列主要采用按项目的流动性排列。

按项目流动性排列资产负债是世界上许多国家通行的排列方法。这种排列方式把全部项目分为资产、负债、所有者权益三个部分，并按项目的流动程度来决定它们的排列顺序。资产按变现及耗用的周期分为流动资产和非流动资产，其中流动资产按货币资金、短期投资、应收及预付账款、存货这一顺序排列；而非流动资产按长期投资、固定资产、在建工程、无形资产和其他资产这一顺序排列。负债按其偿还期分为流动负债和长期负债，同样道理，流动负债放在前面，长期负债放在后面，至于所有者权益，它应放在表格的最后部分。资产负债表的具体格式见表 15–1。

**表 15–1　资产负债表**

编制单位：×× 公司　　　　20×8 年 12 月 31 日　　　　单位：元

| 资产 | 期末余额 | 年初余额 | 负债和所有者权益 | 期末余额 | 年初余额 |
|---|---|---|---|---|---|
| 流动资产： | | | 流动负债： | | |
| 货币资产 | | | 短期借款 | | |
| 交易性金融资产 | | | 交易性金融负债 | | |
| 衍生金融资产 | | | 衍生金融负债 | | |
| 应收票据及应收账款 | | | 应付票据及应付账款 | | |
| 预付款项 | | | 预收款项 | | |
| 其他应收款 | | | 合同负债 | | |
| 存货 | | | 应付职工薪酬 | | |
| 合同资产 | | | 应交税费 | | |
| 持有待售的资产 | | | 其他应付款 | | |

续表

| 资产 | 期末余额 | 年初余额 | 负债和所有者权益 | 期末余额 | 年初余额 |
|---|---|---|---|---|---|
| 一年内到期的非流动资产 | | | 持有待售的负债 | | |
| 其他流动资产 | | | 一年内到期的非流动负债 | | |
| 流动资产合计 | | | 其他流动负债 | | |
| 非流动资产： | | | 流动负债合计 | | |
| 债券投资 | | | 非流动负债： | | |
| 其他债券投资 | | | 长期借款 | | |
| 长期应收款 | | | 应付债券 | | |
| 长期股权投资 | | | 其中：优先股 | | |
| 其他权益工具投资 | | | 永续债 | | |
| 其他非流动金融资产 | | | 长期应付款 | | |
| 投资性房地产 | | | 预计负债 | | |
| 固定资产 | | | 递延收益 | | |
| 在建工程 | | | 递延所得税负债 | | |
| 生产性生物资产 | | | 其他非流动负债 | | |
| 油气资产 | | | 非流动负债合计 | | |
| 无形资产 | | | 负债合计 | | |
| 开发支出 | | | 所有者权益（或股东权益）： | | |
| 商誉 | | | 实收资本（或股本） | | |
| 长期待摊费用 | | | 其他权益工具 | | |
| 递延所得税资产 | | | 其中：优先股 | | |
| 其他非流动资产 | | | 永续债 | | |
| 非流动资产合计 | | | 资本公积 | | |
| | | | 减：库存股 | | |
| | | | 其他综合收益 | | |
| | | | 盈余公积 | | |
| | | | 未分配利润 | | |
| | | | 所有者权益（或股东权益）合计 | | |
| 资产合计 | | | 负债和所有者权益（或股东权益）合计 | | |

## 四、资产负债表的编制方法

（1）本表“年初余额”栏内各项数字，应根据上年末资产负债表“期末余额”栏内所列数字填列。如果企业发生了会计政策变更、前期差错更正，应当对“年初余额”栏中的有关项目进行相应调整。如果上年度资产负债表规定的各个项目的名称和内容同本年度不相一致，应对上年年末资产负债表各项目的名称和数字按照本年度的规定进行调整，填入本表“年初余额”栏内。

（2）本表“期末余额”栏内各项数字，应当根据资产、负债和所有者权益期末情况填列。

①根据总账科目的余额填列。“其他权益工具投资”“递延所得税资产”“长期待摊费用”“短期借款”“持有待售负债”“交易性金融负债”“递延收益”“递延所得税负债”“实收资本（或股本）”“其他权益工具”“库存股”“资本公积”“其他综合收益”“专项储备”“盈余公积”等项目，应根据有关总账科目的余额填列。其中，长期待摊费用摊销年限（或期限）只剩一年或不足一年的，或者预计在一年内（含一年）进行摊销的部分，仍在“长期待摊费用”项目中列示，不转入“一年内到期的非流动资产”项目。

有些项目则应根据几个总账科目的余额计算填列，如“货币资金”项目，需根据“库存现金”“银行存款”“其他货币资金”三个总账科目余额的合计数填列；“其他应付款”项目，需根据“其他应付款”“应付利息”“应付股利”三个总账科目余额的合计数填列。

②根据明细账科目的余额分析计算填列。“开发支出”项目，应根据“研发支出”科目中所属的“资本化支出”明细科目期末余额填列；“预收款项”项目，应根据“预收账款”和“应收账款”科目所属各明细科目的期末贷方余额合计数填列；“交易性金融资产”项目，应根据“交易性金融资产”科目的明细科目期末余额分析填列，自资产负债表日起超过一年到期且预期持有超过一年的以公允价值计量且其变动计入当期损益的非流动金融资产，在“其他非流动金融资产”项目中填列；“其他债权投资”项目，应根据“其他债权投资”科目的明细科目余额分析填列，自资产负债表日起一年内到期的长期债权投资，在“一年内到期的非流动资产”项目中填列，购入的以公允价值计量且其变动计入其他综合收益的一年内到期的债权投资，在“其他流动资产”项目中填列；“应交税费”项目，应根据“应交税费”科目的明细科目期末余额分析填列，其中的借方余额，应当根据其流动性在“其他流动资产”或“其他非流动资产”项目中填列；“一年内到期的非流动资产”“一年内到期的非流动负债”项目，应根据有关非流动资产或负债项目的明细科目余额分析填列；“应付职工薪酬”项目，应根据“应付职工薪酬”科目的明细科目期末余额分析填列；“预计负债”项目，应根据“预计负债”科目的明细科目期末余额分析填列；“未分配利润”项目，应根据“利润分配”科目中所属的“未分配利润”明细科目期末余额填列。

③根据总账科目和明细账科目的余额分析计算填列。“应付票据及应付账款”项目，应根据“应付票据”总账科目余额及“应付账款”和“预付账款”科目所属的相关明细科目的期末贷方余额合计数填列；“长期借款”“应付债务”项目，应分别根据“长期借款”“应付债券”总账科目余额扣除“长期借款”“应付债券”科目所属的明细科目中将在资产负债表日起一年内到期，且企业不能自主地将清偿义务展期的部分后的金额计算填列；“其他流动资产”“其他流动负债”项目，应根据有关总账科目及有关科目的明细科目期末余额分析填列；“其他非流动负债”项目，应根据有关科目的期末余额减去将于一年内（含一年）到期偿还数后的金额填列。

④根据有关科目余额减去其备抵科目余额后的净额填列。“持有待售资产”“长期股权投资”“商誉”项目，应根据相关科目的期末余额填列，已计提减值准备的，还应扣减相应的减值准备；“在建工程”项目，应根据“在建工程”和“工程物资”科目的期末余额，扣减“在建工程减值准备”和“工程物资减值准备”科目的期末余额后的金额填列；“固定资产”项目，应根据“固定资产”和“固定资产清理”科目的期末余额，减去“累计折旧”和“固定资产减值准备”科目的期末余额后的金额填列；“无形资产”“投资性房地产”“生产性生物资产”“油气资产”项目，应根据相关科目的期末余额扣减相关的累计折旧（或摊销、折耗）填列，已计提减值准备的，还应扣减相应的减值准备，折旧（或摊销、折耗）年限（或期限）只剩一年或不足一年的，或者预计在一年内（含一年）进行折旧（或摊销、折耗）的部分，仍在上述项目中列示，不转入“一年内到期的非流动资产”项目，采用公允价值计量的上述资产，应根据相关科目的期末余额填列；“长期应收款”项目应根据“长期应收款”科目的期末余额，减去相应的“未实现融资收益”科目和“坏账准备”科目所属相关明细科目期末余额后的金额填列；“长期应付款”项目，应根据“专项应付款”和“长期应付款”科目的期末余额，减去相应的“未确认融资费用”科目期末余额后的金额填列。

⑤综合运用上述填列方法分析填列。主要包括：“其他应收款”项目，应根据“其他应收款”“应收利息”“应收股利”科目的期末余额，减去“坏账准备”科目中有关坏账准备期末余额后的金额填列；“应收票据及应收账款”项目，应根据“应收票据”科目的期末余额，及“应收账款”和“预收账款”科目所属各明细科目的期末借方余额合计数，减去“坏账准备”科目中有关应收账款计提的坏账准备期末余额后的金额填列；“预付款项”项目，应根据“预付账款”和“应付账款”科目所属各明细科目的期末借方余额合计数，减去“坏账准备”科目中有关预付款项计提的坏账准备期末余额后的金额填列；“债权投资”项目，应根据“债权投资”科目的相关明细科目的期末余额，减去“债权投资减值准备”科目中相关减值准备的期末余额后的金额分析填列，自资产负债表日起一年内到期的长期债权投资，在“一年内到期的非流动资产”项目中填列，购入的以摊余成本计量的一年内到期的债权投资，在“其他流动资产”项目中填列；“合同资产”和“合同负债”项目，应根据“合同资产”科目和“合同负债”科目的明细科目期末余额分析填列，同一合同下的合同资产和合同负债应当以净额列

示，其中净额为借方余额的，应当根据其流动性在“合同资产”或“其他非流动资产”项目中填列，已计提减值准备的，还应减去“合同资产减值准备”科目中相应的期末余额后的金额填列，其中净额为贷方余额的，应当根据其流动性在“合同负债”或“其他非流动负债”项目中填列；“存货”项目，应根据“材料采购”“原材料”“发出商品”“库存商品”“周转材料”“委托加工物资”“生产成本”“受托代销商品”等科目的期末余额及“合同履约成本”科目的明细科目中初始确认时摊销期限不超过一年或一个正常营业周期的期末余额合计，减去“受托代销商品款”“存货跌价准备”科目期末余额及“合同履约成本减值准备”科目中相应的期末余额后的金额填列，材料采用计划成本核算，以及库存商品采用计划成本核算或售价核算的企业，还应按加或减材料成本差异、商品进销差价后的金额填列。“其他非流动资产”项目，应根据有关科目的期末余额减去将于一年内（含一年）收回数后的金额，及“合同取得成本”科目和“合同履约成本”科目的明细科目中初始确认时摊销期限在一年或一个正常营业周期以上的期末余额，减去“合同取得成本减值准备”科目和“合同履约成本减值准备”科目中相应的期末余额填列。

# 第三节　利润表

## 一、利润表的作用

利润表是企业用货币量度，全面、总括反映其在一定时期经营过程与结果的一种会计报表。企业一定会计期间的经营成果一般表现为利润，但也有可能表现为亏损，因此，利润表，又称损益表。利润表的数字属于时期数字，反映的内容是经营资金循环的动态表现，即收入、费用和利润。因此，利润表是动态报表。

利润表所提供的会计信息，对于会计报表的使用者来说，具有以下几个方面的重要作用：

### （一）可以为企业经营成果的分配提供重要依据

现代企业是不同利益的集合体，不同的利益集团之所以向企业提供经济资源或参与企业的活动，目的就在于分享企业的经营成果。利润表直接反映了企业经营成果的形成及经营成果各部分的具体数，在一定的经济政策、法律法规和企业分配制度下，利润额的多少决定了各利益集团的分享额，如国家的税收收入、股东的股利、经营者的年薪、员工和管理人员的奖金等，企业在进行利润分配时，无论是提取盈余公积，还是制定股利分配政策，都必须以利润表所提供的数据作为重要依据。

### （二）可以据以评价和考核企业的经营业绩

按照企业所有权与经营权分离的要求，所有者将有关经济资源交付给管理者进行管理，管理者则应该履行受托经济责任，运用受托管理的经济资源获取更多的经济利益。利润表中的各项数据，体现了企业在生产经营、融资投资等活动中的管理效率及经济利益，是对企业经营业绩的综合反映。通过比较前后各期利润表上各种收入、费用和利润的增减变动情况，并分析发生差异的原因，可以据以评价和考核企业各职能部门和管理人员的业绩。

### （三）可以据以分析和评价企业的经营成果及获利能力

企业的经营成果是指企业在其所拥有或控制的经济资源上取得的报酬，它直接体现为企业一定会计期间的利润总额；而获利能力则是指企业运用一定经济资源获取经营成果的能力，它一般通过相对指标进行反映，如资产利润率、净资产利润率、成本利润率等。通过当期利润表数据可以反映企业当期的经营成果，结合资产负债表数据可以反映企业当期的获利能力；通过比较和分析同一企业前后利润表中的数据、分析和比较同一时期不同企业的利润表数据，可以评价企业某一时期经营成果的好坏和获利能力的高低，并可预测未来的发展趋势。

### （四）可以据以分析和预测企业未来的现金流量

会计报表的使用者为了进行有关的经济决策，都十分关注企业未来现金流量的来源、金额、时间及不确定性，而企业过去和现在的获利能力和利润水平，与未来的现金流量存在一定的关系。会计报表使用者根据企业提供的利润表，通过比较分析同一企业不同时期、不同企业同一时期的利润数额和获利能力，了解企业利润增长或减少的规模和趋势，预测企业未来现金流量及其不确定性程度，进而做出合理的经济决策。

### （五）可以有助于企业管理者进行经济决策

利润表反映了企业在一定会计期间各项收入、费用的发生情况，以及收入和费用配比的结果。企业管理者通过分析利润表各项目的关系，可以了解企业各项收入、费用与利润之间的消长关系及变动趋势，发现企业在生产经营活动的各个环节中存在的问题，并针对问题分析原因，找出差距，采取改善措施，以做出正确的经营决策。

## 二、利润表的格式

利润表是反映企业在一定时期的经营成果的财务报表。本准则规定我国利润表的编制采用费用功能法。按照费用功能法，企业的费用可以划分为从事经营业务发生的成本、管理费用、销售费用和财务费用等。

利润表也分为表头和表体两个基本部分。表头部分包括表名、编制单位、编制时间和货币计量单位四个要素。编制时间应为时期数：某月份、某季度、某年度。表体部分可有两种形式：

一是单步式利润表，它是将本期所有收入加在一起，然后把所有费用、支出加在一起与所有收入相抵减，一次计算损益。根据企业收支配比的一般原则，企业的利润应该是其各种收入（包括直接收入和间接收入）与各种支出（包括直接支出和间接支出）相抵后的余额，收大于支为实现利润，反之则为亏损。单步式利润表就是根据这一原则编制的。如果按此方法编制利润表，虽然也能计算出损益，并比较直观、简单，编制方便，但不能提供较为详细的分类利润信息，不利于前后期相应项目的比较和利润各组成部分的结构分析。因而，满足不了报表使用者的需要，不便报表使用者进行分析判断，也不利于同行业企业间报表的比较评价。

二是多步式利润表，多步式利润表通常采用上下加减的报告式结构，这种结构，净利润的计算分解为多个步骤，通过多个步骤完成利润的计算过程，以提供有关形成最终净利润的中间性信息。由于行业间生产经营特点的区别，所以各行业中这种步骤的划分并非完全一致，但利润表大体可以将损益的计算过程划分为四部分。

多步式利润表可以提供比较详细的中间利润指标，便于对企业生产经营情况进行分析，有利于不同企业之间进行比较，以正确评价企业的经营业绩和获利能力，有利于预测企业今后的经营趋势和盈利能力。由于多步式利润表比单步式利润表能够提供更为有用的信息，其结构更为科学，因此各个国家或地区使用较为普遍的是多步式利润表。目前，我国企业利润表包括项目和补充资料两大部分，其格式见表 15–2。

表 15–2　利润表

编制单位：×× 公司　　　　20×8 年度　　　　单位：元

| 项目 | 本年金额 | 上年金额 |
| --- | --- | --- |
| 一、营业收入 | | |
| 减：营业成本 | | |
| 　　税金及附加 | | |
| 　　销售费用 | | |
| 　　管理费用 | | |
| 　　研发费用 | | |
| 　　财务费用 | | |
| 　　　其中：利息费用 | | |
| 　　　　　　利息收入 | | |
| 　　资产减值损失 | | |
| 　　信用减值损失 | | |
| 加：其他收益 | | |
| 　　投资收益（损失以“–”号填列） | | |

续表

| 项目 | 本年金额 | 上年金额 |
|---|---|---|
| 其中：对联营企业和合营企业的投资收益 | | |
| 净敞口套期收益（损失以“-”号填列） | | |
| 公允价值变动收益（损失以“-”号填列） | | |
| 资产处置收益（损失以“-”号填列） | | |
| 二、营业利润（亏损以“-”号填列） | | |
| 加：营业外收入 | | |
| 减：营业外支出 | | |
| 三、利润总额（亏损总额以“-”号填列） | | |
| 减：所得税费用 | | |
| 四、净利润（净亏损以“-”号填列） | | |
| （一）持续经营净利润（净亏损以“-”号填列） | | |
| （二）终止经营净利润（净亏损以“-”号填列） | | |
| 五、其他综合收益的税后净额 | | |
| （一）不能重分类进损益的其他综合收益 | | |
| 1. 重新计量设定受益计划变动额 | | |
| 2. 权益法下不能转损益的其他综合收益 | | |
| 3. 其他权益工具投资公允价值变动 | | |
| 4. 企业自身信用风险公允价值变动 | | |
| …… | | |
| （二）将重分类进损益的其他综合收益 | | |
| 1. 权益法下可转损益的其他综合收益 | | |
| 2. 其他债券投资公允价值变动 | | |
| 3. 金融资产重分类计入其他综合收益的金额 | | |
| 4. 其他债券投资信用减值准备 | | |
| 5. 现金流量套期储备 | | |
| 6. 外币财务报表折算差额 | | |
| …… | | |
| 六、综合收益总额 | | |
| 七、每股收益 | | |
| （一）基本每股收益 | | |
| （二）稀释每股收益 | | |

## 三、利润表的填列方法

1. 利润表“本期金额”栏的填列方法

本表“本期金额”栏一般应根据损益类科目和所有者权益类有关科目的发生额填列。

（1）“营业收入”“营业成本”“税金及附加”“销售费用”“管理费用”“财务费用”“资产减值损失”“信用减值损失”“其他收益”“投资收益”“净敞口套期收益”“公允价值变动收益”“资产处置收益”“营业外收入”“营业外支出”“所得税费用”等项目应根据有关损益类科目的发生额分析填列。

（2）“研发费用”项目，应根据“管理费用”科目下的“研发费用”明细科目的发生额分析填列。

（3）“其中：利息费用和利息收入”项目，应根据“财务费用”科目所属的相关明细科目的发生额分析填列。

（4）“其中：对联营企业和合营企业的投资收益”项目应根据“投资收益”科目所属的相关明细科目的发生额分析填列。

（5）“其他综合收益的税后净额”项目及其各组成部分，应根据“其他综合收益”科目及其所属明细科目的本期发生额分析填列。

（6）“营业利润”“利润总额”“净利润”“综合收益总额”项目，应根据本表中相关项目计算填列。

（7）“（一）持续经营净利润”和“（二）终止经营净利润”项目，应根据《企业会计准则第42号——持有待售的非流动资产、处置组和终止经营》相关规定分别填列。

2. 利润表“上期金额”栏的填列方法

本表中的“上期金额”栏应根据上年同期利润表“本期金额”栏内所列数字填列。如果上年同期利润表规定的项目名称和内容与本期不一致，应对上年同期利润表各项目的名称和金额按照本期的规定进行调整，填入“上期金额”栏。

# 第四节 现金流量表

## 一、现金流量表的目的和作用

现金流量表是反映企业在一定会计期间现金和现金等价物（也可简称为现金）流入和流出的报表。它是以现金为基础编制的财务状况变动表。编制现金流量表的目的，是为会计报表使用者提供企业一定会计期间内现金流入和流出的信息，便于报表使用者了解和评价企业获取现金的能力，并据以预测企业未来的现金流量。

现金流量表完全以现金的收支为基础，是对资产负债表和利润表的重要补充，为报表使用者的决策提供更为有用的现金信息。现金流量表的作用可概括为以下几个方面：

（1）现金流量表说明企业偿还债务及支付企业所有者的投资报酬能力。

（2）现金流量表说明了企业现金收支产生差异的原因。

（3）现金流量表能够评估企业未来获取现金的能力。

（4）现金流量表能够评估企业当期的现金与非现金投资和理财事项对企业财务状况的影响。

（5）现金流量表能够提供不涉及现金收支的重大投资和筹资活动信息。

## 二、现金流量表的主要内容

### （一）现金流量表的编制基础与现金流量

#### 1. 现金流量表的编制基础

现金流量表是以现金和现金等价物为基础编制的。这里的现金是指企业库存现金，以及可以随时用于支付的存款，不能随时用于支付的存款不属于现金。现金等价物是指企业持有的期限短（一般是指从购买日起三个月内到期）、流动性强、易于转换为已知金额现金、价值变动风险很小的投资。现金等价物通常包括三个月内到期的短期债券投资。权益性投资变现的金额通常不确定，因而不属于现金等价物。企业应当根据具体情况，确定现金等价物的范围，一经确定不得随意变更。

#### 2. 现金流量及其影响因素

现金流量是指企业现金和现金等价物流入和流出。如企业销售商品、向银行借款等取得现金，形成企业的现金流入；购买原材料、偿还债务等而支付的现金，形成企业的现金流出。企业从银行提取现金、用现金购买短期到期的国库券等现金和现金等价物之间的转换不属于现金流量。

企业日常业务活动是影响现金流量的重要因素，但并不是所有业务活动都影响现金流量。现金各项目与非现金各项目之间的增减变动会影响现金流量净额的变动。

现金流量信息能够表明企业经营状况是否良好，资金是否紧缺，企业偿付能力大小，从而为投资者、债权人、企业管理者提供非常有用的信息。

3. **现金流量的分类**

通常按照企业经营业务发生的性质将企业一定期间内产生的现金流量归为三类。

（1）经营活动产生的现金流量。经营活动是指企业投资活动和筹资活动以外的所有交易和事项，如销售商品或提供劳务、经营性租赁、购买货物或接受劳务、制造产品、广告宣传、缴纳税款等。

各类企业由于行业特点不同，对经营活动的认定存在一定差异，在编制现金流量表时，应根据企业的实际情况，对现金流量进行合理的归类。

由于金融保险企业比较特殊，本准则对金融保险企业经营活动的认定作了提示，即金融企业（含保险公司）可根据行业特点和现金流量实际情况合理确定其经营活动的现金流量项目。

（2）投资活动产生的现金流量。投资活动是指企业长期资产的购建和不包括在现金等价物范围内的投资及其处置活动。如取得投资收益所收到的现金，购建固定资产所支付的现金。

这里之所以将“包括在现金等价物范围内的投资”排除在外，是因为已经将包括在现金等价物范围内的投资视同现金。

（3）筹资活动产生的现金流量。筹资活动是指导致企业资本及债务规模和构成发生变化的活动。

这里所说的资本，包括实收资本（股本）、资本溢价（股本溢价）。与资本有关的现金流入和流出项目，包括吸收投资、发行股票、分配利润等。这里“债务”是指企业对外举债所借入的款项，如发行债券、向金融企业借入款项以及偿还债务等。

企业应合理划分经营活动、投资活动和筹资活动，对于自然灾害损失、保险索赔等特殊项目，应当根据特定情况和性质进行划分，分别归并到经营活动、投资活动和筹资活动类别中，并一贯性地遵循这一划分标准。

### （二）现金流量表的结构

现金流量表应当提供企业经营活动、投资活动和筹资活动对现金流量的影响。具体包括五部分：经营活动产生的现金流量，投资活动产生的现金流量，筹资活动产生的现金流量，汇率变动对现金的影响额，现金及现金等价物净增加额。一般企业现金流量表列报格式见表 15–3。

表 15-3 现金流量表

编制单位：××公司　　20×8 年度　　单位：元

| 项目 | 本年金额 | 上年金额 |
| --- | --- | --- |
| 一、经营活动产生的现金流量 | | |
| 销售商品、提供劳务收到的现金 | | |
| 收到的税费返还 | | |
| 收到其他与经营活动有关的现金 | | |
| 经营活动现金流入小计 | | |
| 购买商品、接受劳务支付的现金 | | |
| 支付给职工以及为职工支付的现金 | | |
| 支付的各项税费 | | |
| 支付其他与经营活动有关的现金 | | |
| 经营活动现金流出小计 | | |
| 经营活动产生的现金流量净额 | | |
| 二、投资活动产生的现金流量 | | |
| 收回投资收到的现金 | | |
| 取得投资收益收到的现金 | | |
| 处置固定资产、无形资产和其他长期资产收回的现金净额 | | |
| 处置子公司及其他营业单位收到的现金净额 | | |
| 收到其他与投资活动有关的现金 | | |
| 投资活动现金流入小计 | | |
| 购建固定资产、无形资产和其他长期资产支付的现金 | | |
| 投资支付的现金 | | |
| 取得子公司及其他营业单位支付的现金净额 | | |
| 支付其他与投资活动有关的现金 | | |
| 投资活动现金流出小计 | | |
| 投资活动产生的现金流量净额 | | |
| 三、筹资活动产生的现金流量 | | |
| 吸收投资收到的现金 | | |
| 取得借款收到的现金 | | |
| 收到其他与筹资活动有关的现金 | | |
| 筹资活动现金流入小计 | | |
| 偿还债务支付的现金 | | |
| 分配股利、利润或偿付利息支付的现金 | | |
| 支付其他与筹资活动有关的现金 | | |
| 筹资活动现金流出小计 | | |
| 筹资活动产生的现金流量净额 | | |
| 四、汇率变动对现金及现金等价物的影响 | | |
| 五、现金及现金等价物净增加额 | | |
| 加：期初现金及现金等价物余额 | | |
| 六、期末现金及现金等价物余额 | | |

## 三、现金流量表的填列方法

### （一）经营活动产生的现金流量

经营活动是指企业投资活动和筹资活动以外的所有交易和事项。各类企业由于行业特点不同，对经营活动的认定存在一定差异。对于工商企业而言，经营活动主要包括销售商品、提供劳务、购买商品、接受劳务、支付职工薪酬、支付税费等。对于商业银行而言，经营活动主要包括吸收存款、发放贷款、同业存放、同业拆借等。对于保险公司而言，经营活动主要包括原保险业务和再保险业务等。对于证券公司而言，经营活动主要包括自营证券、代理承销证券、代理兑付证券、代理买卖证券等。

### （二）投资活动产生的现金流量

投资活动是指企业长期资产的购建和不包括在现金等价物范围内的投资及其处置活动。长期资产是指固定资产、无形资产、在建工程、其他资产等持有期限在一年或一个营业周期以上的资产。这里所讲的投资活动，既包括实物资产投资，也包括金融资产投资。这里之所以将“包括在现金等价物范围内的投资”排除在外，是因为已经将包括在现金等价物范围内的投资视同现金。不同企业由于行业特点不同，对投资活动的认定也存在差异。例如，交易性金融资产所产生的现金流量，对于工商企业而言，属于投资活动现金流量，而对于证券公司而言，属于经营活动现金流量。

### （三）筹资活动产生的现金流量

筹资活动是指导致企业资本及债务规模和构成发生变化的活动。这里所说的资本，既包括实收资本（股本），也包括资本溢价（股本溢价）；这里所说的债务，指对外举债，包括向银行借款、发行债券以及偿还债务等。通常情况下，应付票据及应付账款等商业应付款等属于经营活动，不属于筹资活动。

此外，对于企业日常活动之外的、不经常发生的特殊项目，如自然灾害损失、保险赔款、捐赠等，应当归并到相关类别中，并单独反映。比如，对于自然灾害损失和保险赔款，如果能够确指属于流动资产损失，应当列入经营活动产生的现金流量；属于固定资产损失，应当列入投资活动产生的现金流量。

### （四）汇率变动对现金及现金等价物的影响

编制现金流量表时，应当将企业外币现金流量以及境外子公司的现金流量折算成记账本位币。外币现金流量以及境外子公司的现金流量，应当采用现金流量发生日的即期汇率或按照系统合理的方法确定的、与现金流量发生日即期汇率近似的汇率折算。汇率变动对现金的影响应当作为调节项目，在现金流量表中单独列报。

汇率变动对现金的影响，指企业外币现金流量及境外子公司的现金流量折算成记账本位币时，所采用的是现金流量发生日的即期汇率或按照系统合理的方法确定的、与现金流量发生日即期汇率近似的汇率，而现金流量表“现金及现金等价物净增加额”项目中外币现金净增加额是按资产负债表日的即期汇率折算的。这两者的差额即为汇率变动对现金的影响。

在编制现金流量表时，对当期发生的外币业务，也可不必逐笔计算汇率变动对现金的影响，可以通过现金流量表补充资料中“现金及现金等价物净增加额”与现金流量表中“经营活动产生的现金流量净额”“投资活动产生的现金流量净额”“筹资活动产生的现金流量净额”三项之和比较，其差额即为“汇率变动对现金的影响”。

**（五）现金流量表补充资料**

除现金流量表反映的信息外，企业还应在附注中披露将净利润调节为经营活动现金流量、不涉及现金收支的重大投资和筹资活动、现金及现金等价物净变动情况等信息。具体格式见表 15–4。

表 15–4 现金流量表补充资料

| 补充资料 | 本年金额 | 上年金额 |
|---|---|---|
| 1. 将净利润调节为经营活动现金流量： | | |
| 净利润 | | |
| 加：资产减值准备 | | |
| 信用损失准备 | | |
| 固定资产折旧、油气资产折耗、生产性生物资产折旧 | | |
| 无形资产摊销 | | |
| 长期待摊费用摊销 | | |
| 处置固定资产、无形资产和其他长期资产的损失（收益以“–”号填列） | | |
| 固定资产报废损失（收益以“–”号填列） | | |
| 净敞口套期损失（收益以“–”号填列） | | |
| 公允价值变动损失（收益以“–”号填列） | | |
| 财务费用（收益以“–”号填列） | | |
| 投资损失（收益以“–”号填列） | | |
| 递延所得税资产减少（增加以“–”号填列） | | |
| 递延所得税负债增加（减少以“–”号填列） | | |
| 存货的减少（增加以“–”号填列） | | |
| 经营性应收项目的减少（增加以“–”号填列） | | |
| 经营性应付项目的增加（减少以“–”号填列） | | |
| 其他 | | |
| 经营活动产生的现金流量净额 | | |
| 2. 不涉及现金收支的重大投资和筹资活动： | | |
| 债务转为资本 | | |

续表

| 补充资料 | 本年金额 | 上年金额 |
|---|---|---|
| 一年内到期的可转换公司债券 | | |
| 融资租入固定资产 | | |
| 3. 现金及现金等价物净变动情况： | | |
| 现金的期末余额 | | |
| 减：现金的期初余额 | | |
| 加：现金等价物的期末余额 | | |
| 减：现金等价物的期初余额 | | |
| 现金及现金等价物净增加额 | | |

（1）将净利润调节为经营活动现金流量。现金流量表采用直接法反映经营活动产生的现金流量，同时，企业还应采用间接法反映经营活动产生的现金流量。间接法，是指以本期净利润为起点，通过调整不涉及现金的收入、费用、营业外收支以及经营性应收应付等项目的增减变动，调整不属于经营活动的现金收支项目，据此计算并列报经营活动产生的现金流量的方法。在我国，现金流量表补充资料应采用间接法反映经营活动产生的现金流量情况，以对现金流量表中采用直接法反映的经营活动现金流量进行核对和补充说明。

采用间接法列报经营活动产生的现金流量时，需要对四大类项目进行调整：

①实际没有支付现金的费用。

②实际没有收到现金的收益。

③不属于经营活动的损益。

④经营性应收应付项目的增减变动。

（2）不涉及现金收支的重大投资和筹资活动。不涉及现金收支的重大投资和筹资活动，反映企业一定期间内影响资产或负债但不形成该期现金收支的所有投资和筹资活动的信息。这些投资和筹资活动虽然不涉及现金收支，但对以后各期的现金流量有重大影响，例如，企业融资租入设备，将形成的负债计入“长期应付款”账户，当期并不支付设备款及租金，但以后各期必须为此支付现金，从而在一定期间内形成一项固定的现金支出。

企业应当在附注中披露不涉及当期现金收支，但影响企业财务状况或在未来可能影响企业现金流量的重大投资和筹资活动，主要包括：

①债务转为资本，反映企业本期转为资本的债务金额。

②一年内到期的可转换公司债券，反映企业一年内到期的可转换公司债券的本息。

③融资租入固定资产，反映企业本期融资租入的固定资产。

（3）现金及现金等价物的构成。企业应当在附注中披露与现金及现金等价物有关的下列信息：

①现金及现金等价物的构成及其在资产负债表中的相应金额。

②企业持有但不能由母公司或集团内其他子公司使用的大额现金及现金等价物金额。企业持有现金及现金等价物余额但不能被集团使用的情形多种多样，例如，国外经营的子公司，由于受当地外汇管制或其他立法的限制，其持有的现金及现金等价物，不能由母公司或其他子公司正常使用。

## 四、现金流量表的编制方法和程序

### （一）直接法和间接法

编制现金流量表时，列报经营活动现金流量的方法有两种：一是直接法，二是间接法。在直接法下，一般是以利润表中的营业收入为起算点，调节与经营活动有关的项目的增减变动，然后计算出经营活动产生的现金流量。在间接法下，将净利润调节为经营活动现金流量，实际上就是将按权责发生制原则确定的净利润调整为现金净流入，并剔除投资活动和筹资活动对现金流量的影响。

采用直接法编报的现金流量表，便于分析企业经营活动产生的现金流量的来源和用途，预测企业现金流量的未来前景；采用间接法编报的现金流量表，便于将净利润与经营活动产生的现金流量净额进行比较，了解净利润与经营活动产生的现金流量差异的原因，从现金流量的角度分析净利润的质量。所以，我国企业会计准则规定企业应当采用直接法编报现金流量表，同时要求在附注中提供以净利润为基础调节到经营活动现金流量的信息。

下面重点介绍直接法下现金流量表的编制方法。

### （二）经营活动产生的现金流量的编制方法

在直接法下，现金流量各项目依账户记录编制；为了简化，个别项目以利润表中收入、成本项目为基础，结合账户记录进行调整填列。

#### 1.“销售商品、提供劳务收到的现金”项目

该项目反映企业销售商品、提供劳务实际收到的现金（含销售收入和应向购买者收取的增值税销项税额），即无论何时销售，只要本期收现。它包括：本期销售商品、提供劳务收到的现金，前期销售和提供劳务本期收到的现金和本期的预收账款，再减去本期退回的商品支付的现金。企业销售材料和代购代销业务收到的现金也在本项目反映。

计算公式为：

销售商品、提供劳务收到的现金 = 营业收入 + 本期收到的增值税销项税额 + 应收账款（期初余额 − 期末余额）（不扣除坏账准备）+ 应收票据（期初余额 − 期末余额）+ 预收款项项目（期末余额 − 期初余额）− 本期由于收到非现金资产抵债减少的应收账款、应收票据的金额 − 本期发生的现金折扣 − 本期发生的票据贴现利息（不附追索权）+ 收到的带息票据的利息（会计处理为借记银行存款，贷记财务费用）± 其他特殊调整

业务

调整项目包括：销项税、应收账款、应收票据、预收账款等。

2.“收到的税费返还”项目

该项目反映企业收到返还的各种税费。如收到的减免增值税退税、出口退税、减免消费税退税、减免所得税退税和收到的教育费附加返还等。按实际收到的金额填列。

本项目可根据“营业外收入”“应交税费——应交增值税（出口退税）”科目分析填列。

3.“收到的其他与经营活动有关的现金”项目

该项目反映企业除上述各项目外，收到的其他与经营活动有关的现金流入。包括企业收到的罚款收入、属于流动资产的现金赔款收入、经营租赁的租金和押金收入、银行存款的利息收入、接受现金捐赠收入等。

本项目可根据“库存现金”“银行存款”“营业外收入”“财务费用”“其他应付款”等科目分析填列。

4.“购买商品、接受劳务支付的现金”项目

该项目反映企业购买商品、接受劳务实际支付的现金（含增值税进项税额），包括本期购买商品、接受劳务支付的现金、本期支付的前期购买商品、接受劳务的应付款以及为购买商品而预付的现金等。本期发生的购货退回收到的现金应从本项目中扣除。

计算公式为：

购买商品、接受劳务支付的现金 = 营业成本 + 本期发生的增值税进项税额 + 存货项目（期末余额 − 期初余额）（不扣除存货跌价准备）+ 应付账款项目（期初余额 − 期末余额）+ 应付票据项目（期初余额 − 期末余额）+ 预付款项项目（期末余额 − 期初余额）− 本期以非现金资产抵债减少的应付账款、应付票据的金额 + 本期支付的应付票据的利息 − 本期取得的现金折扣 + 本期毁损的外购商品成本 − 本期销售产品成本和本期增加的产品成本所包含的不属于购买商品、接受劳务支付现金的费用的差额（如未支付的工资、职工福利费和制造费用中除材料以外的其他费用）± 其他特殊调整业务

调整项目包括：进项税、应付账款、应付票据、预付账款、存货等。

5.“支付给职工以及为职工支付的现金”项目

该项目反映企业实际支付给职工以及为职工支付的现金。包括本期实际支付给职工的工资、奖金、各种津贴和补贴等，以及为职工支付的养老、失业等社会保险基金，补充养老保险，企业为职工支付的商业保险金，住房公积金，支付给职工的住房困难补助，以及企业支付给职工或为职工支付的福利费用等。注意：该项目不包括支付给离退休人员的各种费用，上述职工不包括“在建工程人员”。

计算公式为：

支付给职工以及为职工支付的现金 = 本期生产成本、制造费用、管理费用中已付的职工薪酬 + 应付职工薪酬（除在建工程人员）（期初余额 − 期末余额）

6.“支付的各项税费”项目

该项目反映企业当期实际上缴税务部门的各种税费，包括企业本期发生并支付的、本期支付以前各期发生的以及预交的教育费附加、矿产资源补偿费、印花税、房产税、土地增值税、车船使用税等费用。不包括计入固定资产价值、实际支付的耕地占用税，不包括支付的计入在建工程价值的增值税和消费税，不包括各种税费返还。

计算公式为：

支付的各项税费＝税金及附加＋所得税费用＋管理费用中的印花税等税金＋已交纳的增值税＋应交税费（不包括增值税）（期初余额－期末余额）＋递延所得税负债（期初余额－期末余额）（不包括计入所有者权益的金额）＋递延所得税资产（期末余额－期初余额）（不包括计入所有者权益的金额）

7.“支付的其他与经营活动有关的现金”项目

本项目反映企业支付的除上述各项目外，与经营活动有关的其他现金流出，如经营租赁支付的租金、支付的差旅费、业务招待费、支付的保险费、罚款支出、企业支付给离退休人员的各项费用、现金捐赠支出等等。

计算公式为：

支付的其他与经营活动有关的现金＝“管理费用”中除职工薪酬、支付的税金和未支付现金的费用外的费用（即支付的其他费用）＋“制造费用”中除职工薪酬和未支付现金的费用外的费用（即支付的其他费用）＋“销售费用”中除职工薪酬和未支付现金的费用外的费用（即支付的其他费用）＋“财务费用”中支付的结算手续费＋“其他应收款”中支付职工预借的差旅费以及企业支付的押金＋“其他应付款”中支付的经营租赁的租金＋“营业外支出”中支付的罚款支出和现金捐赠支出等

（三）投资活动产生的现金流量的编制方法

投资活动产生的现金流量应根据有关账户记录分析填列。

1.“收回投资收到的现金”项目

本项目反映企业出售、转让或到期收回除现金等价物以外的交易性金融资产、长期股权投资而收到的现金，以及收回长期债权投资本金而收到的现金。不包括长期债权投资收回的利息，以及收回的非现金资产。

本项目可以根据“交易性金融资产”“长期股权投资”“持有至到期投资”“库存现金”“银行存款”等账户的记录分析填列。

本项目反映企业出售、转让或到期收回除现金等价物以外的交易性金融资产、可供出售金融资产、长期股权投资（除处置子公司及其他营业单位）以及收回持有至到期投资本金而收到的现金。包括转让时获得的投资收益。但不包括这些金融资产持有期间收到的现金股利和债券投资的利息；另外需要注意的是，“持有至到期投资”的收回，本项目只填本金，不填利息。

2.“取得投资收益收到的现金”项目

本项目反映企业因各种投资收到的现金股利、利润和利息等。包括企业因股权性

投资而分得的现金股利，从子公司、联营企业或合营企业分回利润而收到的现金，以及因债券性投资而取得的现金利息收入，不包括没有现金流入的股票股利。

本项目可以根据“库存现金”“银行存款”“投资收益”等账户的记录分析填列。

3.“处置固定资产、无形资产和其他长期资产收回的现金净额”项目

本项目反映企业处置固定资产、无形资产和其他长期资产而收到的现金，减去处置资产而支付的有关费用后的净额。包括固定资产等因损失而收到的保险赔款等。但处置这些资产的现金净额为负数时，应填入“支付的其他与投资活动有关的现金”项目。

本项目可以根据“固定资产”“固定资产清理”“无形资产”“库存现金”“银行存款”等账户的记录分析填列。

4.“处置子公司及其他营业单位收到的现金净额”项目

本项目反映企业处置子公司及其他营业单位收到的现金，减去相关税费和子公司及其他营业单位持有的现金及现金等价物以后的净额。

5. 收到的其他与投资活动有关的现金

反映企业除上述各项目外，收到的其他与投资活动有关的现金流入。如收到的属于购买时买价中所包含的现金股利或已到付息期的利息等。

6.“购建固定资产、无形资产和其他长期资产支付的现金”项目

本项目反映企业购买、建造固定资产、取得无形资产和其他长期资产所支付的现金及相关税费、支付的应由在建工程和无形资产负担的职工薪酬现金支出。不包括为购建固定资产而发生的借款利息资本化的部分、融资租入固定资产支付的租赁费、分期付款购建固定资产支付的款项（含首期支付的款项）。这些项目在筹资活动产生的现金流量中反映。

7.“投资支付的现金”项目

本项目反映企业进行各种投资（除取得子公司及其他营业单位）所支付的现金。注意：不包括购买现金等价物支付的现金；不包括购买股票和债券时，买价中所包含的已宣告但尚未发放的现金股利或已到付息期但尚未领取的利息（在投资活动中“支付的其他与投资活动有关的现金”项目中反映）。

8.“取得子公司及其他营业单位支付的现金净额”项目

本项目反映企业取得子公司及其他营业单位购买出价中以现金支付的部分，减去子公司及其他营业单位持有的现金及现金等价物以后的净额。

9. 支付的其他与投资活动有关的现金

本项目反映企业除上述各项目外，支付的其他与投资活动有关的现金。如购买股票和债券时，支付的买价中所包含的已宣告但尚未发放的现金股利或已到付息期但尚未领取的利息等。

（四）筹资活动产生的现金流量的编制方法

筹资活动产生的现金流量根据有关账户记录分析填列。

1.“吸收投资收到的现金”项目

本项目反映企业收到的投资者投入的现金。包括发行股票收到的款项净额（发行收入－券商直接从发行收入中扣除的发行费用）。注意：企业发行股票时由企业直接支付的评估费、审计费、咨询费，不能从本项目中扣除，而在“支付的其他与筹资活动有关的现金”项目反映。

本项目可以根据“实收资本”“库存现金”“银行存款”等账户的记录分析填列。

2.“取得借款收到的现金”项目

本项目反映企业本期实际借入短期借款、长期借款所收到的现金，以及发行债券实际收到的款项净额（发行收入减去直接支付的佣金等发行费用后的净额）。本项目可以根据“短期借款”“长期借款”“库存现金”“银行存款”等账户的记录分析填列。

3.“收到的其他与筹资活动有关的现金”项目

本项目反映企业除上述各项目外，收到的其他与筹资活动有关的现金。

4.“偿还债务支付的现金”项目

本项目反映企业以现金偿还债务的本金，包括偿还银行或其他金融机构等的长期或短期借款本金、偿还债券本金等。企业偿还的借款利息、债券利息不包括在本项目内，应在“分配股利、利润或偿付利息所支付的现金”项目中反映。

本项目可以根据“短期借款”“长期借款”“银行存款”等账户的记录分析填列。

5.“分配股利、利润或偿付利息所支付的现金”项目

本项目反映企业实际支付的现金股利、支付给其他投资单位的利润或用现金支付的借款利息、债券利息等。

本项目可以根据“库存现金”“银行存款”“财务费用”“长期借款”等账户的记录分析填列。

6.“支付的其他与筹资活动有关的现金”项目

本项目反映企业除了上述各项外，支付的其他与筹资活动有关的现金。如支付的筹资费用、支付的融资租赁费、分期付款购建固定资产支付的款项（含首期支付的款项）、捐赠支出等。

本项目可以根据“库存现金”“银行存款”及其他有关账户的记录分析填列。

需要说明的是，关于外币现金流量的折算和列示，外币现金流量应折算成企业的报告货币，并在现金流量表中反映。折算汇率应以现金流量发生日的汇率或平均汇率折算。由于外币现金流量是由于企业以记账本位币以外的其他货币作为计量和结算单位而产生的，在来源上并不构成单独的现金流量，因此，经折算后的外币现金流量应依其性质分别归入经营活动、投资活动或筹资活动中合并反映。

# 第五节　所有者权益变动表

## 一、所有者权益变动表的作用和内容

所有者权益变动表是指反映构成所有者权益各组成部分当期增减变动情况的报表。所有者权益变动表应当全面反映一定时期所有者权益变动的情况，不仅包括所有者权益总量的增减变动，还包括所有者权益增减变动的重要结构性信息，让报表使用者准确理解所有者权益增减变动的根源。

在所有者权益变动表中，综合收益和与所有者（或股东）的资本交易导致的所有者权益的变动，应当分别列示。企业至少应当单独列示反映下列信息的项目：

（1）综合收益总额。

（2）会计政策变更和差错更正的累积影响金额。

（3）所有者投入资本和向所有者分配利润等。

（4）提取的盈余公积。

（5）所有者权益各组成部分的期初和期末余额及其调节情况。

## 二、所有者权益变动表的结构

为了清楚地表明构成所有者权益的各组成部分当期的增减变动情况，所有者权益变动表应当以矩阵的形式列示：一方面，列示导致所有者权益变动的交易或事项，改变了以往仅仅按照所有者权益的各组成部分反映所有者权益变动情况，而是从所有者权益变动的来源对一定时期所有者权益变动情况进行全面反映；另一方面，按照所有者权益各组成部分（包括实收资本、资本溢价、其他综合收益、盈余公积、未分配利润和库存股等）及其总额列示交易或事项对所有者权益的影响，此外企业还需要提供比较所有者权益变动表，所有者权益变动表还就各项目再分为“本年金额”和“上年金额”两栏分别填列。所有者权益变动表的其体格式见表 15–5。

表 15-5 所有者权益变动表

编制单位：×× 公司　　　　20×8 年度　　　　单位：元

| 项目 | 本年金额 | | | | | | | | | | 上年金额 | | | | | | | | | |
|---|---|---|---|---|---|---|---|---|---|---|---|---|---|---|---|---|---|---|---|---|
| | 实收资本（或股本） | 其他权益工具 | | | 资本公积 | 减：库存股 | 其他综合收益 | 盈余公积 | 未分配利润 | 所有者权益合计 | 实收资本（或股本） | 其他权益工具 | | | 资本公积 | 减：库存股 | 其他综合收益 | 盈余公积 | 未分配利润 | 所有者权益合计 |
| | | 优先股 | 永续债 | 其他 | | | | | | | | 优先股 | 永续债 | 其他 | | | | | | |
| 一、上年年末余额 | | | | | | | | | | | | | | | | | | | | |
| 加：会计政策变更 | | | | | | | | | | | | | | | | | | | | |
| 前期差错更正 | | | | | | | | | | | | | | | | | | | | |
| 其他 | | | | | | | | | | | | | | | | | | | | |
| 二、本年年初余额 | | | | | | | | | | | | | | | | | | | | |
| 三、本年增减变动金额（减少以“－”号填列） | | | | | | | | | | | | | | | | | | | | |
| （一）综合收益总额 | | | | | | | | | | | | | | | | | | | | |
| （二）所有者投入和减少资本 | | | | | | | | | | | | | | | | | | | | |
| 1. 所有者投入的普通股 | | | | | | | | | | | | | | | | | | | | |
| 2. 其他权益工具持有者投入资本 | | | | | | | | | | | | | | | | | | | | |
| 3. 股份支付计入所有者权益的金额 | | | | | | | | | | | | | | | | | | | | |
| 4. 其他 | | | | | | | | | | | | | | | | | | | | |
| （三）利润分配 | | | | | | | | | | | | | | | | | | | | |

续表

| 项目 | 本年金额 | | | | | | | | | | 上年金额 | | | | | | | | | |
|---|---|---|---|---|---|---|---|---|---|---|---|---|---|---|---|---|---|---|---|---|
| | 实收资本（或股本） | 其他权益工具 | | | 资本公积 | 减：库存股 | 其他综合收益 | 盈余公积 | 未分配利润 | 所有者权益合计 | 实收资本（或股本） | 其他权益工具 | | | 资本公积 | 减：库存股 | 其他综合收益 | 盈余公积 | 未分配利润 | 所有者权益合计 |
| | | 优先股 | 永续债 | 其他 | | | | | | | | 优先股 | 永续债 | 其他 | | | | | | |
| 1. 提取盈余公积 | | | | | | | | | | | | | | | | | | | | |
| 2. 对所有者（或股东）的分配 | | | | | | | | | | | | | | | | | | | | |
| 3. 其他 | | | | | | | | | | | | | | | | | | | | |
| （四）所有者权益内部结转 | | | | | | | | | | | | | | | | | | | | |
| 1. 资本公积转增资本（或股本） | | | | | | | | | | | | | | | | | | | | |
| 2. 盈余公积转增资本（或股本） | | | | | | | | | | | | | | | | | | | | |
| 3. 盈余公积弥补亏损 | | | | | | | | | | | | | | | | | | | | |
| 4. 设定受益计划变动额结转留存收益 | | | | | | | | | | | | | | | | | | | | |
| 5. 其他综合收益结转留存收益 | | | | | | | | | | | | | | | | | | | | |
| 6. 其他 | | | | | | | | | | | | | | | | | | | | |
| 四、本年年末余额 | | | | | | | | | | | | | | | | | | | | |

## 三、所有者权益变动表的编制方法及示例

### （一）上年金额栏的填列方法

所有者权益变动表“上年金额”栏内各项数字，应根据上年度所有者权益变动表“本年金额”栏内所列数字填列。如果上年度所有者权益变动表规定的各个项目的名称和内容与本年度不相一致，应对上年度所有者权益变动表各项目的名称和数字按照本年度的规定进行调整，填入所有者权益变动表“上年金额”栏内。

### （二）本年金额栏的填列方法

所有者权益变动表“本年金额”栏内各项数字一般应根据“实收资本(或股本)”“其他权益工具”“资本公积”“盈余公积”“其他综合收益”“利润分配”“库存股”“以前年度损益调整”等科目及其明细科目的发生额分析填列。

# 第六节　会计报表附注

## 一、附注披露的总体要求

### （一）附注概述

附注是对在资产负债表、利润表、现金流量表和所有者权益变动表等报表中列示项目的文字描述或明细资料，以及对未能在这些报表中列示项目的说明等。《企业会计准则第 30 号——财务报表列报》对附注的披露要求是对企业附注披露的最低要求，应当适用于所有类型的企业，企业还应当按照各项具体会计准则的规定在附注中披露相关信息。

### （二）附注披露的总体要求

附注相关信息应当与资产负债表、利润表、现金流量表和所有者权益变动表等报表中列示的项目相互参照，以有助于使用者联系相关联的信息，并由此从整体上更好地理解财务报表。

企业在披露附注信息时，应当以定量、定性信息相结合，按照一定的结构对附注信息进行系统合理的排列和分类，以便于使用者理解和掌握。

## 二、附注的主要内容

附注应当按照如下顺序至少披露下列内容：

（1）企业的基本情况：

①企业注册地、组织形式和总部地址。

②企业的业务性质和主要经营活动。

③母公司以及集团最终母公司的名称。

④财务报告的批准报出者和财务报告批准报出日，或者以签字人及其签字日期为准。

⑤营业期限有限的企业，还应当披露有关其营业期限的信息。

（2）财务报表的编制基础。

（3）遵循企业会计准则的声明。企业应当声明编制的财务报表符合企业会计准则的要求，真实、完整地反映了企业的财务状况、经营成果和现金流量等有关信息，以此明确企业编制财务报表所依据的制度基础。

如果企业编制的财务报表只是部分地遵循了企业会计准则，附注中不得做出这种表述。

（4）重要会计政策和会计估计：

①重要会计政策的说明。企业应当披露采用的重要会计政策，并结合企业的具体实际披露其重要会计政策的确定依据和财务报表项目的计量基础。其中，会计政策的确定依据主要是指企业在运用会计政策过程中所作的重要判断，这些判断对在报表中确认的项目金额具有重要影响。比如，企业如何判断与租赁资产相关的所有风险和报酬已转移给企业从而符合融资租赁的标准，投资性房地产的判断标准是什么等。财务报表项目的计量基础包括历史成本、重置成本、可变现净值、现值和公允价值等会计计量属性等。

②重要会计估计的说明。企业应当披露重要会计估计，并结合企业的具体实际披露其会计估计所采用的关键假设和不确定因素。重要会计估计的说明，包括可能导致下一个会计期间内资产、负债账面价值重大调整的会计估计的确定依据等。例如，固定资产可收回金额的计算需要根据其公允价值减去处置费用后的净额与预计未来现金流量的现值两者之间的较高者确定，在计算资产预计未来现金流量的现值时需要对未来现金流量进行预测，并选择适当的折现率，企业应当在附注中披露未来现金流量预测所采用的假设及其依据、所选择的折现率为什么是合理的等。又如，对于正在进行中的诉讼提取准备，企业应当披露最佳估计数的确定依据等。

（5）会计政策和会计估计变更以及差错更正的说明。企业应当按照《企业会计准则第 28 号——会计政策、会计估计变更和差错更正》及其应用指南的规定，披露会计政策和会计估计变更以及差错更正的有关情况。

（6）报表重要项目的说明。企业应当以文字和数字描述相结合，尽可能以列表形式披露重要报表项目的构成或当期增减变动情况，并且报表重要项目的明细金额合计应当与报表项目金额相衔接。

在披露顺序上，一般应当按照资产负债表、利润表、现金流量表、所有者权益变动表的顺序及其报表项目列示的顺序。

（7）其他需要说明的重要事项。这主要包括或有和承诺事项、资产负债表日后非调整事项、关联方关系及其交易等。

（8）有助于财务报表使用者评价企业管理资本的目标、政策及程序的信息。

## 本章小结

（1）本章重点讲述财务报表的编制原理及列报内容。

（2）资产负债表是反映企业特定日期全部资产、负债和所有者权益情况的报表。该表“年初余额”栏内各项数字，应根据上年末资产负债表“期末余额”栏内所列数字填列。如果企业发生了会计政策变更、前期差错更正，应当对“年初余额”栏中的有关项目进行相应调整。如果上年度资产负债表规定的各个项目的名称和内容同本年度不相一致，应对上年年末资产负债表各项目的名称和数字按照本年度的规定进行调整，填入本表“年初余额”栏内。该表“期末余额”栏内各项数字，应当根据资产、负债和所有者权益期末情况填列，具体分为根据总账科目的余额填列、根据明细账科目的余额分析计算填列等五种填列方法。

（3）利润表是反映企业在一定期间内利润（亏损）的实现情况的报表。该表“本年金额”栏内各项数字一般应当反映：营业收入、营业成本、税金及附加、销售费用、管理费用、研发费用、财务费用、资产减值损失、投资收益、公允价值变动收益、资产处置收益、营业利润、营业外收入、营业外支出、利润总额、所得税费用和净利润，以及基本每股收益和稀释每股收益等内容。

（4）现金流量表是反映企业在一定会计期间现金和现金等价物的流入和流出情况的报表。该表中的现金是指企业库存现金以及可以随时用于支付的存款，现金等价物是指企业持有的期限短、流动性强、易于转换为已知金额现金，价值变动风险很小的投资；现金流量的变动要分别从经营活动、投资活动和筹资活动三个方面采用直接法列报；同时经营活动产生的现金流量还要采用间接法列报，以反映企业从净利润到产生经营活动现金流量的主要影响因素。

（5）所有者权益变动表是反映企业所有者权益各组成部分当期的增减变动情况的报表。该表应体现企业综合收益的特点，除列示直接计入所有者权益的利得和损失外，同时包含最终属于所有者权益变动的净利润，从而构成企业的综合收益。该表各项目应当根据当期净利润、直接计入所有者权益的利得和损失的其他综合收益项目、所有者投入资本和提取盈余公积、向所有者分配利润等情况分析填列。

（6）附注是财务报表不可或缺的组成部分，是报表使用者全面了解企业的财务状况、经营成果、现金流量和所有者权益变动的重要参考说明。附注应当按照一定的结构进行系统合理的排列和分类，有顺序地披露信息。报表附注通常应当披露：企业的基本情况、财务报表的编制基础、遵循企业会计准则的声明、重要会计政策和会计估计、会计政策和会计估计变更以及差错更正的说明、重要报表项目的说明、其他需要说明的重要事项（主要包括或有和承诺事项、资产负债表日后非调整事项、关联方关系及其交易的说明）等内容。

## 思考题

（1）财务报表具体包括哪些内容？编制财务报表应满足哪些基本要求？

（2）资产负债表的作用是什么？主要包括哪些内容？

（3）简要概括利润表的作用。

（4）利润表的主要内容是什么？其结构有哪两种方式？

（5）现金流量表有哪些作用？其编制基础是什么？

（6）简要概括所有者权益变动表的主要内容。

（7）会计报表附注有什么作用？会计报表附注主要包括哪些内容？